Uni-Taschenbücher 192

UTB

Eine Arbeitsgemeinschaft der Verlage

Birkhäuser Verlag Basel und Stuttgart
Wilhelm Fink Verlag München
Gustav Fischer Verlag Stuttgart
Francke Verlag München
Paul Haupt Verlag Bern und Stuttgart
Dr. Alfred Hüthig Verlag Heidelberg
J. C. B. Mohr (Paul Siebeck) Tübingen
Quelle & Meyer Heidelberg
Ernst Reinhardt Verlag München und Basel
F. K. Schattauer Verlag Stuttgart-New York
Ferdinand Schöningh Verlag Paderborn
Dr. Dietrich Steinkopff Verlag Darmstadt
Eugen Ulmer Verlag Stuttgart
Vandenhoeck & Ruprecht in Göttingen und Zürich
Verlag Dokumentation München-Pullach
Westdeutscher Verlag/Leske Verlag Opladen

Peter Bernholz

Grundlagen der Politischen Ökonomie

Erster Band

J. C. B. Mohr (Paul Siebeck) Tübingen

ISBN 3-16-333801-1

©

Peter Bernholz

J. C. B. Mohr (Paul Siebeck) Tübingen 1972
Alle Rechte vorbehalten. Jede Art der Vervielfältigung ohne Genehmigung des Verlages ist unzulässig
Printed in Germany
Einbandgestaltung: Alfred Krugmann, Stuttgart
Satz und Druck: Buchdruckerei Eugen Göbel, Tübingen
Aufbindung: Sigloch, Stuttgart

VORWORT

Der vorliegende erste Band der Politischen Ökonomie entstand in den Jahren 1970 und 1971 und wurde im wesentlichen gegen Ende des vergangenen Jahres abgeschlossen. Sieht man von den Kapiteln 6 und 7 und von einigen Abschnitten des Kapitels 4 ab, so sollte der Inhalt dieses ersten Bandes ursprünglich in nur einem einleitenden Kapitel zusammengefaßt werden. Da der größte Teil des Stoffes der Kapitel 2 bis 5 Gemeingut der ökonomischen Literatur ist, schien sich eine knappe Darstellung dieses Materials anzubieten. Verschiedene Gespräche mit Mitarbeitern und ein an der Technischen Universität Berlin im Wintersemester 1970/71 durchgeführtes Seminar überzeugten mich jedoch von der Notwendigkeit einer eingehenderen Behandlung des Stoffes und eines von der üblichen Präsentation abweichenden Aufbaus. Der in den meisten Lehrbüchern über die Preistheorie gesuchte Zugang zu den in Kapiteln 2 bis 5 behandelten Problemen erschwert das Verständnis für die Funktionen, die Preise und Märkte bei der Güterversorgung wahrnehmen. Die grundsätzlichen Aufgaben und Zusammenhänge, die überwiegend marktwirtschaftlich und vorwiegend planwirtschaftlich organisierten Wirtschaftsordnungen gemein sind, bleiben verborgen. Entsprechend kommt die Behandlung der Bedeutung von externen Vorteilen und Nachteilen, von öffentlichen Gütern, abnehmenden Grenzkosten und von Informationserfordernissen für die Organisation der Wirtschaft in den gängigen Lehrbüchern zu kurz. Das ist ebenfalls ein erheblicher Nachteil, wenn man die Frage nach einer möglichst guten Versorgung mit Gütern in den Mittelpunkt der Analyse stellt und sich fragt, wie die Wirtschaft organisiert werden sollte, um diese Aufgabe befriedigend zu erfüllen.

Die angegebenen Überlegungen führten zu dem Entschluß, nicht nur diese an sich bereits bekannten Zusammenhänge eingehender zu erörtern, sondern ließen auch eine Anordnung des Stoffes zweckmäßig erscheinen, bei der die Frage nach den Organisationsformen, die eine möglichst gute Güterversorgung gewährleisten können, in den Mittelpunkt gestellt wurde. Da andererseits diese Art der Problemstellung die Bedeutung der Rolle des Staates zwangsläufig hervorhob, lag es nahe, in den Kapiteln 4 und 6 zusätzlich die Bedeutung öffentlicher Institutionen und politischer Entscheidungsprozeße in ihren einfachsten Strukturen in die Betrachtung einzubeziehen.

Der Entschluß zu einer stärkeren Berücksichtigung der angedeuteten Probleme führte jedoch zwangsläufig zu einer Aufteilung der geplanten Politischen Ökonomie in zwei Bände, da die in erster Linie vorgesehene intensive Behandlung von politisch-ökonomischen Gesamtsystemen in verschiedenen Wirtschafts- und Gesellschaftsordnungen neben den jetzt ausführlicher behandelten ökonomischen und politischen Grundlagen keinen Platz mehr fand. Die Untersuchung der Gesamtsysteme und vieler im ersten Band vernachlässigter Einzelzusammenhänge mußte folglich einem zweiten Band vorbehalten bleiben. Ferner erschien es zweckmäßig, gewissermaßen als Übergang zu diesem Band den Leser im 7. Kapitel mit den wichtigsten Problemen, denen sich gegenwärtig die entwickelten Länder gegenübersehen, bekannt zu machen.

Der erste Band ist nach dem Gesagten notwendigerweise ein Torso. Wenn ich mich trotzdem schon jetzt zu seiner Veröffentlichung entschlossen habe, so nur auf das Drängen verschiedener Mitarbeiter und auf die Überlegung hin, daß ein Abwarten bis zur Fertigstellung des zweiten Bandes die Publikation wenigstens um zwei Jahre verzögert hätte.

Der vorliegende Band der Politischen Ökonomie kann von jedem gelesen werden, der weiß, was ein Summenzeichen und ein partieller Differentialquotient bedeuten. Zwar wird an verschiedenen Stellen das Theorem von Kuhn und Tucker über die Lösung nichtlinearer Programmierungsprobleme zur Ableitung bestimmter ökonomischer Ergebnisse benutzt. Da das Theorem jedoch nicht bewiesen, sondern nur als „Rezept" verwendet wird, ergeben sich daraus keine zusätzlichen Schwierigkeiten. Für die Lektüre des Buches sind Anfangskenntnisse der Preistheorie zwar nützlich, aber nicht notwendigerweise erforderlich. Es kann daher sowohl von gebildeten Laien und Studenten in den ersten Semestern als auch von Studenten höherer Semester benutzt werden, wobei diese natürlich weniger Zeit für die Aneignung des Stoffes benötigen dürften.

Verschiedene Kollegen, gegenwärtige und frühere Mitarbeiter haben mich zur Abfassung des vorliegenden Bandes ermutigt und das Manuskript ganz oder teilweise gelesen. Für viele Anregungen und Verbesserungsvorschläge bin ich besonders Herrn Prof. Dr. N. Andel und Herrn Dr. M. Faber dankbar. Herrn Prof. Dr. R. L. Frey, Herrn Dr. H. Mattfeldt und Herrn Diplomingenieur A. Brandt habe ich ebenfalls für verschiedene Änderungsvorschläge zu danken. Herr Dr. M. Faber hat das ganze Manuskript durchgesehen und sich an der Ausarbeitung einzelner, im Text näher bezeichneter Abschnitte beteiligt. Herr Diplompsychologe Jens Faber hat wesentlichen Anteil an der Formulierung eines Teiles von Abschnitt 6.1, wofür ich ihm sehr zu Dank verpflichtet bin. Wohlbekannt, aber nicht überflüssig ist die Bemerkung, daß allein der Verfasser für verbleibende Mängel und Fehler verantwortlich ist.

Schließlich möchte ich nicht versäumen, Fräulein A. Troegner und Frau E. Kürth für ihre geduldige und qualifizierte Schreibarbeit an den sicherlich nicht immer leicht lesbaren Manuskripten zu danken. Der Verlag ist in verständnisvoller Weise auf meine Wünsche eingegangen.

Bottmingen bei Basel, im April 1972

Peter Bernholz

INHALT

Einleitung ... 1

Kapitel 1: Probleme und Ziele der Politischen Ökonomie ... 15

1.1 Der Gegenstand der Nationalökonomie ... 15
1.2 Die Notwendigkeit der Einbeziehung politischer Faktoren in die Betrachtung ... 16
    1.2.1 Politische Aspekte des ökonomischen Kernproblems in einer Marktwirtschaft ... 16
    1.2.2 Politische Lösungen des ökonomischen Kernproblems in einer Zentralverwaltungswirtschaft ... 17
1.3 Die Bedeutung der Berücksichtigung gesellschaftlicher Zusammenhänge ... 18
1.4 Werturteile der Politischen Ökonomie ... 20
    1.4.1 Die Notwendigkeit von Werturteilen bei Wohlfahrtsvergleichen ... 20
    1.4.2 Weitere Gründe für die Verwendung von Werturteilen in der Nationalökonomie ... 22
1.5 Die wissenschaftliche Problematik von Werturteilen ... 24
1.6 Die wichtigsten normativen Postulate dieser Grundlagen ... 26
    1.6.1 Angabe und kurze Erörterung der einzelnen Ziele ... 27
    1.6.2 Zielkonflikte ... 33
1.7 Ideologie als Gefahr für die wissenschaftliche Analyse ... 33
1.8 Aufgaben ... 36
1.9 Literatur ... 36

Kapitel 2: Die optimale Verwendung der Produktionsmittel in einem Einperiodenmodell ... 38

2.1 Beschreibung des Modells ... 40
2.2 Die Ableitung des optimalen Verbrauchs- und Produktionsplans ... 46
2.3 Die Dezentralisation wirtschaftlicher Entscheidungen ... 55
2.4 Erste Bemerkungen zur Organisation der Wirtschaft ... 64
2.5 Aufgaben ... 67
2.6 Literatur ... 68

Kapitel 3: Die optimale Güterversorgung über die Zeit ... 70

3.1 Beschreibung des Modells ... 70
3.2 Erörterung einiger Eigenschaften des Modells ... 73
3.3 Die allgemeine Lösung ... 76

Inhalt

3.4 Preise und Zinssatz ... 80
3.5 Dezentralisierung und optimale Konsumgüterversorgung über die Zeit ... 84
3.6 Einige Bemerkungen zur Arbeitswertlehre ... 86
3.7 Aufgaben ... 95
3.8 Literatur ... 96

Kapitel 4: Die Bestimmung der gesellschaftlichen Zielfunktion und die Verteilung der Güter auf die Mitglieder der Gesellschaft ... 98

4.1 Die Dezentralisierung der Verbrauchsentscheidungen auf die Haushalte ... 100
4.2 Deutung der dezentralisierten Konsumentscheidungen der Haushalte über den Markt als Pareto-optimales politisches Wahlverfahren ... 105
4.3 Bestimmung der zu produzierenden Mengen der Konsumgüter und ihrer Verteilung auf die Bevölkerung durch Einstimmigkeit oder Mehrheitswahlrecht ... 107
4.4 Das Problem der Bestimmung der Einkommensverteilung ... 115
    4.4.1 Probleme der Bestimmung des Inhalts einer gerechten Einkommensverteilung ... 116
    4.4.2 Entscheidungsprozesse zur Lösung des Problems der Einkommensverteilung ... 120
4.5 Schlußfolgerungen für die Organisation der Wirtschaft ... 124
4.6 Aufgaben ... 131
4.7 Literatur ... 132

Kapitel 5: Die Bedeutung der sogenannten klassischen Ausnahmen, der Informationskosten und der dynamischen Stabilität für eine möglichst gute Güterversorgung ... 134

5.1 Zunehmende Grenzerträge in der Produktion ... 136
5.2 Öffentliche Güter ... 144
5.3 Interdependenzen und Abhängigkeiten der Ziele der Haushalte ... 150
    5.3.1 Einige grundlegende Einwendungen gegen die Nutzentheorie ... 150
    5.3.2 Interdependenzen zwischen den Zielen der Haushalte ... 152
    5.3.3 Die Beeinflussung der Haushalte durch Reklame und Propaganda ... 156
5.4 Externe Vorteile und Nachteile ... 158
    5.4.1 Gesamtwirtschaftliche Auswirkungen externer Nachteile, die ein Betrieb bei einem anderen hervorruft ... 159
    5.4.2 Organisatorische Maßnahmen zur Verwirklichung der besten Güterversorgung bei externen Nachteilen in der Produktion ... 168
    5.4.3 Durch die Produktion bei den Verbrauchern hervorgerufene externe Nachteile ... 171

Inhalt

5.4.4 Organisatorische Maßnahmen zur Verwirklichung einer möglichst guten Güterversorgung bei externen Nachteilen für die Verbraucher 175

5.5 Informationskosten und dynamische Stabilität 179

    5.5.1 Die Informationserfordernisse verschiedener Wirtschaftssysteme bei Verwirklichung des Optimums von Produktion und Verbrauch ohne Berücksichtigung von Informationskosten . . . 180

    5.5.2 Die Bedeutung dynamischer Anpassungsprozesse in verschiedenen Wirtschaftssystemen 184

5.6 Aufgaben 189

5.7 Literatur 190

Kapitel 6: Staat, öffentliche Institutionen und politische Entscheidungsprozesse 192

6.1 Die Notwendigkeit der Existenz des Staates und politischer Entscheidungsprozesse 194

6.2 Die Degeneration des Staates zum Unterdrückungs- und Ausbeutungsinstrument 207

    6.2.1 Möglichkeiten zur Unterdrückung der Mehrheit in Demokratien 209

    6.2.2 Einstimmigkeitsregel und staatlicher Machtmißbrauch . . . 210

    6.2.3 Methoden zur Begrenzung staatlichen Machtmißbrauchs . . 211

6.3 Gesellschaftliche Interdependenzkosten und optimale politische Entscheidungsregeln 221

6.4 Aufgaben 228

6.5 Literatur 230

Kapitel 7: Grundlegende Tendenzen und Probleme der wachsenden Wirtschaft 232

7.1 Bevölkerungs- und Wirtschaftswachstum 235

7.2 Umstrukturierungen als Folge des wirtschaftlichen Wachstums . . 237

7.3 Positive und negative Folgen des wirtschaftlichen Wachstums . . . 241

7.4 Faktoren, die auf die Fortdauer des wirtschaftlichen Wachstums hinarbeiten 248

7.5 Ökonomische und politische Probleme des wirtschaftlichen Wachstums 251

7.6 Aufgaben 254

7.7 Literatur 255

Sachregister 257

EINLEITUNG

In der vorliegenden Arbeit wird versucht, die Grundlagen der Politischen Ökonomie nach dem heutigen Stand des Wissens darzustellen. Ein solcher Versuch stellt unter verschiedenen Gesichtspunkten ein Wagnis dar. Einmal ist es naheliegend, daß heute niemand, geschweige denn der Verfasser, den gegenwärtigen Stand des Wissens überblicken kann. Das Risiko, wesentliche Erkenntnisse und Fragestellungen zu übersehen, muß daher in Kauf genommen werden.

Ein weiteres Wagnis bedeutet die Wahl der Darstellungsart. Der so umfassende und komplizierte Gegenstand der Politischen Ökonomie kann auf vielfältige Weise dargestellt werden. Diese Aufgabe entspricht ein wenig dem Problem, einen Reiseführer zu entwerfen, mit dessen Hilfe sich ein Fußgänger ein Bild von einer unbekannten Stadt machen soll. Da dem Fußgänger die Möglichkeit der Vogelschau fehlt, mit der er sozusagen auf einen Blick ein Bild von der Stadt gewinnen könnte, ist er auf die Zusammenfügung vieler Einzeleindrücke vor seinem geistigen Auge angewiesen. Um diese Einzeleindrücke zu gewinnen, muß er sich geduldig durch das Wirrwarr der vielen Gassen und Straßen einen Weg bahnen, Gebäude, Plätze und Flußufer studieren und vielleicht hie und da von einem erhöhten Punkt oder von einem Kirchturm einen Teilüberblick zu gewinnen suchen. Einen Gesamteindruck wird er erst am Ende seiner Spaziergänge und Besichtigungen besitzen. Dabei wird es viele Stellen in der Stadt geben, an denen er seine Wanderung beginnen kann und viele verschiedene Möglichkeiten, die Gassen und Straßen nacheinander zu durchstreifen.

In ähnlicher Lage wie der Besucher einer fremden Stadt befindet sich derjenige, der sich einen Überblick über die Politische Ökonomie verschaffen will. Es gibt keine Möglichkeit, sich mit einem Blick ein Bild des Ganzen zu machen. Vielmehr ist die Verbindung vieler nacheinander zu gewinnender Einzeleindrücke zu einem Gesamtbild erforderlich. Eine ganze Reihe von Ausgangspunkten und viele verschiedene Wege sind möglich, um die Vielzahl der erforderlichen Einzeleindrücke zu gewinnen.

Dieses Buch soll ein Versuch sein, wie ein Reiseführer den Besucher durch die Stadt, den Leser von einem festen Ausgangspunkt aus einen bestimmten Weg durch die Politische Ökonomie zu führen, um ihm auf diese Weise allmählich einen Gesamtüberblick zu verschaffen. Dabei müssen wir den Leser um viel Geduld bitten, besonders, wenn ihm am Anfang manches an den vorgetragenen Überlegungen sehr bruchstückhaft vorkommt, und vieles zu fehlen scheint. Die Einzeleindrücke werden sich erst im Laufe des Kennenlernens der übrigen Teile des Buches mehr und mehr zu einem Gesamteindruck verbinden.

Ziel der vorliegenden Arbeit ist es, dem Leser so weit ein Bild von der Politischen Ökonomie zu verschaffen, daß er sich schließlich selbständig wie der Besucher einer unbekannten Stadt besser als mit jedem Führer zurechtfindet und Probleme und Zusammenhänge entdeckt, die in diesem nicht enthalten sind. Diesem Zweck dienen auch die Aufgaben am Ende eines jeden Kapitels, die gewissermaßen zu Ausflügen auf eigene Faust in bereits bekanntere Stadtteile einladen sollen.

Die Einleitung des Buches soll einen Überblick über den zu gehenden Weg bieten. Sie legt gewissermaßen einen Plan vor, in dem die im Führer beschriebene Route eingezeichnet ist.

Zunächst, um welches Gebiet handelt es sich bei der Politischen Ökonomie? Die Nationalökonomie der letzten Jahrzehnte ist durch zwei Eigenschaften gekennzeichnet. Sie verzichtet meist auf die Analyse von politischen und soziologischen Zusammenhängen, die in der Regel nur als festgefügter Datenkranz berücksichtigt, aber nicht erklärt werden[1]. Ferner kommt es außer in grundlegenden Erörterungen in der Theorie der Wirtschaftspolitik nur selten zu einer Verwendung expliziter Werturteile.

Die Politische Ökonomie läßt diese Beschränkungen fallen. Sie bezieht explizit Werturteile in ihre Analysen ein und legt besonderes Gewicht auf die Untersuchung des Zusammenhangs von politischen und soziologischen Faktoren mit ökonomischen Gegebenheiten. Eine Erforschung von Gesamtzusammenhängen ist ihr wichtiger als die spezialisierte Auseinandersetzung mit Teilaspekten. Auf diese Weise vermeidet die Politische Ökonomie z. B. eine Begrenzung, die den Staat als deus ex machina auffaßt, und den Politikern diese und jene Maßnahmen zur Verwirklichung von Zielen vorschlägt, die die Politiker selbst zwar angegeben haben, ohne jedoch auf die Frage der politischen Durchführbarkeit der Vorschläge auch nur einzugehen. Andererseits ist nicht zu leugnen, daß die Politische Ökonomie Gefahr läuft, voreilig Aussagen über Gesamtzusammenhänge zu fällen, obwohl diese erst nach längeren spezialisierten Untersuchungen von Detailfragen fruchtbar analysiert werden können.

Eine ähnliche umfassende Fragestellung, wie sie von uns der Politischen Ökonomie zugeordnet wird, ist in den letzten Jahrzehnten über-

---

[1] Eine Wende zeichnet sich allerdings deutlich seit etwa fünfzehn Jahren ab. Vgl. *Bruno S. Frey*, Die ökonomische Theorie der Politik oder die neue Polische Ökonomie, in: Zeitschrift für die gesamte Staatswissenschaft, 126. Band, 1970, S. 1–23.

wiegend von der marxistischen Politischen Ökonomie behandelt worden. Tatsächlich hat die marxistische Theorie den Staat nie als über der Gesellschaft schwebenden deus ex machina aufgefaßt, sondern deutlich auf die Möglichkeit des Mißbrauchs der staatlichen Macht zum Zwecke der Unterdrückung einer Klasse durch die andere (etwa der Proletarier durch die Kapitalisten) hingewiesen. Politische und gesellschaftliche Prozesse werden in engem Zusammenhang mit der Organisation der Wirtschaft gesehen, und die Demokratie wurde nie unabhängig von wirtschaftlichen Machtfaktoren in abstrakter Idealisierung für sich betrachtet.

Das sind beachtliche Leistungen der marxistischen Politischen Ökonomie, und es wird daher in der folgenden Analyse auch manches Ergebnis marxistischer Autoren zu berücksichtigen sein. Den genannten Vorzügen der marxistischen Theorie stehen jedoch gewichtige Nachteile gegenüber, die zu einer Ablehnung der marxistischen Politischen Ökonomie als Gesamtsystem führen müssen. Die Arbeitswertlehre mitsamt Mehrwert- und Ausbeutungstheorie als Grundlage des marxistischen Lehrgebäudes ist nicht tragfähig genug, da sie weder in der Lage ist, Preise und Zins einer kapitalistischen Marktwirtschaft zutreffend zu erklären, noch die für eine möglichst gute Versorgung mit Gütern in einer Planwirtschaft zu einer Steuerung erforderlichen optimalen Verrechnungspreise zur Verfügung zu stellen (vgl. Kapitel 3, insbesondere Abschnitt 3.5).

Ein ebenso wichtiger Mangel ist in der Beschränkung der Fragestellung durch die marxistische Lehre zu sehen, die wahrscheinlich von der Tatsache herrührt, daß Marx die historische Entwicklung als einen deterministischen Prozeß auffaßte, der der menschlichen Entscheidungsfreiheit nur wenig Raum läßt und mit unaufhaltsamer Kraft zur Beseitigung des kapitalistischen Systems führt. Sobald man von einer solchen Konzeption ausgeht, hat es offenbar wenig Sinn, sich nach Alternativen zu einer überwiegend kapitalistischen Organisation der Wirtschaft umzusehen und zu prüfen, welche Vorteile und Nachteile diese alternativen Systeme besitzen.

Vertritt man jedoch umgekehrt die Auffassung, daß es eine recht weitgehende menschliche Freiheit zur Gestaltung der verschiedensten Wirtschafts- und Gesellschaftssysteme gibt, so wird man die Frage nach den Eigenschaften, den Vor- und Nachteilen von alternativen Systemen stellen, um auf diese Weise angesichts der vorgegebenen Ziele relativ beste Alternativen auswählen und gestalten zu können.

Sieht man die Zusammenhänge in diesem Licht, so bemerkt man bald, daß, zumindest in den Standardwerken der marxistischen Politischen Ökonomie, äußerst wichtige Fragen nicht gestellt, vernachlässigt oder aber nur Teilaspekte von ihnen beantwortet werden. Dazu gehören etwa die folgenden Fragen:

1. Welche Gesellschaftsmitglieder sollen mitentscheiden, welche Güter, wann diese Güter und für wen diese Güter hergestellt werden sollen? Wie sollen die mitentscheidenden Gesellschaftsmitglieder bestimmt werden? Wie und von wem wird z. B. festgesetzt, wer Mitglied des Politbüros werden soll, wenn dieses die wichtigsten Entscheidungen zu fällen hat?

2. Wie sollen die Regeln aussehen, nach denen sich die Entscheidenden zu richten haben?

3. Wie und von wem werden die Entscheidenden kontrolliert?

Wie und von wem werden z. B. die Mitglieder einer zentralen Planungsstelle in einer sozialistischen Wirtschaft oder die Angehörigen des Politbüros der Kommunistischen Partei kontrolliert, wenn diese die grundsätzlichen Entscheidungen zu treffen haben? Können sie überhaupt zur Rechenschaft gezogen werden?

4. Welche Ziele sollen von den verschiedenen Wirtschaftssystemen und Entscheidungsverfahren so weit wie möglich erreicht werden? Welche Maßstäbe gibt es, um festzustellen, wie weit die gewählten Ziele verwirklicht worden sind?

5. Ist es möglich und wie ist es möglich, bei zentraler Planung der Wirtschaft eine gute Versorgung der Bevölkerung mit Gütern zu erreichen?

6. Lassen sich neue Entscheidungsverfahren, Organisationsformen und Institutionen finden, die die Entwicklung von Wirtschaftssystemen ermöglichen, die eine bessere Verwirklichung der vorgegebenen Ziele erlauben würden?

Dies alles sind offenbar Fragen, die eine Politische Ökonomie nicht vernachlässigen sollte, auf die jedoch die marxistische Theorie keine ausreichende Antwort geben kann. Es ist daher notwendig, die Politische Ökonomie auf tragfähigeren Grundlagen und aus einer umfassenderen Sicht her aufzubauen, als sie die marxistische Politische Ökonomie zu bieten hat.

Wenden wir uns nun einer Skizze des Aufbaus des vorliegenden ersten und des geplanten zweiten Bandes der Grundlagen der Politischen Ökonomie zu. Zunächst ist festzustellen, daß unsere Überlegungen im Verlauf der Untersuchung im allgemeinen vom Abstrakteren zum Konkreteren, vom Normativen zum Positiven, vom Teilsystem zum Gesamtsystem und von der Betonung ökonomischer zur Betonung politischer Faktoren führen werden.

Im ersten Kapitel beginnen wir damit, zu zeigen, warum es notwendig und zweckmäßig ist, politische Zusammenhänge bei der Untersuchung wirtschaftlicher Probleme zu berücksichtigen und explizit gemachte Werturteile in die Analyse einzubeziehen. Andererseits wird betont, daß sich normative Aussagen nicht in gleicher Weise wie positive Sätze überprüfen lassen. Eine Diskussion der von einem politisch-ökonomischen System anzustrebenden Ziele bildet den Abschluß des Kapitels.

Nachdem im 1. Kapitel die Ausgangsposition geklärt worden ist, beginnt in Kapitel 2 die Untersuchung einzelner Probleme. Gleich am Anfang wird das Kernproblem der Politischen Ökonomie erörtert: Wie kann bei gegebenen Zielen bezüglich der Güterversorgung und bei bestimmten Beständen an Produktionsmitteln wie Arbeitsmengen, Maschinen und Anlagen, Bodenmengen und Naturschätzen eine möglichst gute, eine optimale Versorgung mit Gütern erreicht werden? Die Fragestellung greift also ein begrenztes Teilproblem der Politischen Ökonomie heraus und vernachlässigt wesentliche andere Fragen, wie z. B.: Auf welche Weise kann es zur Bildung gemeinsamer Ziele in einer Gesellschaft kommen? Ist es überhaupt möglich, sich auf gemeinsame Ziele zu einigen? Während auf diese Probleme später eingegangen wird, ist es zunächst notwendig, von ihnen zu abstrahieren, um die Analyse nicht zu kompliziert werden zu lassen. In den Kapiteln 2 und 3 werden daher auch keine politischen, sondern nur ökonomische Probleme erörtert.

Ein Blick auf die Skizze einiger der wichtigsten Zusammenhänge des Gesamtsystems in Abbildung 1 kann dieses Vorgehen verdeutlichen. Die in dem Schema durch die Pfeile aufgezeigten Zusammenhänge zwischen den Elementen des Gesamtsystems dürften ohne weitere Erklärung verständlich sein. In den Kapiteln 2 und 3 werden die durch die schraffierten Geraden abgegrenzten Zusammenhänge des Gesamtsystems herausgegriffen, und es wird gefragt, auf welche Weise sie optimal organisiert werden können.

In Kapitel 2 beschränkt sich die Analyse auf den oberen Teil dieses Ausschnittes. Hier wird die Frage behandelt, welche Bedingungen erfüllt sein müssen, damit in einer Planwirtschaft in einer Periode eine möglichst gute Verwirklichung der Ziele der Gesellschaft bezüglich der Güterversorgung erreicht wird. Anschließend wird gezeigt, daß die gleichen Bedingungen auch von einem System der vollständigen Konkurrenz erfüllt werden. Nach der Ableitung dieser Bedingungen kann diskutiert werden, welche Organisationsformen der Wirtschaft zur möglichst guten Realisierung der gesellschaftlichen Ziele geeignet sein könnten. Vier Wirtschaftssysteme werden zur Diskussion gestellt: Die Zentralverwaltungswirtschaft mit optimaler Mengenplanung, der Konkurrenzsozialismus mit Lenkung durch die von einer Planungsstelle festgesetzten Preise, die sozialistische Marktwirtschaft und die kapitalistische Marktwirtschaft mit Privateigentum.

Abb. 1

Die wichtigsten Zusammenhänge des ökonomischen Gesamtsystems

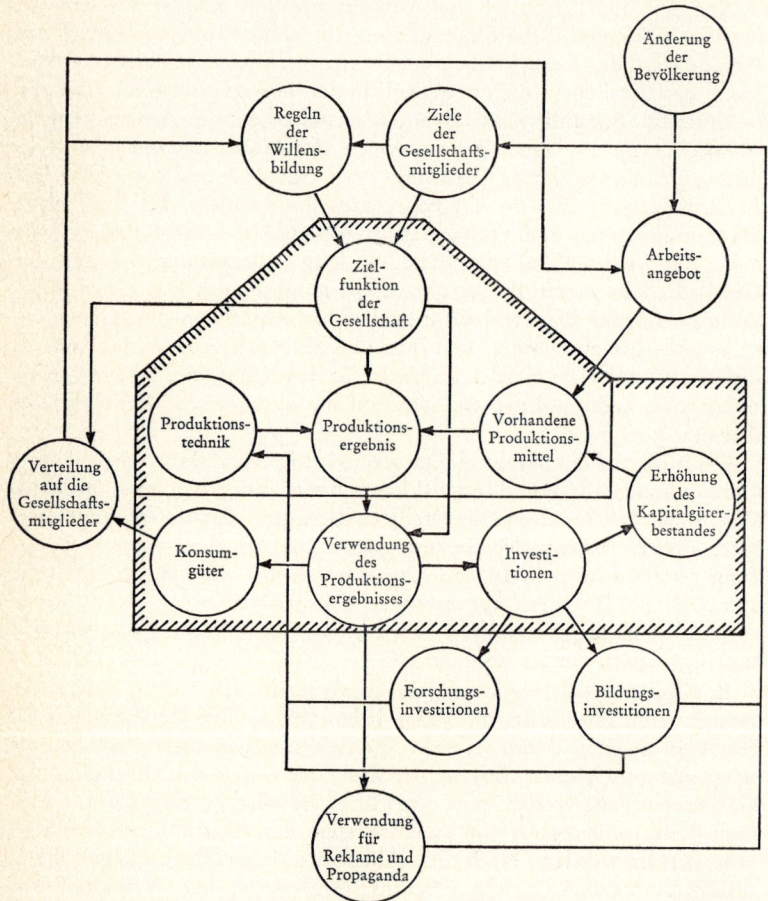

In Kapitel 3 wird die Fragestellung auf die intertemporalen Aspekte des Problems ausgedehnt. Der untere Teil des schraffiert abgegrenzten Feldes in Abbildung 1 wird also einbezogen, Investitionen, Ersparnisse

und Verteilung des Verbrauchs über die Zeit berücksichtigt. An Hand eines Zwei-Perioden-Modells werden die Bedingungen abgeleitet, unter denen eine Planwirtschaft einen optimalen Produktions-, Verbrauchs-, Spar- und Investitionsplan realisieren kann, wenn bestimmte Voraussetzungen gegeben sind. Es folgt eine kurze Analyse, unter welchen Umständen ein nach der Arbeitswertlehre abgeleitetes Preissystem den für eine optimale Güterversorgung notwendigen Verrechnungspreisen einer Planwirtschaft und den Preisen der vollständigen Konkurrenz entspricht. Dabei wird festgestellt, daß das nur in Ausnahmefällen der Fall ist. Eine erneute Diskussion der für eine möglichst gute Versorgung mit Gütern denkbaren Organisationsformen der Wirtschaft schließt das 3. Kapitel ab.

Das 2. und 3. Kapitel zeichnen sich durch ein hohes Abstraktionsniveau aus. Sie haben die Aufgabe, einen ersten Maßstab für eine optimale Verwirklichung beliebiger Ziele zu setzen und damit einen Hinweis auf mögliche Organisationsformen der Wirtschaft zu liefern. Gleichzeitig decken sie wichtige und für die Marktwirtschaft wohlbekannte Zusammenhänge auf. Wir gehen jedoch immer von den Problemen einer Planwirtschaft aus, um festzustellen, ob und wie weit diese Zusammenhänge auch für andere als für marktwirtschaftliche Organisationsformen bestehen. In diesem Teil der Untersuchung werden die sozialen Beziehungen, die in jeder arbeitsteiligen Gesellschaft zwischen den Menschen durch das Wirtschaften entstehen, nicht explizit gemacht. Diese Aufgabe bleibt späteren Kapiteln und insbesondere dem 2. Band vorbehalten. Beim Abstraktionsgrad der besprochenen Kapitel wäre die Erörterung dieses Problems auch fehl am Platz, da die Art der sozialen Beziehungen stark von der speziellen Organisation der Wirtschaft geprägt wird, von der wir hier weitgehend absehen.

In den folgenden Kapiteln wird der Abstraktionsgrad vermindert, werden einschränkende Voraussetzungen abgebaut und eine Reihe unberücksichtigt gebliebener Probleme in die Untersuchung einbezogen. Zunächst greifen wir in Kapitel 4 die Frage auf, wie die Ziele der Gesellschaft (die Zielfunktion) unter Verwendung von bestimmten Regeln der Willensbildung aus den Zielen der Gesellschaftsmitglieder gewonnen werden können, und wie die Verteilung der erzeugten Konsumgüter auf die Angehörigen der Gesellschaft erfolgen kann und soll. Es werden also die in Abbildung 1 links und oben in der Mitte angedeuteten Beziehungen untersucht. Dabei werden erstmals auch politische Probleme erörtert.

Kapitel 4 beginnt mit der Diskussion der Möglichkeit, die Haushalte bei vorgegebenen Einkommen dezentral über den gewünschten Güterbezug und Güterverbrauch entscheiden zu lassen und eine Koordination dieser vielen Einzelentscheidungen mit Hilfe des Marktes vorzunehmen. Anschließend wird bewiesen, daß dezentralisierte Entscheidungen durch die Haushalte und Koordinierung durch den Markt einem optimalen politischen Wahlverfahren entsprechen, bei dem jedoch die Haushalte unterschiedliche Stimmenzahlen besitzen, wenn die Einkommen verschieden groß sind.

Aus dieser Feststellung ergibt sich sofort die Frage, wie eine gerechte Einkommensverteilung aussehen soll und ob und wie diese realisiert werden kann. Eine Erörterung dieser Probleme findet sich im letzten Abschnitt des Kapitels. Es zeigt sich, daß befriedigende Lösungen schwer zu finden und zu realisieren sind. Der Marktmechanismus allein ist zur Verwirklichung einer gerechten Einkommensverteilung ungeeignet, aber auch politische Entscheidungsverfahren weisen in dieser Hinsicht große Mängel auf.

Im vorletzten Abschnitt des 4. Kapitels wird nach einer Art der Bildung einer gesellschaftlichen Zielfunktion gesucht, bei der eine Koordinierung von dezentralisierten Entscheidungen über den Markt nicht erforderlich ist. Es wird geprüft, ob und wie weit durch Mehrheitsbeschlüsse eine befriedigende Lösung der Frage erzielt werden kann, welche Güter in welchen Mengen produziert, und wie sie auf die Gesellschaftsmitglieder verteilt werden sollen. Auch hier ist der Abstraktionsgrad noch sehr hoch, da von den Kosten politischer Entscheidungsverfahren ganz abgesehen wird.

In Kapitel 5 lassen wir verschiedene vereinfachende Annahmen der Kapitel 2, 3 und auch 4 nacheinander fallen und prüfen, welche Folgerungen sich daraus für eine möglichst gute Organisation der Wirtschaft ergeben. Es handelt sich dabei einmal um die „klassischen" Probleme bei denen ein befriedigendes Funktionieren des Marktes gar nicht oder nur möglich ist, wenn gewisse zusätzliche Rahmenbedingungen mittels anderer Entscheidungsverfahren gesetzt werden. Als Stichworte seien zur Bezeichnung dieser Probleme zunehmende Grenzerträge in der Produktion, Interdependenzen der Ziele der Haushalte, ihre mögliche Abhängigkeit von Reklame und Propaganda, öffentliche Güter und externe Effekte genannt. Dabei werden auch die in Abbildung 1 unten für Reklame und Propaganda angedeuteten Zusammenhänge erörtert. Weiterhin wird im letzten Abschnitt des Kapitels die Frage untersucht, welche Probleme entstehen, wenn die Annahme vollständiger und kostenloser Information aufgehoben und außerdem davon ausgegangen wird, daß die Wirtschaftssysteme sich keineswegs von Anfang an in der erwünschten günstigsten Position befinden. In diesem Fall kommt der Frage der dynamischen Stabilität der betrachteten Systeme besondere Bedeutung zu.

Im einzelnen untersuchen wir im 5. Kapitel, welche Bedeutung die angesprochenen Probleme besitzen, welche Folgen sich aus ihrem Auftreten für verschiedene Wirtschaftssysteme ergeben und durch welche Entscheidungsverfahren und organisatorischen Maßnahmen diesen Problemen möglicherweise Rechnung getragen werden kann.

Kapitel 6 konzentriert sich auf grundlegende Probleme politischer Entscheidungsverfahren, von denen in den vorausgegangenen Kapiteln abgesehen wurde. Da ökonomische Fragen weitgehend im Hintergrund bleiben, bildet dieses Kapitel sozusagen das Gegengewicht zu den Kapiteln 2 und 3. Als erstes wird überprüft, ob und wann eine Notwendigkeit für die Existenz politischer Institutionen mit Zwangsgewalt besteht. Nachdem diese bewiesen worden ist, stellt sich die Frage nach dem möglichen Mißbrauch der öffentlichen Zwangsmittel und nach Organisationsformen und Verfassungsregeln, die den Mißbrauch der Staatsgewalt verhindern oder auf ein Minimum beschränken können. Abschließend untersuchen wir, welche Konsequenzen sich aus der Tatsache ergeben, daß die Verwendung politischer Entscheidungsverfahren mit Kosten verbunden ist. Denn einerseits entstehen den überstimmten Staatsbürgern bei einer Verwirklichung der beschlossenen Maßnahme externe Nachteile, während andererseits die Kosten zur Entscheidungsbildung um so höher sind, je größer die Zahl der am Entscheidungsprozeß Beteiligten wird. Aus diesem Grunde gehen wir erstmals auf die Frage ein, welche Konsequenzen sich aus der Existenz dieser Kosten für die Organisation der politischen Institutionen, die Zentralisierung oder Dezentralisierung der staatlichen Organe, die Verfassungsregeln, nach denen Entscheidungen zu treffen sind, und für den Umfang des den öffentlichen Einrichtungen vorzubehaltenden Aufgabenkreises ergeben.

Kapitel 7 fällt aus dem Rahmen der vorausgegangenen Kapitel und sucht als Übergang zum 2. Band wirtschaftliche Entwicklung, gegenwärtige Lage und wichtigste Probleme der modernen Industriestaaten zu skizzieren. Dabei werden die Bedeutung der Bevölkerungsvermehrung und der Zunahme des Arbeitsangebots ebenso wie die von Bildungs- und Forschungsinvestitionen kurz behandelt, also noch nicht erörterte Beziehungen der Abbildung 1 aufgegriffen. Gleichzeitig werden die im Wachstum wirksamen Kräfte, die durch den historisch einmaligen Expansionsprozeß hervorgerufenen Umstrukturierungen sowie die Vorteile und Nachteile des Wirtschaftswachstums in den Vordergrund gerückt. Damit haben wir gleichzeitig für den 2. Band Probleme und Aufgaben abgesteckt, denen sich Systeme mit den verschiedensten Entscheidungsverfahren in entwickelten Industriegesellschaften gegenübersehen. Im 2. Band wird von dieser Grundlage ausgehend zu prüfen sein, ob und wie weit unterschiedliche politisch-ökonomische Systeme zur Lösung dieser Probleme geeignet sind.

Es ist geplant, im 2. Band die verschiedenen möglichen Wirtschaftssysteme Marktwirtschaft mit Privateigentum, sozialistische Marktwirtschaft, Konkurrenzsozialismus und Zentralverwaltungswirtschaft genauer und im Gesamtzusammenhang auf ihre Leistungsfähigkeit zur Lösung der Probleme und zur Verwirklichung der Ziele fortgeschrittener Industriegesellschaften zu untersuchen. Eine Analyse der Machtbeziehungen zwischen Individuen und Gruppen und der zwischen ihnen bestehenden gegenseitigen Abhängigkeiten in verschiedenen Systemen wird unser besonderes Interesse beanspruchen. So wird die Bedeutung von Verbänden, Gewerkschaften und monopolistisch organisierter Marktmacht in Marktwirtschaften ebenso wie die auf der Verfügungsgewalt über Produktionsmittel beruhende Machtstellung von Funktionären in Zentralverwaltungswirtschaften erörtert werden.

In Abbildung 2 findet sich ein Schema für wichtige politisch-ökonomische Beziehungen in einer Marktwirtschaft mit Privateigentum. Dadurch wird ein Eindruck von den Zusammenhängen vermittelt, die in diesem Wirtschaftssystem unsere Aufmerksamkeit beanspruchen werden. Es ist beabsichtigt, eine ähnliche Untersuchung auch für die anderen Wirtschaftssysteme vorzunehmen.

Während die Bedeutung der in Abb. 2 angedeuteten Zusammenhänge erst allmählich und insbesondere im 2. Band herausgearbeitet werden kann, soll an dieser Stelle wenigstens eine kurze Erläuterung der dort skizzierten Zusammenhänge gegeben werden. Wir gehen von den Gesellschaftsmitgliedern aus (Mitte der Zeichnung). Diese werden im Entscheidungsprozeß in ihrer Funktion als Wähler, Konsumenten, Arbeitnehmer und Vermögensbesitzer tätig (siehe die Pfeile zu den entsprechenden Kreisen). Die Arbeitnehmer gehören zum Teil den Gewerkschaften an, während die Unternehmungen Eigentum der Vermögensbesitzer sind, die wiederum direkt oder indirekt (über die Unternehmungen) Mitglieder der Wirtschaftsverbände sein können. Wirtschaftsverbände und Gewerkschaften sind in der Lage, überwiegend konkurrenzmäßig organisierte Marktformen in monopolistische zu verwandeln. Gleichzeitig wirken sie bei der kollektiven Lohnbestimmung mit. In den Unternehmungen erfolgt die Gütererzeugung, deren Gestaltung jedoch u. a. auch von der Marktform abhängt. Die produzierten Konsumgüter werden den Konsumenten zum Verbrauch zur Verfügung gestellt, Gewinne und Einkommen der Produktionsmittel fließen den Arbeitnehmern und den Vermögensbesitzern zu.

Soweit einige der in Abb. 2 beschriebenen Beziehungen der Gesellschaftsmitglieder über den Markt und ihre Beeinflussung durch organi-

Abb. 2

Politische und wirtschaftliche Zusammenhänge in einer Marktwirtschaft mit Privateigentum

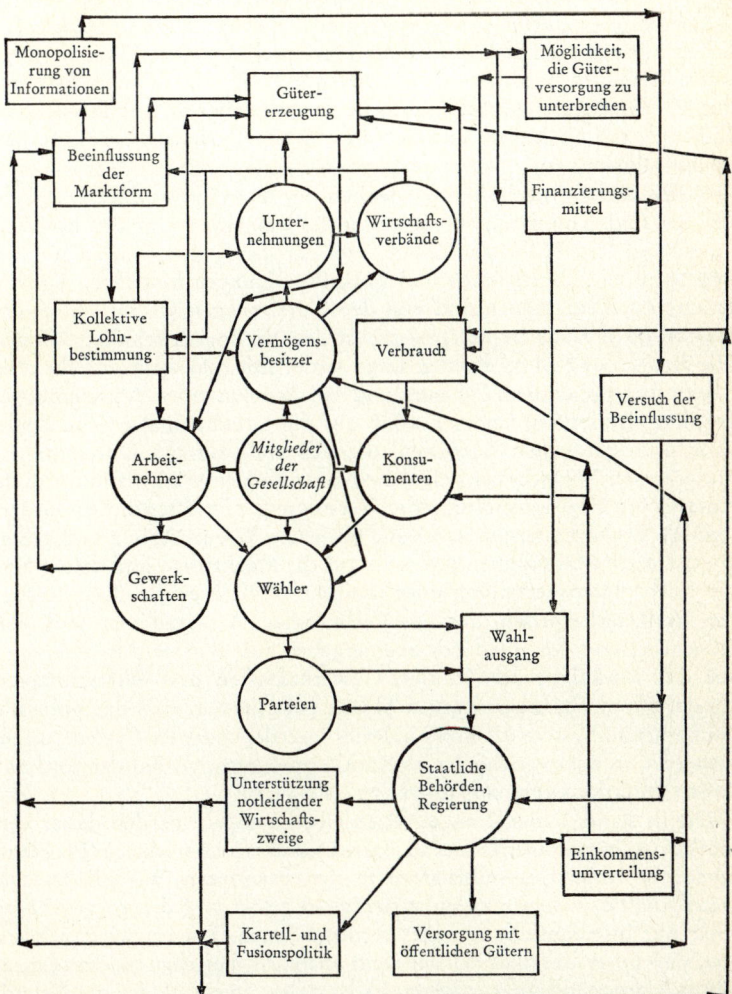

satorische Zusammenschlüsse. Wirtschaftsverbände und Gewerkschaften suchen jedoch nicht nur Einfluß auf die Märkte, sondern auch auf den politischen Entscheidungsprozeß zu nehmen. So erhalten sie in ihrem Bereich fast zwangsläufig Informationen, die Parteien und Staat häufig für ihre Entscheidungen benötigen, die sie sich aber gar nicht oder nur zu hohen Kosten selbst beschaffen können. Verbände und Gewerkschaften besitzen daher die Möglichkeit, durch den „Verkauf" ausgewählter Informationen Parteien, Regierung und Behörden zu beeinflussen. Daneben können sie auf Grund ihrer Marktstellung über Finanzierungsmittel verfügen und diese den Parteien z. B. für die Wahlpropaganda zur Verfügung stellen. Schließlich ist es etwa möglich, mit Streiks oder Liefersperren zu drohen und auf diese Weise Parteien oder Regierung zu beeinflussen.

Zufriedenheit oder Unzufriedenheit der Vermögensbesitzer, Arbeitnehmer und Konsumenten hängen in hohem Maße von der kollektiv ausgehandelten Höhe der Löhne, von der durch den Staat mit Hilfe von Steuern, Subventionen und Transferzahlungen bewirkten Umverteilung der Einkommen und von den Gütermengen ab, die sie bei den herrschenden Konsumgüterpreisen für den Verbrauch erhalten können. Die Beurteilung ihrer eigenen Lage wirkt sich nun auch auf ihr Verhalten gegenüber den Parteien und bei Wahlen oder Abstimmungen aus, hat also letzten Endes Einfluß auf die Entscheidungen von Regierung und staatlichen Behörden, die sich z. B. auf die Unterstützung notleidender Wirtschaftszweige, die Kontrolle der Marktform durch die Kartell- und Fusionspolitik, die Versorgung mit öffentlichen Gütern und die Einkommensumverteilung beziehen. Wie in Abb. 2 angegeben, wirken diese Maßnahmen ihrerseits auf die Marktform und direkt über die Einkommensverteilung oder indirekt (z. B. über die Beeinflussung der Verbraucherpreise) auf die Verbraucher, Arbeitnehmer und Vermögensbesitzer ein. Dadurch aber ergeben sich wieder Auswirkungen auf das Verhalten der Wähler, Gewerkschaften und Wirtschaftsverbände. Schon aus dieser kurzen Skizze geht hervor, daß das politisch-ökonomische System als kompliziertes interdependentes System aufzufassen ist, in dem verschiedenste Rückkoppelungen vorhanden sind und dessen Funktionsweise nur schwer zu erfassen ist.

Die in Band 1 und 2 angestellten Überlegungen werden daher vermutlich keinen Zweifel daran lassen, daß viele wichtige Probleme moderner Industriegesellschaften in den bekannten Wirtschafts- und Gesellschaftssystemen nur unbefriedigend gelöst und die vorgegebenen Ziele nur unzulänglich erreicht werden können. Ebenso wird sich zeigen, daß unser heutiges Wissen nicht ausreicht, bestehende Zusammenhänge hinreichend zu verstehen. Es ist daher zweckmäßig, die Grundlagen der Politischen Ökonomie mit einem Ausblick auf offene Fragen und mit dem Hinweis auf die Notwendigkeit der Entwicklung neuartiger und besserer Institutionen, Organisationsformen und Verfahrensregeln abzuschließen.

Zum Schluß noch ein kurzer Hinweis auf die Gebiete, die in diesem Buch nicht behandelt werden können. Alle Fragen der Geld- und Kredittheorie können nur am Rande berührt werden. Die internationalen Beziehungen müssen einschließlich der Außenwirtschaftsbeziehungen ebenfalls außer Betracht bleiben. Obwohl nicht verkannt wird, daß eine Berücksichtigung der entsprechenden Probleme sowohl unter ökonomischen als auch unter politischen Gesichtspunkten höchst wünschenswert wäre, läßt sich eine Beschränkung des Stoffes nicht vermeiden, wenn das behandelte Gebiet auch nur einigermaßen überschaubar bleiben soll.

Einführende Literatur

Einen Rahmen für die verschiedenen möglichen Entscheidungsverfahren und eine Diskussion der von ihnen unterschiedenen grundlegenden vier sozialen Entscheidungsprozesse
a) Preis- oder Marktmechanismus,
b) Hierarchie (Bürokratie),
c) Polyarchie oder Demokratie und
d) Verhandlungen
bieten
Robert A. Dahl und *Charles E. Lindblom*, Politics, Economics and Welfare. New York/Evanston (Ill.)/London 1963.

Die marxistische Politische Ökonomie findet eine gute Darstellung in:
Paul M. Sweezy, Theorie der kapitalistischen Entwicklung, übersetzt von *Gertrud Rittig-Baumhaus*, Edition Suhrkamp 433, 2. Auflage, 1971.

Von besonderer Bedeutung für die Entwicklung der neuen Politischen Ökonomie ist das Buch von
Joseph A. Schumpeter, Kapitalismus, Sozialismus und Demokratie. Bern 1946.

Schumpeter ist wie Marx, jedoch nicht wegen der Widersprüche, sondern wegen der Erfolge des kapitalistischen Systems davon überzeugt, daß der Kapitalismus vom Sozialismus abgelöst werden wird. Er glaubt demnach wie Marx, daß die kommende Entwicklung weitgehend determiniert ist.

Das 1. Kapitel von Schumpeters Werk enthält eine umfassende Würdigung und Kritik des Systems von Marx.

Einen Überblick über die wesentlichen Arbeiten der neuen Politischen Ökonomie bringt
Bruno S. Frey, Die ökonomische Theorie der Politik oder die neue Politische Ökonomie, in: Zeitschrift für die gesamte Staatswissenschaft, 126. Band, 1970, S. 1–23.

Außerdem bietet

Michael Taylor, Review Article: Mathematical Political Theory. British Journal of Political Science, Band 1, 1971, S. 339–382.

eine eingehende Würdigung der neueren mathematisch orientierten Ansätze.

Eine Einführung in die Grundprobleme der Theorie der Wirtschaftspolitik findet sich bei

Herbert Giersch, Allgemeine Wirtschaftspolitik, Grundlagen. Wiesbaden 1961.

Der Zusammenhang zwischen der Außenpolitik und den internationalen Wirtschaftsbeziehungen wird in

Peter Bernholz, Außenpolitik und Internationalen Wirtschaftsbeziehungen, Frankfurt/Main 1966

erörtert.

Kapitel 1

PROBLEME UND ZIELE DER POLITISCHEN ÖKONOMIE

„The economist studies the disposal of scarce means. He is interested in the way different degrees of scarcity of different goods give rise to different valuations between them... Economics is the science which studies human behaviour as a relationship between ends and scarce means which have alternative uses."

Lionel Robbins [1]

„Politics is the authoritative allocation of value."

David Easton [2]

1.1 Der Gegenstand der Nationalökonomie

Die Nationalökonomie beschäftigt sich mit der Art und Weise, in der angesichts einer Vielzahl unterschiedlicher menschlicher Ziele oder Wünsche über knappe Mittel zur Erfüllung dieser Ziele oder Wünsche verfügt wird. Könnten alle Bedürfnisse unterschiedslos erfüllt werden, so bestünde keine Notwendigkeit zum Wirtschaften. Eine Bewertung der Mittel, die der Befriedigung menschlicher Wünsche dienen, wäre sinnlos; alle Güter stünden im Überfluß zur Verfügung und wären daher freie Güter. Die Nationalökonomie müßte jedermann als nutzlose Wissenschaft, ja als Zeitverschwendung erscheinen.

Leider leben wir nicht im Schlaraffenland. Damit tritt aber die von Ökonomen immer wieder gestellte Frage in den Vordergrund, wie bei gegebenen Wünschen der Individuen oder Gruppen und bei vorhandenen begrenzten Gütervorräten und Produktionsmitteln wie Arbeit, Boden, Naturschätzen, Gebäuden und Maschinen eine möglichst weitgehende, ja eine „optimale" Erfüllung dieser Wünsche erreicht werden kann. Das damit umschriebene Problem kann geradezu als das Kernproblem der Nationalökonomie bezeichnet werden.

Die in Geschichte und Gegenwart zu beobachtenden unterschiedlichen Wirtschaftssysteme mit ihren oft stark voneinander abweichenden Institutionen und Entscheidungsregeln können als bewußte oder unbewußte Versuche zu einer Lösung des ökonomischen Kernproblems, zur mehr oder minder guten Überwindung der Knappheit aufgefaßt werden. Die Nationalökonomie hat durch Untersuchungen, wie in verschiedenen Wirtschaftssystemen die vorgegebenen Ziele verwirklicht

---

[1] An Essay on the Nature and Significance of Economic Science. London 1949, S. 16.
[2] The Political System. New York 1953.

werden und wie bei gegebenen Wünschen der bei den Entscheidungen Mitwirkenden die Güterversorgung möglichst gut geregelt werden kann, nicht nur wesentlich zum Verständnis dieser Systeme, sondern auch zur Erkenntnis der Folgen unterschiedlicher Handlungen und Maßnahmen innerhalb derselben beigetragen.

1.2 Die Notwendigkeit der Einbeziehung politischer Faktoren in die Betrachtung

Die wissenschaftlich fruchtbare Begrenzung auf „rein ökonomische" Probleme, die sich die Nationalökonomen in den letzten Jahrzehnten meist auferlegt haben, indem sie sich auf das ökonomische Kernproblem bei gegebenen Zielen der Wirtschaftsubjekte konzentriert haben, besitzt jedoch auch große Nachteile. Selbst in einer Marktwirtschaft mit Privateigentum, bei der man sich zunächst vorstellen könnte, daß der Wirtschaftsprozeß säuberlich getrennt von allen „politischen" Einflüssen in einem durch politische Entscheidungen gegebenen Rahmen abläuft, kann von einer solchen sauberen Trennung nicht die Rede sein. So wird ein Wirtschaftszweig wie die Landwirtschaft oder der Kohlenbergbau sich organisatorisch zusammenschließen und versuchen, den politischen Entscheidungsprozeß zu seinen Gunsten zu beeinflussen, wenn die durch den Markt erzielten Ergebnisse für unzureichend gehalten werden. Umgekehrt kann es vorkommen, daß der Entscheidungsmechanismus Markt durch die Bildung von Kartellen in seinen Regeln derart umgewandelt wird, daß er eine möglichst gute Güterversorgung der Konsumenten nicht mehr wie beabsichtigt leisten kann. Aufgrund dieser Entwicklung mögen sich dann die politischen Instanzen zu einer Neuordnung des Marktes mittels einer gesetzlichen Kartell- und Fusionskontrolle veranlaßt sehen. Man sollte auch nicht vergessen, daß bestimmte ökonomisch bedeutsame Ereignisse, wie die Tatsache, daß in demokratischen Marktwirtschaften mit Privateigentum seit Jahrzehnten eine Tendenz zur Behinderung der Importe, nicht aber der Exporte besteht, ohne Einbeziehung von politischen Entscheidungsprozessen in die Analyse gar nicht erklärt werden können. Schließlich kann die Lösung bestimmter wirtschaftlicher Probleme, wie die Versorgung mit den „öffentlichen" Gütern „Sicherheit", Sauberkeit der Luft und des Wassers, gar nicht oder nur schlecht über den Marktmechanismus gelöst werden.

1.2.1 Politische Aspekte des ökonomischen Kernproblems in einer Marktwirtschaft

Kann die Versorgung mit öffentlichen Gütern und damit die Erfüllung entsprechender Wünsche der Individuen mutmaßlich nur unter Verwendung politischer Entscheidungsprozesse gelöst werden, so zeigt sich, daß bereits die Beurteilung grundlegender Maßnahmen zur Verminderung der Knappheit nicht auf die Analyse politischer Prozesse verzichten kann. Aber selbst wenn man von der Existenz öffentlicher Güter absieht, erkennt man leicht, daß die Lösung des ökonomischen Kernproblems untrennbar mit politischen Aspekten verbunden ist, denen man ganz unabhängig von der Organisation des Wirtschaftssystems nicht ausweichen kann.

Betrachten wir den Extremfall einer Marktwirtschaft, in der Haushalte und Unternehmungen innerhalb ihrer finanziellen Möglichkeiten über alle Güter verfügen und insbesondere beliebige Mengen von Konsumgütern und Produktionsmitteln kaufen und verkaufen können. Selbst in einer solchen Wirtschaft muß zunächst einmal geregelt sein, wem die verschiedenen Grundstücke, Gebäude, Maschinen und sonstigen Güter gehören, welche Verfügungsrechte der Eigentümer oder Besitzer der verschiedensten Dinge ausüben kann, durch welche Handlungen Güter abgegeben und erworben werden können, und wer bei einem Todesfall an die Stelle des bisherigen Eigentümers oder Besitzers tritt. Das Funktionieren einer reinen Marktwirtschaft setzt also die Existenz eines Eigentumsrechtes, Erbrechtes usw. voraus.

Weiterhin ist offensichtlich, daß die erforderliche Rechtsordnung Vorschriften gegen Verletzungen ihrer Normen wie durch Diebstahl oder Betrug enthalten muß, wenn sie funktionieren soll. Die Entwicklung eines Strafrechts, das Vorhandensein von Polizei und Gerichten oder anderer, ihre Funktion wahrnehmenden Institutionen ist also ebenfalls notwendig.

Die geschilderten Voraussetzungen einer Marktwirtschaft können ihrerseits kaum durch den Markt geschaffen und unterhalten oder finanziert werden. Ist das aber der Fall, so müssen die erforderlichen Regeln und Institutionen durch andere Entscheidungsprozesse als den Markt, und zwar mit Hilfe von politischen Entscheidungen geschaffen und erhalten werden.

Zusammenfassend läßt sich also sagen, daß zwar die Marktentscheidungen selbst keinen politischen Akt darstellen, daß jedoch politische Entscheidungen zur Errichtung und Bewahrung eines Marktsystems erforderlich sind.

1.2.2 Politische Lösungen des ökonomischen Kernproblems in einer Zentralverwaltungswirtschaft

Im Gegensatz zur Marktwirtschaft kann man sich eine totale Planwirtschaft vorstellen, in der sich alle Produktionsmittel in öffentlichem Eigentum befinden und in der alle ökonomischen Entscheidungen von der Regierung und ihren untergeordneten Behörden gefällt werden. Diese bestimmen was und wieviel jeder arbeiten muß, welche Maschinen, Anlagen und Grundstücke zur Produktion welcher Güter verwendet werden und wieviel von den hergestellten Konsumgütern jeder einzelne erhält. In einem solchen Wirtschaftssystem existieren keine Preise, oder es kommt doch den Preisen ebensowenig wie dem Markt irgendeine Bedeutung zu. Alle Entscheidungen werden durch politische Instanzen, mit Hilfe von politischen Entscheidungsprozessen getroffen.

Diese Tatsache führt nun dazu, daß eine Nationalökonomie, die die Analyse von politischen Entscheidungsprozessen ablehnt, nicht in der Lage ist zu verstehen, wie in der total zentralgeleiteten Planwirtschaft das Problem der Knappheit gelöst wird. Sie müßte in diesem Fall auf jedes Verständnis, warum bestimmte Entscheidungen so und nicht anders ausgefallen sind, von vornherein verzichten. Schon gar nicht wäre es ihr möglich, den Ausgang oder die Auswirkungen von Entscheidungsprozessen in der Zentralverwaltungswirtschaft vorauszusagen. Die Nationalökonomie wäre in ihren Aussagen über wirtschaftliche Zusammenhänge auf die konkreten Wirtschaftsordnungen beschränkt, die das ökonomische Kernproblem wenigstens teilweise mit Hilfe von Märkten lösen. Eine solche Einengung der nationalökonomischen Disziplin scheint jedoch systematisch durch nichts gerechtfertigt, würde wichtige Zusammenhänge der Realität zerreißen und die Lösung des ökonomischen Kernproblems in vielen konkreten Wirtschaftsordnungen willkürlich außer acht lassen. Die Nationalökonomie kann ihren Aufgaben also nur gerecht werden, wenn sie als „Politische Ökonomie" politische Entscheidungsprozesse, die für die Lösung ökonomischer Probleme verwendet werden, in ihr Forschungsgebiet einbezieht.

1.3 Die Bedeutung der Berücksichtigung gesellschaftlicher Zusammenhänge

> „It seems obvious that ... the economist avoids a systematic exploration of those social relations which are so universally regarded as having a relevance to economic problems that they are deeply imbedded in the everyday speech of the business world. And it is even more obvious that the basic point of view which modern economics has adopted unfits it for the larger task of throwing light on the role of the economic element in the complex totality of relations between man and man which make up what we call society."
>
> *Paul M. Sweezy* [3]

---

[3] The Theory of Capitalist Development, London 1946, S. 7.

Die traditionelle Nationalökonomie hat zumindest in ihrer expliziten Formulierung nicht nur politische Fragen, sondern auch die durch das Wirtschaften bedingten menschlichen und gesellschaftlichen Beziehungen weitgehend vernachlässigt. Die moderne Wirtschaft mit ihrer komplizierten Arbeitsteilung in und zwischen einer Vielzahl von Betrieben, Haushalten, Verbänden und öffentlichen Stellen ist jedoch eine gesellschaftliche Organisation, in der die zwischenmenschlichen Beziehungen, ja die Prägung der Menschen selbst, in hohem Maße von der Art der gewählten Organisation, also von dem jeweils herrschenden Wirtschaftssystem abhängig sind. Werden diese Zusammenhänge übersehen oder nicht explizit erörtert, so besteht die Gefahr, daß wesentliche Faktoren unberücksichtigt bleiben, die für die Beurteilung der Entwicklungstendenzen und der Qualität verschiedener Wirtschaftssysteme bedeutsam sind. Es ist daher Aufgabe der Politischen Ökonomie, die zwischenmenschlichen und gesellschaftlichen Aspekte des Wirtschaftens zu berücksichtigen und ihre Bedeutung herauszuarbeiten. Wir werden auf diese Probleme insbesondere im 2. Band, an verschiedenen Stellen jedoch auch im 1. Band dieses Buches einzugehen haben.

Die Vernachlässigung gesellschaftlicher Zusammenhänge sollte jedoch in ihrer Bedeutung andererseits nicht überschätzt werden. In fast allen Fällen lassen sich die von der traditionellen Nationalökonomie entwickelten Theorien in einer Weise deuten oder ergänzen, daß gesellschaftliche Faktoren einbezogen werden können. So sucht die Grenzproduktivitätstheorie die Faktorpreise von Arbeit, Kapital und Boden zu bestimmen [4]. Dabei wird die personelle Einkommensverteilung und damit die Verteilung der produzierten Güter auf verschiedene Gruppen oder Klassen der Bevölkerung vernachlässigt. Die Beziehungen und möglichen Konfliktsituationen zwischen diesen Klassen bleiben verborgen. Berücksichtigt man nun jedoch zusätzlich den Umstand, daß Boden und Kapital, daß also die Produktionsmittel sich z. B. in einer Marktwirtschaft mit Privateigentum überwiegend in den Händen eines kleinen Teils der Bevölkerung befinden, so sieht man sofort mit Hilfe der Grenzproduktivitätstheorie, warum und in welchem Maße arbeitslose Einkommen dieser Klasse zufließen. Da andererseits die Masse der Bevölkerung als Arbeitnehmer nur Arbeitseinkommen bezieht, die ebenfalls von der Grenzproduktivitätstheorie erklärt werden, wird bei Berücksichtigung der Eigentumsverhältnisse die Frage nach der Gerechtigkeit der Einkommens- und Vermögensverteilung, den Beziehungen und den möglichen Konflikten zwischen den Klassen in den Vor-

---

[4] Wir diskutieren hier nicht die Frage, ob, wie weit und unter welchen Bedingungen diese Theorie zutreffend ist.

dergrund gerückt. Wir sehen also, daß die Grenzproduktivitätstheorie durchaus dazu verwendet werden kann, gesellschaftliche Beziehungen zu erklären, sobald sie durch zusätzliche Annahmen bezüglich der Eigentumsordnung und der Besitzverhältnisse ergänzt wird.

Die Abstraktion der „reinen Theorie" von den gesellschaftlichen Verhältnissen hat neben den skizzierten Nachteilen auch ihre Vorteile, wird diese doch gerade dadurch in die Lage versetzt, Zusammenhänge, Probleme und mögliche Lösungen aufzudecken, die verschiedenen Wirtschaftssystemen gemeinsam sind. Umgekehrt wird eine Theorie, die sich von vornherein auf ein bestimmtes Wirtschafts- und Gesellschaftssystem konzentriert, um in erster Linie die gesellschaftlichen Beziehungen herauszuarbeiten, Gefahr laufen, Phänomene der Realität, die in verschiedenen Wirtschaftssystemen vorhanden sind, fälschlich für Folgen gesellschaftlicher Bedingungen des gerade betrachteten Systems zu halten. So sind z. B. Marx und seine Nachfolger in diesen Fehler verfallen, als sie den Zins (oder allgemeiner: den Profit) einzig als Folge des Privateigentums an Produktionsmitteln mit Hilfe der Arbeitswertlehre und der Ausbeutungstheorie zu erklären suchten. Tatsächlich läßt sich zeigen, daß auch in einer Planwirtschaft mit Kollektiveigentum, in der eine optimale Güterversorgung angestrebt wird und in der die Preise als Lenkungsmittel verwendet werden, ein Zins berechnet werden muß (vgl. Kapitel 3). Unterschiedlich nach Wirtschafts- und Gesellschaftssystem ist in diesem Fall nur die allerdings wichtige Frage geregelt, wer über die Produktionsmittel verfügen darf und wem die arbeitslosen Einkommen zufließen.

1.4 Werturteile der Politischen Ökonomie

1.4.1 Die Notwendigkeit von Werturteilen bei Wohlfahrtsvergleichen

Die Nationalökonomie beschäftigt sich, so sagten wir, mit der Art und Weise, in der angesichts einer Vielzahl unterschiedlicher menschlicher Ziele über knappe Mittel zur Verwirklichung dieser Ziele verfügt wird. Sie sucht Antwort auf die Frage zu geben, wie in verschiedenen Wirtschaftssystemen und bei verschiedenartiger Ausstattung mit Produktionsmitteln das Problem der Knappheit gelöst wird, und mit welchen Folgen bei unvorhergesehenen Ereignissen wie Mißernten, Zunahme der Bevölkerung oder technischem Fortschritt zu rechnen ist, und welche Konsequenzen Maßnahmen öffentlicher Stellen wie Vermehrung der Geldmenge, Haushaltsdefizit, Preisfixierung oder Rationierung nach sich ziehen. Dabei braucht sich die Nationalökonomie nicht auf bestehende Systeme, Institutionen und ihre Maßnahmen zu beschränken, sondern kann auch die Art der Lösung der ökonomischen Probleme in bisher noch nicht realisierten Wirtschaftssystemen mit bislang unerprobten Institutionen zu prüfen suchen.

Hier wird man jedoch sofort fragen: Hat es denn viel Sinn, die Auswirkungen noch nicht verwirklichter Systeme zu überdenken, wenn nicht gleichzeitig geprüft wird, ob sie das Knappheitsproblem „besser" lösen, also zu einer „besseren" Güterversorgung führen? Und in der Tat, wäre es nicht seltsam, wollte die Nationalökonomie auf diese Fragestellung verzichten, wo doch das Ziel allen Wirtschaftens eine möglichst weitgehende Überwindung der Knappheit ist?

Gesteht man die Berechtigung der Fragestellung bezüglich noch nicht realisierter Wirtschaftsordnungen und Institutionen zu, so wird man sie auch in bezug auf bereits realisierte Ordnungen zulassen müssen. Die Nationalökonomie hätte also auch zu untersuchen, ob und wie weit verschiedene konkrete Wirtschaftsordnungen und Institutionen das Problem der Knappheit besser oder schlechter lösen.

Um eine Lösung als besser oder schlechter bezeichnen zu können, wird offenbar ein Maßstab, eine Norm benötigt, an der man die Güte einer Situation ablesen kann. Nun sind viele verschiedene solcher Maßstäbe oder Normen denkbar, und jede Auswahl einer Norm, als eine von der Nationalökonomie für die Beurteilung von Wirtschaftssystemen hinsichtlich ihrer Eignung zur Lösung des Knappheitsproblems zu verwendende Norm stellt ein Werturteil dar. Jeder Vergleich von Wirtschaftssystemen und Institutionen bezüglich ihrer Güte schließt also notwendigerweise ein Werturteil ein.

Die Nationalökonomie hat sich bisher besonders im Rahmen der Wohlfahrtstheorie (Welfare Theory) mit den soeben angeschnittenen Fragen beschäftigt. Besonderer Vorliebe erfreuen sich dabei zwei einander ergänzende Normen: Die Effizienz der Produktion und die Pareto-Optimalität. Von Pareto-Optimalität spricht man dann, wenn kein Verbraucher in einer Gesellschaft besser gestellt werden kann, ohne daß wenigstens ein anderer schlechter gestellt wird. Dabei wird die Beurteilung der Situation dem jeweils betroffenen Konsumenten überlassen. Effizienz der Produktion ist dann verwirklicht, wenn von keinem Gute mehr hergestellt werden kann, ohne daß die Produktion wenigstens eines anderen Gutes vermindert werden muß.

Wie man sieht, handelt es sich hier um Normen, die wohl fast jedermann sofort akzeptiert, so daß ihr Charakter als Werturteile, über deren Berechtigung man durchaus verschiedener Meinung sein kann, leicht in Vergessenheit gerät. Dennoch handelt es sich um wissenschaftlich nicht beweisbare Werturteile, die keineswegs selbst-evident sind. Warum sollte z. B. eine Situation, in der man einem Millionär 1000 DM mehr, einem Bettler dagegen gleich wenig gibt wie bisher, entsprechend dem Kriterium der Pareto-Optimalität gegenüber der Ausgangslage notwendigerweise besser sein? Es ist ja durchaus denkbar, daß man die neue Situation wegen der gegenüber dem Millionär relativ verschlechterten Lage des Bettlers sogar für schlechter hält.

Blieb die Verwendung von Werturteilen in der Nationalökonomie bislang weitgehend auf die Wohlfahrtstheorie beschränkt, so ist darin ein unnötiges und wenig sinnvolles Vorgehen zu sehen. Denn wie im folgenden Abschnitt zu zeigen sein wird, drängen sich eine ganze Reihe weiterer Probleme auf, die nur unter Verwendung von zusätzlichen Werturteilen zu lösen sind, sobald die Frage nach der „Güte" von Wirtschaftssystemen, Institutionen und einzelnen Maßnahmen gestellt wird.

1.4.2 Weitere Gründe für die Verwendung von Werturteilen in der Nationalökonomie

Jeder konkrete Lösungsversuch des Kernproblems des Wirtschaftens wirft ebenso wie die Beurteilung ihrer Qualität durch die Nationalökonomie eine ganze Reihe von Fragen auf, von denen einige nur unter Verwendung von Werturteilen beantwortet werden können.

Die nächstliegende Frage, die in diesem Zusammenhang zu stellen ist, lautet:

1. Welche unterschiedlichen Mengenkombinationen der verschiedenen Güter können denn überhaupt mit den vorhandenen begrenzten Produktionsmitteln hergestellt werden?

Wie man sieht, kann man bei der Beantwortung dieser Frage noch ganz ohne Werturteile auskommen. Das wird jedoch sofort anders bei den folgenden, sich unmittelbar aufdrängenden Fragen:

2. Welche Güter sollen und wieviel soll von ihnen hergestellt werden? Wieviel soll gearbeitet werden?

3. Soll jetzt oder in der Zukunft mehr oder weniger an Konsumgütern erzeugt werden? Wie hoch soll, um die gleiche Frage anders auszudrücken, die Höhe der Ersparnisse und der Investitionen festgelegt werden?

4. Wie sollen die produzierten Güter und die erforderliche Arbeit auf die Mitglieder der Gesellschaft verteilt werden? Wie soll die Einkommensverteilung geregelt werden?

Die angeführten Fragen erfordern eine Antwort darauf, wie bestimmte Probleme gelöst werden sollen. Sie können daher nur beantwortet werden, wenn bestimmte Zielvorstellungen bewußt oder unbewußt zugrunde gelegt werden. Die Akzeptierung bestimmter Zielvorstellungen impliziert jedoch immer ein Werturteil, da man sich ja durchaus auch für die Auswahl anderer Ziele entscheiden könnte.

Die zuletzt genannten Fragen führen zwangsläufig zu weiteren Problemen, die sich ebenfalls als normative Probleme der Politischen Ökonomie kennzeichnen lassen:

5. Wer soll bei der Lösung der oben angegebenen Fragen (mit-)entscheiden?
6. Wie sollen die Entscheidungsregeln aussehen, nach denen sich die Entscheidenden richten?

Es wird hier also sozusagen nach der Verfassung gefragt, nach der die zur Beantwortung der Fragen 2–4 erforderlichen Entscheidungen gefällt werden sollen. Auch die Festlegung einer Verfassung und speziell einer Wirtschaftsverfassung impliziert demnach Werturteile.

Die Nationalökonomie hat sich der von uns für notwendig gehaltenen Verwendung von Werturteilen häufig entzogen oder die von ihr benutzten Werturteile nicht explizit gemacht[5]. Handelt es sich im letzten Fall einfach um ein wissenschaftlich wenig korrektes Verfahren, so stellt sich die Frage, auf welche Weise man im erstgenannten Fall wissenschaftlich einwandfrei auf Werturteile verzichten konnte.

Die Antwort ist einfach. Setzt man nämlich Wirtschaftsverfassungen, Entscheidungsträger und Entscheidungsregeln als gegeben voraus, so kann man die Analyse darauf beschränken, wie bei verschiedenen Wirtschaftsverfassungen, Entscheidungsträgern und Entscheidungsregeln die Güterversorgung geregelt wird und welche Konsequenzen verschiedene wirtschaftliche Maßnahmen nach sich ziehen. Ja, man kann sogar prüfen, ob bei gegebenen Zielen der Entscheidungsträger die vorgesehenen oder ergriffenen Handlungen geeignet sind, diese Ziele zu erreichen, ohne daß es notwendig wird, auf Werturteile zurückzugreifen. Das normative Element in den Fragen 2 bis 4 läßt sich bei einem solchen Vorgehen leicht entfernen.

Geht man z. B. von einer Marktwirtschaft als Wirtschaftsverfassung und von Haushalten und Unternehmungen als einzigen voneinander unabhängigen Entscheidungsträgern aus, so kann man für diese Bedingungen statt der Frage 2 nun die folgende Frage zu beantworten suchen:

2 a. Welche Güter werden und wieviel wird von ihnen hergestellt? Wieviel wird gearbeitet?

---

[5] Das trifft jedoch für viele Vertreter der modernen Theorie der Wirtschaftspolitik nicht zu. Vgl. etwa *Herbert Giersch*, Allgemeine Wirtschaftspolitik, Wiesbaden 1961, insbesondere S. 42–55.

Ganz analog läßt sich der normative Gehalt der Fragen 3 und 4 entfernen. Nun soll nicht bestritten werden, daß die Analyse der damit aufgeworfenen Probleme wichtig und bedeutsam ist. Ganz im Gegenteil muß sogar betont werden, daß auf die Fragen 2 bis 4 eine Antwort nur dann gegeben werden kann, wenn zuvor die analogen Fragen 2 a bis 4 a ohne normativen Gehalt für verschiedene Wirtschaftsverfassungen und Entscheidungsträger beantwortet worden sind. Die Politische Ökonomie setzt also die positive Nationalökonomie, die auf Werturteile verzichtet, voraus.

Andererseits kann nicht entschieden genug betont werden, daß die Nationalökonomie die Frage, welches von zwei Wirtschaftssystemen eine bessere Güterversorgung erlaubt, oder wie eine optimale Überwindung der Knappheit erzielt werden kann, nur zu beantworten vermag, wenn sie auf die Verwendung von Werturteilen nicht verzichtet.

Darüber hinaus hat die explizite Herausarbeitung der Fragen 2 bis 6 den Vorteil, daß ganz deutlich zum Ausdruck gebracht wird, welche Entscheidungen bei der Auswahl eines konkreten Wirtschaftssystems und einer konkreten Wirtschaftsverfassung zu fällen sind oder bereits gefällt wurden.

1.5 Die wissenschaftliche Problematik von Werturteilen

Die Politische Ökonomie kann auf die Analyse bestimmter politischer Zusammenhänge ebensowenig wie auf die Verwendung von Werturteilen verzichten, wenn die zentralen ökonomischen Probleme in befriedigender Weise untersucht werden sollen. So viel sollte jedenfalls aus den Fragen und Problemen der Politischen Ökonomie, auf die in den letzten Abschnitten hingewiesen wurde, deutlich zu erkennen sein.

Nun hat jedoch die überwiegende Zahl der Nationalökonomen – sieht man einmal von der Wohlfahrtstheorie ab – sich in den letzten Jahrzehnten nicht ohne gute Gründe der Verwendung von Werturteilen enthalten. Lassen sich doch Aussagen, die Werturteile enthalten, keineswegs in gleicher Weise wie „positive" Aussagen beweisen.

Betrachten wir zur Verdeutlichung ein Beispiel. Der Satz 1 „Eine Erhöhung der Steuern hat bei sonst unveränderten Bedingungen eine Verminderung der Inflationsrate zur Folge" ist eine positive Aussage über die Realität, die falsch oder richtig sein kann. Und zwar falsch oder richtig in dem Sinne, daß sie die tatsächlichen Zusammenhänge wiedergibt oder nicht. Nun ist es zwar nicht immer leicht festzustellen, ob ein Satz wie der oben angegebene zutrifft oder nicht. Jedoch ist es prinzipiell möglich, durch Experimente oder Beobachtungen der Ereignisse der Realität eine positive Aussage zu widerlegen und damit als falsch zu erweisen. Beobachtet man z. B., daß nach Steuererhöhungen bei sonst unveränderten Bedingungen die Inflationsrate nicht kleiner wird, so ist die oben angegebene Aussage falsch. Wichtig ist es noch, auf eine bedeutsame Tatsache kurz hinzuweisen. Als richtig kann eine positive Aussage endgültig nie erwiesen werden, da immer in der Zukunft Ereignisse auftreten können, die sie widerlegen. So mag unser Satz sich 99mal bei den Beobachtungen der Realität als richtig herausstellen, während schließlich bei der 100. Überprüfung die Inflationsrate nicht kleiner wird. Wissenschaftliche Urteile, Theorien und Modelle sind demnach immer nur vorläufig, sozusagen provisorisch, nie aber endgültig bewiesen. Die Möglichkeit einer Widerlegung und der deshalb notwendigen Änderung und Verbesserung der Theorie besteht folglich immer.

Kontrastieren wir die oben angegebene positive Aussage mit dem ein Werturteil enthaltenden Satz 2 „Die Steuern sollen erhöht werden, weil eine solche Erhöhung bei sonst unveränderten Bedingungen eine Verminderung der Inflationsrate zur Folge hat." Läßt sich diese Aussage in gleicher Weise als richtig oder falsch erweisen? Man erkennt sofort, daß das keineswegs der Fall ist. Der Satzteil „Die Steuern sollen erhöht werden" kann nicht wie eine positive Aussage dadurch widerlegt werden, daß man Ereignisse der Realität beobachtet, die ihm widersprechen. Bestenfalls ist es möglich, den gesamten ein Werturteil enthaltenden Satz aus einer übergeordneten Norm, einem Ziel und der oben angegebenen positiven Aussage 1 *logisch* richtig abzuleiten. Akzeptieren wir etwa das Werturteil 3 „Eine Inflation soll vermieden werden", so folgt aus diesem Satz 3 und aus Satz 1 logisch die Richtigkeit von Satz 2. Man beachte übrigens, daß 2 nur dann „richtig" ist, wenn nicht nur die Norm oder das Postulat 3 akzeptiert wird, sondern auch die positive Aussage richtig ist. Das bedeutet, daß Anweisungen für eine Beeinflussung oder Änderung der Realität für ihre Richtigkeit nicht nur von den vielleicht allgemein gebilligten darin enthaltenen Werturteilen, sondern auch von der richtigen Erkenntnis der tatsächlichen Zusammenhänge abhängig sind. Die positiven Aussagen etwa der Nationalökonomie sind also notwendige Voraussetzungen für wertende Urteile der Politischen Ökonomie, während sie selbst nicht auf deren Werturteile angewiesen sind.

Die Unabhängigkeit der positiven Aussagen von Werturteilen bedeutet allerdings nicht, daß die positive Wissenschaft gar nichts mit Werturteilen zu tun hat. Schon die Frage, welche Zusammenhänge von ihr zunächst erforscht werden und welche anderen vorerst unberücksichtigt bleiben sollen, macht ja wertende Entscheidungen notwendig. Auch hatte es sich bereits bei den vorausgegangenen Erörterungen gezeigt, daß gerade die Auswahl bestimmter Forschungsgebiete oder bestimmter Fragestellungen zu einer Ausklammerung wichtiger Probleme führen kann. Und diese Konsequenz kann gerade deshalb auftreten, weil man normativen Fragen aus erkenntnistheoretischen Gründen ausweicht und sie in positive Fragen abändert.

Es scheint daher, als ob wir uns in einem unausweichlichen Dilemma befänden. Einmal hatten wir uns überzeugt, daß eine Einbeziehung von wertenden Postulaten in die Analysen der Politischen Ökonomie wünschenswert ist. Andererseits hat die Erkenntnistheorie eindeutig gezeigt, daß wertende Aussagen nicht als richtig oder falsch erwiesen werden können[6]. Bestenfalls kann man Werturteile noch aus übergeordneten Normen ableiten, die dann aber ihrerseits nicht beweisbar sind, oder kann man mehrere Normen als logisch unvereinbar oder als angesichts der Zusammenhänge der Realität nicht gleichzeitig realisierbar nachweisen. Aber es ist nicht möglich, jemandem zu beweisen, daß die von ihm akzeptierten letzten Normen schlechter als die unseren sind.

Gibt es einen Ausweg aus diesem Dilemma? Es scheint so, als ob hier nur absolute Ehrlichkeit helfen kann. Wenn wir aus den bereits angegebenen Gründen bei dem von uns abgesteckten Aufgabenkreis der Politischen Ökonomie nicht auf Werturteile verzichten wollen, diese aber nicht im erörterten Sinne bewiesen oder widerlegt werden können, so bleibt nichts anderes übrig, als die von uns in der Folge verwendeten Werturteile explizit hervorzuheben und es dem Leser zu überlassen, ob er sie – als nicht beweisbar – sich zu eigen machen will oder nicht. Dabei versteht es sich von selbst, daß wir versuchen werden, von möglichst vielen akzeptierbare Werturteile zu wählen und ihre Problematik so deutlich wie möglich zu machen.

1.6 Die wichtigsten normativen Postulate dieser Grundlagen

Gemäß unserer Absicht, verwendete Werturteile ausdrücklich hervorzuheben, wollen wir bereits jetzt auf die wichtigsten Ziele, die in der Folge als Kriterien der Beurteilung verschiedener Wirtschaftssysteme und Maßnahmen verwendet werden, kurz eingehen. Viele dieser Ziele sind in ihrer Bedeutung nicht genau abgegrenzt. Einige lassen sich nicht gleichzeitig voll verwirklichen; es kann zu sogenannten Zielkonflikten

---

[6] *Giersch* betont zu Recht, daß die Antwort auf die Frage, ob eine Aussage, die ein Werturteil enthält, noch als wissenschaftlich zu bezeichnen ist oder nicht, von der Definition des Wissenschaftsbegriffs abhängt. Die Auswahl einer bestimmten Definition aus mehreren möglichen Definitionen kann aber ihrerseits nur aufgrund eines Werturteils erfolgen. Vgl. *Herbert Giersch*, Allgemeine Wirtschaftspolitik. Wiesbaden 1961, S. 46.

kommen. Dieses und jenes Ziel schließlich mag sich aus anderen der zu nennenden Ziele ableiten lassen. Während auf die damit angedeuteten Probleme hier wenigstens kurz einzugehen sein wird, kann eine genauere Erörterung jeweils erst bei einer Anwendung der Postulate auf genau umschriebene Sachverhalte erfolgen.

1.6.1 Angabe und kurze Erörterung der einzelnen Ziele

1.6.1.1 Möglichst gute und sich verbessernde Güterversorgung

In der angegebenen Formulierung ist dieses Postulat noch verhältnismäßig vage. Ist eine gute Güterversorgung schon gewährleistet, wenn möglichst viel von allen Gütern hergestellt wird, ganz unabhängig davon, daß vielleicht einige Personen sehr wenig Konsumgüter und andere sehr viel erhalten?

Wir werden es jedoch vorziehen, die Verteilung der Güter durch das Postulat der Gerechtigkeit zu berücksichtigen und die möglichst gute Versorgung mit Gütern meist mit Hilfe der folgenden Begriffe zu prüfen:

a) *Effizienz der Produktion:* Bei gegebener Verwendung von Produktionsmitteln kann von keinem Gut mehr hergestellt werden, ohne daß die Produktion wenigstens eines anderen Gutes eingeschränkt werden muß, und bei festgesetzter Güterproduktion ist es nicht möglich, den Gebrauch eines Produktionsmittels einzuschränken, ohne daß von wenigstens einem anderen Produktionsmittel mehr benötigt wird.

b) *Pareto-Optimalität:* Kein Wirtschaftssubjekt kann besser gestellt werden, ohne daß nicht wenigstens ein anderes Wirtschaftssubjekt schlechter gestellt wird.

Es wird demnach postuliert, daß die Güterversorgung möglichst effizient und Pareto-optimal sein soll. Schon jetzt sei allerdings erwähnt, daß die beiden genannten Kriterien nicht in jedem Fall brauchbar oder ausreichend sind, um diese oder jene Wirtschaftsordnung, Maßnahme oder Situation als besser oder schlechter als eine andere zu kennzeichnen. In solchen Fällen ist eine andere Definition für eine möglichst gute Güterversorgung zu wählen.

Eine sich verbessernde Güterversorgung setzt wirtschaftliches Wachstum, also eine größere Güterproduktion voraus. Diese wiederum macht gewöhnlich bei effizienter Produktion eine schlechtere Konsumgüterversorgung in der Gegenwart und der nahen Zukunft notwendig, so daß hier das Postulat der Gerechtigkeit im Sinne einer gerechten intertemporalen Verteilung der Güter bedeutsam wird.

Eine gute und sich verbessernde Güterversorgung bezieht sich nicht nur auf eine möglichst gute Versorgung mit Dingen, die erwünscht und knapp sind, sondern ebenso auf die Beseitigung und Vermeidung von Übeln, von unerwünschten Dingen, sofern diese die Verwendung von knappen Produktionsmitteln erforderlich machen.

Zur Klärung der Begriffe sei schließlich darauf hingewiesen, daß unter Gütern keineswegs nur materielle Güter zu verstehen sind. Auch alle sogenannten immateriellen Güter wie Gedichte, Klavierkonzerte, Stunden der Meditation und christliche Mission in Afrika gehören zu den knappen Gütern, wenn sie von irgendwelchen Wirtschaftssubjekten gewünscht werden und zu ihrer Herstellung, Bereitstellung oder Beschaffung knappe Produktionsmittel wie menschliche Arbeit oder Kapitalgüter benötigt werden.

1.6.1.2 Freiheit

Die Freiheit eines Menschen ist um so größer, je mehr seiner Wünsche er erfüllen kann und je weniger Unerwünschtes er tun oder hinnehmen muß. Sie wird demnach beschränkt durch Gebote und Verbote, ebenso aber auch durch das verfügbare Realeinkommen, also durch die gegebene Güterversorgung. Eine gute und sich verbessernde Güterversorgung ist also als Ziel strenggenommen dem Ziel möglichst großer Freiheit untergeordnet. Wegen ihrer Bedeutung haben wir sie jedoch trotzdem als besonderes Ziel hervorgehoben.

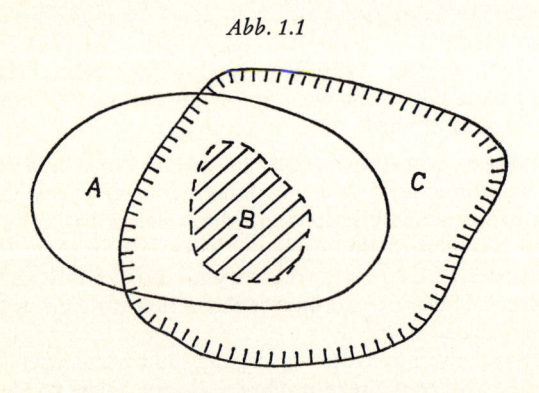

Abb. 1.1

Aus der soeben gegebenen Definition folgt, daß die Freiheit nicht nur durch die Verfassung und die Rechtsordnung bestimmt wird. Vielmehr ist den Marxisten zuzustimmen, daß diese formelle Freiheit völlig bedeutungslos ist, wenn die materielle Freiheit genügend eng wird. In Abb. 1.1 beschreibe A die Menge der nach der Rechtsordnung für jemanden zulässigen Möglichkeiten. Gibt nun B (die schraffierte Fläche) die Menge der bei gegebenem Realeinkommen realisierbaren Möglichkeiten an, so sieht man, daß die formelle Freiheit für den Betroffenen völlig bedeutungslos ist. Da B vollständig in A enthalten ist, bestimmt lediglich das Realeinkommen, d. h. der Grad der Güterversorgung den Umfang seiner Freiheit. Die Rechtsordnung wird für die Freiheit in unserem Beispiel erst bedeutsam, wenn das Realeinkommen so anwächst, daß z. B. die Menge C wirtschaftlich realisierbar wird, denn nur dann verhindert die Rechtsordnung, daß ein Teil der wirtschaftlich erreichbaren Möglichkeiten nicht verwirklicht werden darf. Es handelt sich dabei um die Teilmenge von Möglichkeiten aus C, die nicht in A liegt.

Aus dem soeben Gesagten folgt, daß unser Postulat einer sich verbessernden Güterversorgung zusammen mit dem der Gerechtigkeit (gerechte Einkommensverteilung) das Postulat nach wachsender materieller Freiheit für jedermann impliziert. Wir können daher diesen Aspekt der Freiheit hier weitgehend vernachlässigen und besonderes Gewicht auf die folgenden Ziele legen:

a) *möglichst großer Spielraum für jedermann, über seine eigenen Belange zu entscheiden;*
b) *betrifft eine Entscheidung mehrere Personen, so soll diesen möglichst eine Mitwirkung bei der Entscheidung gegeben werden;*
c) *die Abhängigkeit jedes einzelnen von bestimmten anderen Personen oder Gruppen ist zu minimieren.*

Alle diese Forderungen werden durch das Postulat der Gerechtigkeit begrenzt. Geht die größere Freiheit einer Person auf Kosten einer anderen, so sind dieser Erweiterung der Freiheit durch die Gerechtigkeit Beschränkungen auferlegt.

Der von uns vorgeschlagene Freiheitsbegriff ist naturgemäß nicht der einzig mögliche. Ganz im Gegenteil sind bekanntlich im Laufe der Zeit die verschiedensten Definitionen des Begriffs Freiheit vorgeschlagen worden. Wenn es auch nicht möglich ist, hier die Zweckmäßigkeit verschiedener Freiheitsbegriffe zu erörtern und zu vergleichen, so soll doch ein möglicher Aspekt dessen, was wir gemeinhin als Freiheit betrachten, kurz besprochen werden, da dieser Aspekt in unserem Begriff nicht enthalten ist.

Ein Mensch wird sich subjektiv um so freier fühlen und mit seiner Situation um so zufriedener sein, je mehr von seinen Wünschen er erfüllen kann. Fühlt er sich in seiner subjektiven Freiheit eingeengt, so kann seine Lage entweder durch eine Vergrößerung der Menge der gegebenen Alternativen oder durch einen Verzicht auf vorhandene Wünsche verbessert werden. Dieser letztere Aspekt ist von vielen Heiligen und Philosophen betont worden. Tatsächlich wird jemand um so weniger von seiner Umwelt abhängig sein, je bescheidener seine Wünsche sind, so daß sein Glück und seine Zufriedenheit nicht ohne weiteres durch den Verlust von Alternativen verlorengehen können. Ein Mensch ist innerlich um so freier, je geringer seine Wünsche sind, je weniger er also an den Dingen dieser Welt hängt.

Aus diesen Überlegungen geht hervor, daß ein Freiheitsbegriff, der neben der Menge der vorhandenen Alternativen auch die vorhandenen Wünsche berücksichtigt, durchaus seinen Sinn hat. So mag ein bestimmter Mensch bei den vorhandenen Alternativen alle seine bescheidenen Wünsche befriedigen können und sich glücklich und frei fühlen, während ein anderer bei einer gleichen Menge verfügbarer Möglichkeiten seine umfangreichen Wünsche nicht erfüllen kann, daher unzufrieden ist und sich unfrei fühlt.

Wenn wir uns trotzdem für einen anderen Freiheitsbegriff entschieden haben, so deshalb, weil dieser einen Vergleich der verschiedenen Personen zur Verfügung stehenden Alternativenmengen ermöglicht, es also erlaubt, das Ausmaß ihrer Freiheit zu vergleichen. Das ist jedoch sowohl vom Standpunkt des Ziels der Gerechtigkeit wichtig als auch wegen des Ziels einer guten und sich verbessernden Güterversorgung in seinen ökonomischen Aspekten besonders bedeutsam.

1.6.1.3 Gerechtigkeit

Die Versorgung mit Gütern soll auf gerechte Art und Weise erfolgen. Vor allem sollen dabei folgende Gesichtspunkte berücksichtigt werden:

a) *Gleiche Rechte und gleiche Behandlung unter gleichen Bedingungen für jedermann;*
b) *die Herstellung einer möglichst weitgehenden Chancengleichheit für jedermann;*
c) *Förderung der von Natur aus Benachteiligten.*

Beim Postulat der Gerechtigkeit fällt es schwer, sich auf eine einheitliche Definition zu einigen. Denkt man z. B. an eine gerechte Güter- oder Einkommensverteilung, so lassen sich zumindest zwei Interpretationen denken:

1. „Jeder nach seinen Bedürfnissen." In dieser Deutung bleibt die Wendung „nach seinen Bedürfnissen" unbestimmt. Eine mögliche Deutung wäre z. B., daß jeder in einer Marktwirtschaft das gleiche Geldeinkommen erhalten soll. Eine andere, daß jedermann von jedem Gut die gleiche Menge bekommt. Aber wäre insbesondere letzteres noch gerecht, da die Menschen bekanntlich unterschiedliche Wünsche haben?

2. „Jeder nach seinen Fähigkeiten." Diese Vorstellung kann man so deuten, daß z. B. die Geldeinkommen nicht gleich sein sollen, sondern sich nach den Fähigkeiten richten sollen, wenn sich diese in einer entsprechenden Leistung niederschlagen.

Beide Interpretationen einer gerechten Einkommensverteilung besitzen vom Standpunkt der Gerechtigkeit ihre Nachteile. Ist es nicht ungerecht, wenn jemand viel mehr als ein anderer leistet und dennoch ein gleich großes Einkommen wie dieser erhält? Aber wird nicht jemand auch ungerecht behandelt, wenn er aufgrund schlechter Erbanlagen oder schlechter Erziehung nicht so viel leisten kann wie der andere und deswegen ein geringeres Einkommen erhält? Es sind diese Gesichtspunkte, welche uns veranlassen, die Herstellung der Chancengleichheit und die Förderung der von Natur aus Benachteiligten zu betonen, besonders wenn im übrigen vom Leistungsprinzip ausgegangen werden soll.

1.6.1.4 Friede

Unter Friede sei der Verzicht auf die Anwendung physischer Gewalt verstanden. Da wir im Zusammenhang der Politischen Ökonomie Kriege, Revolutionen und andere Ausbrüche von Gewalttätigkeiten nicht analysieren wollen, bedeutet die Postulierung des Friedens als Ziel:

a) *Spannungen zwischen verschiedenen Teilen der Bevölkerung aus wirtschaftlichen Gründen* und
b) *Unzufriedenheit mit anzustrebenden Wirtschaftsordnungen, ihren Institutionen und den getroffenen Maßnahmen sind möglichst zu vermeiden.*

Wie man sofort erkennt, ergeben sich auch bei diesem Postulat Überschneidungen mit bzw. Abhängigkeiten von anderen Zielen. So ist eine gerechte Einkommensverteilung vermutlich ebenso der Vermeidung von Spannungen und Unzufriedenheit dienlich wie die Mitwirkung bei Entscheidungen und eine gute Güterversorgung.

Aber selbst wenn Güterversorgung, Gerechtigkeit und Freiheit möglichst gut gesichert sind, mag es sein, daß viele Gesellschaftsmitglieder bestimmte Maßnahmen verlangen, um eine noch größere Gerechtigkeit zu verwirklichen, wobei sie aus Unkenntnis der Zusammenhänge übersehen, daß die vorgeschlagenen Eingriffe eine ihnen selbst unangenehmere Verschlechterung der Güterversorgung nach sich ziehen müssen. Unter solchen Bedingungen kann es manchmal zur Wahrung des Friedens durchaus richtig sein, die von vielen herbeigewünschten Schritte trotz ihrer Schädlichkeit zu unternehmen.

1.6.1.5 Sicherheit

Das Postulat Sicherheit lenkt die Aufmerksamkeit auf die Aufgabe, eine gute oder sich verbessernde Güterversorgung ebenso wie Freiheit, Gerechtigkeit und Frieden auch für die Zukunft zu sichern. Wir alle sind vermutlich bereit, auf einen Teil der uns heute verfügbaren Güter zu verzichten und ein wenig von der Freiheit und Gerechtigkeit, die wir heute zur Verfügung haben, zu opfern, wenn wir damit auch für die Zukunft eine gleich gute oder sich verbessernde Versorgung mit Gütern, eine Fortdauer des Friedens und ein Weiterbestehen oder eine Vergrößerung von Freiheit und Gerechtigkeit erlangen können.

Wichtige Aspekte der Sicherheit werden durch die Begriffe Stabilität und Anpassungsfähigkeit umschrieben, die einander nicht notwendigerweise widersprechen müssen. Ein System, das sich bei der Verarbeitung von unvorhergesehenen Schocks und von wohlgeplanten Änderungen verhältnismäßig rasch wieder einem Gleichgewicht nähert, ist nicht nur anpassungsfähig, sondern weist auch eine erhebliche Stabilität auf. Dadurch werden längere und größere Schwankungen z. B. im Einkommen der Mitglieder der Gesellschaft, im Grad der Versorgung mit Gütern oder in der Zahl der verfügbaren Arbeitsplätze vermieden und folglich die Sicherheit erhöht.

Unter dem Postulat der Sicherheit wird folglich insbesondere zu verstehen sein, daß die Situation der Gesellschaftsmitglieder sich nicht zu rasch ändert und sich möglichst nicht verschlechtert. Derartige Änderungen würden auch u. U. weitere Folgen wie Unzufriedenheiten und Spannungen in der Gesellschaft nach sich ziehen, die ihrerseits möglicherweise zu Unruhen oder Revolutionen führen könnten. Es würde sich in diesem Fall eine allgemeine Instabilität der politisch-wirtschaftlichen Ordnung ergeben, die eine zusätzliche Gefahr für die Sicherheit der Angehörigen der Gesellschaft bedeuten müßte. Diese Deutung zeigt ferner, daß die Postulate des Friedens und der Sicherheit nicht unabhängig voneinander sind.

Zusammenfassend läßt sich das Postulat der Sicherheit durch die folgenden Forderungen erläutern:

a) *Keine zu schnelle Änderung und möglichst keine Verschlechterung der Lage der Gesellschaftsmitglieder;*
b) *keine zu raschen Anpassungsprozesse größeren Umfangs in den wirtschaftlichen Größen;*
c) *sich selbst auf Störungen hin möglichst gut anpassende Systeme, die einem neuen Gleichgewicht zustreben.*

1.6.2 Zielkonflikte

In der Wirklichkeit lassen sich die genannten ebenso wie andere Ziele regelmäßig nicht im höchstmöglichen Maße gleichzeitig verwirklichen. Eine bessere Verwirklichung des einen Zieles impliziert eine weniger gute eines oder mehrerer anderer Ziele. Es gibt keine völlige Zielharmonie.

Betrachten wir ein Beispiel. Eine völlig gleichmäßige Verteilung der Einkommen mag vielen von uns als ein Höchstmaß an Gerechtigkeit erscheinen, führt jedoch durchweg bei Vollbeschäftigung zu einer schlechteren Güterversorgung in der Zukunft als eine ungleichmäßigere Einkommensverteilung, da diese größere Leistungsanreize erlaubt und vermutlich in einer Marktwirtschaft mit Privateigentum auch zu höheren Ersparnissen und Investitionen führt.

Ganz analog kann die Mitwirkung aller Betriebsangehörigen und der Abnehmer und Lieferanten bei den wichtigsten Betriebsentscheidungen vielleicht die Freiheit einzelner oder vieler Beteiligter erhöhen, wird aber durch die wegen der für die Entscheidungen benötigten Arbeitszeit höchstwahrscheinlich zu einem Rückgang der Produktion oder zu zusätzlicher Arbeit führen.

Schließlich vermag z. B. eine Erhöhung der Sicherheit zu einer schlechteren Güterversorgung in der Zukunft und möglicherweise zu einer Verminderung der Freiheit zu führen. Wird etwa in einer Marktwirtschaft mit Privateigentum eine Preisstützungspolitik für Agrarprodukte betrieben, um die Einkommen der in der Landwirtschaft Tätigen zu stabilisieren, so werden viele derselben sich entschließen, weiter in diesem Wirtschaftszweig zu bleiben, obwohl ihre Arbeit in der Industrie einen größeren Beitrag zur Güterproduktion leisten könnte. Gleichzeitig nimmt die Abhängigkeit der Landwirte von der staatlichen Bürokratie zu.

1.7 Ideologie als Gefahr für die wissenschaftliche Analyse

Wir haben betont, daß die Nationalökonomie häufig auf die Verwendung expliziter Werturteile und die Berücksichtigung gesellschaftlicher und politischer Zusammenhänge verzichtet hat, obwohl es wichtige Probleme gibt, die ohne eine Einbeziehung dieser Faktoren übersehen oder nicht adäquat behandelt und gelöst werden können. Der Verzicht auf explizite Werturteile bringt ferner die Gefahr mit sich, daß Wertungen implizit in die Analyse einfließen und auf diese Weise normative Aussagen gewonnen werden, die im Gewande von positiven Aussagen auftreten, obwohl sie nicht falsifizierbar sind.

Worin liegen nun die Ursachen für die vielfach anzutreffende Vernachlässigung wesentlicher mit dem Wirtschaften notwendig verbundener Fragen durch viele Nationalökonomen? Auf eine der möglichen Ursachen wurde bereits früher hingewiesen: Da sich normative im Gegensatz zu positiven Aussagen nicht durch eine Konfrontation mit der Realität falsifizieren lassen, hat der Wissenschaftler immerhin gute Gründe, mit der Verwendung von Werturteilen sparsam zu sein, weil die Gefahr unqualifizierter Aussagen und damit des Dilettantismus auf diesem Gebiet naturgemäß groß ist.

Der angegebene Grund allein kann jedoch die beschriebene Abstinenz der modernen Nationalökonomie kaum voll erklären, da sich diese nicht nur auf die Verwendung von Werturteilen, sondern in hohem Maße auch auf die Analyse politischer und gesellschaftlicher Zusammenhänge bezieht. Es ist daher naheliegend, auf die Notwendigkeit der Arbeitsteilung als weitere Ursache zu verweisen. Tatsächlich hätten sich viele nationalökonomische Erkenntnisse sicherlich nicht gewinnen lassen, wenn man sich statt auf Spezialgebiete von vornherein auf das gesellschaftlich-wirtschaftliche Gesamtsystem einschließlich seiner politischen Zusammenhänge konzentriert hätte.

Andererseits kann nicht übersehen werden, daß eine Analyse mancher für die Ökonomie wesentlicher Fragen unterblieb, obwohl diese Fragen auch von der Politischen Wissenschaft und der Soziologie nicht oder kaum untersucht wurden. Wir müssen uns daher fragen, ob nicht auch ideologische Gründe für die Vernachlässigung bestimmter Probleme oder Verfahren eine Rolle gespielt haben können.

Es ist eines der größten Verdienste von Karl Marx, mit Entschiedenheit auf die Möglichkeit der Beeinflussung und Verzerrung wissenschaftlicher Analysen durch ideologische Voreingenommenheiten hingewiesen zu haben. Allerdings war diese Einsicht mit Blindheit gegenüber der möglichen Anwesenheit ideologischer Elemente in seinem eigenen System verbunden[7]. Zum Beispiel scheint bei Marx eine innere Ablehnung des kapitalistischen Systems der Vorstellung Vorschub geleistet zu haben, daß der Profit und damit der Zins einzig ein Phänomen der kapitalistischen Wirtschaft sei und daher nur aus den Gegebenheiten dieses Wirtschaftssystems erklärt werden könne. Diese ideologische Verzerrung der Analyse verbaute Marx den Weg zu der Erkenntnis, daß dem Zinsphänomen tiefere Ursachen entsprechen, die den verschiedensten Wirtschaftssystemen gemein sind.

Eine ideologische Voreingenommenheit für bestimmte vorhandene oder gewünschte Züge und Gegebenheiten der Realität kann sich durch

---

[7] Vgl. *Joseph A. Schumpeter*, History of Economic Analysis, London 1954, 5. Druck 1963, S. 36.

bewußtes oder unbewußtes Verhalten des Wissenschaftlers auf verschiedene Weise negativ auf die wissenschaftliche Forschung auswirken. Erstens durch die logisch falsche Ableitung von Schlußfolgerungen, die den emotionalen Präferenzen des Forschenden Rechnung tragen. Zweitens durch die Ausschaltung von Fragestellungen, deren Bearbeitung ein negatives Licht auf die Gegebenheiten werfen würde, die besonders geschätzt werden. So wäre es denkbar, daß jemand die „funktionelle" Verteilung der Einkommen auf die Produktionsfaktoren Kapital, Arbeit und Boden mit Hilfe der Grenzproduktivitätstheorie erklärt, ohne jedoch die Frage nach den Ursachen der „personellen" Einkommensverteilung zu stellen. Auf diese Weise würde er der Frage nach den Ursachen der Einkommensunterschiede und der Berechtigung von arbeitslosen Einkommen ebenso wie der ungleichmäßigen Vermögensverteilung besonders bei Produktionsmitteln ausweichen. Eine Ursache für dieses Verhalten könnte – aber müßte nicht – die Tatsache sein, daß der betreffende Wissenschaftler selbst oder daß seine Familie arbeitsloses Einkommen bezieht.

Es ist nun durchaus möglich, daß die weitgehende Vernachlässigung verschiedener wichtiger Fragestellungen durch die traditionelle Nationalökonomie neben den bereits genannten Ursachen auch auf ideologische Voreingenommenheiten zurückgeht. Tatsächlich lebt ja jeder Forscher von Kindheit an in einer bestimmten Umwelt, die ihm gewisse, oft unbewußte Vorurteile einprägt, die sicherlich bei der Wahl seines Forschungsgebietes und daher bei seinen Forschungsergebnissen eine Rolle spielen können. Selbst bei Kenntnis der Gefahr einer Beeinflussung durch ideologische Vorurteile kann der Wissenschaftler die Wirksamkeit dieser Faktoren auf seine Arbeit höchstens begrenzen und kontrollieren, nie jedoch ganz beseitigen.

Angesichts dieser Tatsache sind zwei Feststellungen wichtig. Erstens bedeutet der Nachweis, daß jemand bei seinen wissenschaftlichen Arbeiten von ideologischen Motiven geleitet wurde, keineswegs, daß die von ihm abgeleiteten Ergebnisse falsch sind. Ein Beweis, daß die Möglichkeit der Banken, Geld zu schöpfen, die Inflation fördern kann, ist nicht deshalb falsch, weil dieser durch Abneigung oder Haß gegen die Banken oder durch den Wunsch, minderbemittelte Rentner vor den Folgen einer Inflation zu bewahren motiviert wurde.

Zweitens können positive Aussagen falsifiziert werden. Das bedeutet, daß Hypothesen, die aus ideologischen Gründen falsch sind, im Laufe der Zeit durch empirische Überprüfung aus dem jeweiligen wissenschaftlichen Lehrgebäude entfernt werden können. Schwieriger ist die Situation bei Werturteilen. Hier kann lediglich geprüft werden, ob mehrere angegebene Werturteile logisch konsistent sind, ob sie logisch einwandfrei aus höheren Normen abgeleitet sind und ob sie als Ziele gleichzeitig verwirklicht werden können. Bei obersten Normen kann nur eine Konfrontation mit widersprechenden Werturteilen eine gewisse Analyse und Korrektur der dahinter stehenden ideologischen Vorurteile ermöglichen.

1.8 Aufgaben

1. Läßt sich die Aussage „$x = ab$ und $y = x^2$. Folglich gilt $y = a^2 b^2$" im gleichen Sinne als falsch oder richtig erweisen wie die Aussage „Es herrscht Vollbeschäftigung, und die Geldmenge wird erhöht. Folglich wird das Preisniveau steigen?"

2. Der Satz „Wenn es naß wird, regnet es" wird schon durch eine einzige Beobachtung widerlegt, daß es auch naß wird, wenn jemand einen Eimer Wasser ausschüttet. Genügt u. U. auch eine Beobachtung, um zu beweisen, daß die Behauptung „Am Roulettisch Nr. 1 des Spielkasinos in Baden-Baden ist die Wahrscheinlichkeit, daß die Roulettkugel auf die Null fällt, $\frac{1}{3}$"? Wie kann bewiesen werden, daß die Aussage falsch ist?

3. Kann aus dem Satz „Die Anwendung bestimmter wissenschaftlicher Erkenntnisse hat verschiedentlich zu erheblichen Nachteilen für viele Menschen geführt" die Aussage abgeleitet werden „Wissenschaftliche Forschung soll nur zum Wohle der Menschen betrieben werden"?

4. Es ist eine Norm anzugeben, aus der sich zusammen mit dem in der letzten Frage angegebenen Satz die dort genannte Aussage ableiten läßt.

5. Handelt es sich bei dem Satz „Nur Aussagen, die sich durch die Beobachtung der Realität überprüfen lassen, sind wissenschaftliche Aussagen" um eine positive oder normative Aussage?

1.9 Literatur

Eine sehr gute Abgrenzung des Erkenntnisobjekts der positiven (nicht normativen) Nationalökonomie von denen anderer wissenschaftlicher Disziplinen findet sich bei

Lionel Robbins, An Essay on the Nature and Significance of Economic Science. London 1932.

Die Arbeit von Robbins ist jedoch unter erkenntnistheoretischen Gesichtspunkten nicht ganz befriedigend. Aus diesem Grunde ist es zweckmäßig, zur Ergänzung einen Aufsatz von Koopmans heranzuziehen:

Tjalling C. Koopmans, The Construction of Economic Knowledge. In: Three Essays on the State of Economic Science. New York/Toronto und London 1957, S. 127–166.

Für die Frage nach der Beweisbarkeit normativer Aussagen, d. h. von Werturteilen ist nach wie vor bedeutsam:

Max Weber, Die Objektivität sozialwissenschaftlicher und sozialpolitischer Erkenntnis. In: Gesammelte Aufsätze zur Wissenschaftslehre, Tübingen 1951.

Eine Arbeit neueren Datums zum gleichen Problemkreis ergänzt den Überblick:

Hans Albert, Das Werturteilsproblem im Lichte der logischen Analyse. Zeitschrift für die Gesamte Staatswissenschaft, Bd. 112, Tübingen 1956, S. 410 bis 439.

Sehr eingehend beschäftigt sich A. Brecht mit den Werturteilen in der Politischen Wissenschaft. Hier wird besonderes Gewicht auf die Erörterung aller Möglichkeiten eines Beweises von normativen Postulaten gelegt:

Arnold Brecht, Politische Theorie. Tübingen 1961.

Als Standardwerk zu der erkenntnistheoretischen Bedeutung der Widerlegbarkeit von positiven Aussagen über die Realität ist

Karl R. Popper, The Logic of Scientific Discovery, New York 1959; deutsch: Logik der Forschung, 2. Auflage, Tübingen 1966,

zu nennen. Sehr zu empfehlen ist daneben:

Hans Reichenbach, The Rise of Scientifiy Philosophy, Berkeley und Los Angeles 1951.

Eine Erörterung anzustrebender Ziele findet sich besonders bei

Kenneth E. Boulding, Principles of Economic Policy, New York 1958.

Ferner sei auf

Herbert Giersch, Allgemeine Wirtschaftspolitik. I. Der Gegenstand der Wirtschaftspolitik, Wiesbaden 1961, S. 59–94,

hingewiesen.

Giersch geht im Zusammenhang mit den Zielen der Wirtschaftspolitik auch auf die Frage von Zielkonflikten ein. Außerdem enthält das Buch einen Abschnitt über die Bedeutung der normativen Ökonomik für die Wirtschaftspolitik (S. 42–55). Schließlich setzt sich der Verfasser auch eingehend mit der Wohlfahrtsökonomik auseinander(S. 97–134). Ergänzend empfiehlt es sich,

J. M. D. Little, A Critique of Welfare Economics, Oxford 1950

zu lesen, um sich einen Eindruck von der Wohlfahrtstheorie zu verschaffen.

Kapitel 2

DIE OPTIMALE VERWENDUNG DER PRODUKTIONSMITTEL IN EINEM EINPERIODENMODELL

Im vorliegenden Kapitel werden die Grundlagen gelegt, auf denen viele der weiterführenden Überlegungen aufbauen, und gleichzeitig ein Bezugsrahmen für die Erfordernisse einer optimalen Güterversorgung der Bevölkerung entwickelt, auf den in folgenden Kapiteln zurückgegriffen werden kann. Wichtige ökonomische Probleme des Wirtschaftens treten ein erstes Mal in den Vordergrund. Unser Ziel ist es, Bedingungen für eine optimale Güterversorgung abzuleiten und aufgrund dieser Bedingungen mögliche Organisationsformen für einen sinnvollen Aufbau der Wirtschaft zu finden. Es geht also darum, aus der theoretischen Lösung des Kernproblems des Wirtschaftens heraus, auf Wirtschaftssysteme zu schließen, die zu einer solchen Lösung geeignet sein können. Während hier zunächst von einem hohen Abstraktionsgrad ausgegangen werden muß, ist es die Aufgabe späterer Kapitel, den Abstraktionsgrad zu mindern, zusätzliche Probleme in die Analyse einzubeziehen und zu zeigen, wie sich deren Berücksichtigung auf die möglichen Organisationsformen auswirkt. Gleichzeitig werden in diesen Kapiteln die anderen Ziele wie Freiheit, Gerechtigkeit und Sicherheit bei unseren Überlegungen immer stärker in den Vordergrund treten.

Wir gehen zunächst von folgenden Annahmen aus: In der betrachteten Wirtschaft hat man sich auf eine Zielfunktion geeinigt, in der die relative Bedeutung von verschiedenen Konsumgütern zum Ausdruck kommt. Eine zentrale Planungsstelle kennt alle in der Wirtschaft vorhandenen Produktionsmittelmengen und die technischen Produktionsmöglichkeiten. Sie maximiert die gesellschaftliche Zielfunktion unter den Nebenbedingungen, die ihr durch Produktionstechniken und vorhandene Ressourcen gesetzt sind. Als Ergebnis lassen sich die Bedingungen für eine optimale Verwendung der Produktionsmittel in der betrachteten Wirtschaft ableiten. Eine Erweiterung dieses Modells (vgl. Kapitel 3) auf eine Planung, die mehr als eine Periode umfaßt, liefert Aussagen, wie sich eine optimale intertemporale Verteilung des Verbrauchs auf die Effizienz des Einsatzes der Produktionsmittel über die Zeit auswirkt.

Die Ergebnisse bezüglich der Bedingungen für eine optimale Güterversorgung legen eine erste Diskussion möglicher Institutionen und Regeln nahe, die eine effiziente Organisation der Verwendung der Produktionsmittel gewährleisten könnten. Zentralgeleitete Verwaltungswirtschaft, Konkurrenzsozialismus, Marktsozialismus und vollständige Konkurrenz bei Privateigentum werden in diesem Zusammenhang kurz erörtert.

Die vorausgesetzte gesellschaftliche Zielfunktion stellt nur eine erste Annäherung an die gegebenen Probleme dar, verdeckt sie doch die Frage, auf welche Weise in einer Gesellschaft entschieden wird, wie die einzelnen Konsumgüter in ihrer relativen Bedeutung gewichtet und wie sie auf die Mitglieder der Gesellschaft verteilt werden sollen. Hier sind Entscheidungsprozesse politischer Art oder mit Hilfe des Marktes erforderlich, die in Kapitel 4 erstmals diskutiert werden.

Andere rigorose Vereinfachungen des in der Folge betrachteten Modells, wie die Abwesenheit von öffentlichen Gütern und externen Effekten, werden in Kapitel 5 aufgehoben.

Wie bereits erwähnt, gehen wir davon aus, daß in dem hier zu untersuchenden Modell (Modell 2.1) eine zentrale Planungsbehörde eine vorgegebene gesellschaftliche Zielfunktion unter bestimmten Nebenbedingungen zu maximieren sucht, die durch die Mengen der vorhandenen Produktionsmittel und die technischen Produktionsbedingungen gegeben sind. In der betrachteten Wirtschaft können in zwei Produktionsprozessen mit vier Produktionsmitteln, die selbst in der Planungsperiode nicht produziert werden, zwei Konsumgüter hergestellt werden. Die in einem Produktionsprozeß benötigten Produktionsmittelmengen sind der Menge des in diesem hergestellten Produktes proportional. Es handelt sich also um linear-limitationale Produktionsfunktionen.

Man stellt sich am besten vor, daß jeder der beiden Produktionsprozesse in einem Betrieb verwendet wird. Wir wollen annehmen, daß jeder Betrieb über einen Produktionsfaktor verfügt, den er zur Produktion benötigt und der von dem anderen Betrieb nicht verwendet bzw. nicht zu ihm transferiert werden kann. Unter diesen nicht transferierbaren Produktionsfaktoren können wir uns z. B. die bei den Betrieben vorhandenen Produktionsräume vorstellen. Die übrigen Produktionsmittel können von beiden Betrieben benutzt werden, sind also beliebig transferierbar.

Es wird vorausgesetzt, daß wir es bei der betrachteten Wirtschaft mit einer geschlossenen Wirtschaft zu tun haben, die keine außenwirtschaftlichen Beziehungen unterhält. Interdependenzen zwischen den Betrieben und dem Konsumsektor bestehen nur über die gelieferten und bezogenen Gütermengen. Alle Güter seien beliebig teilbar. Die zentrale Planungsstelle verfüge kostenlos über alle benötigten Informationen.

2.1 Beschreibung des Modells

Wir wenden uns zunächst den Annahmen über die gesellschaftliche Zielfunktion zu. Es sei vorausgesetzt, daß diese die üblicherweise bei den Präferenzskalen oder ordinalen Nutzenfunktionen der Haushalte angenommenen Eigenschaften besitzt[1]. Vor allem unterstellen wir, daß von der Gesellschaft jede Situation vorgezogen wird, in der gegenüber einer anderen von einem der Güter mehr verbraucht werden kann, ohne daß der Konsum des anderen Gutes dafür reduziert werden muß.

Daraus folgt, daß die gesellschaftliche Wohlfahrt bei einer Erhöhung der Menge des einen Konsumgutes nur gleich bleiben kann, wenn die Menge des anderen reduziert wird.

Ferner soll angenommen werden, daß zur Erhaltung eines gleichen Wohlfahrtsniveaus die Menge des ersten Konsumgutes bei einer Verminderung des zweiten um eine Mengeneinheit um so mehr vergrößert werden muß, je geringer die in der Ausgangslage verfügbare Menge des zweiten Gutes ist.

Bezeichnen wir mit N_1 und N_2 die Mengen, die die Gesellschaft von beiden Gütern verbraucht, und mit W den Index für die Wohlfahrt, die ihr aus dem Verbrauch erwächst, so lassen sich diese Annahmen mathematisch wie folgt ausdrücken:

(2.1) $\quad W = W(N_1, N_2)$

(2.2) $\quad \dfrac{\partial W}{\partial N_i} > 0 \ (i = 1, 2)$

(2.3) $\quad \left. \dfrac{dN_2}{dN_1} \right|_{W = \text{const.}} < 0,$

(2.4) $\quad \left. \dfrac{d^2 N_2}{dN_1^2} \right|_{W = \text{const.}} > 0.$

Nach (2.1) ist die Wohlfahrt eine Funktion der von beiden Gütern verbrauchten Mengen, die sich nach (2.2) bei einer Zunahme der Konsumgütermengen erhöht. (2.3) drückt die Annahme aus, daß bei konstanter Wohlfahrt (W = const.) eine Vergrößerung von N_1 durch eine Verminderung von N_2 kompensiert werden muß[2]. Schließlich beschreibt (2.4) die Annahme, daß N_2 bei konstanter Wohlfahrt um so weniger vermindert werden muß, je größer N_1 bereits ist.

Eine zeichnerische Darstellung findet sich in Abb. 2.1, wo auf der

---

[1] Vgl. z. B. *Rudolf Richter*, Preistheorie, Wiesbaden 1963, S. 20–29.

Ordinate N_2 und auf der Abszisse N_1 abgetragen ist. Bei den Kurven I_1, I_2 und I_3 handelt es sich um Kurven gleicher Wohlfahrt oder Indifferenzkurven. Je weiter rechts oben eine Indifferenzkurve liegt, desto größer ist nach (2.2) die dadurch repräsentierte Wohlfahrt. Jede Kurve fällt wegen (2.3) von links oben nach rechts unten, da ihre verschiedenen Punkte sonst kein konstantes Wohlfahrtsniveau repräsentieren würden. Entsprechend sind sie wegen (2.4) konvex zum Nullpunkt.

Als nächstes beschreiben wir die Produktionsseite der Wirtschaft. Die technischen Bedingungen der Produktion sind in Tabelle 2.1 angegeben.

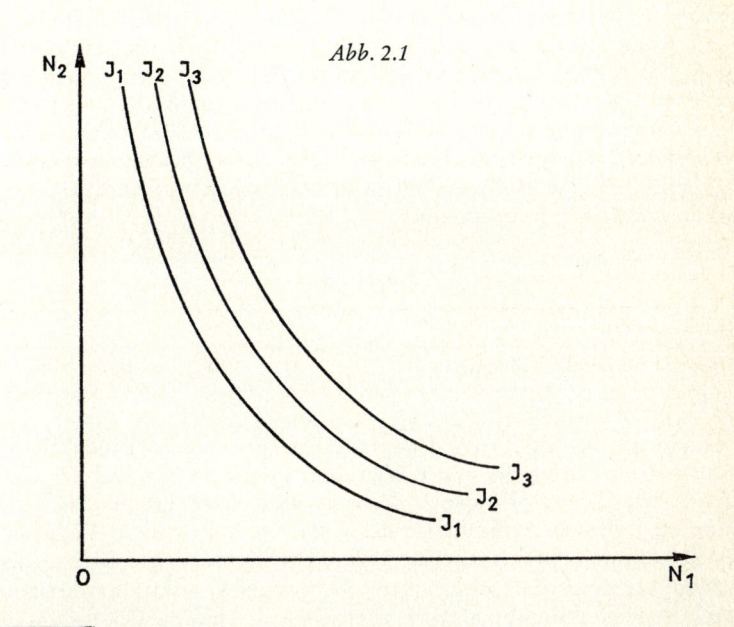

Abb. 2.1

---

[2] Aus (2.1) folgt durch totale Differentiation:

$dW = \dfrac{\partial W}{\partial N_1} dN_1 + \dfrac{\partial W}{\partial N_2} dN_2$. Für $W = $ const. ist $dW = 0$, so daß

$$\dfrac{dN_2}{dN_1} = - \dfrac{\dfrac{\partial W}{\partial N_1}}{\dfrac{\partial W}{\partial N_2}} < 0$$

unter Verwendung von (2.2). (2.3) läßt sich also aus (2.1) und (2.2) ableiten.

Tabelle 2.1

Produktions-prozeß	Mengen der benötigten transferierbaren Produktionsmittel		nicht transferierbaren Produktionsmittel		Hergestellte Menge des Konsumgutes	
	1	2	3	4	1	2
1	a_{11}	a_{12}	b_{13}	0	1	0
2	a_{21}	a_{22}	0	b_{24}	0	1

Es werden also z. B. zur Herstellung einer Einheit des 1. Konsumgutes a_{11} Einheiten des ersten, a_{12} des zweiten und b_{13} des dritten Produktionsmittels benötigt. Sollen im 2. Produktionsprozeß A_2 Einheiten des 2. Konsumgutes hergestellt werden, so wird dafür u. a. die Menge $a_{22} A_2$ des 2. Produktionsmittels gebraucht. Wie man sieht, bezieht sich der erste Index der a_{ij} und b_{ij} immer auf den Prozeß, der zweite auf das Produktionsmittel. b_{24} ist die im 2. Prozeß zur Produktion einer Einheit des 2. Konsumgutes benötigte Menge des 4. Produktionsmittels.

Tabelle 2.2 faßt die insgesamt in der Wirtschaft vorhandenen Produktionsmittelmengen zusammen.

Tabelle 2.2

Produktionsmittel	1	2	3	4
Insgesamt vorhandene Mengen	a_1	a_2	b_3	b_4

Die in den beiden Produktionsprozessen verwendeten Produktionsmittelmengen dürfen die in der Wirtschaft insgesamt bzw. bei den einzelnen Betrieben vorhandenen Mengen nicht überschreiten. Werden daher im 1. Prozeß A_1 Einheiten des 1. und im 2. Prozeß A_2 Einheiten des 2. Konsumgutes hergestellt., so beträgt die benötigte Menge des 1. Produktionsmittels $a_{11}A_1 + a_{21}A_2$. Diese darf a_1 nicht überschreiten, wenn der Produktionsplan realisierbar sein soll. Ähnliche Überlegungen gelten für die anderen Produktionsmittel. Wir erhalten daher die folgenden Bedingungen:

(2.5) $\quad a_{11}A_1 + a_{21}A_2 \leqq a_1,$

(2.6) $\quad a_{12}A_1 + a_{22}A_2 \leqq a_2,$

(2.7) $\quad b_{13}A_1 \leqq b_3,$

(2.8) $\quad b_{24}A_2 \leqq b_4.$

Wie man aus Tabelle 2.1 und den Ungleichungen (2.7) und (2.8) erkennt, ist $b_{23} = b_{14} = 0$. Dieser Umstand ist darauf zurückzuführen, daß die nicht transferierbaren Produktionsmittel nur in dem Betrieb verwendet werden können, in dessen Besitz sie sich befinden.

Damit sind die technischen Bedingungen der Produktion und die Begrenzung der realisierbaren Produktionsmengen der beiden Konsumgüter angegeben. Die Ungleichungen (2.5) bis (2.8) bestimmen alle Werte, die von den Variablen A_1 und A_2 angenommen werden können. So ist es wegen (2.5) nicht möglich, mehr als $\dfrac{a_1}{a_{11}} - \dfrac{a_{21}}{a_{11}} A_2$ des ersten Gutes herzustellen. Die höchstmögliche Produkionsmenge wird für $A_2 = 0$ erreicht:

$$A_1 = \frac{a_1}{a_{11}},$$

wobei in (2.5) das Gleichheitszeichen gilt. Soll auch etwas vom 2. Gut produziert werden, so muß $A_1 < \dfrac{a_1}{a_{11}}$ sein. Andererseits ist nicht sicher, ob $A_1 = \dfrac{a_1}{a_{11}}$ wirklich realisiert werden kann, solange man nicht weiß, ob für die Herstellung dieser Menge nicht zuviel von den anderen Produktionsmitteln benötigt wird, ob also die Ungleichungen (2.6) bis (2.8) von $A_1 = \dfrac{a_1}{a_{11}}$ erfüllt werden.

In Abb. 2.2 werden diese Zusammenhänge verdeutlicht.

Die Geraden bilden jeweils die Ungleichungen (2.5) bis (2.8) ab, wenn in diesen das Gleichheitszeichen gilt, die vorhandene Menge des Produktionsmittels also voll für die Produktion benötigt wird. Ohne Beschränkung sei angenommen, daß BL Gl. (2.5), GK Gl. (2.6), AH Gl. (2.7) und FI Gl. (2.8) entspricht. Die sich aus (2.6) ergebende Gleichung

$$A_2 = \frac{a_2}{a_{22}} - \frac{a_{12}}{a_{22}} A_1$$

wird folglich durch die Gerade GK abgebildet. Diese gibt die bei voller Verwendung des 2. Produktionsmittels herstellbaren Mengenkombinationen von A_1 und A_2 an, falls genug von den anderen Produktionsmitteln vorhanden ist. Da naturgemäß auch kleinere Mengen bei gleichem Produktionsmitteleinsatz hergestellt werden können, ist für alle gesamtwirtschaftlichen Produktionspläne auf GK und links unterhalb davon die vorhandene Menge des 2. Produktionsmittels ausreichend.

Da entsprechende Überlegungen auch für die anderen Produktionsmittel und damit Ungleichungen gelten, sind nur Produktionspläne gesamtwirtschaftlich realisierbar, die nicht rechts oder oberhalb von einer der Geraden liegen. Die Menge aller realisierbaren Produktionspläne wird also in Abb. 2.2 durch die Fläche OACDEF angegeben.

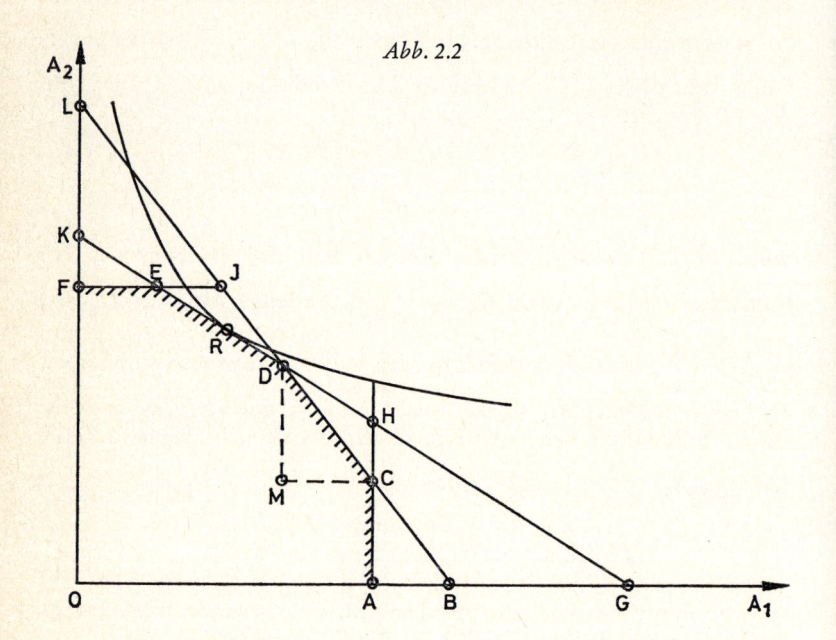

Abb. 2.2

Als effiziente Produktionspläne sollen alle Mengenkombinationen (A_1, A_2) bezeichnet werden, die sich dadurch auszeichnen, daß keine anderen Produktionspläne vorhanden sind, bei denen mehr von einem Konsumgut und nicht weniger von dem anderen hergestellt werden kann. In Abb. 2.2 sind nur die Punkte auf dem Kurvenzug CDE effizient. Dagegen bezeichnet M einen ineffizienten Produktionsplan. Wegen der in Gl. (2.2) ausgedrückten Eigenschaft der gesellschaftlichen Zielfunktion werden bei Maximierung als gesamtwirtschaftliche Konsumpläne nur effiziente Produktionspläne gewählt.

Die Lage der Geraden in Abb. 2.2 ist von der Größe der Produktionskoeffizienten a_{ij} und b_{ij} sowie von den vorhandenen Produktionsmittelmengen a_j und b_j abhängig. So wirkt sich eine Zunahme der vorhandenen Menge des ersten Produktionsmittels, a_1, in einer Parallelverschiebung von BL nach rechts, eine Abnahme in einer Verschiebung nach links aus. Dadurch verändert sich auch die Menge der realisierbaren Produktionspläne. Bei genügend kleinem a_1 wird sie allein durch BL und damit (2.5) bestimmt, während bei hinreichend großem a_1 diese Ungleichung keinen Einfluß auf die Menge der realisierbaren Produktionspläne besitzt.

Entsprechend sind auch die Produktionskoeffizienten bedeutsam. Bei hinreichend großem b_{13} und b_{24} ergibt sich z. B. die in Abb. 2.3 dargestellte Lage.

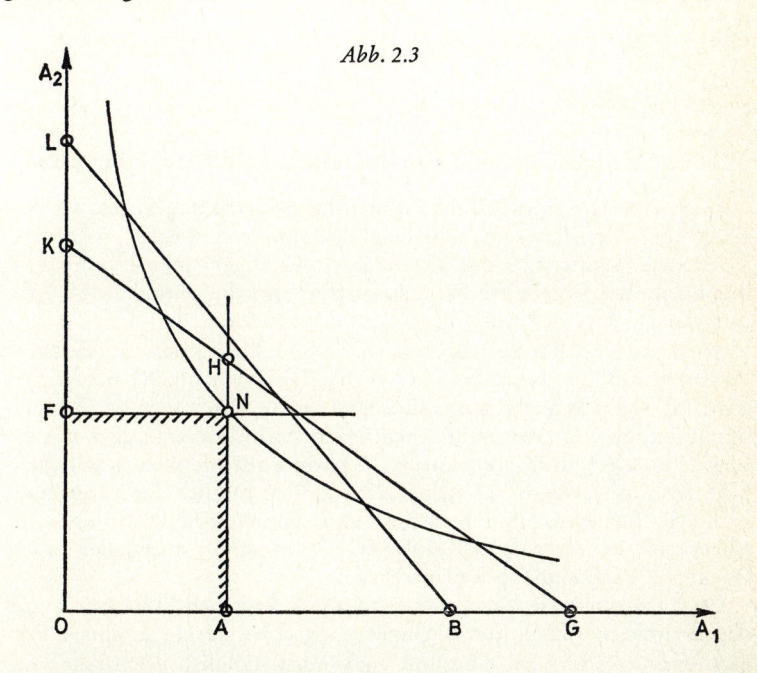

Abb. 2.3

In diesem Fall beschreibt die Fläche OANF die realisierbaren Produktionspläne. N ist der einzige effiziente und daher wegen (2.2) auch der optimale Plan. Die transferierbaren Produktionsmittel sind im Überfluß vorhanden; es handelt sich also um freie Güter. Allein die nicht transferierbaren Produktionsmittel sind knapp.

Werden andererseits b_{13} und b_{24} genügend klein, so sind das 3. und 4. Produktionsmittel für die Bestimmung der realisierbaren Produktionspläne bedeutungslos, da sie im Überfluß vorhanden sind, während nur die transferierbaren Ressourcen knapp sein können.

Bevor wir uns der Lösung des Problems der optimalen Güterversorgung in unserer Modellwirtschaft zuwenden, sind noch die letzten Voraussetzungen des Modells anzugeben. Nennen wir eine beliebige Mengenkombination von Konsumgütern (N_1, N_2) einen gesamtwirtschaftlichen Verbrauchsplan, so ist offensichtlich, daß ein Verbrauchsplan nur realisierbar ist, wenn die darin für den Verbrauch vorgesehenen Mengen beider Güter höchstens so groß sind, wie sie nach dem gleichzeitigen Produktionsplan verwirklicht werden sollen.

Folglich gilt:

(2.9) $N_1 \leqq A_1$,

(2.10) $N_2 \leqq A_2$.

2.2 Die Ableitung des optimalen Verbrauchs- und Produktionsplans

In diesem Abschnitt soll die Lösung der Aufgabe angegeben werden, einen optimalen Konsum- und Produktionsplan zu finden. Allerdings ist es zweckmäßig, vor der Wiedergabe der allgemeinen Lösung zwei der möglichen Ergebnisse herauszugreifen, um die ökonomische Deutung derselben später klarer hervortreten zu lassen.

Wird zunächst davon ausgegangen, daß die Menge der realisierbaren Produktionspläne durch die Fläche OACDEF in Abb. 2.2 beschrieben wird, so ergibt sich der optimale Konsumplan durch den Berührungspunkt der am weitesten rechts oben liegenden Indifferenzkurve mit der Fläche, da diese Indifferenzkurve die höchste realisierbare gesellschaftliche Wohlfahrt angibt. In Abb. 2.2 bezeichnet folglich der Tangentialpunkt R den optimalen Konsum- und damit Produktionsplan. Bei einem anderen Verlauf der Indifferenzkurven könnte auch jeder andere Punkt auf CDE zum Optimum werden.

Liegt der optimale Verbrauchsplan wie R zwischen D und E, so gilt das Gleichheitszeichen nur in Ungleichung (2.6), das 1., 3. und 4. Produktionsmittel sind im Überfluß vorhanden. Folglich erhält man aus (2.6)

$$\frac{dA_2}{dA_1} = -\frac{a_{12}}{a_{22}}.$$

$\dfrac{dA_2}{dA_1}$ ist der Anstieg der Geraden GK, der auch als Grenzrate der Transformation in der Produktion bezeichnet wird. Im optimalen Punkt R ist der Anstieg der Transformationskurve gleich dem Anstieg der in R tangierenden Indifferenzkurve, der auch Grenzrate der Substitution im Verbrauch genannt wird.

(2.11) $$\frac{dN_2}{dN_1} = \frac{dA_2}{dA_1} = -\frac{a_{12}}{a_{22}}.$$

Nach Fußnote 2 auf S. 41 gilt ferner:

(2.12) $$\frac{dN_2}{dN_1} = -\frac{\frac{\partial W}{\partial N_1}}{\frac{\partial W}{\partial N_2}}.$$

Der Ausdruck $\frac{dN_2}{dN_1}$ gibt in R das Verhältnis an, in dem die Gesellschaft im Optimum Gut 2 für Verbrauchszwecke gegen Gut 1 eintauschen würde. Entsprechend bezeichnet $\frac{dA_2}{dA_1}$ das gesellschaftlich optimale Austauschverhältnis in der Produktion. Wir können daher $\frac{dN_2}{dN_1} = \frac{dA_2}{dA_1}$ als den relativen Wert der beiden Güter im Optimum auffassen. Für dA_2 Einheiten des 2. Gutes will und muß die Gesellschaft dA_1 Einheiten des 1. Gutes hergeben.

Definiert man nun p_1 und p_2 als die Preise der beiden Konsumgüter G_1 und G_2 ausgedrückt in einer beliebigen Recheneinheit, so bekommt man für eine Einheit des 1. Gutes p_1 Recheneinheiten. Für jede Recheneinheit erhält man jedoch $\frac{1}{p_2}$ Mengeneinheiten des 2. Gutes. Folglich bekommt man $p_1 \frac{1}{p_2}$ Einheiten von G_2 für eine Einheit von G_1. Daher läßt sich das Austauschverhältnis oder Wertverhältnis, in dem man das 2. für das 1. Gut erhalten kann, auch als relativer Preis $\frac{p_1}{p_2}$ ausdrücken. Wird diese Definition der Preise berücksichtigt, so folgt aus (2.11) und (2.12):

(2.13) $$\frac{\frac{\partial W}{\partial N_1}(N_1, N_2)}{\frac{\partial W}{\partial N_2}(N_1, N_2)} = \frac{p_1}{p_2} = \frac{a_{12}}{a_{22}}.$$

$\frac{\partial W}{\partial N_i}$ bezeichnet aber die zusätzliche gesellschaftliche Wohlfahrt (den zusätzlichen Nutzen), die (der) durch eine kleine zusätzliche Menge des

Konsumgutes i gestiftet wird. Folglich besagt (2.13) nichts anderes, als daß die Grenzwohlfahrten (oder die Grenznutzen) der beiden Konsumgüter sich wie ihre Preise und sich diese wieder wie die Mengen des zur Herstellung je einer Einheit der Konsumgüter erforderlichen 2. Produktionsmittels verhalten, wenn die optimale Güterversorgung in R realisiert ist. $\frac{1}{a_{12}}$ und $\frac{1}{a_{22}}$ können auch als die Grenzerträge (die hier gleich den Durchschnittserträgen sind) des 2. Produktionsmittels bei der Herstellung des 1. und 2. Konsumgutes aufgefaßt werden. Dann besagt (2.13), daß sich die Preise und die Grenznutzen der Produkte umgekehrt wie die Grenzerträge des zu ihrer Herstellung notwendigen Produktionsmittels verhalten, wenn das Optimum realisiert ist.

Wie sieht es mit den Preisen p_{mi} (i = 1, 2, 3, 4) der Produktionsmittel M_i (i = 1, 2, 3, 4) im betrachteten Modell aus? Da es sich bei M_1, M_3 und M_4 um freie Güter handelt, liegt es nahe, ihre Preise gleich Null zu setzen: $p_{m1} = p_{m3} = p_{m4} = 0$. M_2 dagegen ist knapp, der Preis also größer als Null. Das Austauschverhältnis zwischen M_2 und den Konsumgütern wird eindeutig durch die Produktionsprozesse bestimmt. Um eine Einheit der beiden Produkte G_1 und G_2 herzustellen, benötigt man a_{12} bzw. a_{22} Mengeneinheiten von M_2. Folglich sind die relativen Preise gegeben durch:

(2.14) $\quad \dfrac{p_1}{p_{m2}} = a_{12}$

(2.15) $\quad \dfrac{p_2}{p_{m2}} = a_{22}.$

Wird $p_{mi}a_{i2}$ als die zur Herstellung einer Einheit des Produktes benötigten Grenzkosten aufgefaßt (hier sind die Grenz- gleich den Durchschnittskosten), so besagen (2.14) und (2.15), daß in beiden Produktionsprozessen die Grenzkosten dem Preis gleich sind.

Man beachte, daß es sich bei allen angegebenen Preisen nicht um Markt-, sondern um Verrechnungspreise handelt. Da ferner durch (2.13) bis (2.15) nur die relativen Preise bestimmt werden, handelt es sich bei den Preisverhältnissen um die relative Bewertung der Güter durch die Gesellschaft im Optimum der Güterversorgung.

Schließlich sei noch bemerkt, daß (2.6), (2.9), (2.10) als Gleichungen es zusammen mit (2.13) erlauben, die optimalen Werte von N_1, N_2, A_1 und A_2 zu berechnen.

Wir betrachten als 2. Beispiel kurz den Fall, in dem die realisierbaren Produktionspläne durch die Fläche OANF in Abb. 2.3 beschrieben werden. Dann bezeichnet N das gesellschaftliche Optimum. Die beiden Produktionsmittel M_1 und M_2 sind freie Güter; das Gleichheitszeichen gilt in (2.7) und (2.8), und es ist daher:

(2.16) $\quad A_1 = \dfrac{b_3}{b_{13}}\quad$ und (2.17) $\quad A_2 = \dfrac{b_4}{b_{24}}$.

Setzt man diese Werte unter Verwendung von (2.9) und (2.10) als Gleichungen in (2.1) ein, so ist neben N_1 und N_2 auch W und damit das Optimum bestimmt. In N gibt es daher nur eine Grenzrate der Substitution, die als Preisverhältnis der beiden Konsumgüter aufzufassen ist:

(2.18) $\quad -\dfrac{dN_2}{dN_1} = \dfrac{\dfrac{\partial W}{\partial N_1}}{\dfrac{\partial W}{\partial N_2}} = \dfrac{p_1}{p_2}$.

Als Preisverhältnis der beiden Konsumgüter und der zu ihrer Herstellung benötigten knappen Produktionsmittel ergibt sich analog wie im vorher behandelten Fall:

(2.19) $\quad \dfrac{p_1}{p_{m3}} = b_{13}, \qquad$ (2.20) $\quad \dfrac{p_2}{p_{m4}} = b_{24}$.

In den soeben behandelten Fällen wurde jeweils erörtert, wie die Lösung unseres Maximierungsproblems aussieht, wenn vorgegeben ist, in welcher der Bedingungen (2.5) bis (2.8) das Gleichheitszeichen gilt. Eine allgemeine Lösung müßte jedoch gerade bestimmen helfen, welche der Produktionsmittel im Optimum knapp und welche freie Güter sind.

Ferner ist zu beachten, daß bisher die relativen Preise nicht aus den Lösungen abgeleitet, sondern durch Definition eingeführt wurden. Es stellt sich daher die Frage, ob eine optimale Lösung des Planungsproblems zwangsläufig die Verrechnungspreise mitliefert, ob diese die angegebenen Werte besitzen und ob insbesondere die Preise der freien Güter tatsächlich gleich Null sind.

Zur Beantwortung dieser Fragen wenden wir uns der allgemeinen Lösung unseres Planungsproblems zu und formen zunächst die Ungleichungen (2.5) bis (2.10) wie folgt um:

(2.21) $\quad H_1 \equiv A_1 - N_1 \gtreqless 0$,

(2.22) $\quad H_2 \equiv A_2 - N_2 \gtreqless 0$,

(2.23) $\quad H_{m1} \equiv a_1 - a_{11}A_1 - a_{21}A_2 \gtreqless 0$,

(2.24) $\quad H_{m2} \equiv a_2 - a_{12}A_1 - a_{22}A_2 \geq 0$,

(2.25) $\quad H_{m3} \equiv b_3 - b_{13}A_1 \geq 0$,

(2.26) $\quad H_{m4} \equiv b_4 - b_{24}A_2 \geq 0$.[3]

Dabei gilt A_i, $N_i \geq 0$ ($i = 1, 2$). Produzierte und verbrauchte Mengen können nicht negativ werden.

Zu maximieren ist die Zielfunktion

(2.1) $\quad W = W(N_1, N_2)$

unter Berücksichtigung der angegebenen Nebenbedingungen.

Als nächstes definieren wir die Funktion:

(2.27) $\quad Z \equiv W + \sum\limits_{i=1}^{2} p_i H_i + \sum\limits_{j=1}^{4} p_{mi} H_{mi}$,

wobei es sich bei den p_i, $p_{mi} \geq 0$ um Lagrange-Multiplikatoren handelt, die wir mit p_i und p_{mi} bezeichnen, weil diese Größen in der Lösung, wie sich sofort zeigen wird, als Preise der Konsumgüter bzw. Produktionsmittel zu deuten sind. Da die Lösung die optimalen Werte aller Variablen angibt, kennzeichnen wir diese mit dem Symbol °. Als Lösung des formulierten Problems erhält man nach dem Theorem von Kuhn und Tucker[4]:

(2.28) $\quad \dfrac{\partial Z°}{\partial N_1} = \dfrac{\partial W°}{\partial N_1} - p°_1 \leqq 0$,

(2.29) $\quad \dfrac{\partial Z°}{\partial N_2} = \dfrac{\partial W°}{\partial N_2} - p°_2 \leqq 0$,

(2.30) $\quad \dfrac{\partial Z°}{\partial A_1} = p°_1 - a_{11}p°_{m1} - a_{12}p°_{m2} - b_{13}p°_{m3} \leqq 0$,

---

[3] Das Symbol „≡" bedeutet, daß die rechts von ihm stehenden Ausdrücke zur Abkürzung mit H_i bzw. H_{mj} bezeichnet werden. „≡" ist also ein Definitionszeichen.

[4] Eine relativ einfache Ableitung des Theorems findet sich bei *Dorfmann, Samuelson* and *Solow*, Linear Programming and Economic Analysis, New York/Toronto/London 1958, S. 189–201. Daneben sei besonders auf *G. Hadley*, Nonlinear and Dynamic Programming, Reading, Mass./Palo Alto/London 1964, Kap. 6, S. 185–212, hingewiesen. Deutsch: Nichtlineare und dynamische Programmierung, Übersetzung von H. P. Künzi, Würzburg/Wien 1969, Kap. 6, S. 229–258.

(2.31) $\dfrac{\partial Z^\circ}{\partial A_2} = p^\circ{}_2 - a_{21}p^\circ{}_{m1} - a_{22}p^\circ{}_{m2} - b_{24}p^\circ{}_{m4} \leqq 0$,

(2.32) $\sum\limits_{i=1}^{2} \left[\left(\dfrac{\partial W^\circ}{\partial N_i} - p^\circ{}_i \right) N^\circ{}_i + (p^\circ{}_i - a_{i1}p^\circ{}_{m1} - a_{i2}p^\circ{}_{m2} - b_{i3}p^\circ{}_{m3} - b_{i4}p^\circ{}_{m4}) A^\circ{}_i \right] = 0$,

(2.33) $N^\circ{}_i \geqq 0,\ A^\circ{}_i \geqq 0\ (i = 1, 2)$.

Es folgen die Ungleichungen (2.21) bis (2.26) für die optimalen Werte:

(2.34) $A^\circ{}_1 - N^\circ{}_1 \geqq 0$,

(2.35) $A^\circ{}_2 - N^\circ{}_2 \geqq 0$,

(2.36) $a_1 - a_{11}A^\circ{}_1 - a_{21}A^\circ{}_2 \geqq 0$,

(2.37) $a_2 - a_{12}A^\circ{}_1 - a_{22}A^\circ{}_2 \geqq 0$,

(2.38) $b_3 - b_{13}A^\circ{}_1 \geqq 0$,

(2.39) $b_4 - b_{24}A^\circ{}_2 \geqq 0$,

und schließlich

(2.40) $\sum\limits_{i=1}^{2} (A^\circ{}_i - N^\circ{}_i)p^\circ{}_i + \sum\limits_{j=1}^{2} (a_j - a_{1j}A^\circ{}_1 - a_{2j}A^\circ{}_2) p^\circ{}_{mj}$
$\quad\quad + \sum\limits_{k=3}^{4} (b_k - b_{1k}A^\circ{}_1 - b_{2k}A^\circ{}_2) p^\circ{}_{mk} = 0$,

(2.41) $p^\circ{}_i \geqq 0,\ p^\circ{}_{mj} \geqq 0\ (i = 1, 2;\ j = 1, 2, 3, 4)$.

In (2.32) und (2.40) ist zu beachten, daß $b_{23} = b_{14} = 0$.

Wie ist diese Lösung zu interpretieren? Die Ungleichungen (2.33) bis (2.39) wurden bereits eingehend erläutert. Bei den Ungleichungen (2.28) bis (2.31) gehen wir vorerst davon aus, daß die Gleichheitszeichen gelten.

Man erkennt zunächst aus den Gleichungen (2.30) und (2.31), daß es sich bei den $p^\circ{}_i$ ($i = 1, 2$) und $p^\circ{}_{mj}$ ($j = 1, 2, 3, 4$) um den Wert einer Einheit der Konsumgüter G_i ($i = 1, 2$) bzw. der Produktionsmittel M_j ($j = 1, 2, 3, 4$) handelt. So sind z. B. a_{11}, a_{12} und b_{13} die Mengen von M_1, M_2 und M_3, die zur Herstellung einer Einheit von G_1 benötigt werden. Diese Mengen verschiedener Produktionsmittel können jedoch in (2.30) nur in Form von $a_{11}p^\circ{}_{m1} + a_{12}p^\circ{}_{m2} + b_{13}p^\circ{}_{m3}$ addiert werden, wenn sie durch die $p^\circ{}_{mj}$ ($j = 1, 2, 3$) eine gleiche Dimension erhalten. Bei dieser Dimension kann es sich aber nur um eine Wertdimension handeln. Die $p^\circ{}_{mj}$ ($j = 1, 2, 3$) stellen also den Wert einer Einheit des zugehörigen Produktionsmittels M_j ($j = 1, 2, 3$) dar. Wir können sie als Verrechnungspreise bezeichnen. Da ferner nach (2.30)

$$p°_1 = a_{11}p°_{m1} + a_{12}p°_{m2} + b_{13}p°_{m3}$$

ist, muß auch $p°_1$ die Dimension Wert haben. Da dieser Wert andererseits, wie die Gleichungen (2.32) und (2.40) zeigen, $N°_1$ und $A°_1$ zugeordnet ist, handelt es sich bei $p°_1$ um den Verrechnungspreis von G_1. Entsprechend sind $p°_2$ bzw. $p°_{m4}$ die Verrechnungspreise von G_2 und M_4, wie eine analoge Betrachtung von Gleichung (2.31) zeigt.

In den Gleichungen (2.30) und (2.31) geben also die a_{ij} und die b_{ik} die im i-ten Produktionsprozesses zur Herstellung einer Einheit des Konsumguts i benötigten Mengen der verschiedenen Produktionsmittel an. $1 \cdot p°_i$ ist der Wert der hergestellten Produkteinheit. Entsprechend ist z. B. $a_{i2}p°_{m2}$ als der Wert der zur Produktion einer Einheit des Produktes G_i benötigten Menge des Produktionsmittels M_2 und demnach

$$a_{i1}p°_{m1} + a_{i2}p°_{m2} + b_{i3}p°_{m3} + b_{i4}p°_{m4}$$

(mit $b_{14} = b_{23} = 0$) als die Kosten je Einheit (Durchschnittskosten) zu deuten, die bei der Herstellung des Konsumgutes G_i entstehen. Sie sind in unserem Modell den Grenzkosten gleich. Folglich drücken die Gleichungen (2.30) und (2.31) aus, daß im Optimum die Grenzkosten (oder Durchschnittskosten) zur Herstellung der Produkte ihren Preisen gleich sind.

(2.28) und (2.29) besagen, daß die Preise der Konsumgüter der von diesen jeweils gestifteten Grenzwohlfahrt (oder dem gesellschaftlichen Grenznutzen) gleich sind. Dividieren wir (2.28) durch (2.29):

(2.29 a) $$\frac{\dfrac{\partial W°}{\partial N_1}}{\dfrac{\partial W°}{\partial N_2}} = \frac{p°_1}{p°_2},$$

so erhalten wir wieder die Aussage, daß sich die von den Konsumgütern gestifteten gesellschaftlichen Grenznutzen im Optimum wie ihre Preise verhalten.

(2.41) gibt an, daß die Preise nicht negativ sein können.

Es bleibt die Bedeutung von (2.32) und (2.40) zu klären. Dazu muß zunächst auf einige andere Zusammenhänge eingegangen und dabei (2.28) bis (2.31) wieder als Ungleichungen betrachtet werden. Aus der Annahme (2.2) folgt zusammen mit (2.28) und (2.29):

(2.29 a) $\quad p°_i \geq \dfrac{\partial W°}{\partial N_i} > 0$ ($i = 1, 2$).

Ferner sind in (2.32) alle Ausdrücke in runden Klammern wegen der Ungleichungen (2.28) bis (2.31) kleiner oder gleich Null. Daraus ergibt sich, daß bei Gültigkeit der strengen Ungleichheit in einer oder mehreren der Ungleichungen die Gleichung (2.32) wegen (2.33) nur erfüllt ist, wenn die zugehörigen $N°_i$ bzw. $A°_i$ gleich Null sind. Entsprechende Überlegungen gelten für Gleichung (2.40). Da die Ausdrücke in runden Klammern wegen (2.34) bis (2.39) größer oder gleich Null sind, folgt, daß die strenge Ungleichheit in einer oder mehreren dieser Ungleichungen nur dann gelten kann, wenn die zugehörigen $p°_i$, $p°_{mj}$ oder $p°_{mk}$ gleich Null sind.

Die ökonomische Bedeutung dieser Folgerungen ist offensichtlich. Gilt z. B. in (2.36) im Optimum die strenge Ungleichheit, so besteht ein Überangebot des Produktionsfaktors M_1. In diesem Fall ist der Preis dieses Produktionsmittels $p°_{m1} = 0$. Entsprechendes gilt für die anderen Produktionsmittel.

Gilt andererseits die strenge Ungleichheit z. B. in (2.31), so arbeitet der 2. Produktionsprozeß mit Verlust, da die Duchschnittskosten den Preis des Produktes G_2 übersteigen. In diesem Fall ist $A_2 = 0$; es wird also nichts produziert.

Wie gezeigt wurde (vgl. (2.29 a)), sind $p°_1$, $p°_2 > 0$. Folglich gilt nach dem eben Gesagten in (2.34) und (2.35) das Gleichheitszeichen; produzierte und verbrauchte Konsumgütermengen sind im Optimum gleich. Demnach lassen sich (2.32) und (2.40) wie folgt umformen:

(2.32a) $\quad \sum_{i=1}^{2} \dfrac{\partial W°}{\partial N_i} N°_i = \sum_{i=1}^{2} (a_{i1} p°_{m1} + a_{i2} p°_{m2} + b_{i3} p°_{m3} + b_{i4} p°_{m4}) A°_i$,

(2.40a) $\quad \sum_{j=1}^{2} a_j p°_{mj} + \sum_{k=3}^{4} b_k p°_{mk} = \sum_{j=1}^{2} (a_{1j} A°_1 + a_{2j} A°_j) p°_{mj}$
$$+ \sum_{k=3}^{4} (b_{1k} A°_1 + b_{2k} A°_2) p°_{mk}$$

Man kann nun die ökonomische Bedeutung dieser Gleichungen erkennen. Auf der linken Seite von (2.32 a) steht die gesamte, durch die Produktion und Konsumtion von $N°_1$ und $N°_2$ im Optimum hervorgerufene gesellschaftliche Wohlfahrt. Auf der rechten Seite stehen die dafür erforderlichen Kosten, berechnet zu den zum Optimum gehörigen Verrechnungspreisen. Aus (2.32) folgt, daß für $N°_i > 0$ (i = 1, 2) in (2.28) und (2.29) die Gleichheitszeichen gelten, so daß wir $\dfrac{\partial W°}{\partial N_i}$ in (2.32 a) durch $p°_i$ ersetzen können. Die Gleichung besagt dann nichts anderes, als daß das Volkseinkommen von der Verwendungsseite her gleich dem Volkseinkommen von der Entstehungsseite ist.

In (2.40 a) steht links der Wert der vorhandenen Produktionsmittel, rechts der Wert der in den Produktionsprozessen verwendeten Mengen derselben. Beide Größen sind einander im Wohlfahrtsoptimum gleich.

Nach Abschluß der ökonomischen Interpretation verdient eine Tatsache besonders hervorgehoben zu werden. Mit der Zielfunktion $W = W(N_1, N_2)$ haben wir einen ganz speziellen Wohlfahrtsindex W gewählt, der mit den Mengen beider Konsumgüter wächst. Diese Eigenschaft weisen jedoch beliebig viele Wohlfahrtsindizes

$$V = V(W) = V[W(N_1, N_2)]$$

auf, für die $\dfrac{dV}{dW} > 0$ ist. Es ist daher erwähnenswert, daß die optimalen Werte $A°_i$ und $N°_i$ ($i = 1, 2$) ebenso wie alle relativen Preise

$$\frac{p°_1}{p°_2}, \frac{p°_{m1}}{p°_1}, \frac{p°_{m1}}{p°_{m2}}$$

usw. nicht von dem speziell gewählten Wohlfahrtsindex abhängen, dies aber sehr wohl für die absoluten Preise $p°_i$ und $p°_{mj}$ ($i = 1, 2$; $j = 1, 2, 3, 4$) der Fall ist (vgl. Aufgabe 1, Abschnitt 2.5).

Mit Hilfe des Ungleichungssystems (2.28) bis (2.41) können die optimalen Werte $A°_i$, $N°_i$, $p°_i$ und $p°_{mj}$ bestimmt werden, sobald die Werte der Konstanten und die Zielfunktion bekannt sind (vgl. Aufgabe 2, Abschnitt 2.5).

An dieser Stelle sei als Beispiel noch kurz der Fall erörtert, in dem in einer der Ungleichungen (2.28) oder (2.29), also z. B. in (2.28) das $<$ Zeichen zutrifft. Nach dem früher Gesagten gilt dann $N°_1 = A°_1 = 0$, so daß auch in (2.38) das Ungleichheitszeichen steht und somit $p°_{m3} = 0$ ist. Nehmen wir ferner an, daß in (2.37) und (2.39) das $>$ Zeichen gilt und folglich $p°_{m2} = p°_{m4} = 0$ ist, während es sich bei (2.36) um eine Gleichung handelt, so erhalten wir aus (2.36):

$$A°_2 = \frac{a_1}{a_{21}}$$

und aus (2.30) und (2.31)

$$p°_1 - a_{11}p°_{m1} = 0,$$
$$p°_2 - a_{21}p°_{m1} = 0,$$

daraus ergibt sich:

$$p°_1 = a_{11}p°_{m1},$$
$$p°_{m1} = \frac{1}{a_{21}} p°_2.$$

Ferner folgt aus (2.28) und (2.29):

$$\frac{\partial W^°}{\partial N_1} < p°_1,$$

$$\frac{\partial W^°}{\partial N_2} = p°_2.$$

Da $A°_1 = 0$ und $A°_2 = \frac{a_1}{a_{21}}$ ist, lassen sich $\frac{\partial W^°}{\partial N_1}$ und $\frac{\partial W^°}{\partial N_2}$ aus (2.1) für $N°_1 = A°_1 = 0$ und $N°_2 = A°_2 = \frac{a_1}{a_{21}}$ berechnen. Damit sind aber auch $p°_{m1}$ und $p°_1$ nach den angegebenen Gleichungen bestimmt. Schließlich ergibt sich:

$$\frac{\frac{\partial W^°}{\partial N_1}}{\frac{\partial W^°}{\partial N_2}} < \frac{p°_1}{p°_2} = \frac{a_{11}}{a_{21}}.$$

Das Verhältnis des gesellschaftlichen Grenznutzens von G_1 zu dem von G_2 ist in diesem Fall also kleiner als das ihrer Preise.

Abschließend sei noch auf folgende wichtige Tatsache hingewiesen. Wie aus der Struktur der Lösung (2.28) bis (2.41) hervorgeht, lassen sich unsere Schlußfolgerungen auch für den Fall beliebig vieler Konsumgüter, Produktionsmittel und Produktionsprozesse ableiten, d. h. die Lösung läßt sich leicht für diesen verallgemeinerten Fall angeben. Darüber hinaus ist bewiesen worden (vgl. das Literaturverzeichnis 2.6), daß die abgeleiteten Ergebnisse im wesentlichen unverändert gelten, wenn andere als limitational-lineare Produktionsfunktionen vorausgesetzt werden, so lange diese sich durch abnehmende oder konstante Skalenerträge auszeichnen.

2.3 Die Dezentralisation wirtschaftlicher Entscheidungen

Dem Leser, dem die Ergebnisse der Preistheorie bekannt sind, wird aufgefallen sein, daß verschiedene Aussagen, die sich für die optimale Güterversorgung der zentral geplanten Wirtschaft des Modells 2.1 ergaben, bekannten Resultaten des Modells der vollständigen Konkurrenz entsprechen. „Die Grenznutzen der Konsumgüter verhalten sich wie ihre Preise", „der Preis eines Produktes ist seinen Grenzkosten gleich" sind Beispiele für diese Übereinstimmung. Zu beachten ist allerdings, daß die Werte bei der vollständigen Konkurrenz mit Hilfe der Gleichgewichtspreise der Märkte, bei der optimalen Güterversorgung in der Planwirtschaft dagegen mittels der Verrechnungspreise bestimmt werden.

Die überraschende Analogie der Ergebnisse beider Modelle ist nicht zufällig, läßt sich doch beweisen, daß jedes Konkurrenzgleichgewicht zu einer optimalen Güterversorgung führt[5]. Folglich müssen für sie die gleichen Bedingungen gelten, die bei einer optimalen Güterversorgung in einer Planwirtschaft erfüllt sind.

Es ist unsere Absicht, in diesem Abschnitt zu beweisen, daß bei Existenz eines Konkurrenzgleichgewichts unter den grundlegenden Voraussetzungen von Modell 2.1 die vollständige Konkurrenz ebenso wie die zentrale Planung zum Wohlfahrtsoptimum führt, die Gleichgewichtswerte also die gesellschaftliche Zielfunktion (2.1) maximieren.

Im Modell der vollständigen Konkurrenz wird angenommen, daß alle Wirtschaftssubjekte unabhängig voneinander eine eigene Zielfunktion maximieren und sich als Mengenanpasser verhalten, die Marktpreise also als gegeben annehmen und zur Maximierung ihrer Zielfunktion nur die nachgefragten und angebotenen (produzierten) Mengen der verschiedenen Güter variieren. Diese Annahme wird regelmäßig bei einer großen Zahl von Verbrauchern bzw. Unternehmungen, die das gleiche Gut beziehen bzw. anbieten, für gerechtfertigt gehalten. Handelt eine große Zahl von Marktteilnehmern, wie angenommen, in Konkurrenz, so wird der Einfluß einzelner Wirtschaftssubjekte auf die Preise bei nicht zu unterschiedlicher Größe der Haushalte bzw. Unternehmungen sehr gering sein und kann daher vernachlässigt werden.

In dem von uns betrachteten Modell wollen wir an den Annahmen einer selbständigen Maximierung der Zielfunktionen und eines Verhaltens als Mengenanpasser festhalten, obwohl wir es mit nur drei Wirtschaftssubjekten zu tun haben. Die beiden Betriebe werden zu selbständigen Unternehmungen, die ihre Gewinne zu maximieren suchen. Die Nachfrage nach Konsumgütern wird durch eine zentrale Stelle, die wir als das Ministerium für Konsumgüterbeschaffung bezeichnen können, ausgeübt, wobei das Ministerium die gesellschaftliche Zielfunktion unter Berücksichtigung der Begrenzung durch das Volkseinkommen zu maximieren sucht.

---

[5] Vgl. etwa T. C. Koopmans, Allocation of Resources and the Price System. In: Three Essays on the State of Economic Science, New York/Toronto/London 1957, S. 46–60. Der Beweis von *Koopmans* bezieht sich auf eine dezentralisierte Konsumgüterbeschaffung durch viele Haushalte. Implizit folgt daraus auch die Optimalität der Konsumgüterbeschaffung durch eine zentrale Stelle, wie sie in der Folge betrachtet wird.

Die Annahme, daß sich unsere wenigen Wirtschaftssubjekte wie Mengenanpasser verhalten, erfolgt aus methodischen Gründen. Denn erstens interessieren uns Aussagen, die bei Vorhandensein vieler Haushalte (Verbraucher) und Unternehmungen gültig sind. Nun wurde bereits im letzten Abschnitt darauf hingewiesen, daß die Ergebnisse über das Wohlfahrtsoptimum sich ohne weiteres auf den Fall vieler Güter und Betriebe übertragen lassen. Entsprechendes gilt auch bei Existenz vieler Verbraucher (vgl. Abschnitt 4.1 über die Dezentralisation des Verbrauchs). Daraus folgt, daß Ergebnisse, die bei einem Verhalten weniger Wirtschaftssubjekte als Mengenanpasser für das Gleichgewicht der vollständigen Konkurrenz zutreffen, auch richtig bleiben, wenn viele Haushalte und Unternehmungen auf jedem Markt auftreten und viele Güter produziert und verbraucht werden. Daher ist die Annahme, daß sich die drei in unserem Modell betrachteten Wirtschaftssubjekte, nämlich die beiden Unternehmungen und das Ministerium für Güterbeschaffung als Mengenanpasser verhalten, durchaus gerechtfertigt.

Zweitens sind wir an der Frage interessiert, ob und unter welchen Bedingungen sich bei einer Dezentralisierung der wirtschaftlichen Entscheidungen auf viele Unternehmungen und das Ministerium für Güterbeschaffung die optimale Güterversorgung realisieren läßt. Es wird sich zeigen, daß das gerade dann der Fall ist, wenn die Wirtschaftssubjekte wie Mengenanpasser, also wie bei vollständiger Konkurrenz handeln.

Wir wenden uns nun der Beschreibung des Gleichgewichts bei vollständiger Konkurrenz (Konkurrenzgleichgewicht) unter den Voraussetzungen zu, die wir in Modell 2.1 bezüglich der Produktionstechnik, der Art und Anzahl der vorhandenen Produktionsmittel, der Konsumgüter und der gesellschaftlichen Zielfunktion gemacht hatten. Y wird als Symbol für das Volkseinkommen eingeführt. Dieses steht dem Beschaffungsministerium für Konsumgüterkäufe zur Verfügung. Das Ministerium hat also die gesellschaftliche Zielfunktion W unter der Bedingung zu maximieren, daß höchstens das Volkseinkommen für Konsumgüterkäufe ausgegeben wird:

(2.1) $W = W(N_1, N_2) = \max!$

(2.42) $B \equiv Y - p_1 N_1 - p_2 N_2 \geqq 0.$

Im übrigen gelten für die Zielfunktion die Annahmen (2.2) bis (2.4).

Wir nehmen an, daß die nicht transferierbaren Produktionsmittel Eigentum der beiden Unternehmungen sind. Der Erlös der Unternehmung i beträgt $p_i A_i$, während sich die Ausgaben für den Kauf gesamtwirtschaftlich verfügbarer Produktionsmittel auf $(a_{i1} p_{m1} + a_{i2} p_{m2}) A_i$ belaufen. Der Gewinn ergibt sich als Differenz dieser Größen und ist unter der Nebenbedingung zu maximieren, daß höchstens die vorhandenen nicht transferierbaren Produktionsmittelmengen gebraucht werden:

(2.43) $\quad (p_1 - a_{11}p_{m1} - a_{12}p_{m2}) A_1 = \max!$

(2.25) $\quad H_{m3} \equiv b_3 - b_{13}A_1 \geqq 0.$

(2.43) und (2.25) beschreiben folglich das Optimierungsproblem für die erste Unternehmung. Entsprechend ergibt sich für die zweite Unternehmung:

(2.44) $\quad (p_2 - a_{21}p_{m1} - a_{22}p_{m2}) A_2 = \max!$

(2.26) $\quad H_{m4} \equiv b_4 - b_{24}A_2 \geqq 0.$

Auf den Märkten für Konsumgüter und Produktionsmittel müssen die Bedingungen

(2.21) $\quad H_1 \equiv A_1 - N_1 \geqq 0,$

(2.22) $\quad H_2 \equiv A_2 - N_2 \geqq 0,$

(2.23) $\quad H_{m1} \equiv a_1 - a_{11}A_1 - a_{21}A_2 \geqq 0,$

(2.24) $\quad H_{m2} \equiv a_2 - a_{12}A_1 - a_{22}A_2 \geqq 0,$

erfüllt sein, das Angebot an Konsumgütern bzw. Produktionsmitteln muß also wenigstens so groß wie die Nachfrage nach denselben sein. Hier wird der Leser sofort fragen: Muß denn nicht im Marktgleichgewicht immer Angebot gleich Nachfrage sein und daher in (2.21) bis (2.26) das Gleichheitszeichen gelten? Die Antwort lautet, daß das in der Regel zutrifft, und zwar immer dann, wenn Angebots- und Nachfragekurve sich schneiden. Anders liegen die Dinge jedoch, wenn es keinen positiven Preis gibt, bei dem Angebot und Nachfrage einander gleich sind. Ein solcher Fall ist in Abb. 2.4 dargestellt. Hier ist das betrachtete Gut offenbar selbst bei einem Preis Null im Überfluß vorhanden; es handelt sich also um ein freies Gut. In diesem Fall wird der Preis des Gutes so lange fallen, bis er gleich Null ist. Wir kommen daher zu folgenden zusätzlichen Annahmen für das Konkurrenzgleichgewicht:

(2.45) $\quad$ Ist $H_i > 0$, so gilt $p_i = 0$ $(i = 1, 2)$;

(2.46) $\quad$ ist $H_{mi} > 0$, so gilt $p_{mi} = 0$ $(i = 1, 2)$.

Die Gleichgewichtspreise sind bei einem Überangebot im Konkurrenzgleichgewicht gleich Null. Liegt dagegen im Gleichgewicht kein Überangebot vor, so sind sie positiv. Es gilt daher

$$p_i, p_{mj} \geqq 0 \ (i = 1, 2; j = 1, 2).$$

Dezentralisation von Entscheidungen

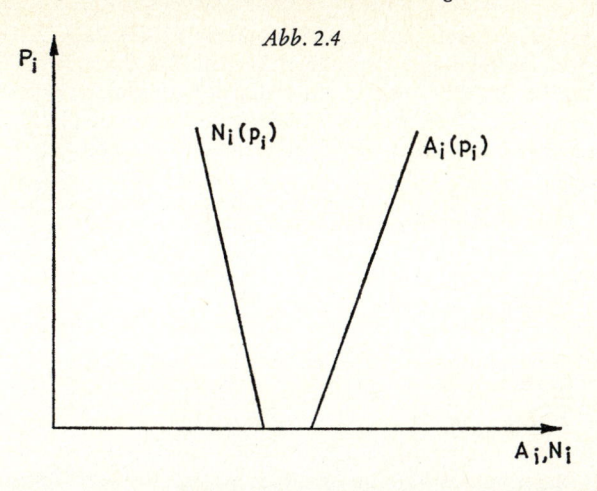

Abb. 2.4

[Figure: Axes P_i (vertical) and A_i, N_i (horizontal), with two V-shaped curves labeled $N_i(p_i)$ and $A_i(p_i)$.]

Schließlich setzen wir voraus, daß alle Einkommen der gesamtwirtschaftlich verfügbaren Produktionsmittel und die Gewinne der Unternehmungen (vgl. (2.43) und (2.44)) als Volkseinkommen dem Beschaffungsministerium, als dem Repräsentanten der Verbraucher, zufließen. Es ergibt sich daher:

(2.47) $\quad Y = \sum_{i=1}^{2} p_{mi} a_i + \sum_{j=1}^{2} (p_j - a_{j1} p_{m1} - a_{j2} p_{m2}) A_j.$

Damit sind die Bedingungen für das Konkurrenzgleichgewicht beschrieben. Wir wollen dieses Modell als K 2.1 bezeichnen. Die Werte der p_i, p_{mj}, A_i, N_i und Y ($i = 1, 2$; $j = 1, 2$), die die Bedingungen von K 2.1 erfüllen, beschreiben ein Konkurrenzgleichgewicht. In der Folge mögen die Symbole p'_i, p'_{mj}, A'_i, N'_i, Y' usw. ein Konkurrenzgleichgewicht repräsentieren. Dagegen seien A_i, N_i usw. beliebige, realisierbare Werte, also Werte, die die Bedingungen (2.21) bis (2.26), (2.42) und (2.47) erfüllen.

Wir beweisen nun, daß bei Existenz eines Wettbewerbsgleichgewichts[6] dieses optimal in dem Sinne ist, daß es die gesellschaftliche Zielfunktion (2.1) unter den Nebenbedingungen (2.21) bis (2.26) maximiert. Es wird gezeigt, daß in diesem Fall die Werte der Lösung des Konkurrenzmodells K 2.1 denen der Lösung des Modells der zentralgeleiteten Planwirtschaft von Modell 2.1 entsprechen.

---

[6] Die Existenz eines Wettbewerbsgleichgewichts läßt sich selbst unter allgemeineren Bedingungen als denen unseres Modells beweisen. Vgl. dazu die Literaturangaben in Abschnitt 2.6.

Zunächst sei gezeigt, daß die Bedingungen (2.42) und (2.47) keine zusätzlichen Bedingungen gegenüber Modell 2.1 darstellen. Wir erwähnen zuerst, daß (2.47) eine reine Definitionsgleichung für das Volkseinkommen Y ist. Multipliziert man ferner (2.23) und (2.24) mit p_{mi} und addiert man die beiden Ungleichungen, so ergibt sich:

$$\sum_{i=1}^{2} p_{mi}a_i \geq \sum_{i=1}^{2} (a_{1i}A_1 + a_{2i}A_2)p_{mi} \text{ oder}$$

(2.48) $\quad \sum_{i=1}^{2} p_{mi}a_i \geq \sum_{j=1}^{2} (a_{j1}p_{m_1} + a_{j2}p_{m_2})A_j.$

Unter Verwendung dieser Ungleichung folgt aus (2.47):

(2.49) $\quad Y \geq \sum_{j=1}^{2} p_j A_j.$

Daraus, sowie aus (2.21) und (2.22) ergibt sich:

(2.50) $\quad \sum_{j=1}^{2} p_j N_j \leq \sum_{j=1}^{2} p_j A_j \leq Y.$

Diese Ungleichungen zeigen, daß wegen (2.21) und (2.22) die Ungleichung (2.42) immer erfüllt ist und keine zusätzliche Bedingung bedeutet.

Wir können aufgrund dieser Überlegungen feststellen, daß die Menge der realisierbaren Konsum- und Produktionspläne in den Modellen 2.1 und K. 2.1 übereinstimmt, da die Nebenbedingungen (2.21) bis (2.26) für beide Modelle identisch sind und (2.42) und (2.47) bei Gültigkeit dieser Nebenbedingungen ebenfalls erfüllt sind.

Da die Menge der realisierbaren Produktions- und Konsumpläne in beiden Modellen die gleiche ist, braucht nunmehr lediglich noch bewiesen zu werden, daß Pläne, die ein Konkurrenzgleichgewicht erfüllen, gleichzeitig die gesellschaftliche Zielfunktion (2.1) maximieren.

Vor Durchführung dieses Beweises bilden wir zunächst das totale Differential der Zielfunktion (2.1):

$$dW = \frac{\partial W}{\partial N_1} dN_1 + \frac{\partial W}{\partial N_2} dN_2.$$

Dafür läßt sich als Annäherung auch schreiben:

$$\Delta W = \frac{\partial W}{\partial N_1} \Delta N_1 + \frac{\partial W}{\partial N_2} \Delta N_2.$$

ΔW ist die Änderung der gesellschaftlichen Wohlfahrt bei einer kleinen Änderung von N_1 und N_2 um ΔN_1 bzw. ΔN_2. Fassen wir $N°_1$ und $N°_2$ als die Werte bei optimaler Güterversorgung auf, so ist $\Delta W \leq 0$, da eine Abweichung von den optimalen Werten die gesellschaftliche Wohlfahrt nicht vergrößern kann. Werden die realisierbaren Konsumgütermengen, die sich durch die Änderung von $N°_1$ und $N°_2$ ergeben, als N_1 und N_2 bezeichnet, so läßt sich auch schreiben:

$$\Delta N°_i \equiv N_i - N°_i, \text{ so daß}$$

(2.51) $\Delta W° = \dfrac{\partial W°}{\partial N_1}(N_1 - N°_1) + \dfrac{\partial W°}{\partial N_2}(N_2 - N°_2) \leq 0$

gilt. Können wir nun beweisen, daß von beliebigen realisierbaren N_i und von den N'_i des Konkurrenzgleichgewichts (2.51) erfüllt wird, also $N'_i = N°_i$ ($i = 1, 2$) ist, so ist damit gezeigt, daß das Konkurrenzgleichgewicht zu einer optimalen Güterversorgung führt.

Wir wenden uns nun diesem Beweis zu, wobei zunächst einige Eigenschaften des Konkurrenzgleichgewichts abzuleiten sind.

Als ersten Schritt bilden wir die Funktion $U \equiv W + \lambda B$ mit $\lambda \geq 0$ als Lagrange-Multiplikator. Es folgt dann nach dem Theorem von Kuhn und Tucker:

(2.52) $\dfrac{\partial U'}{\partial N_i} = \dfrac{\partial W'}{\partial N_i} - \lambda' p'_i \leq 0$ ($i = 1, 2$),

(2.53) $\sum\limits_{i=1}^{2}(\dfrac{\partial W'}{\partial N_i} - \lambda' p'_i)N'_i = 0$,

(2.54) $\dfrac{\partial U'}{\partial \lambda} = Y' - p'_1 N'_1 - p'_2 N'_2 \geq 0$,

(2.55) $(Y' - p'_1 N'_1 - p'_2 N'_2)\lambda' = 0$,

(2.56) $\lambda', p'_i \geq 0$ ($i = 1, 2$),

wobei der Index ' Werte bezeichnet, die das Konkurrenzgleichgewicht erfüllen.

Aus den Ungleichungen (2.52) und (2.2) ergibt sich, daß $\lambda' p'_i \geq \dfrac{\partial W'}{\partial N_i} > 0$, so daß wegen (2.56) $\lambda', p'_i > 0$ ist. Daraus und aus (2.45) folgt[7],

---

[7] Nach (2.45) ergibt sich, daß für $p'_i > 0$ wegen $H_i \geq 0$ gilt: $H_i = 0$.

daß im Konkurrenzgleichgewicht in (2.21) und (2.22) das Gleichheitszeichen gilt:

(2.57) $\quad N'_i - A'_i = 0 \ (i = 1, 2)$.

Wegen $\lambda' > 0$ muß nach (2.55) auch in (2.54) das Gleichheitszeichen gelten:

(2.58) $\quad p'_1 N'_1 + p'_2 N'_2 = Y'$.

Schließlich erhält man aus (2.23), (2.24) und (2.46), daß im Konkurrenzgleichgewicht

$$\sum_{i=1}^{2} (a_i - a_{1i} A'_1 - a_{2i} A'_2) p'_{mi} = 0,$$

(2.59) $\quad \displaystyle\sum_{i=1}^{2} a_i p'_{mi} = \sum_{j=1}^{2} (a_{j1} p'_{m1} + a_{j2} p'_{m2}) A'_j$

ist. Setzt man (2.59) in (2.47) ein, so folgt:

(2.60) $\quad Y' = p'_1 A'_1 + p'_2 A'_2$ und wegen (2.58):

(2.61) $\quad \displaystyle\sum_{i=1}^{2} p'_i N'_i = \sum_{i=1}^{2} p'_i A'_i$.

Wir sind nun in der Lage, den eigentlichen Beweis zu führen. Es gilt zunächst wegen (2.43) und (2.44):

$$\sum_{j=1}^{2} (p'_j - a_{j1} p'_{m1} - a_{j2} p'_{m2}) (A'_j - A_j) \geq 0,$$

da kein Gewinn größer als der maximale Gewinn sein kann. Daraus folgt:

(2.62) $\quad \displaystyle\sum_{j=1}^{2} p'_j (A'_j - A_j) \geq \sum_{j=1}^{2} (a_{j1} p'_{m1} + a_{j2} p'_{m2}) (A'_j - A_j)$.

Für beliebige realisierbare A_i gilt ferner (2.48), während für die A'_i (2.59) erfüllt ist. Daraus folgt, daß die rechte Seite von (2.62) nicht negativ ist. Demnach erhält man:

$$\sum_{i=1}^{2} p'_i (A'_i - A_i) \geq 0 \text{ oder}$$

(2.63) $\quad \displaystyle\sum_{i=1}^{2} p'_i A'_i \geq \sum_{i=1}^{2} p'_i A_i$.

Für beliebige realisierbare Werte A_i und N_i ergibt sich ferner aus (2.21) und (2.22):

(2.64) $\quad \sum_{i=1}^{2} p'_i A_i \geqq \sum_{i=1}^{2} p'_i N_i,$

während für die A'_i und N'_i wegen (2.61)

(2.65) $\quad \sum_{i=1}^{2} p'_i A'_i = \sum_{i=1}^{2} p'_i N'_i$

gilt. Aus (2.63) bis (2.65) folgt

$$\sum_{i=1}^{2} p'_i N'_i \geqq \sum_{i=1}^{2} p'_i N_i,$$

(2.66) $\quad \sum_{i=1}^{2} p'_i (N_i - N'_i) \leqq 0.$

Schließlich ist wegen (2.52) und (2.53) entweder

$$p'_i = \frac{1}{\lambda'} \frac{\partial W'}{\partial N_i} \text{ oder } N'_i = 0 \text{ und } p'_i > \frac{1}{\lambda'} \frac{\partial W'}{\partial N_1}.$$

Folglich ergibt sich aus (2.66) wegen $\lambda > 0$:

(2.67) $\quad \dfrac{\partial W'}{\partial N_1} (N_1 - N'_1) + \dfrac{\partial W'}{\partial N_2} (N_2 - N'_2) \leqq 0.$

Gleichung (2.67) ist aber die Bedingung für ein Maximum der gesellschaftlichen Zielfunktion (2.51). Die Werte A'_1, A'_2 und N'_1, N'_2 des Konkurrenzgleichgewichts maximieren also die Wohlfahrt der Gesellschaft. Es gilt $A'_i = A^\circ_i$ und $N'_i = N^\circ_i$ ($i = 1, 2$)[8].

Unser Ergebnis ist bemerkenswert, zumal da sich die Beweisführung Schritt für Schritt für viele Unternehmungen, Konsumgüter und Produktionsmittel durchführen läßt. Es zeigt u. a., daß die Verfolgung eines völlig andersgearteten Ziels, nämlich der Gewinnmaximierung, durch die Unternehmungen zu einer optimalen Güterversorgung der Bevölkerung führt, wenn auf diese Weise das Konkurrenzgleichgewicht verwirklicht wird. In dem beschriebenen Konkurrenzsystem wird sogar

---

[8] Da die Zielfunktion konkav ist, gibt es nach dem Theorem von *Kuhn* und *Tucker* nur ein globales Wohlfahrtsmaximum. Folglich müssen die Wohlfahrtsmaxima der vollständigen Konkurrenz und des optimalen Plans unserer Modelle 2.1 und K 2.1 identisch sein.

eine starke Motivation, wie das Gewinnstreben, der Optimierung der gesellschaftlichen Wohlfahrt dienstbar gemacht.

Diese Tatsache verdeutlicht weiterhin, daß eine Kritik, die sich nur deshalb gegen eine Wirtschaftsordnung richtet, weil in dieser die einzelnen Wirtschaftssubjekte andere Ziele als das Ziel einer Vergrößerung der gesellschaftlichen Wohlfahrt verfolgen, mißgeleitet sein kann. Gerade die Verwirklichung der individuellen Ziele, z. B. der Unternehmungen, führt unter bestimmten Bedingungen zu einer Maximierung der gesellschaftlichen Zielfunktion.

2.4 Erste Bemerkungen zur Organisation der Wirtschaft

Wir waren ausgegangen von dem Problem, einen gesellschaftlichen Konsum- und Produktionsplan zu bestimmen, der unter Berücksichtigung einer gegebenen Produktionstechnik und der vorhandenen Produktionsmittelmengen, gemessen an einer vorgegebenen gesellschaftlichen Zielfunktion, eine bestmögliche Güterversorgung der Bevölkerung sichert.

Die Lösung dieses Problems lieferte uns nicht nur Ungleichungen zur Bestimmung der optimalen Mengen der zu verwendenden Produktionsmittel und der herzustellenden Konsumgüter, sondern ebenso Ungleichungen zur Ermittlung von Verrechnungspreisen für alle Güter, von Preisen also, die einen Maßstab für die Knappheit von Konsumgütern und Produktionsmitteln im Optimum darstellen. Schließlich ergab die Lösung des Planungsproblems gewisse Bedingungen wie „Die Grenzkosten eines Gutes sind seinem Preis gleich" oder „Die Grenznutzen von zwei Konsumgütern verhalten sich wie ihre Preise", die bei einer Maximierung der gesellschaftlichen Zielfunktion erfüllt sein müssen.

Unsere Überlegungen führten noch einen Schritt weiter, konnten wir uns doch davon überzeugen, daß im Rahmen unseres Modells auch eine Dezentralisierung der wirtschaftlichen Entscheidungen bei vollständiger Konkurrenz oder bei einem Verhalten aller Wirtschaftssubjekte als Mengenanpasser zu einer optimalen Güterversorgung der Gesellschaft führt.

Diese Ergebnisse erlauben es, erste Schlußfolgerungen bezüglich möglicher Organisationsformen der Wirtschaft zum Zweck einer möglichst guten Versorgung mit Konsumgütern zu ziehen.

Als denkbare Organisationsform wäre zunächst die Konzentration aller Entscheidungen bei einer zentralen Planungsstelle zu nennen. Diese besitzt alle Informationen über die Produktionstechnik in den vorhandenen Produktionsprozessen, über die verfügbaren Mengen der Produktionsmittel sowie über die Zielfunktion. Aufgrund dieser Informationen berechnet die Planstelle diejenigen Mengen an Produkten und Produktionsmitteln, die in jedem einzelnen Betrieb bei einer Maximierung der gesellschaftlichen Zielfunktion hergestellt und verbraucht werden. Schließlich teilt sie den Betrieben die errechneten Mengen als Zielgrößen mit und weist ihnen die benötigten gesamtwirtschaftlichen Produktionsmittelmengen zu. Die Betriebe führen die ihnen vorgegebenen Produktionspläne aus.

Die beschriebene Wirtschaftsorganisation wollen wir im Anschluß an Walter Eucken als Zentralgeleitete Verwaltungswirtschaft (Zentralverwaltungswirtschaft) bezeichnen [9]. Da das Privateigentum hier keine Funktion zu erfüllen hätte, wird man sich diese Organisationsform regelmäßig als mit öffentlichem Eigentum verbunden vorzustellen haben. Notwendig ist die Abwesenheit des Privateigentums allerdings nicht, wie schon das der beschriebenen Organisation recht ähnliche System der deutschen Kriegswirtschaft der beiden Weltkriege zeigt.

Die Möglichkeit der Bestimmung von optimalen Verrechnungspreisen erlaubt auch eine weniger weitgehende Zentralisation der Wirtschaft. Wir können uns diese zweite Organisationsform wie folgt vorstellen. Die zentrale Planungsstelle berechnet aufgrund der bei ihr vorhandenen Informationen die optimalen Verrechnungspreise. Diese werden den Betrieben und einem Ministerium für Konsumgüterbeschaffung zugeleitet. Die Betriebe erhalten die Auflage, so viel Güter zu produzieren, zu liefern und zu beziehen, daß sie ihre Gewinne maximieren. Das Ministerium für Güterbeschaffung wird angewiesen, durch seine Konsumgüterbezüge die gesellschaftliche Wohlfahrt (Zielfunktion) zu optimieren. Alle Wirtschaftssubjekte haben sich als Mengenanpasser verhalten. Alternativ könnte auch die Regel ausgegeben werden, daß die Wirtschaftseinheiten Produktion, Lieferung und Beschaffung der Güter bei möglichst großer Produktion so einrichten sollen, daß die Preise der Produkte den Grenzkosten bzw. der gestifteten Grenzwohlfahrt gleich sind. Eine in dieser Art organisierte Wirtschaft, bei der ebenfalls das Privateigentum keine wichtige Funktion hätte, wollen wir im Anschluß an die Literatur als Konkurrenzsozialismus bezeichnen [10].

Eine dritte denkbare Organisationsform ist der Marktsozialismus. In diesem Fall wird von der Möglichkeit der Dezentralisierung voll Ge-

---

[9] *Walter Eucken*, Die Grundlagen der Nationalökonomie, Bad Godesberg 1947⁵. Vgl. insb. S. 126–140 und 199–221.

[10] Vgl. dazu *Oskar Lange*, On the Economic Theory of Socialism, Minneapolis 1948. Vgl. auch *Herbert Giersch*, Allgemeine Wirtschaftspolitik, 1. Band: Grundlagen, Wiesbaden 1961, S. 165–168. Auf die Art der Festsetzung der Preise bei unvollständiger Information der zentralen Planungsbehörde wird in Abschnitt 5.5 eingegangen.

brauch gemacht, jedoch am öffentlichen Eigentum der Produktionsmittel festgehalten. Alle Unternehmungen stehen wegen ihrer Zahl in vollständiger Konkurrenz und suchen ihren Gewinn zu maximieren. Das Beschaffungsministerium verhält sich als Mengenanpasser und maximiert durch Konsumgüterkäufe die gesellschaftliche Zielfunktion, wobei ihr das aus den Gewinnen der Unternehmungen und den Einkommen der Produktionsmittel zufließende Volkseinkommen zur Verfügung steht. Bei Zustandekommen der Preise des Konkurrenzgleichgewichts wird eine optimale Güterversorgung erreicht.

Die letzte zu erwähnende Organisationsform unterscheidet sich vom Marktsozialismus durch das Privateigentum an Produktionsmitteln. Das Privateigentum hat in dieser Marktwirtschaft mit Privateigentum (kapitalistischen Marktwirtschaft) die Funktion, die Unternehmungen über die erwirtschafteten Gewinne und die Eigentümer von Produktionsmitteln über die durch den Verkauf derselben erzielten Einkommen zu einem Verhalten zu veranlassen, das die gesellschaftliche Wohlfahrt maximiert. Allerdings muß die Versorgung der einzelnen Wirtschaftssubjekte mit Konsumgütern von dem von ihnen erzielten Einkommen abhängen, wenn diese Art der Motivation wirksam sein soll. Es ist daher notwendig, entweder in der gesellschaftlichen Zielfunktion einen entsprechenden Zusammenhang von Einkommen und Verbrauch der Wirtschaftssubjekte zu schaffen oder den Verbrauch selbst zu dezentralisieren. In diesem Fall fließen die Einkommen aus Gewinnen und Produktionsmitteln den jeweiligen Eigentümern ganz oder teilweise zu und können von ihnen nach ihren Wünschen zum Kauf von Konsumgütern verwendet werden. Die angeschnittenen Fragen der Motivation der Wirtschaftssubjekte und der Dezentralisation des Verbrauchs werden uns noch eingehend beschäftigen.

Im Gegensatz zur Marktwirtschaft mit Privateigentum ist in den drei anderen skizzierten Organisationsformen nicht ohne weiteres zu erkennen, wie die einzelnen Teilnehmer am Wirtschaftsprozeß veranlaßt werden können, sich in der für eine optimale Güterversorgung erforderlichen Weise zu verhalten. Während man sich beim Marktsozialismus eine Lösung ähnlich der in einer Marktwirtschaft mit Privateigentum vorstellen kann, ergeben sich bei den zentralisierten Wirtschaftsformen größere Probleme in dieser Hinsicht, die später zu besprechen sein werden.

Die zentralisierten Organisationsformen weisen weitere schwerwiegende Probleme auf, wenn man die unrealistische Annahme der bisher betrachteten Modelle fallen läßt, daß die zentrale Planungsstelle alle benötigten Informationen besitzt und die optimalen Gütermengen berechnen kann. Es kommt dann notwendigerweise zu Fehlplanungen und stellt sich folglich die Frage, ob Mechanismen existieren, die es den zentralisierten Wirtschaften erlauben, sich dem gesellschaftlichen Optimum schrittweise zu nähern.

Auch die dezentralisierten Wirtschaftsformen weisen ähnliche Probleme auf. Zwar sind ihre Informationsbedürfnisse geringer, da Haushalte (oder Beschaffungsministerium) und Unternehmungen nur ihre Nutzenfunktionen (oder allgemeiner, ihre Präferenzen) bzw. ihre Produktionstechnik und Produktionsmittelvorräte sowie die Preise der Güter, die sie anbieten bzw. nachfragen, zu kennen brauchen. Es ist jedoch keineswegs sicher, ob das zwar vorhandene Konkurrenzgleichgewicht tatsächlich zustande kommt, solange nichts über seine dynamische Stabilität bekannt ist.

In allen beschriebenen Wirtschaftssystemen bleibt schließlich die Frage offen, ob sich die Gesellschaftsmitglieder tatsächlich entsprechend den angegebenen Postulaten verhalten. Während in einer Marktwirtschaft mit Privateigentum zwar eine entsprechende Motivation vorhanden ist, mag gerade das Gewinnstreben zu einem Zusammenschluß der Unternehmungen und damit zum Verfall der vollständigen Konkurrenz führen. Fehlt andererseits die Berücksichtigung des Eigeninteresses der Gesellschaftsmitglieder in den anderen Organisationsformen, so kann dieser Umstand dazu führen, daß die Pläne der zentralen Planungsstelle bzw. der Betriebe und Unternehmungen durchkreuzt werden.

Damit wollen wir diese erste Skizze möglicher Wirtschaftssysteme und der mit ihnen verbundenen Probleme abschließen. Es wird die Aufgabe späterer Kapitel sein, die angeschnittenen Fragen zu vertiefen, zu erweitern und so weit wie möglich zu beantworten.

2.5 Aufgaben

1. In Modell 2.1 sei anstelle der gesellschaftlichen Zielfunktion $W = W(N_1, N_2)$ eine Zielfunktion $V = V[W(N_1, N_2)]$ mit $\frac{dV}{dW} > 0$ gegeben. $W(N_1, N_2)$ besitzt die gleichen Eigenschaften wie bisher. Zeigen Sie, daß

a) alle Preise sich aus den bisherigen Preisen durch Multiplikation mit einem positiven Faktor ergeben;
b) das Verhältnis von je zwei Preisen zueinander, d. h. die relativen Preise unverändert bleiben;
c) die gesellschaftlichen Grenznutzen sich weiter wie die bisherigen Preise der Konsumgüter verhalten;
d) die optimalen Werte $A°_1$, $A°_2$, $N°_1$, und $N°_2$ unverändert bleiben.

2. Die gesellschaftliche Zielfunktion sei durch $W = (N_1 + \frac{2}{5})(N_2 + \frac{6}{5})$ gegeben. Ferner seien in Modell 2.1 $a_1 = 1$, $a_2 = 2$, $b_3 = 1$, $b_4 = \frac{3}{2}$, $a_{11} = \frac{1}{2}$, $a_{22} = 1$, $a_{12} = \frac{3}{4}$, $a_{21} = \frac{1}{4}$, $b_{13} = \frac{1}{2}$, $b_{24} = \frac{2}{3}$.

a) Welche Werte ergeben sich für die optimalen produzierten und verbrauchten Mengen der beiden Güter, $A°_1$, $A°_2$, $N°_1$ und $N°_2$?

b) Welche Produktionsmittel sind freie Güter?

c) Wie ändern sich die in Frage 2 berechneten Preise, wenn die dort verwendete gesellschaftliche Zielfunktion durch $W = (N_1 + \frac{3}{4})(N_2 + \frac{3}{16})$ ersetzt wird?

3. Es sei von den gleichen Gegebenheiten wie in Aufgabe 2 ausgegangen, mit der Ausnahme, daß sich die vom vierten Produktionsmittel verfügbare Menge von $\frac{3}{4}$ auf $b_4 = \frac{1}{2}$ vermindert. Wie wirkt sich diese Änderung

a) auf die produzierten Mengen der beiden Konsumgüter,

b) auf die Preise der Produkte und der Produktionsmittel aus?

4. Nach der Arbeitswertlehre verhalten sich bei einfacher Warenproduktion und Konkurrenz die Preise der Güter wie das Verhältnis der zur Herstellung je einer Gutseinheit derselben gesellschaftlich notwendigen Arbeitsmengen. Gehen Sie davon aus, daß es sich bei dem 2. Produktionsmittel um die Arbeit handelt.

Prüfen Sie, ob die Arbeitswertlehre unter den Bedingungen

a) der Frage 2 a),

b) der Frage 2 c) und

c) der Frage 3

richtig ist.

2.6 Literatur

Die Bedingungen für eine optimale Güterversorgung bei Verwendung linear-limitationaler Produktionsfunktion und bei Voraussetzung einer linearen gesellschaftlichen Zielfunktion werden abgeleitet bei

David Gale, The Theory of Linear Economic Models, New York/Toronto/London 1960.

Gale zeigt auch, daß unter den angegebenen Bedingungen ein Wettbewerbsgleichgewicht existiert, und daß jedes Wettbewerbsgleichgewicht die gesellschaftliche Zielfunktion maximiert (S. 85–96). Einfache Beweise für die Bedingungen, die bei einer optimalen Güterversorgung erfüllt sein müssen, für die Existenz eines Konkurrenzgleichgewichts und seine Eigenschaft, eine optimale Güterversorgung zu gewährleisten, finden sich bei

T. C. Koopmans, Allocation of Resources and the Price System. In: Three Essays on the State of Economic Science, New York/Toronto/London 1957, S. 1–126.

Koopmans führt seine Beweise auch für den Fall abnehmender Skalenerträge in der Produktion, nicht-linearer Zielfunktionen in der Art unserer gesellschaftlichen Zielfunktion und einer Dezentralisierung der Verbrauchsentscheidungen auf viele Haushalte durch.

Auf gehobenem Niveau ist besonders zu empfehlen:

Gerard Debreu, Theory of Value, New York und London 1958.

Schließlich sei noch auf das bereits erwähnte Buch von

R. Dorfman, P. A. Samuelson und *R. M. Solow,* Linear Programming and Economic Analysis, New York/Toronto/London 1958, Kapitel 13 und 14 verwiesen, das sich einer relativ einfachen Darstellungsweise bedient.

Literatur zum Problem der möglichst guten Organisation der Wirtschaft findet sich am Ende des 4. Kapitels.

Kapitel 3

DIE OPTIMALE GÜTERVERSORGUNG ÜBER DIE ZEIT

Wir kehren zur Leitung der Gesamtwirtschaft durch eine zentrale Planstelle zurück und erinnern uns, daß bisher nur die Probleme der Planwirtschaft betrachtet wurden, die sich angesichts der Herstellung verschiedener Konsumgüter in der *gleichen* Planungsperiode ergeben. Produktion und Verbrauch eines Konsumgutes in einem gegebenen Zeitraum hängen jedoch nicht nur von den Mengen der anderen Verbrauchsgüter ab, die in der gleichen Zeit hergestellt und konsumiert werden, sondern auch von den für die folgenden Perioden vorgesehenen Produktionsmengen aller Konsumgüter. Oder anders ausgedrückt: die Verbrauchsgütermengen, die in der Gegenwart produziert werden können, sind um so geringer, je stärker die vorhandenen Ressourcen zur Erzeugung von Produktionsmitteln verwendet werden, je größer also die vorgesehenen Investitionen sind.

Die zentrale Planungsstelle sieht sich folglich vor die Aufgabe gestellt, eine möglichst gute intertemporale Güterversorgung zu erreichen. Das damit angeschnittene Problem kann offenbar nur gelöst werden, wenn die Güterversorgung in mehreren Perioden in die Planung einbezogen wird, der wirtschaftliche Horizont der Planstelle sich also über mehrere Perioden erstreckt.

In der Folge wollen wir ein sehr vereinfachtes Modell betrachten, in dem die zentrale Planstelle alle benötigten Informationen besitzt und über einen wirtschaftlichen Horizont von zwei Perioden verfügt, in denen nur ein Konsumgut mit zwei Produktionsmitteln hergestellt wird. Das Modell ist jedoch so konstruiert, daß es sich ohne weiteres auf viele Perioden, auf viele Konsumgüter und Produktionsmittel ausdehnen läßt. Folglich können die abgeleiteten Ergebnisse recht allgemeine Gültigkeit beanspruchen.

3.1 Beschreibung des Modells

Es sei angenommen, daß die zentrale Planstelle eine gesellschaftliche Zielfunktion von der gleichen Art wie in Modell 2.1 zu maximieren sucht. Allerdings handelt es sich bei N_1 und N_2 jetzt nicht um die Mengen von zwei unterschiedlichen Konsumgütern der gleichen Periode, sondern um die Mengen eines physisch gleichen Verbrauchsgutes, dessen Konsum in den Perioden 1 und 2 die Zentrale am Anfang der 1. Periode, also im Zeitpunkt Null, plant. Entsprechend sind A_1 und A_2 die in beiden Perioden vorgesehenen Produktionsmengen des Konsumgutes.

Die Zielfunktion und ihre Eigenschaften werden durch die folgenden Relationen beschrieben:

(3.1) $\quad W = W(N_1, N_2)$

(3.2) $\quad \dfrac{\partial W}{\partial N_i} > 0, \ (i = 1, 2)$

(3.3) $\quad \dfrac{dN_2}{dN_1}\bigg|_{W = \text{const.}} < 0,$

(3.4) $\quad \dfrac{d^2 N_2}{dN^2_1}\bigg|_{W = \text{const.}} > 0.$

Es sei angenommen, daß in dem betrachteten Modell insgesamt drei Produktionsprozesse vorhanden sind. Unter den beiden Produktionsmitteln wollen wir uns die Arbeit und ein Kapitalgut (z. B. Maschinen) vorstellen, das seinerseits mit Hilfe von Arbeitsleistungen in einem der drei Produktionsprozesse produziert werden kann. Die beiden anderen Produktionsprozesse stehen zur Herstellung des Konsumgutes zur Verfügung. Im ersten dieser Prozesse wird das Konsumgut nur mit Arbeit, im zweiten dagegen mit dem Kapitalgut und Arbeitsleistungen produziert. Der Einfachheit halber sei angenommen, daß sich das Kapitalgut nicht abnützt.

Die vorhandene Technologie läßt sich durch Tabelle 3.1 beschreiben:

Tabelle 3.1

Produktions-prozeß	Benötigte Arbeisleistungen (in Stunden)	Benötigte Bestände des Kapitalguts pro Periode	Zur Herstellung der Mengen	
			des Konsumguts	des Kapitalguts
1	a_{11}	0	1	0
2	a_{21}	a_{22}	1	0
3	a_{31}	0	0	1

Zur Herstellung einer Mengeneinheit des Konsumgutes im 2. Produktionsprozeß werden also z. B. a_{21} Arbeitsleistungen und a_{22} Einheiten des Kapitalgutes benötigt.

---

[1] Diese Annahme folgt aus (3.1) und (3.2), wird hier also nur der Deutlichkeit halber zusätzlich angeführt.

Ferner sei angenommen, daß die Technologie sich über die Zeit nicht ändert, so daß in beiden Perioden in allen Produktionsprozessen die gleiche Technik benutzt wird.

Tabelle 3.2 gibt einen Überblick über die in den Perioden 1 und 2 in der gesamten Wirtschaft zur Verfügung stehenden Produktionsmittelmengen:

Tabelle 3.2

Periode	Verfügbare Arbeitsleistungen	Kapitalgutbestände
1	s_1	k_1
2	s_2	$k_1 + A_{31}$

A_{31} ist die in der ersten Periode hergestellte Menge des Kapitalgutes. Zu beachten ist, daß nur s_1, s_2 und k_1 exogen gegebene Konstante sind, auf die die Planungsstelle keinen Einfluß nehmen kann. Die Mengen der Arbeitsleistungen in beiden Perioden sind gegeben, der Bestand des Kapitalgutes in der 1. Periode ist bereits am Anfang derselben, im Planungszeitpunkt Null, als Ergebnis früherer Investitions- und Produktionsentscheidungen vorhanden und kann in dieser Periode nicht mehr vergrößert werden, da wir annehmen wollen, daß die Menge der in einer Periode hergestellten Kapitalgüter jeweils erst am Anfang der nächsten Periode zur Produktion zur Verfügung steht. Daraus folgt sofort, daß die Größe von $k_1 + A_{31}$ durch die Entscheidungen der zentralen Planstelle mitbestimmt wird, hängt sie doch außer von k_1 auch von der Menge A_{31}, also von der in der 1. Periode hergestellten Menge des Kapitalgutes ab.

Wir bezeichnen mit A_{ij} die im i-ten Produktionsprozeß in der Periode j von dem Konsumgut bzw. Kapitalgut hergestellte Menge und können dann die folgenden Ungleichungen aufstellen:

(3.5) $\quad N_1 - A_1 \leq 0,$

(3.6) $\quad N_2 - A_2 \leq 0,$

(3.7) $\quad A_1 = A_{11} + A_{21},$

(3.8) $\quad A_2 = A_{12} + A_{22},$

(3.9) $\quad N_1, N_2, A_1, A_2 \geq 0.$

Die Ungleichungen (3.5) und (3.6) bedürfen keiner Erläuterung. Die Gleichungen (3.7) und (3.8) besagen, daß die produzierte Menge des

Konsumgutes in beiden Perioden jeweils der Summe der in den beiden ersten Produktionsprozessen hergestellten Mengen gleich ist.

Da die in den Produktionsprozessen in beiden Perioden verwendeten Arbeitsleistungen und Kapitalgutbestände die in der gesamten Wirtschaft verfügbaren Mengen nicht überschreiten können, gilt:

(3.10) $\quad a_{11}A_{11} + a_{21}A_{21} + a_{31}A_{31} \leq s_1,$

(3.11) $\quad a_{22}A_{21} \leq k_1,$

(3.12) $\quad a_{11}A_{12} + a_{21}A_{22} + a_{31}A_{32} \leq s_2,$

(3.13) $\quad a_{22}A_{22} \leq k_1 + A_{31}.$

So bringt die Ungleichung (3.13) zum Ausdruck, daß der in Periode 2 benutzte Bestand des Kapitalgutes höchstens gleich dem Bestand der Vorperiode zuzüglich der in dieser produzierten Menge des Kapitalguts ist. Dieser Zusammenhang gilt deshalb, weil das Kapitalgut annahmegemäß nicht abgenutzt wird.

3.2 Erörterung einiger Eigenschaften des Modells

In der Folge erörtern wir einige Eigenschaften der optimalen Lösung des Modells. Wegen des auf zwei Perioden begrenzten wirtschaftlichen Horizontes wird die zentrale Planungsstelle für die 2. Periode keine Produktion des Kapitalgutes vorsehen ($A_{32} = 0$). Andernfalls würde in dieser Periode Arbeit von der Herstellung des Konsumgutes abgezogen, so daß sich nach (3.1) und (3.2) ein Wohlfahrtsverlust ergäbe, da mit der zusätzlichen Kapitalgütermenge erst in der 3. Periode zusätzliche Konsumgüter hergestellt werden könnten.

Außerdem können wir feststellen, daß in (3.5), (3.6), (3.10) und (3.12) das Gleichheitszeichen gelten muß, da jede zusätzliche Menge des Konsumgutes in einer der beiden Perioden nach (3.2) die gesellschaftliche Wohlfahrt erhöht, und zur Produktion des Konsumgutes im 1. Produktionsprozeß nur Arbeit benötigt wird.

Es sei nun davon ausgegangen, daß $a_{11} > a_{21}$ ist, d. h. daß im zweiten, das Kapitalgut benutzenden Produktionsprozeß weniger Arbeit als im ersten zur Herstellung einer Einheit des Konsumgutes benötigt wird. Wäre das nicht der Fall, so hätte es keinen Sinn, je den 2. Produktionsprozeß zu verwenden, sowie mit Hilfe des 3. Prozesses das Kapitalgut herzustellen und folglich zu investieren. Ist jedoch die angegebene Bedingung erfüllt und ist das Kapitalgut nicht im Überfluß vorhanden, so wird der 2. Produktionsprozeß bis zur vollen Ausnutzung des vorhandenen Kapitalgüterbestandes verwendet, da dadurch Arbeit eingespart wird, die zur Erhöhung der Konsumgüterproduktion dienen kann. Das Gleichheitszeichen gilt daher auch in (3.11) und (3.13).

In der Folge sei von diesen Annahmen ausgegangen. Es ergibt sich dann aus (3.13):

$$(3.14) \quad A_{22} = \frac{k_1}{a_{22}} + \frac{1}{a_{22}} A_{31},$$

so daß sich (3.12) unter Berücksichtigung von $A_{32} = 0$ umformen läßt in:

$$(3.15) \quad a_{11} A_{12} + \frac{a_{21} k_1}{a_{22}} + \frac{a_{21}}{a_{22}} A_{31} = s_2,$$

$$(3.16) \quad A_{31} = \frac{a_{22} s_2}{a_{21}} - k_1 - \frac{a_{11} a_{22}}{a_{21}} A_{12}.$$

Ferner ergibt sich aus (3.11):

$$(3.17) \quad A_{21} = \frac{k_1}{a_{22}}.$$

Durch Einsetzen von (3.16) und (3.17) in (3.10) erhält man:

$$a_{11} A_{11} + \frac{a_{21} k_1}{a_{22}} + \frac{a_{22} a_{31} s_2}{a_{21}} - a_{31} k_1 - \frac{a_{11} a_{22} a_{31}}{a_{21}} A_{12} = s_1$$

$$(3.18) \quad A_{11} = -\frac{a_{21} - a_{31} a_{22}}{a_{11} a_{22}} k_1 - \frac{a_{22} a_{31}}{a_{21} a_{11}} s_2 + \frac{1}{a_{11}} s_1 + \frac{a_{22} a_{31}}{a_{21}} A_{12}.$$

Wegen (3.7) folgt aus (3.17) und (3.18):

$$(3.19) \quad A_1 = \frac{a_{11} - a_{21} + a_{31} a_{22}}{a_{11} a_{22}} k_1 + \frac{1}{a_{11}} s_1 - \frac{a_{22} a_{31}}{a_{21} a_{11}} s_2 + \frac{a_{22} a_{31}}{a_{21}} A_{12}.$$

Ferner gilt gemäß (3.14) und (3.16):

$$(3.20) \quad A_{22} = \frac{s_2}{a_{21}} - \frac{a_{11}}{a_{21}} A_{12}.$$

Unter Berücksichtigung von (3.8) ergibt sich daher:

$$A_2 = \frac{s_2}{a_{21}} + \frac{a_{21} - a_{11}}{a_{21}} A_{12},$$

$$(3.21) \quad A_{12} = \frac{s_2}{a_{11} - a_{21}} - \frac{a_{21}}{a_{11} - a_{21}} A_2.$$

Eigenschaften des Modells

Wir setzen diesen Ausdruck in (3.19) ein und erhalten:

$$A_1 = \frac{a_{11} - a_{21} + a_{31}a_{22}}{a_{11}a_{22}} k_1 + \frac{1}{a_{11}} s_1 - \frac{a_{22}a_{31}}{a_{11}a_{21}} s_2 +$$

$$\frac{a_{22}a_{31}}{a_{21}(a_{11} - a_{21})} s_2 - \frac{a_{22}a_{31}}{a_{11} - a_{21}} A_2,$$

(3.22) $$A_1 = \frac{a_{11} - a_{21} + a_{31}a_{22}}{a_{11}a_{22}} k_1 + \frac{1}{a_{11}} s_1 + \frac{a_{22}a_{31}}{a_{11}(a_{11} - a_{21})} s_2 +$$

$$- \frac{a_{22}a_{31}}{a_{11} - a_{21}} A_2.$$

Die Gleichung (3.22) gibt unter Berücksichtigung von A_1, $A_2 \geqq 0$ die Mengenkombinationen des Konsumgutes in der 1. und der 2. Periode an, die in der betrachteten Wirtschaft höchstens produziert werden können. Allerdings gilt diese Beziehung nur mit einer Ausnahme. A_1 kann eine bestimmte Größe nicht überschreiten, die sich ergibt, wenn die Produktion des Kapitalguts in der ersten Periode Null beträgt. In diesem Fall wird alle in dieser Periode verfügbare Arbeit zur Herstellung des Konsumguts verwendet, so daß dessen Produktion die höchstmögliche Menge erreicht. Den entsprechenden Wert erhält man für $A_{31} = 0$ aus (3.10) und (3.11):

(3.23) $$A_{21} = \frac{k_1}{a_{22}}$$

(3.24) $$A_{11} = \frac{s_1}{a_{11}} - \frac{a_{21}}{a_{11}a_{22}} k_1,$$

so daß wegen (3.7):

(3.25) $$A_1 = \frac{s_1}{a_{11}} + \frac{a_{11} - a_{21}}{a_{11}a_{22}} k_1.$$

Die Gleichungen (3.22) und (3.25) werden in Abb. 3.1 durch die Geraden BC und DG abgebildet. Die Fläche ODGC gibt die Menge der realisierbaren Produktionspläne wieder, die Linie GC beschreibt die Menge aller effizienten Produktionspläne. Das Maximum der gesellschaftlichen Zielfunktion wird dort erreicht, wo die am weitesten rechts liegende Indifferenzkurve die Gerade GC berührt. In der Abbildung ist der optimale Produktions- und Konsumplan ($N°_1 = A°_1$, $N°_2 = A°_2$) im Punkt L realisiert. Er sieht Herstellung und Verbrauch von ON bzw. OM Einheiten des Konsumguts in den beiden Perioden vor. ND bezeichnet den Betrag der geplanten Investitionen und damit Ersparnisse in Einheiten des Konsumgutes der 1. Periode, gibt doch OD die höchstmögliche Konsumgüterproduktion dieser Periode an. Die Investitionen und Ersparnisse wären Null, wenn das Optimum wegen eines

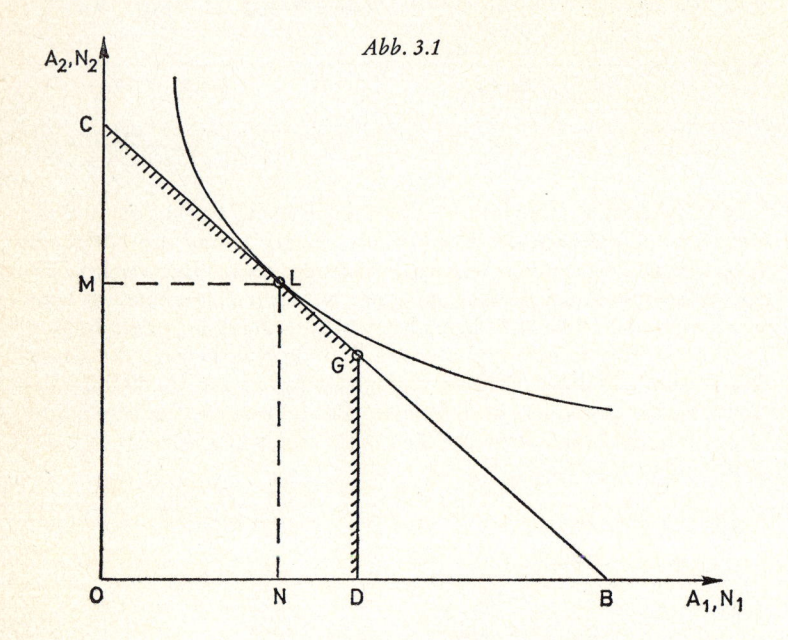

Abb. 3.1

steileren Verlaufs der Indifferenzkurven in G liegen würde. Dann wäre für die 1. Periode keine Kapitalgüterproduktion und ein in der 2. Periode gegenüber der Vorperiode unveränderter Kapitalgüterbestand vorgesehen. Man erkennt in diesem Zusammenhang leicht, daß die Indifferenzkurven um so steiler verlaufen werden, je stärker das Konsumgut in der ersten gegenüber der zweiten Periode in der gesellschaftlichen Zielfunktion gewichtet wird.

3.3 Die allgemeine Lösung

Zur Ableitung der Lösung des Planungsproblems benutzen wir wieder das Theorem von Kuhn und Tucker und formen zunächst die Gleichungen (3.1) und (3.5) bis (3.13) wie folgt um:

Die allgemeine Lösung

(3.26) $\quad W = W(N_1, N_2),$

(3.27) $\quad H_{ci} \equiv (A_{1i} + A_{2i}) - N_i \geqq 0,$

(3.38) $\quad H_{ai} \equiv s_i - (a_{11}A_{1i} + a_{21}A_{2i} + a_{31}A_{3i}) \geqq 0,$

(3.29) $\quad H_{k1} \equiv k_1 - a_{22}A_{21} \geqq 0,$

(3.30) $\quad H_{k2} \equiv k_1 + A_{31} - a_{22}A_{22} \geqq 0,$

(3.31) $\quad N_i, A_{1i}, A_{2i}, A_{3i} \geqq 0, \ (i = 1, 2).$

Man beachte, daß k_1 eine Konstante ist. Zu maximieren ist die Zielfunktion (3.26) unter den Nebenbedingungen (3.27) bis (3.31). Wir bilden als nächstes die Funktion

$$Z = W + \sum_{i=1}^{2} (p_{ci}H_{ci} + p_{ai}H_{ai} + p_{ki}H_{ki}),$$

wobei es sich bei den p_{ci}, p_{ai}, $p_{ki} \geqq 0$ um Lagrange-Multiplikatoren handelt, die wieder als Preise zu interpretieren sein werden. Nach dem Theorem von Kuhn und Tucker ergibt sich:

(3.32) $\quad \dfrac{\partial Z^\circ}{N_i} = \dfrac{\partial W^\circ}{\partial N_i} - p^\circ_{ci} \leqq 0,$

(3.33) $\quad \dfrac{\partial Z^\circ}{A_{1i}} = p^\circ_{ci} - a_{11}p^\circ_{ai} \leqq 0,$

(3.34) $\quad \dfrac{\partial Z^\circ}{\partial A_{2i}} = p^\circ_{ci} - a_{21}p^\circ_{ai} - a_{22}p^\circ_{ki} \leqq 0,$

(3.35) $\quad \dfrac{\partial Z^\circ}{\partial A_{31}} = p^\circ_{k2} - a_{31}p^\circ_{a1} \leqq 0,$

(3.36) $\quad \dfrac{\partial Z^\circ}{\partial A_{32}} = - a_{31}p^\circ_{a2} \leqq 0,$

(3.37) $\quad \sum_{i=1}^{2} \left[\left(\dfrac{\partial W^\circ}{\partial N_1} - p^\circ_{ci}\right)N^\circ_i + (p^\circ_{ci} - a_{11}p^\circ_{ai})A^\circ_{1i} + (p^\circ_{ci} - a_{21}p^\circ_{ai} - a_{22}p^\circ_{ki})A^\circ_{2i} \right] +$
$\quad + (p^\circ_{k2} - a_{31}p^\circ_{a1})A^\circ_{31} + (-a_{31}p^\circ_{a2})A^\circ_{32} = 0,$

(3.38) $\quad p^\circ_{ci}, p^\circ_{ai}, p^\circ_{ki} \geqq 0 \quad (i = 1, 2).$

Es folgen die Ungleichungen (3.27) bis (3.31)) ebenfalls für die mit dem Symbol ° gekennzeichneten optimalen Werte. Sie sollen hier nicht nochmals angegeben werden. Schließlich erhält man

$$(3.39) \quad \sum_{i=1}^{2} [(A°_{1i} + A°_{2i} - N°_i)p°_{ci} + (s_i - a_{11}A°_{1i} - a_{21}A°_{2i} + \\ - a_{31}A°_{3i})p°_{ai}] + (k_1 - a_{22}A°_{21})p°_{k1} + (k_1 + A°_{31} + \\ - a_{22}A°_{22})p°_{k2} = 0.$$

Wir stellen zunächst fest, daß wegen (3.32) und (3.2) $p°_{ci} > 0$ und folglich nach (3.33) auch $p°_{ai} > 0$ gilt. Nun sind alle Ausdrücke in den runden Klammern in (3.39) gemäß (3.27) bis (3.30) größer oder gleich Null. (3.39) kann also wegen (3.38) nur erfüllt sein, wenn entweder die Ausdrücke in den runden Klammern oder (und) die zu ihnen gehörigen $p°_{ci}$, $p°_{ai}$ oder $p°_{ki}$ jeweils gleich Null sind. Da nun $p°_{ci}$, $p°_{ai} > 0$, so gilt in (3.27) und (3.28) das Gleichheitszeichen. Konsumgut und Arbeit sind also in beiden Perioden keine freien Güter; ihre Verrechnungspreise $p°_{ci}$ bzw. $p°_{ai}$ sind größer als Null.

Analoge Überlegungen lassen sich für (3.37) anstellen, da dort wegen (3.32) bis (3.36) die Ausdrücke in runden Klammern kleiner oder gleich Null sind, so daß jeweils entweder diese Ausdrücke oder die zugehörigen $N°_i$, $A°_{1i}$, $A°_{2i}$ oder $A°_{3i}$ gleich Null sein müssen oder beides.

Da nun, wie bereits festgestellt, $p°_{a2} > 0$ ist, gilt wegen (3.37) und (3.31) $A°_{32} = 0$. Der 3. Produktionsprozeß wird in der 2. Periode nicht betrieben; das Kapitalgut wird nicht hergestellt.

Unter Berücksichtigung der oben abgeleiteten Ergebnisse erhält man anstelle von (3.37) und (3.39):

$$(3.37a) \quad p°_{k2}A°_{31} + \sum_{i=1}^{2} \frac{\partial W°}{\partial N_i} N°_i = \sum_{i=1}^{2} [(a_{11}A°_{1i} + a_{21}A°_{2i} + a_{31}A°_{3i})p°_{ai} \\ + a_{22}A°_{2i}p°_{ki}]$$

$$(3.39a) \quad k_1 p°_{k1} + (k_1 + A°_{31})p°_{k2} + \sum_{i=1}^{2} s_i p°_{ai} = \sum_{i=1}^{2} [a_{22}A_{2i}p°_{ki} \\ + (a_{11}A°_{1i} + a_{21}A°_{2i} + a_{31}A°_{3i})p°_{ai}].$$

Wir wollen nun zur Interpretation der Ungleichungen übergehen und beginnen mit einer Deutung der Lagrange-Multiplikatoren. Dabei ist zunächst offensichtlich, daß es sich bei $p°_{ci}$, $p°_{ai}$ und $p°_{ki}$ ($i = 1, 2$) um die optimalen Preise für das Konsumgut, die Arbeitsleistungen und die Leistungen des Kapitalguts beider Perioden handelt. Andernfalls wäre es z. B. nicht möglich, die zur Herstellung einer Einheit des Konsumguts erforderliche Arbeitsmenge a_{21} und den dafür benötigten Kapitalbestand a_{22} mit der Einheit des Konsumgutes in (3.34) auf eine gemeinsame Dimension zu bringen.

Es gibt jedoch in Modell 3.1 gegenüber Modell 2.1 besondere Probleme bezüglich der Preise, wie ein Blick auf (3.35) lehrt. In dieser Ungleichung kommen die Preise $p°_{k2}$ und $p°_{a1}$ vor, die sich auf verschiedene Perioden beziehen. Entsprechendes gilt auch für die zu addierenden Wertgrößen $p°_{2k}$ und $-a_{31}p°_{a1}$. Nun ist jedoch bekannt, daß eine Addition von Werten, die sich auf zwei verschiedene Perioden beziehen, in der Regel nur möglich ist, wenn es sich um auf einen gleichen Zeitpunkt bezogene Werte, also z. B. um Gegenwartswerte handelt. Da die zentrale Planungsstelle unseres Modells ihre Pläne im Zeitpunkt Null (d. h. am Anfang der 1. Periode) aufstellt, sind Werte und Preise des Modells als Gegenwartswerte und im Zeitpunkt Null gültige Preise aufzufassen.

Um die Bedeutung eines solchen Gegenwartspreises für ein Gut zu verdeutlichen, sei ein Beispiel betrachtet. Ein Auto koste in einem Jahr 8800.– DM, und der Zinssatz betrage gegenwärtig 10 %. Dann ist der Preis für ein Auto, das in einem Jahr bezogen werden soll, gegenwärtig 8000.– DM, könnte man doch diesen Betrag ein Jahr auf Zinsen legen und dann mit Kapital und Zinssumme von 8800.– DM das Auto erwerben. 8000.– DM ist also der Gegenwartspreis.

Nach der Klärung der Bedeutung der verschiedenen Lagrange-Multiplikatoren fällt die Interpretation der noch nicht gedeuteten Ungleichungen leicht. Gilt in (3.32) das Gleichheitszeichen, so besagen diese Gleichungen, daß die im Zeitpunkt Null bewertete gesellschaftliche Grenzwohlfahrt der Konsumgüter der beiden Perioden ihren gegenwärtigen Preisen gleich ist. Entsprechend besagen (3.33), (3.34) und (3.35), daß bei Gültigkeit des Gleichheitszeichens der Gegenwartspreis des in den drei Produktionsprozessen in jeder Periode hergestellten Produktes dem Gegenwartswert der Grenzkosten (und hier auch der Durchschnittskosten) gleich ist. Überschreitet in einer der Ungleichungen der Gegenwartswert der Grenzkosten den Gegenwartspreis des Produktes, so wird wegen (3.37) in dem entsprechenden Prozeß nichts produziert. Wir sahen bereits, daß das auf jeden Fall für den 3. Produktionsprozeß in der 2. Periode zutrifft.

Es bleibt die Deutung von (3.37 a) und (3.39 a). Nach (3.37 a) ist der Gegenwartswert der Kapitalgutproduktion und die gesamte Wohlfahrt, die der Gesellschaft nach gegenwärtiger Einschätzung durch die geplanten optimalen Konsumgütermengen gestiftet wird, dem Gegenwartswert der durch den benötigten Produktionsmittelaufwand entstehenden

Kosten gleich. Dabei ist zu beachten, daß wegen (3.32) alle Preise in Einheiten des Wohlfahrtsindex der Zielfunktion ausgedrückt sind. Gleichung (3.39 a) gibt an, daß bei optimaler Gestaltung von Produktion und Konsumtion der Gegenwartswert der gesamtwirtschaftlich vorhandenen Produktionsmittel dem Gegenwartswert der Produktionsmittelmengen entspricht, die in der Produktion verwendet werden sollen.

3.4 Preise und Zinssatz

Unser besonderes Interesse gilt Produktionsplänen, bei denen die zentrale Planungsstelle Investitionen und eine Kapitalgüterproduktion vorsieht, einer Situation also, wie sie durch einen Punkt zwischen G und C in Abb. 3.1, also z. B. durch L, charakterisiert wird. In diesem Fall gilt in (3.32) bis (3.35) das Gleichheitszeichen, und es läßt sich die Gleichung (3.22) berechnen, der die Transformationskurve BC entspricht.

Man sieht, daß sich die Werte der $A°_i$, $N°_i$, $A°_{1i}$, $A°_{2i}$, $A°_{3i}$ in dem betrachteten Fall verhältnismäßig einfach berechnen lassen. Da, wie gezeigt, im Optimum $N°_i = A°_i$ gilt, folgt etwa wegen (3.32) und (3.22), (3.5) und (3.6):

(3.40) $$\frac{\frac{\partial W°}{\partial N_1}}{\frac{\partial W°}{\partial N_2}} = \frac{p°_{c1}}{p°_{c2}} = -\frac{dN_2°}{dN_1} = -\frac{dA_2°}{dA_1} = \frac{a_{11} - a_{21}}{a_{22}a_{31}},$$

Aus $-\dfrac{dN_2°}{dN_1} = \dfrac{a_{11} - a_{21}}{a_{22}a_{31}}$ und (3.22) lassen sich unter Berücksichtigung von $A°_i = N°_i$ die $N°_i$ und $A°_i$ ermitteln, sobald die gesellschaftliche Zielfunktion genauer bekannt ist. (3.14), (3.16), (3.18), (3.20), (3.21) und (3.13) ergeben dann die übrigen unbekannten Mengen.

Wichtiger als die Bestimmung der optimalen Mengen im speziellen Fall sind jedoch für uns allgemeine Ergebnisse bezüglich der Verrechnungspreise. Diese sollen daher in der Folge abgeleitet werden. Zunächst ergibt sich aus (3.33):

(3.41) $$\frac{p°_{c1}}{p°_{c2}} = \frac{p°_{a1}}{p°_{a2}}.$$

Ferner ist nach (3.35) und (3.34):

Preise und Zinssatz

(3.42) $\quad p°_{c1} - \dfrac{a_{21}}{a_{31}} p°_{k2} - a_{22} p°_{k1} = 0,$

$\qquad p°_{k1} + \dfrac{a_{21}}{a_{31} a_{22}} p°_{k2} = \dfrac{p°_{c1}}{a_{22}}$

(3.43) $\quad \dfrac{p°_{k1}}{p°_{k2}} = \dfrac{1}{a_{22}} \dfrac{p°_{c1}}{p°_{k2}} - \dfrac{a_{21}}{a_{31} a_{22}},$

und wegen (3.33) und (3.34):

$\qquad p°_{c2} - \dfrac{a_{21}}{a_{11}} p°_{c2} - a_{22} p°_{k2} = 0,$

$\qquad \dfrac{a_{11} - a_{21}}{a_{11}} p°_{c2} = a_{22} p°_{k2},$

(3.44) $\quad p°_{k2} = \dfrac{a_{11} - a_{21}}{a_{11} a_{22}} p°_{c2}.$

Aus (3.43) und (3.44) erhält man unter Berücksichtigung von (3.40):

$\qquad \dfrac{p°_{k1}}{p°_{k2}} = \dfrac{a_{11}}{a_{11} - a_{21}} \dfrac{p°_{c1}}{p°_{c2}} - \dfrac{a_{21}}{a_{31} a_{22}},$

so daß wegen (3.40) und (3.41) gilt:

(3.45) $\quad \dfrac{p°_{c1}}{p°_{c2}} = \dfrac{p°_{a1}}{p°_{a2}} = \dfrac{p°_{k1}}{p°_{k2}} = \dfrac{a_{11} - a_{21}}{a_{22} a_{31}} = - \dfrac{dA_2°}{dA_1}.$

Das Verhältnis der Gegenwartspreise der 1. und 2. Periode ist für jedes Gut in Modell 3.1 gleich und entspricht dem absoluten Anstieg der Transformationskurve in Abb. 3.1. Dieses bemerkenswerte Ergebnis legt die Frage nach der ökonomischen Bedeutung von

$$- \dfrac{dA_2°}{dA_1} = \dfrac{a_{11} - a_{21}}{a_{22} a_{31}}$$

nahe.

Wir bemerken zunächst, daß dieser Ausdruck größer als eins ist, wenn

(3.46) $\quad a_{11} > a_{21} + a_{22} a_{31}$

gilt. Nun ist a_{31} die zur Herstellung einer Einheit des Kapitalguts erforderliche Arbeitsmenge, während a_{22} die zur Produktion einer Einheit des Konsumgutes benötigte Menge des Kapitalgutes angibt. Folglich bezeichnet $a_{22}a_{31}$ die Arbeitsmenge, die wegen der Verwendung des Kapitalgutes im 2. Produktionsprozeß indirekt zur Herstellung einer Einheit des Konsumguts gebraucht wird. $a_{21} + a_{22}a_{31}$ ist also die gesamte Arbeitsmenge, die direkt und indirekt notwendig ist, um eine Konsumguteinheit mit Hilfe des Kapitalguts herzustellen.

Aus der Ungleichung (3.46) folgt daher, daß die bei Verwendung des 2. Produktionsprozesses zur Produktion einer Gutseinheit erforderliche gesamte Arbeit geringer ist als die im 1. Produktionsprozeß benötigte Arbeit. Ist (3.46) erfüllt, so kann mit der gleichen Arbeitsmenge eine größere Konsumgütermenge hergestellt werden, wenn Arbeit der 1. Periode nicht zur Erzeugung des Konsumguts der gleichen Periode, sondern indirekt über die Produktion des Kapitalguts in der 1. Periode für die Konsumgüterherstellung in der 2. Periode verwendet wird. Es liegt Mehrergiebigkeit längerer Produktionswege vor, die rein technisch bedingt ist.

Man wird davon ausgehen können, daß unter den Bedingungen moderner Industriestaaten solche arbeitssparenden, mehrergiebigen Methoden in großem Maße zur Verfügung stehen. Es scheint daher zweckmäßig zu sein, bei der weiteren Erörterung des Modells die Gültigkeit von (3.46) anzunehmen. Ist diese jedoch gegeben, so folgt aus (3.45)

(3.47) $p^{\circ}_{c1} > p^{\circ}_{c2}, \quad p^{\circ}_{a1} > p^{\circ}_{a2}, \quad p^{\circ}_{k1} > p^{\circ}_{k2},$

d. h. die Gegenwartspreise sind bei allen Gütern für die 1. Periode höher als für die 2. Dieser Zusammenhang erinnert sofort an das oben angeführte Beispiel, in dem der Gegenwartspreis für ein in einem Jahr zu kaufendes Auto bei einem 10 %igen Zinssatz mit 8000.– DM berechnet wurde, während der tatsächliche Preis in einem Jahr 8800.– DM war. Nimmt man nämlich an, daß der gegenwärtige Preis für dieses Auto, der ja ein Gegenwartspreis ist, ebenfalls 8800.– DM beträgt, so gilt für die Gegenwartspreise $8800 > 8000$. Der geschilderte Zusammenhang kann in Marktwirtschaften bei fehlender Inflation für die meisten Güter beobachtet werden und ist auf die Existenz eines positiven Zinssatzes zurückzuführen. Es liegt daher die Frage nahe, ob nicht in der Beziehung (3.47) für die Verrechnungspreise der Planwirtschaft ein entsprechender Zusammenhang zum Ausdruck kommt.

Um diese Frage zu untersuchen, wenden wir uns nochmals der Gleichung $-\dfrac{dA_2^{\circ}}{dA_1} = \dfrac{dN_2^{\circ}}{dN_1}$ zu. Diese bringt zum Ausdruck, in welchem Verhältnis die Gesellschaft bei optimaler Güterversorgung das Konsumgut der 2. in das Konsumgut der 1. Periode umtauschen kann und will.

Es ist nun möglich, dieses Austauschverhältnis auch mit einem optimalen Zinssatz $r°$ auszudrücken. Dabei wird der Zinssatz so definiert, daß die Gesellschaft für die Hergabe einer Konsumgütereinheit in der 1. Periode $(1 + r°)$ Konsumgütereinheiten in der 2. Periode erhält.
Das Austauschverhältnis beträgt dann

$$\frac{1+r°}{1} = 1 + r° = -\frac{dA_2°}{dA_1} = -\frac{dN_2°}{dN_1}.$$

Daraus folgt wegen (3.45) und (3.46):

(3.48) $\quad 1 + r° = \dfrac{p°_{c1}}{p°_{c2}} = \dfrac{p°_{a1}}{p°_{a2}} = \dfrac{p°_{k1}}{p°_{k2}} = \dfrac{a_{11} - a_{21}}{a_{22} a_{31}} > 1,$

und somit

(3.49) $\quad r° > 0.$

Die Verhältnisse der Gegenwartspreise der Güter für beide Perioden sind dem Zinsfaktor $(1 + r°)$ gleich, und der Zinssatz ist bei Mehrergiebigkeit längerer Produktionswege positiv.

Dieses Ergebnis ist außerordentlich wichtig, da es eindeutig zeigt, daß die Existenz eines Zinssatzes keineswegs ein auf die kapitalistische Marktwirtschaft beschränktes Phänomen ist. Vielmehr ergibt sich ein Zinssatz, jedenfalls in Form eines Verrechnungszinssatzes, notwendigerweise auch bei der Ableitung eines optimalen Verbrauchs- und Produktionsplanes in einer Planwirtschaft.

Natürlich ist zu beachten, daß die zentrale Planungsstelle auf die Verwendung des Verrechnungszinssatzes und der Verrechnungspreise bei der Organisation der Wirtschaft verzichten kann, wenn sie zur Lenkung der Wirtschaft nur die Vorgabe von Mengen benutzen will. Auch hatten wir gesehen, daß man bei der Verwendung von Verrechnungspreisen im Konkurrenzsozialismus mit den Gegenwartspreisen auskommen kann und auf die Benutzung des Zinssatzes zu verzichten vermag. Das wäre jedoch wenig sinnvoll, da die Planungsstelle dann die sechs Preise $p°_{c1}$, $p°_{c2}$, $p°_{a1}$, $p°_{a2}$, $p°_{k1}$ und $p°_{k2}$ benötigen würde, während sie andernfalls diese Größen mit Hilfe der drei Preise $p°_{c1}$, $p°_{a1}$, $p°_{k1}$ und des Zinssatzes $r°$ ausdrücken könnte. Noch größer würde die Informationsersparnis durch eine Verwendung des Verrechnungszinssatzes $r°$ bei einer größeren Zahl von Gütern. Aber unabhängig von diesen Überlegungen zeigt unser Ergebnis, daß der Zins reale Phänomen einer jeden Wirtschaft unabhängig von ihrer Organisation zum Ausdruck bringt, in keinem Fall also ein spezielles Phänomen der Marktwirtschaft ist.

3.5 Dezentralisierung und optimale Konsumgüterversorgung über die Zeit

Ganz analog wie in Abschnitt 2.3 läßt sich beweisen, daß bei Existenz eines Konkurrenzgleichgewichts dieses zu einer optimalen Konsumgüterversorgung über die Zeit führt. Darüber hinaus läßt sich nachweisen, daß ein Modell 3.1 entsprechendes Konkurrenzgleichgewicht existiert. Wieder ist es möglich, diese Beweise für weitreichende Verallgemeinerungen der von uns betrachteten Modelle zu führen.

Damit gelten die in Abschnitt 2.4 angestellten Überlegungen zur möglichen Organisation der Wirtschaft auch für die Lösung des Problems der intertemporalen Güterversorgung, und es ist daher nur noch notwendig, auf einige spezielle Fragen einzugehen, die in diesem Fall auftauchen.

In einer sozialistischen oder einer kapitalistischen Marktwirtschaft müßte es bei Analogie zu Modell 3.1 nicht nur Märkte geben, auf denen gegenwärtige Konsumgüter und Produktionsmittel gekauft werden, sondern auch Märkte, auf denen die Wirtschaftssubjekte zu gegenwärtigen Preisen alle Güter künftiger Perioden erstehen könnten. So würde man in dem Modell 3.1 entsprechenden Konkurrenzgleichgewicht zu den Preisen $p°_{c2}$, $p°_{a2}$ oder $p°_{k2}$ heute das Konsumgut, die Leistungen der Arbeit oder des Kapitalguts der 2. Periode kaufen und bezahlen, wobei diese aber erst in der 2. Periode geliefert werden würden. Solche Transaktionen wären offenbar gleichbedeutend mit dem heutigen Kauf von nach einer Periode fälligen Forderungen, die auf eine bestimmte Menge des Konsumguts bzw. von Leistungen der Arbeit oder des Kapitalguts lauten.

Es ist bekannt, daß sich in Marktwirtschaften der Realität keineswegs Märkte dieser Art für Forderungen auf jedes beliebige Gut mit den verschiedensten Fälligkeiten entwickelt haben. Statt dessen werden in Wirklichkeit auf Geld lautende Forderungen unterschiedlicher Laufzeit verkauft, die mit einer bestimmten Verzinsung ausgestattet sind. Es ist daher zweckmäßig, sich nach einer Organisation der Wirtschaft umzuschauen, die diesen Gegebenheiten der Realität besser entspricht.

Betrachten wir nochmals Modell 3.1. Dort hatte sich gezeigt, daß es möglich ist, das Preissystem $p°_{c1}$, $p°_{a1}$, $p°_{k1}$, $p°_{c2}$, $p°_{a2}$, $p°_{k2}$ durch das informationssparende System der auf die laufende Periode bezogenen Preise $p°_{c1}$, $p°_{a1}$, $p°_{k1}$ und den Zinssatz $r°$ zu ersetzen. Ganz analog ist nun auch ein wohlfahrtsoptimierendes Konkurrenzgleichgewicht möglich, in dem die sechs Märkte für den Kauf von gegenwärtigen Gütern der Periode 1 und von Forderungen auf künftige Güter der Periode 2 durch drei Märkte für die gegenwärtigen Güter und einen

Markt für auf Rechnungseinheiten lautende Forderungen ersetzt werden. In diesem Fall läßt sich jeder bisherige Kauf von Forderungen eines künftigen Gutes in zwei Transaktionen durchführen. Das Wirtschaftssubjekt ersteht zunächst in der Periode 1 eine Forderung, die in Rechnungseinheiten ausgedrückt ist und in der Periode 2 fällig wird, und erwirbt dann in dieser Periode für die Rechnungseinheiten das gewünschte Gut.

Die dezentralisierte Wirtschaft unseres Modells 3.1 sieht unter Berücksichtigung dieser Überlegungen wie folgt aus: Die Unternehmungen, die die drei Produktionsprozesse betreiben, verhalten sich ebenso wie das Beschaffungsministerium als Mengenanpasser. Dieses sucht die gegenwärtig geschätzte Wohlfahrt (oder anders ausgedrückt die gesellschaftliche Zielfunktion), die Unternehmungen den Gegenwartswert ihrer Gewinne in beiden Perioden zu maximieren. Dem Beschaffungsministerium fließen in beiden Perioden alle Einkommen zu. Das jeweilige Volkseinkommen kann zum Kauf von Konsumgütern und Forderungen verwendet werden.

In der ersten Periode wird das Beschaffungsministerium möglicherweise Ersparnisse bilden wollen, um in der 2. Periode eine größere Menge des Konsumgutes beziehen zu können, als es mit dem Volkseinkommen dieser Periode möglich wäre. In diesem Fall kauft es zum herrschenden Marktzins Forderungen, die von den Unternehmungen angeboten und die in der 2. Periode fällig werden.

Die Unternehmungen insgesamt zahlen das Volkseinkommen an das Beschaffungsministerium. Das Volkseinkommen setzt sich zusammen aus dem Entgelt für die von ihnen benötigten Produktionsmittel und aus den erwirtschafteten Gewinnen. Gleichzeitig erzielen sie Einnahmen in Höhe des Wertes der Konsumgüterverkäufe an das Beschaffungsministerium. Planen sie Investitionen, d. h. die Produktion von Kapitalgütern in der 1. Periode, so bleiben ihre Einnahmen hinter ihren Ausgaben zurück, da die Erlöse für die durch die Investitionen ermöglichte zusätzliche Konsumgüterproduktion erst in der 2. Periode, die Auszahlungen für die benötigten Produktionsmittelleistungen bereits in der 1. Periode erfolgen. Zur Deckung des Finanzierungsdefizits verkaufen sie Forderungen gegen sich selbst zum Marktzinssatz an das Beschaffungsministerium; sie nehmen, anders ausgedrückt, Kredite auf.

Unsere Überlegungen zeigen, daß die Entwicklung eines Marktes für Forderungen in der betrachteten dezentralisierten Wirtschaft unabdingbar für die zeitliche Koordination der Pläne der Unternehmungen und des Beschaffungsministeriums ist. Auch der Zinssatz taucht hier als notwendiges Marktphänomen auf. Gleichzeitig entpuppt sich der Verzicht auf gegenwärtige Märkte für Forderungen auf jedes beliebige künftige Gut als wesentliche organisatorische Vereinfachung.

Man kann sich leicht verdeutlichen, daß die eben angestellten Überlegungen auch für mehr als drei Güter, für mehr als zwei Perioden und für viele in der Produktion eines jeden Gutes tätige Unternehmungen zutreffen. Allerdings wird es in diesem Fall viele Märkte für auf Rechnungseinheiten lautende Forderungen mit unterschiedlichen Laufzeiten und mit vielen Zinssätzen geben, wobei jeder Zinssatz einer bestimmten Laufzeit zugeordnet ist.

3.6 Einige Bemerkungen zur Arbeitswertlehre

> „The passages quoted show that Marx was fully aware of the problem of allocation of resources in a socialist economy. However, he seems to have thought of labor as the only kind of scarce resource to be distributed between different uses and wanted to solve the problem by the labor theory of value. The unsatisfactory character of this solution need not be argued here... Professor Pierson and Professor Mises have certainly merited the gratitude of the student of the problem by exposing the inadequacy of this simplicist solution."
>
> *Oskar Lange* (polnischer Nationalökonom und Wirtschaftspolitiker, 1957 stellvertretender Vorsitzender des Staatsrates)[2]

Karl Marx hat in seinem Hauptwerk „Das Kapital" zwei Versionen der Arbeitswertlehre entwickelt. Unter den Bedingungen der sogenannten einfachen Warenproduktion, bei der jeder Produzent seine eigenen Produktionsmittel besitzt und mit ihnen arbeitet, werden nach Marx die Preise durch die zu ihrer Herstellung notwendige direkte und indirekte Arbeit bestimmt. Bei Konkurrenz verhalten sich die Preise der Güter wie das Verhältnis der in einer Gutseinheit dieser Güter enthaltenen gesellschaftlich notwendigen direkten und indirekten Arbeit. Dabei ist die indirekte Arbeit die Arbeit, die in den vorhandenen Maschinen, Anlagen usw. steckt. Die Arbeitswertlehre für die Bedingungen der einfachen Warenproduktion wird von Marx in Band I des Werkes „Das Kapital" entwickelt[3].

---

[2] On the Economic Theory of Socialism, ed. by *Benjamin E. Lippincott*, New York 1966, 1. Aufl. 1938.

[3] Vgl. auch *Paul M. Sweezy*, Theorie der kapitalistischen Entwicklung, edition Suhrkamp, Frankfurt/Main 1971, insbesondere Kapitel III und VII.

Nach Marx bestimmen sich die Preise bei kapitalistischer Produktion anders als bei einfacher Warenproduktion. Diese ist dadurch gekennzeichnet, daß sich das Eigentum an den Produktionsmitteln bei einem Teil der Individuen der Gesellschaft, den Kapitalisten, befindet, während die Arbeit von einem anderen Teil ausgeführt wird. Die Kapitalisten brauchen den Arbeitern für ihre Arbeitsleistung auf Grund der Marktgegebenheiten nur so viel an Lohn zu zahlen, wie diese unter den jeweiligen historischen Gegebenheiten zur Reproduktion ihrer Arbeitskraft benötigen. Das ist jedoch weniger als der Betrag, den die Kapitalisten für die mit der Arbeit direkt oder indirekt hergestellten Waren erzielen können. Die Differenz zwischen dem gesamten Erlös für alle in einer Wirtschaft produzierten Waren und der gesamten, allen Arbeitern insgesamt zufließenden und für die Reproduktion der Arbeitskraft erforderlichen Lohnsumme fließt der Kapitalistenklasse als Mehrwert zu. Der Mehrwert wird auf die folgende Weise unter den Kapitalisten verteilt. Jeder Kapitalist hat in seiner Unternehmung eine bestimmte Kapitalsumme investiert, auf die er einen bestimmten Prozentsatz, die Profitrate, berechnet. Bei Konkurrenz bringt nun das investierte Kapital in allen Wirtschaftszweigen eine gleiche Profitrate, da andernfalls das Kapital so lange aus den unrentableren in die rentableren Wirtschaftszweige fließen würde, bis sich überall eine gleichgroße Profitrate eingestellt hätte. Der Mehrwert wird also derart auf die Kapitalisten der verschiedenen Wirtschaftszweige verteilt, daß diese überall die gleiche Profitrate auf ihr Kapital erzielen.

Gleichzeitig mit der Entstehung und Verteilung des Mehrwerts werden nun laut Marx die Güterpreise in der kapitalistischen Wirtschaft, die sogenannten Produktionspreise, bestimmt. Das von den Kapitalisten in einer Periode verwendete Kapital setzt sich aus der für die Arbeitsleistungen vorgeschossene Lohnsumme (dem sogenannten variablen Kapital) und dem bereits in Form von Maschinen und Anlagen angelegten Betrag (dem sogenannten konstanten Kapital) zusammen. Finden Nettoinvestitionen statt (liegt also im Sinne der marxistischen Ausdrucksweise erweiterte Reproduktion vor), so erhöht sich das konstante Kapital. Der Preis eines beliebigen Gutes ergibt sich nun als Summe des Lohnes der direkten Arbeit, des für die Ersetzung der Abnutzung des konstanten Kapitals erforderlichen Betrages und der Profitrate multipliziert mit dem gesamten Kapital. Dabei sind jeweils die direkten Arbeitsleistungen, das konstante Kapital und das Gesamtkapital zu berücksichtigen, die zur Herstellung einer Einheit des Gutes benötigt werden. Die sogenannten Produktionspreise sind also bestimmt, wenn der gesamte Mehrwert ausgedrückt in Rechnungseinheiten gemäß den eingesetzten Kapitalien als Profit unter die Kapitalisten verteilt wird[4].

Die Bestimmung der Preise bei kapitalistischer Produktion mit Hilfe der Arbeitswertlehre wird von Marx in Band III des Kapitals dargelegt.

Die beiden geschilderten Versionen der Arbeitswertlehre führen zu ernsthaften Widersprüchen, sobald eines oder mehrere Güter nicht nur mit Arbeit oder von mit Arbeit herstellbaren Produktionsmitteln, sondern auch mit Hilfe von anderen knappen Produktionsfaktoren, wie nicht reproduzierbaren Naturschätzen oder Boden produziert werden. Der Wert des Bodens in Ballungsgebieten, einer Quelle in der Wüste oder von Rohöl und Diamanten kann schwerlich durch die Arbeitswertlehre erklärt werden. Für die einfache Warenproduktion zeigte schon die Lösung von Aufgabe 5 in Abschnitt 2.5, daß das Vorhandensein eines einzigen knappen Produktionsmittels neben der Arbeit in Modell K 2.1 ausreicht, um die These zu widerlegen, daß sich die Preise der Güter bei vollständiger Konkurrenz wie die zu ihrer Erzeugung benötigten Arbeitsmengen verhalten.

Modell 3.1 erlaubt nun eine noch weiterreichende Kritik. Nach den Annahmen dieses Modells ist es möglich, nicht nur das Konsumgut, sondern auch das einzige knappe Produktionsmittel außer der Arbeit, das Kapitalgut, allein mit Hilfe von Arbeitsleistungen herzustellen. Damit lassen sich historisch alle Güter auf Arbeitsleistungen zurückführen, es gibt keine nicht reproduzierbaren Produktionsmittel. Die Voraussetzungen des Modells kommen der Arbeitswertlehre also soweit wie möglich entgegen. Trotzdem ist sie auch unter diesen günstigen Voraussetzungen in der Regel falsch, wie in der Folge gezeigt wird.

Bevor wir jedoch die Arbeitswertlehre von Marx mit unserem intertemporalen Modell konfrontieren, ist es notwendig, die Bedeutung unseres Vorgehens ganz klar zu machen.

Zunächst ist es ja naheliegend zu sagen, daß eine Theorie wie die Arbeitswertlehre von Marx nur durch die Konfrontation mit der Realität, nicht aber mit einem Modell widerlegt werden kann, wenn sie logisch konsistent formuliert ist.

Nun wird jedoch sowohl in unserem Modell, wie bei der Arbeitswertlehre, für die gesamte Wirtschaft vollständige Konkurrenz vorausgesetzt, sobald wir unser Modell als Marktwirtschaft mit Privateigentum und nicht als Planwirtschaft interpretieren. Marx äußert sich zur Frage der Konkurrenz wie folgt:

„Damit die Preise, wozu Waren sich gegeneinander austauschen,

---

[4] Siehe *Paul M. Sweezy*, a.a.O., insbesondere Kapitel IV und VII.

ihren Werten annähernd entsprechen, ist nichts nötig als... (es folgen zunächst zwei andere Bedingungen) ... soweit wir von Verkauf sprechen, daß kein natürliches oder künstliches Monopol eine der beiden kontraktierenden Seiten befähige, über den Wert zu verkaufen, oder sie zwinge, unter ihm loszuwerden."[5]

„Was die Konkurrenz zunächst in einer Sphäre fertigbringt, ist die Herstellung eines gleichen Marktwerts und Marktpreises aus den verschiedenen individuellen Werten der Waren. Die Konkurrenz der Kapitale in den verschiedenen Sphären aber bringt erst hervor den Produktionspreis, der die Profitraten zwischen den verschiedenen Sphären egalisiert."[6]

Die Frage, die zu stellen ist, lautet also, ob die Arbeitswertlehre bei vollständiger Konkurrenz zutreffend ist. Die Preisbildung bei monopolistischen oder oligopolistischen Gegebenheiten kann und soll die Arbeitswertlehre ja auch nach den Äußerungen ihrer Anhänger nicht erklären:

„Unter den Bedingungen des Monopols stimmen die Tauschverhältnisse nicht mit den Arbeitszeitverhältnissen überein, noch stehen sie in einer theoretisch nachweisbaren Beziehung zu den Arbeitszeitverhältnissen, wie das bei den Produktionspreisen der Fall ist."[7]

Um die Arbeitswertlehre durch eine Konfrontation mit der Realität falsifizieren zu können, müßte es daher möglich sein, in der Wirklichkeit in einer Gesamtwirtschaft experimentell durchweg vollständige Konkurrenz herzustellen. Da jedoch ein solches Experiment aus verständlichen Gründen nicht möglich ist, liegt es nahe, die Arbeitswertlehre mit einem Modell zu konfrontieren, in dem ebenfalls vollständige Konkurrenz vorausgesetzt wird und in dem weiterhin Annahmen wie die der Dauerhaftigkeit von Kapitalgütern und des Vorhandenseins einer Zeitspanne zwischen der Herstellung und der Verwendung von Kapitalgütern benutzt werden, Annahmen also, die in jedem Fall Elemente der Realität wiedergeben. Mit Hilfe dieses Verfahrens ist es möglich zu prüfen, ob und wie weit eine Theorie wie die Arbeitswertlehre wenigstens bei Berücksichtigung einer begrenzten Anzahl von Faktoren der Wirklichkeit zutrifft. Ist sie schon in diesem Fall nicht richtig, so wird das erst recht angesichts der viel größeren Kompliziertheit der Realität gelten.

Eine andere Möglichkeit bestände darin, die Arbeitswertlehre wie alle Theorien, die wirksamen Wettbewerb voraussetzen, angesichts der vielfältigen monopolistischen Situationen der Wirklichkeit von vorn-

---

[5] *Karl Marx*, Das Kapital, 3. Band, 1. Teil, Hamburg 1894, S. 156.
[6] *Karl Marx*, a.a.O., S. 159.
[7] *Paul M. Sweezy*, a.a.O., S. 318.

herein als falsifiziert anzusehen. Das erscheint jedoch schon deshalb nicht zweckmäßig zu sein, weil auf vielen Märkten erhebliche, wenn auch unvollständige Konkurrenz herrscht, und auch immer wieder starke Kräfte auf die Zerstörung von Monopolsituationen hinarbeiten, die vollständige Konkurrenz also wesentliche Kräfte und Tendenzen der Wirklichkeit wenigstens in erster Annäherung beschreibt. Man wird auch die Newtonschen Fallgesetze nicht deshalb als falsch bezeichnen, weil in der Realität z. B. Wind und Luftwiderstand verhindern, daß alle Körper gemäß diesen Gesetzen fallen.

Nach diesen Vorbemerkungen wenden wir uns der Frage zu, ob und unter welchen Bedingungen die bei einfacher Warenproduktion nach der Arbeitswertlehre sich ergebenden Preise in unserem Modell zutreffend sind. Zu diesem Zweck nehmen wir an, daß die den drei Produktionsprozessen entsprechenden Unternehmungen sich im Eigentum aller darin Beschäftigten befinden. Ferner sei davon ausgegangen, daß das Kapitalgut knapp ist und daß es in der 1. Periode produziert wird. Ferner setzen wir den Preis der Arbeitseinheit der 1. Periode gleich eins, um alle Preise in Arbeitseinheiten ausdrücken zu können.[8] Dann folgt aus (3.33) und (3.35):

(3.50) $p^{\circ}{}_{c1} = a_{11}, p^{\circ}{}_{k2} = a_{31}.$

Soweit scheint also die Arbeitswertlehre zu stimmen, da a_{11} und a_{31} die Arbeitsmengen bezeichnen, die im 1. bzw. 3. Produktionsprozeß zur Herstellung einer Einheit des Konsumguts bzw. des Kapitalguts benötigt werden. Allerdings tauchen schon hier bezüglich von $p^{\circ}{}_{c1}$ Bedenken auf, kann doch das Konsumgut auch im 2. Produktionsprozeß unter Verwendung von $a_{21} + a_{31}a_{22}$ Arbeitsmengen produziert werden. Warum ist $p^{\circ}{}_{c1}$ dann aber nicht dieser Arbeitsmenge oder einem Durchschnitt von a_{11} und $a_{21} + a_{31}a_{22}$ gleich, da die durchschnittlich gesellschaftlich erforderliche Arbeitsmenge die Preise bestimmen soll?

Die Widersprüche werden jedoch noch offenkundiger. Aus (3.34) folgt unter Verwendung von (3.50) und (3.33):

(3.51) $p^{\circ}{}_{k1} = \dfrac{a_{11} - a_{21}}{a_{22}};$

und für $i = 2$:

$(a_{11} - a_{21})p^{\circ}{}_{a2} = a_{22}p^{\circ}{}_{k2},$

---

[8] Es handelt sich hier um den Preis einer Einheit der Arbeitsleistung, nicht aber der Arbeitskraft.

(3.52) $\quad p°_{a2} = \dfrac{a_{22}a_{31}}{a_{11} - a_{21}}.$

Schließlich folgt aus (3.33) und (3.52):

(3.53) $\quad p°_{c2} = \dfrac{a_{11}a_{22}a_{31}}{a_{11} - a_{21}}.$

Nach der Arbeitswertlehre würde sich jedoch statt (3.51) und (3.53) $p°_{k1} = a_{31}$ und $p°_{c2} = a_{11}$ ergeben.

Noch eindrucksvoller ist das in (3.52) angegebene Ergebnis, zeigt es doch, daß der Gegenwartspreis der Arbeitseinheit nicht für alle Perioden gleich ist.

Unsere Überlegungen zeigen, daß die Arbeitswertlehre bei einfacher Warenproduktion selbst unter den Bedingungen der vollständigen Konkurrenz falsch ist. Darüber hinaus könnte auch eine zentrale Planungsstelle, die die Verrechnungspreise nach der Arbeitswertlehre festlegen und auf dieser Grundlage wirtschaftliche Entscheidungen selbst vollziehen oder von anderen vollziehen lassen würde, keine effiziente Produktion und keine optimale Güterversorgung verwirklichen. Diese Ursache für das Versagen der Arbeitswertlehre in dem von uns betrachteten Fall liegt in der Existenz eines Zinssatzes, der wiederum durch die technischen Bedingungen der Produktion hervorgerufen wird. Das sieht man sofort, wenn man $a_{11} = a_{21} + a_{22}a_{31}$ setzt, also weder Mehrergiebigkeit noch Minderergiebigkeit längerer Produktionswege annimmt. Nur in diesem ganz speziellen Fall wäre die Arbeitswertlehre bei einfacher Warenproduktion richtig; denn dann würde $\dfrac{a_{11} - a_{21}}{a_{22}a_{31}} = 1$ gelten, so daß sich aus (3.51) bis (3.53) ergäbe:

$$p°_{k1} = a_{31}, \; p°_{a2} = 1, \; p°_{c2} = a_{11}.$$

Es wäre überraschend, wenn alle längeren Produktionswege der Realität weder Minder- noch Mehrergiebigkeit aufweisen würden.

Wir wenden uns nun der Frage zu, ob und unter welchen Bedingungen die Preise in unserem Modell von der Arbeitswertlehre bei kapitalistischer Produktion richtig bestimmt werden. Zu diesem Zwecke nehmen wir an, daß sich die den Produktionsprozessen entsprechenden Unternehmungen im Eigentum von Kapitalisten befinden, denen auch die vorhandenen Bestände des Kapitalguts gehören. Die Arbeitsleistungen werden bereits am Anfang der Periode von den Kapitalisten bezahlt. Ferner ist zu beachten, daß im 1. und 3. Produktionsprozeß nur

Arbeit, nicht aber das Kapitalgut als Produktionsmittel benutzt wird und daß dieses sich nicht abnutzt, also keine Abschreibungen erforderlich sind [9]. Es ist wichtig zu betonen, daß eine Verwendung von Kapitalgütern in den anderen Produktionsprozessen ebenso wie die Abnutzung des Kapitalguts unsere grundlegenden Ergebnisse nicht berühren würde.

Wir bezeichnen die Profirate mit P. Es gelten dann nach der Arbeitswertlehre für die drei Unternehmungen die folgenden Beziehungen [10]:

$$(3.54) \quad a_{11}A_{11}p_{a1} + Pa_{11}A_{11}p_{a1} = A_{11}p_{c1},$$

$$(3.55) \quad a_{21}A_{21}p_{A1} + P(a_{21}A_{21}p_{a1} + a_{22}A_{21}p_{k1}) = A_{21}p_{c1},$$

$$(3.56) \quad a_{31}A_{31}p_{a1} + Pa_{31}A_{31}p_{a1} = \frac{A_{31}p_{k1}}{1 + P}.$$

Die Gleichungen (3.54) bis (3.55) bringen zum Ausdruck, daß die Ausgaben für die Arbeitsleistungen in der 1. Periode, zusammen mit dem Profit auf das eingesetzte Kapital, dem Erlös der jeweiligen Produktion gleich sind. Wie die linke Seite von (3.54) und (3.56) zeigt, berechnen die erste und die dritte Unternehmung einen Profit nur auf das variable Kapital, d. h. auf die von ihnen verausgabten Lohnkosten $a_{11}A_{11}p_{a1}$ bzw. $a_{31}A_{31}p_{a1}$, da sie das Kapitalgut bei der Produktion nicht verwenden und daher kein konstantes Kapital einsetzen. Die zweite Unternehmung benutzt dagegen das Kapitalgut und hat folglich die Profitrate außer auf die Ausgaben für die Arbeitsleistungen, $a_{21}A_{21}p_{a1}$, auch auf das konstante Kapital, d. h. den Wert der benutzten Menge des Kapitalguts, $a_{22}A_{21}p_{k1}$, zu berechnen. Dieser Zusammenhang ist in (3.55) berücksichtigt. Da es ferner keine Abnutzung des Kapitalguts gibt, fehlt ein Ausdruck für die Abschreibung. In Gleichung (3.56) kommt eine weitere Besonderheit zum Ausdruck. Da das in der dritten Unternehmung hergestellte Kapitalgut im Gegensatz zu dem in den anderen Unternehmungen produzierten Konsum-

---

[9] *Marx* nimmt der Einfachheit halber an, daß das konstante Kapitel in einer Periode voll abgenutzt wird. Damit wird er jedoch der Dauerhaftigkeit der Kapitalgüter nicht gerecht und klammert entscheidende intertemporale ökonomische Probleme aus.

[10] Wir gehen bei der Formulierung der Gleichungen von den in der Produktion verbrauchten und erzeugten Mengen, nicht aber von den marxistischen Arbeitswerten der einfachen Warenproduktion aus, um nicht auf das sogenannte Transformationsproblem von Werten in Preise eingehen zu müssen. Vgl. hierzu *Paul A. Samuelson*, Understanding the Marxian Notion of Exploitation: A Summary of the So-Called Transformation Problem Between Marxian Values and Competitive Prices. Journal of Economic Literature, Band 9, 1971, S. 399–431. Vgl. auch *P. M. Sweezy*, a.a.O., S. 134–157.

gut erst in den folgenden Perioden verwendet wird, muß der Erlös $A_{31}p_{k1}$ diskontiert werden, wobei der Zinsfaktor auf Grund der Profitrate, mit der sich das Kapital verzinst, $1+P$ beträgt. Man beachte im übrigen, daß wir den in der 2. Periode gültigen oder von der 3. Unternehmung erwarteten Preis des Kapitalguts wie in der 1. Periode unverändert mit p_{k1} annehmen. Diese Voraussetzung dürfte innerhalb unseres Modells dem System von Marx am ehesten gerecht werden [11].

Die Gleichungen (3.54) bis (3.56) lassen sich wie folgt umformen:

(3.57) $\quad (1+P)a_{11}p_{a1} = p_{c1},$

(3.58) $\quad (1+P)a_{21}p_{a1} + Pa_{22}p_{k1} = p_{c1},$

(3.59) $\quad (1+P)^2 a_{31}p_{a1} = p_{k1}.$

Das sind drei Gleichungen für die vier Unbekannten p_{a1}, p_{c1}, p_{k1} und P. Setzen wir wie zuvor $p_{a1} = 1$, machen also die Einheit der Arbeitsleistung zur Recheneinheit, so lassen sich P, p_{c1} und p_{k1} aus (3.57) bis (3.59) gemäß der Arbeitswertlehre für die kapitalistische Produktion berechnen. Aus (3.57) und (3.58) folgt unter Verwendung von (3.59):

$$(1+P)a_{11} = (1+P)a_{21} + P(1+P)^2 a_{22}a_{31},$$

$$P(1+P) = \frac{a_{11} - a_{21}}{a_{22}a_{31}},$$

$$(P + 1/2)^2 = \tfrac{1}{4} + \frac{a_{11} - a_{21}}{a_{22}a_{31}},$$

(3.60) $\quad P = -\tfrac{1}{2} \pm \sqrt{\tfrac{1}{4} + \dfrac{a_{11} - a_{21}}{a_{22}a_{31}}}.$

Für p_{c1} erhält man aus (3.57) und (3.60)

(3.61) $\quad p_{c1} = a_{11}(\tfrac{1}{2} \pm \sqrt{\tfrac{1}{4} + \dfrac{a_{11} - a_{21}}{a_{22}a_{31}}}).$

Schließlich folgt aus (3.59) und (3.60):

(3.62) $\quad p_{k1} = a_{31}(\tfrac{1}{2} \pm \sqrt{\tfrac{1}{4} + \dfrac{a_{11} - a_{21}}{a_{22}a_{31}}})^2.$

---

[11] Auch wenn wir von einer Diskontierung des Erlöses $A_{31}p_{k1}$ mit dem Zinsfaktor $1+P$ absehen, sind die mit Hilfe der Arbeitswertlehre berechneten Preise nicht richtig.

Wie ein Vergleich von (3.60) bis (3.62) mit (3.48), (3.50) und (3.51) zeigt, stimmen diese Werte in der Regel nicht mit den Preisen und dem Zinssatz überein, die sich bei vollständiger Konkurrenz oder bei optimaler Planung ergeben würden. Auch die Erklärung der Preise bei kapitalistischer Produktion durch die Arbeitswertlehre ist also bei vollständiger Konkurrenz regelmäßig falsch.

Abschließend sei wieder geprüft, ob es Bedingungen gibt, unter denen die Arbeitswertlehre die Preise bei kapitalistischer Produktion zutreffend erklärt. Sieht man sich (3.60) bis (3.62) an, so erkennt man, daß zwar wegen (3.61) und (3.50) für $a_{11} = a_{21}$ gilt:

$$p_{c1} = p°_{c1} = a_{11},$$

daß dann aber andererseits nach (3.62) und (3.51) folgt:

$$0 < a_{31} = p_{k1} \neq p°_{k1} = \frac{a_{11} - a_{21}}{a_{22}} = 0.$$

Der Preis für das Konsumgut der 1. Periode wird zwar in diesem Fall von der Arbeitswertlehre richtig erklärt, doch trifft das nicht für den Preis des Kapitalguts zu. Dieses Ergebnis ist auch nicht weiter erstaunlich. $a_{11} = a_{21}$ bedeutet ja nichts anderes, als daß die zur Herstellung einer Einheit des Konsumguts erforderliche direkte Arbeit im 1. und 2. Produktionsprozeß gleich ist. Unter diesen Umständen sind Investitionen und ist die Herstellung des Kapitalguts unsinnig, da dann nur unnütz zusätzliche Arbeitsleistungen verbraucht würden. Es hat keinen Zweck, den 3. Produktionsprozeß zu benutzen und Kapital zu akkumulieren, da – um mit Marx zu sprechen – auf diese Weise mehr als die gesellschaftlich notwendige Arbeit zur Herstellung des Konsumguts erforderlich wäre.

Eine Verwendung der bereits vorhandenen Kapitalgüter und eine Benutzung des 2. Produktionsprozesses würde in diesem Fall für die Kapitalisten nur dann nicht zu Verlusten führen, wenn der Preis der Leistungen des Kapitalguts in der 1. Periode gleich Null, dieses also ein freies Gut wäre. Tatsächlich erzielen nach (3.60) die Kapitalisten auch nach der Arbeitswertlehre für $a_{11} = a_{21}$ keinen Profit, da $P = 0$ ist. Andererseits soll $p_{k1} = a_{31} > 0$ sein. Das kann jedoch nur zutreffen, wenn die Kapitalisten die Leistungen des Kapitalguts weiterhin positiv bewerten, obwohl sich dadurch für sie buchhaltungsmäßig ein Verlust ergibt und daher niemand bereit wäre, das Kapitalgut oder seine Leistungen zu einem positiven Preis zu kaufen, also kein positiver Marktpreis existieren könnte. Darüber hinaus müßte die Profitrate in diesem Fall wohl negativ sein, was aber dem aus (3.60) folgenden Ergebnis $P = 0$ widerspricht. Die Arbeitswertlehre führt also gerade in dem einzigen Fall zu Widersprüchen, in dem sie den Preis des Konsumguts richtig erklärt. Dabei handelt es sich noch um einen Fall, an dessen Erklärung die Theorie von Marx gar nicht besonders interessiert ist, da unter diesen Umständen die Akkumulation des Kapitals sinnlos und die Verwendung des Kapitalguts überflüssig ist. In allen anderen Fällen jedoch ist die Erklärung der Preise bei kapitalistischer Produktion durch die Arbeitswertlehre unzutreffend.

3.7 Aufgaben

Angenommen, es sei $a_{11} = 2$, $a_{21} = 1$, $a_{31} = \frac{1}{2}$, $a_{22} = 1$, $s_1 = s_2 = 3$ und $k_1 = \frac{1}{3}$.

Die gesellschaftliche Zielfunktion sei durch

$$W = W(N_1, N_2) = (N_1 + 1)(N_2 + 1)$$

gegeben, wobei im Planoptimum $A°_1 = N°_1$ und $A°_2 = N°_2$ ist.

1. Prüfen Sie, ob unter den angegebenen Bedingungen anfangs
   a) Kapitalsättigung vorliegt,
   b) Kapitalgüter produziert werden.
2. Wie groß sind die optimalen Werte von $A°_1 = N°_1$ und $A°_2 = N°_2$? Verwenden Sie zur Lösung die Beziehung zwischen der Transformationsrate und der Substitutionsrate im Optimum
$$\left(-\frac{dN_2°}{dN_1} = -\frac{dA_2°}{dA_1}\right).$$
3. Welche Preise ergeben sich für Konsumgut, Arbeit und Kapitalgut beider Perioden am Anfang der Periode 1?
4. Wie hoch ist der Zinssatz?
5. Welche Kapitalgütermenge wird in der 1. Periode produziert?
6. Wie groß ist der *Wert*
   a) der Nettoinvestitionen der 1. Periode,
   b) des Verbrauchs der 1. Periode,
   c) des Nettosozialprodukts der 1. Periode?
7. Nach der Arbeitswertlehre verhält sich der Wert zweier Güter bei einfacher Warenproduktion zueinander wie das Verhältnis der zur Herstellung einer Gutseinheit erforderlichen Arbeitsmengen. Stellen Sie fest, ob diese Behauptung für das Preisverhältnis $\dfrac{p_{c1}}{p_{k1}}$ zutrifft.
8. Wir verlassen nun das bei den vorausgegangenen Fragen verwendete Zahlenbeispiel und kehren zum allgemein gefaßten Modell zurück. Angenommen, es gelte

$a_{21} < a_{11} < a_{21} + a_{22}a_{31}$ und es sei $s_1 = s_2$.

a) Liegt unter diesen Umständen Mehrergiebigkeit längerer Produktionswege vor?
b) Was läßt sich über die Höhe des Zinssatzes sagen, wenn in diesem Fall in der 1. Periode Kapitalgüter hergestellt werden?

3.8 Literatur

Eine relativ einfache Einführung in die Probleme der optimalen Güterversorgung über die Zeit findet sich bei

T. C. Koopmans, Allocation of Resources and the Price System, in: Three Essays on the State of Economic Science. New York/Toronto/London, Abschnitt 4.1, S. 105–126.

Weiterführend auf anspruchsvollerem Niveau sind

E. Malinvaud, Capital Accumulation and Efficient Allocation of Resources, in: Econometrica, No. 21, 1953, S. 233–268.
Efficient Capital Accumulation: A Corrigendum, in: Econometrica, No. 30, 1962, S. 570–573.

Die Bedeutung der Mehrergiebigkeit längerer Produktionswege kommt jedoch in den genannten Arbeiten nicht zum Ausdruck.
Diese durch Eugen von Böhm-Bawerk zuerst systematisch behandelten Zusammenhänge werden in einfacher Form von

H. v. Stackelberg, Kapital und Zins in der stationären Verkehrswirtschaft. Jahrbücher für Nationalökonomie und Statistik, Bd. 10, 1941/43, S. 25–61,

und von

R. Dorfman, A Graphical Exposition of Böhm-Bawerk's Interest Theory. Review of Economic Studies, XXVI, 1958/59, S. 153–158,

erörtert. Eine Erweiterung des von uns verwendeten Modells findet sich in:

P. Bernholz, Superiority of Roundabout Processes and Positive Rate of Interest. A Simple Model of Capital and Growth. Kyklos, Band XXIV, 1971, S. 687–721.

Ein guter Überblick über die Realkapitaltheorien des Zinses, an die sich eine Diskussion der Bedeutung der Existenz des Geldes und von Forderungen für die Erklärung des Zinses anschließt, findet sich schließlich bei

F. A. Lutz: Zinstheorie, Tübingen und Zürich, 1967^{II}.

Ergänzend ist die bereits erwähnte Arbeit von

R. Dorfman, P. Samuelson, R. Solow, Linear Programming and Economic Analysis, New York/Toronto/London, Kap. 11 und 12,

von Interesse, da hier das Schwergewicht auf der Betrachtung linearer Produktionsfunktionen liegt und die Verbindung zur Wachstumstheorie hergestellt wird.

Bezüglich der zeitlichen Aspekte der Präferenzfunktion sei auf den grundlegenden Aufsatz von

T. C. Koopmans, Stationary Ordinal Utility and Impatience, in: Econometrica, No. 28, 1960, S. 287–309,

verwiesen. Die Arbeitswertlehre wird in dem bereits erwähnten Buch von
Paul M. Sweezy, Theorie der kapitalistischen Entwicklung, edition Suhrkamp, Frankfurt/Main 1971,

dargestellt. Eine moderne mathematische Darstellung bietet:

A. Brody, Proportions, Prices and Planning, Amsterdam/London 1970.

Als Kritik der Arbeitswertlehre ist nach wie vor lesenswert:

E. v. Böhm-Bawerk, Geschichte und Kritik der Kapitalzins-Theorien, 3. Auflage, Innsbruck 1914, S. 501–544.

Schließlich sei auf den Aufsatz von

Paul A. Samuelson, Understanding the Marxian Notion of Exploitation: A Summary of the So-Called Transformation Problem Between Marxian Values and Competitive Prices. Journal of Economic Literature, Band 9, 1971, S. 399–431,

und die dort angegebene Literatur hingewiesen.

Kapitel 4

DIE BESTIMMUNG DER GESELLSCHAFTLICHEN ZIELFUNKTION UND DIE VERTEILUNG DER GÜTER AUF DIE MITGLIEDER DER GESELLSCHAFT

Im bisherigen Verlauf unserer Überlegungen waren wir stets davon ausgegangen, daß eine zentrale Planungsstelle oder ein Beschaffungsministerium die Wohlfahrt der Gesellschaft auf Grund einer vorgegebenen gesellschaftlichen Zielfunktion zu maximieren sucht. Dieses Verfahren erlaubte es, die grundlegenden Probleme der Organisation des Produktionssektors der Wirtschaft im Hinblick auf eine optimale Güterversorgung zu untersuchen, ohne gleichzeitig auf die Fragen der gesellschaftlichen Willensbildung eingehen zu müssen.

Für die Frage einer möglichst guten und gerechten Güterversorgung der Mitglieder einer Gesellschaft ist nun jedoch nicht nur eine zufriedenstellende Organisation der Produktion bei gegebenen gesellschaftlichen Zielen, sondern auch der Inhalt dieser Ziele selbst bedeutsam. Gemäß den von uns im ersten Kapitel aufgestellten Postulaten soll ein Gemeinwesen eine gute und gerechte Güterversorgung der Bevölkerung zu gewährleisten suchen. Bei der bisher verwendeten Zielfunktion war aber lediglich gefordert worden, daß die Gesellschaft jede Situation vorzieht, die sich gegenüber anderen dadurch auszeichnet, daß von einem oder mehreren Gütern mehr zur Verfügung steht, ohne daß die Versorgung mit anderen Gütern sich verschlechtert. Dagegen war die Frage der Verteilung der Güter und damit das Problem einer gerechten Einkommens- und Güterverteilung völlig unberücksichtigt geblieben.

Die vorausgegangenen Kapitel ließen mit der Verwendung einer von außen vorgegebenen Zielfunktion auch die Frage unbeantwortet, auf welche Weise die Ziele eines Gemeinwesens gebildet werden. In der Regel bestehen ja mehr oder minder große Meinungsverschiedenheiten zwischen den einzelnen Gesellschaftsmitgliedern und zwischen den verschiedenen Gruppen und Klassen der Bevölkerung bezüglich der von der Gesamtheit anzustrebenden Ziele. Das gilt sowohl für die Frage, welche Güter in welcher Menge hergestellt werden, als auch für die Frage, welche Mengen der Güter die einzelnen Gesellschaftsmitglieder erhalten sollen.

Berücksichtigt man diese bisher vernachlässigten Fragestellungen, so wird einmal zu prüfen sein, welche Arten der gesellschaftlichen Willensbildung zur Verfügung stehen, um die widerstreitenden Ziele der Gesellschaftsmitglieder, Gruppen und Klassen auf einen gemeinsamen

Bestimmung der Zielfunktion und Verteilung der Güter 99

Nenner zu bringen, und welche Konsequenzen mit ihnen verbunden sind. Zweitens ist zu untersuchen, welche Organisationsformen der gesellschaftlichen Willensbildung zu Zielsetzungen des Gemeinwesens führen, die den Postulaten einer guten Güterversorgung, der Gerechtigkeit, der Freiheit und Sicherheit so weit wie möglich Rechnung tragen.

Die angeschnittenen Probleme werden uns nicht nur in den Kapiteln 4–6, sondern insbesondere auch im 2. Band noch eingehend beschäftigen. Das vierte Kapitel beschränkt sich daher auf die Analyse einiger grundsätzlicher Fragen aus diesem Problemkreis.

Mit dem Postulat der Freiheit war gefordert worden, daß möglichst jede Person bei allen Entscheidungen mitwirken soll, die sie neben anderen selbst betreffen. Gleichzeitig verlangten wir, daß jedem ein möglichst großer Spielraum bei der Entscheidung seiner eigenen Belange eingeräumt werden soll (vgl. Abschnitt 1.6.1.2). Aus diesem Grunde werden in Kapitel 4 zwei Entscheidungsverfahren betrachtet, die den genannten Forderungen Rechnung tragen und die gleichzeitig eine Koordinierung der unterschiedlichen Ziele der Beteiligten erlauben. Wir beginnen in Abschnitt 4.1 mit der Betrachtung eines Wirtschaftssystems, in dem bei vorgegebenen Einkommen die einzelnen Haushalte selbständig über die zu beziehenden Mengen der Konsumgüter entscheiden und in dem die unterschiedlichen Wünsche derselben durch die Preise und Märkte koordiniert werden. Die Festsetzung der zu produzierenden Gütermengen erfolgt daher mit Hilfe von dezentralen und durch den Markt aufeinander abgestimmten Entscheidungen der Haushalte. Wie sich zeigen wird, ist ein solches System bei vollständiger Konkurrenz Pareto-optimal, sa daß kein Haushalt besser gestellt werden kann, ohne die Lage wenigstens eines anderen Haushalts zu verschlechtern.

Als zweites Entscheidungssystem zur Koordinierung der einander möglicherweise widersprechenden Wünsche der Haushaltungen zu gesellschaftlichen Zielen und damit zur Lösung der bestehenden Konfliktsituation wird ein einfaches politisches Verfahren betrachtet, bei dem die Haushalte sich einstimmig oder mit Mehrheit bei vorgegebenen Anteilen an der Güterversorgung für einen gesamtwirtschaftlichen Produktions- und Konsumplan zu entscheiden haben (vgl. Abschnitt 4.3). Der Abstraktionsgrad des betrachteten Modells ist allerdings noch sehr hoch, werden doch wichtige Gegebenheiten der Realität wie indirekte Demokratie, Parteien und Verbände, vernachlässigt. Es zeigt sich, daß das beschriebene System zwar zu einer Lösung des gestellten Problems führt, jedoch nicht Pareto-optimal ist.

Politische Entscheidungsverfahren und Entscheidungen mit Hilfe des Marktes sind keine absoluten Gegensätze. So läßt sich beweisen, daß unter bestimmten Bedingungen die Dezentralisierung der Verbrauchsentscheidungen auf die Haushalte und ihre Koordinierung durch den Markt als politisches Abstimmungsverfahren aufgefaßt werden kann, bei dem jeder Haushalt viele Stimmen besitzt, mit denen er seine Wünsche für die verschiedenen Güter gewichten kann, und bei dem die Ziele aller, also auch von Minderheiten, berücksichtigt werden (vgl. Abschnitt 4.2). Andererseits zeigt sich deutlich, daß die Stimmenzahlen bei ungleichmäßiger Einkommensverteilung nicht gleichmäßig verteilt sind.

Mit diesem Ergebnis wird das Problem der Einkommens- oder Güterverteilung in verschiedenen Systemen angeschnitten. In Abschnitt 4.4 greifen wir diese Frage auf und erörtern zunächst, was unter einer gerechten Einkommensverteilung verstanden werden soll oder kann. Anschließend wird geprüft, mit welcher Einkommensverteilung einerseits in Marktwirtschaften bei Dezentralisierung der Konsumentscheidungen und andererseits bei einfachen politischen Entscheidungssystemen zu rechnen ist. Dabei kommen wir zu dem Schluß, daß in Marktwirtschaften mit Privateigentum ohne politische Eingriffe mit einer gerechten Einkommensverteilung nicht zu rechnen ist. Aber auch bei dem betrachteten politischen Entscheidungsverfahren ist eine gerechte Einkommensverteilung nicht unbedingt sichergestellt.

Abschließend wird geprüft, wie die Organisation der Wirtschaft aussehen sollte, wenn die Willensbildung in einem Gemeinwesen zu Ergebnissen führen soll, die den Postulaten einer möglichst guten Versorgung mit Gütern, der Gerechtigkeit und der Freiheit so weit wie möglich entsprechen (vgl. Abschnitt 4.5).

4.1 Die Dezentralisierung der Verbrauchsentscheidungen auf die Haushalte

Wir wollen zunächst beweisen, daß eine Dezentralisierung der Konsumentscheidungen auf die Haushalte *bei gegebenen, beliebigen Einkommen und voneinander unabhängigen Zielfunktionen der einzelnen Haushalte* zu einer optimalen Güterversorgung in dem Sinne führt, daß kein Haushalt seine Situation verbessern kann, ohne daß sich die Lage zumindest eines anderen Haushalts verschlechtert. Die Dezentralisierung des Verbrauchs ist also bei effizienter Produktion Paretooptimal.

Bei unserem Beweis gehen wir von Modell K 2.1 des Konkurrenzgleichgewichts aus, wobei jedoch das Beschaffungsministerium und die gesellschaftliche Zielfunktion durch n Haushalte mit entsprechenden Nutzenfunktionen ersetzt werden. Die Nutzenfunktionen der Haushalte sollen sich durch folgende Eigenschaften auszeichnen:

(4.1) $\quad W_i = W_i(N_{i1}, N_{i2})$,

(4.2) $\quad \dfrac{\partial W_i}{\partial N_{ij}} > 0$,

(4.3) $\quad \left.\dfrac{dN_{i2}}{dN_{i1}}\right|_{W_i\,=\,\text{const.}} < 0$,[1]

(4.4) $\quad \left.\dfrac{d^2 N_{i2}}{dN^2_{i1}}\right|_{W_i\,=\,\text{const.}} > 0, \quad (i = 1, 2, \ldots n; j = 1, 2).$

N_{ij} ist die Menge des Gutes j, die Haushalt i verbraucht, W_i der Index für den Nutzen oder die Wohlfahrt des gleichen Haushalts. Die gesamten verbrauchten und nachgefragten Mengen der beiden Konsumgüter ergeben sich wie folgt:

(4.5) $\quad N_j = \sum\limits_{i=1}^{n} N_{ij} \quad (j = 1, 2).$

Schließlich nehmen wir an, daß jeder Haushalt i einen Anteil α_i des Volkseinkommens Y erhält, so daß

(4.6) $\quad 0 < \alpha_i < 1$,

(4.7) $\quad \sum\limits_{i=1}^{n} \alpha_i = 1$ und

(4.8) $\quad Y_i = \alpha_i Y$,

wobei Y_i das Einkommen des i-ten Haushalts bezeichnet.

Es sei angenommen, daß die Haushalte keine Kredite aufnehmen können. Jeder Haushalt kann daher höchstens im Wert seines Einkommens Konsumgüter beziehen:

(4.9) $\quad p_1 N_{i1} + p_2 N_{i2} \leq Y_i \quad (i = 1, 2, \ldots n),$

(4.10) $\quad N_{i1}, N_{i2} \geq 0.$

Der einzelne Haushalt maximiere seine Nutzenfunktion:

(4.1a) $\quad W_i = W_i(N_{i1}, N_{i2}) = \max!$

unter den Nebenbedingungen (4.9) und (4.10).

Die Werte der $N_{ij}, N_j, A_j, Y_i, p_j$ und p_{mk} $(i = 1, 2, \ldots n; j = 1, 2; k = 1, 2, 3, 4)$, die die Bedingungen für das Konkurrenzgleichgewicht

---

[1] Die Annahme (4.3) ist strenggenommen überflüssig, da sie sich aus (4.1) und (4.2) ableiten läßt.

K 2.1 (außer denen für das Beschaffungsministerium)[2] und außerdem (4.5), (4.1a) und (4.8) bis (4.10) erfüllen, bezeichnen wir als Konkurrenzgleichgewicht bei dezentralisiertem Verbrauch.

In der Folge seien Werte der Unbekannten, die die Bedingungen des Konkurrenzgleichgewichts bei dezentralisiertem Verbrauch erfüllen, mit einem ' gekennzeichnet, während die Symbole ohne diese Kennzeichnung beliebige realisierbare Werte angeben.

Im Konkurrenzgleichgewicht bei dezentralisiertem Verbrauch sind die Bedingungen (4.9), (4.10) und (4.1a) für alle Haushalte erfüllt. Die notwendigen Bedingungen für ein Nutzenmaximum des Haushalts i erhalten wir mit Hilfe des Theorems von Kuhn und Tucker und unter Verwendung der Funktion

$$Z_i \equiv W_i + \lambda_i(Y_i - p_1 N_{i_1} - p_2 N_{i_2}),$$

wie folgt:

(4.11) $\quad \dfrac{\partial Z'_i}{\partial N_{ij}} = \dfrac{\partial W'_i}{\partial N_{ij}} - \lambda'_i p'_j \leqq 0 \quad (j = 1, 2),$

(4.12) $\quad \sum\limits_{j=1}^{2} \left[\dfrac{\partial W'_i}{\partial N_{ij}} - \lambda'_i p'_j \right] N'_{ij} \leqq 0,$

(4.13) $\quad \dfrac{\partial Z'_1}{\partial \lambda_i} = Y'_i - \sum\limits_{j=1}^{2} p'_j N'_{ij} \geqq 0,$

(4.14) $\quad (Y'_i - \sum\limits_{j=1}^{2} p'_j N'_{ij}) \lambda'_i = 0,$

(4.15) $\quad N'_{ij}, \lambda'_i \geqq 0 \quad (j = 1, 2).$

Aus (4.11) und (4.2) ergibt sich:

$$\lambda'_i p'_j > 0,$$

so daß gemäß (4.15)

$$\lambda'_i > 0$$

ist. Dementsprechend folgt aber aus (4.14):

$$p'_1 N'_{i_1} + p'_2 N'_{j_2} = Y'_i \quad \text{und wegen (4.8):}$$

(4.16) $\quad p'_1 N'_{i_1} + p'_2 N'_{i_2} = \alpha_i Y'$

für alle i.

---

[2] Es handelt sich also um die Bedingungen (2.21) bis (2.26) und (2.43) bis (2.47) in Abschnitt 2.3, wobei (2.47) eine Definitionsgleichung ist und N_i, $A_i \geqq 0$ sowie p_i, $p_{mj} \geqq 0$ ($i = 1, 2; j = 1, 2$) gilt.

Nach (4.16), (4.7) und (4.8) gilt:

$$\sum_{i=1}^{n} \sum_{j=1}^{2} p'_j N'_{ij} = Y',$$

so daß wegen (4.5)

$$\sum_{j=1}^{2} p'_j N'_j = Y'$$

ist. Wegen (2.60) in Abschnitt (2.3) folgt daraus:

(4.17) $\quad \sum_{j=1}^{2} p'_j A'_j = \sum_{j=1}^{2} p'_j N'_j.$

Wir kommen nun zum Beweis der Pareto-Optimalität. Zunächst erhält man durch totale Differentiation von (4.1):

$$dW_i = \frac{\partial W_i}{\partial N_{i1}} dN_{i1} + \frac{\partial W_i}{\partial N_{i2}} dN_{i2}.$$

Dieser Ausdruck läßt sich für kleine Änderungen von N_{i1} und N_{i2} durch

(4.18) $\quad \Delta W_i = \frac{\partial W_i}{\partial N_{i1}} \Delta N_{i1} + \frac{\partial W_i}{\partial N_{i2}} \Delta N_{i2}$

approximieren.

Die Gleichung (4.18) gilt auch für das Nutzenmaximum. Folglich können wir die ΔN_{ij} als Abweichungen von den optimalen Werten N'_{ij} auffassen und sie wie folgt definieren:

(4.19) $\quad \Delta N'_{ij} = N_{ij} - N'_{ij} \quad (j = 1, 2).$

Dabei sind die N_{ij} beliebige, in dem Konkurrenzmodell realisierbare Werte, die nicht die Bedingung (4.9) zu erfüllen brauchen.

Aus (4.18) und (4.19) folgt:

(4.20) $\quad \Delta W'_i = \frac{\partial W'_i}{\partial N_{i1}} (N_{i1} - N'_{i1}) + \frac{\partial W'_i}{\partial N_{i2}} (N_{i2} - N'_{i2}).$

Berücksichtigen wir, daß wegen (4.11) und (4.12) entweder $N'_{ij} = 0$ und $\frac{\partial W'_i}{\partial N_{ij}} \leq \lambda'_i p'_j$, oder für $N'_{ij} > 0$

$$\frac{\partial W'_i}{\partial N_{ij}} = \lambda'_i p'_j \quad (j = 1, 2),$$

so läßt sich (4.20) wegen $\lambda'_i > 0$ auch schreiben:

(4.21) $\sum\limits_{j=1}^{2} p'_j (N_{ij} - N'_{ij}) \gtreqless \dfrac{\Delta W_i}{\lambda'_i}$ (i = 1, 2, ..., n).

Wir sind nun in der Lage, den Beweis zu führen, daß die Verbesserung der Situation eines Haushalts k die Lage wenigstens eines anderen Haushalts verschlechtern muß, wenn zuvor das Konkurrenzgleichgewicht bei dezentralisiertem Verbrauch realisiert war.

In Abschnitt 2.3 wurde gezeigt, daß im Konkurrenzgleichgewicht gilt:

(2.63) $\sum\limits_{j=1}^{2} p'_j (A'_j - A_j) \geqq 0$,

(2.64) $\sum\limits_{j=1}^{2} p'_j A_j \geqq \sum\limits_{j=1}^{2} p'_j N_j$.

Daraus ergibt sich unter Berücksichtigung von (4.17):

(4.22) $\sum\limits_{j=1}^{2} p'_j (N_j - N'_j) \leqq 0$.

Setzt man (4.5) in (4.22) ein, so folgt weiter:

(4.23) $\sum\limits_{i=1}^{n} \sum\limits_{j=1}^{2} p'_j (N_{ij} - N'_{ij}) \leqq 0$.

Da die Wohlfahrt des Haushalts k erhöht werden soll, gilt $\Delta W'_k > 0$, so daß wegen (4.21)

$\sum\limits_{j=1}^{2} p'_j (N_{kj} - N'_{kj}) > 0$ ist und sich unter Verwendung von

(4.23) ergibt:

$\sum\limits_{\substack{i=1 \\ i \neq k}}^{n} \sum\limits_{j=1}^{2} p'_j (N_{ij} - N'_{ij}) \leqq - \sum\limits_{j=1}^{2} p'_j (N_{kj} - N'_{kj}) < 0$.

Daraus folgt, daß wenigstens für einen der verbleibenden n — 1 Haushalte der Ausdruck

$\sum\limits_{j=1}^{2} p'_j (N_{ij} - N'_{ij}) < 0$ und folglich $\Delta W'_i < 0$ nach (4.21) ist.

Damit haben wir bewiesen, daß das Konkurrenzgleichgewicht bei dezentralisierten Konsumscheidungen Pareto-optimal ist.

Es läßt sich leicht zeigen, daß eine Erhöhung der Wohlfahrt eines Haushalts unter den geschilderten Umständen nur durch eine Umverteilung der Einkommen erfolgen kann. Denn Haushalt k gibt ja, wie (4.16) zeigt, im Konkurrenzgleichgewicht bereits sein gesamtes Einkommen $Y'_k = a_k Y'$ aus. Eine Erhöhung seiner Wohlfahrt läßt sich daher nur durch eine Erhöhung seines Einkommens erreichen. Umgekehrtes gilt für die Haushalte, die einen Wohlfahrtsverlust erleiden.

Wir können die Realisierung eines Pareto-Optimums durch die unabhängigen Entscheidungen aller Haushalte bei Existenz eines Konkurrenzgleichgewichtes als Hinweis für eine optimale Güterversorgung in diesem System auffassen. Damit ist jedoch nicht gesagt, daß jeder einzelne Haushalt gut mit Konsumgütern versorgt, die Güterverteilung also gerecht ist. Die Pareto-Optimalität wird ja vom Konkurrenzgleichgewicht bei jeder beliebigen Einkommensverteilung verwirklicht. Die Verteilung könnte jedoch im Extremfall so beschaffen sein, daß eine Minderheit der Bevölkerung außerordentlich gut versorgt wäre, während der Rest sich am Rande des Existenzminimums befände.

Andererseits darf nicht übersehen werden, daß ein Konkurrenzgleichgewicht auch bei einer „gerechten" Einkommensverteilung, also z. B. in unserem Modell auch im Fall gleicher Einkommen für alle Haushalte ($a_1 = a_2 = \ldots = a_n$) Pareto-optimal ist.

Die vorausgegangenen Überlegungen machen deutlich, daß die Dezentralisierung der Konsumentscheidungen auf die Haushalte zwar eine Bestimmung der gewünschten Produktionsmengen der verschiedenen Konsumgüter mit Hilfe politischer Entscheidungen überflüssig macht, da die Märkte die Koordination der Ziele der einzelnen Haushalte vornehmen. Damit ist jedoch noch nicht das Problem gelöst, wie die Geldeinkommen auf die Haushalte verteilt werden oder verteilt werden sollen.

Die hier benutzte Beweisführung läßt sich leicht auf viele Güter verallgemeinern.

4.2 Deutung der dezentralisierten Konsumentscheidungen der Haushalte über den Markt als Pareto-optimales politisches Wahlverfahren

Bevor wir näher auf die Probleme der Einkommensverteilung eingehen, ist es zweckmäßig zu zeigen, daß die selbständigen Konsumentscheidungen der Haushalte und ihre Koordinierung durch den Markt bei vollständiger Konkurrenz einem optimal organisierten politischen Wahlverfahren entsprechen, in dem die Wähler in der Lage sind, die Intensität ihrer Wünsche für die einzelnen Güter zum Ausdruck zu bringen.

Wir nehmen bei unseren Überlegungen die Existenz einer Wahlleitung an, die das Abstimmungsverfahren organisiert und durchführt. Der Einfachheit halber wird wieder von zwei Konsumgütern ausgegangen. Die Wahlleitung weist zunächst jedem Haushalt eine bestimmte Zahl von Punkten (sein Einkommen) zu, die vorher auf irgendeine Weise von der Gesellschaft festgelegt wurde. Die Haushaltsvorstände begeben sich nun in ein Wahllokal (analog: auf den Markt) und erfahren dort, für wie viele Punkte sie je eine Einheit der beiden Konsumgüter erhalten würden (oder anders ausgedrückt, welche Werte die Preise p_1 und p_2 annehmen). Anschließend geben sie ihre gesamten Stimmpunkte in beliebiger Aufteilung in die beiden Wahlurnen, die jede eines der Konsumgüter repräsentieren. Dabei halten die Wahlhelfer die von jedem Haushaltsvorstand für die beiden Güter abgegebenen Punktezahlen schriftlich fest. Die Wahl ist also nicht geheim.

Nach der Wahl läßt der Wahlleiter die insgesamt in den Urnen für beide Güter abgegebenen Punkte zählen und erhält, nach Division durch die je Einheit erforderliche Punktzahl, die zu dieser für die Konsumgüter gewünschte Gesamtnachfrage.

Schon vor der Abstimmung hat der Wahlvorstand die je Einheit der Konsumgüter festgesetzten Punktzahlen (Preise) den als Mengenanpassern handelnden Betrieben mitgeteilt. Diese berichten zurück, welche Mengen der Konsumgüter sie zu diesen Preisen anbieten wollen.

Bei dem beschriebenen Verfahren wird unterstellt, daß bei den vorgegebenen Punktzahlen (Preisen) die Haushalte ihren Nutzen und die Unternehmungen als Mengenanpasser ihren Gewinn maximieren. Sind zusätzlich Angebot und gesamte Nachfrage zu den vorgegebenen Punktzahlen einander gleich, so wissen wir, daß eine Pareto-optimale Güterversorgung erreicht wurde.

Es ist jedoch unwahrscheinlich, daß das schon bei den von der Wahlleitung zuerst festgesetzten Punktzahlen je Einheit der Fall ist. Stellt nun der Wahlvorstand eine Differenz zwischen Angebot und Nachfrage für eines oder beide der Güter fest, so wird er die erforderliche Punktzahl erhöhen, wenn die Nachfrage das Angebot übersteigt, senken, wenn die umgekehrte Sachlage vorliegt. Dabei wird die Änderung der Punktzahl so vorgenommen, daß sie annähernd proportional zur Größe der Differenz zwischen Angebot und Nachfrage ist.

Anschließend wiederholt sich das zuvor beschriebene Verfahren: Die Haushaltsvorstände geben ihre Punkte für die beiden Güter ab, die Unternehmungen melden das beabsichtigte Angebot usw. Ergibt sich die Gleichheit von Angebot und Nachfrage für beide Güter, so ist der Wahlvorgang abgeschlossen. Ist das nicht der Fall, so wird die Prozedur in der bekannten Weise fortgeführt, bis schließlich dieses Ergebnis erreicht ist. Daraufhin erklärt die Wahlleitung die Produktions- und Konsumpläne für verbindlich; die Güter werden erzeugt, gemäß der Abstimmung auf die Haushalte verteilt und von diesen verbraucht.

Unser Beispiel hat gezeigt, daß die dezentralisierte Bestimmung des Konsums durch die Haushalte und die Koordinierung ihrer Pläne mit Hilfe des Marktes einem Abstimmungsverfahren entspricht, das es den Haushaltungen erlaubt, ihre relativen Präferenzen für die Konsumgüter genau zum Ausdruck zu bringen. Da die Haushaltsvorstände Teilmengen der ihnen zugeteilten Punkte für jedes der Güter abgeben können, sind sie in der Lage, die von ihnen bei den erforderlichen Punktezahlen je Einheit (Preise) gewünschte Mengenkombination selbst anzugeben. Andererseits erlaubt die Änderung der erforderlichen Punktezahl (Preise) eine Abstimmung ihrer Pläne aufeinander und ihre Koordinierung mit den realisierbaren Produktionsplänen der Wirtschaft. Da die Abstimmungsergebnisse jederzeit für verbindlich erklärt werden können und damit die Güterzuteilung für jeden Haushalt fixiert wird, sind die Haushalte gezwungen, verantwortlich zu handeln und ihre wirklichen Präferenzen bei der Abstimmung offenzulegen. Das ist auch der Grund dafür, warum die Wahl nicht geheim sein kann. Schließlich ist es wichtig, darauf hinzuweisen, daß es bei dem beschriebenen Verfahren keine überstimmte Minderheit gibt.

Bei aller Qualität läßt jedoch das Wahlverfahren zwei wichtige Fragen offen[3]. Einmal hat es keinen Einfluß auf die Zahl der Punkte, also auf die Anzahl Stimmen (das Einkommen), die jeder Haushalt erhält. Das Problem der Stimmenverteilung (der Einkommensverteilung) muß also vorher irgendwie gelöst werden. Zweitens ist nicht ohne weiteres klar, ob die oben beschriebene Prozedur auch tatsächlich zu einer Lösung führt, bei der Angebot und Nachfrage für alle Güter gleich sind. Das ist nur dann der Fall, wenn das beschriebene System dynamisch stabil ist. Ganz analoge Probleme gelten für dezentralisierte Entscheidungen und ihre Koordinierung mit Hilfe des Marktes. Es wird notwendig sein, auf die damit angeschnittenen Fragen später zurückzukommen.

4.3 Bestimmung der zu produzierenden Mengen der Konsumgüter und ihre Verteilung auf die Bevölkerung durch Einstimmigkeit oder Mehrheitswahlrecht

Ist die Einkommensverteilung auf die Haushalte gegeben und besitzt die Wahlleitung bereits alle Informationen über die realisierbaren

---

[3] Wir sehen hier noch ganz davon ab, daß zur Durchführung des Verfahrens Produktionsmittel benötigt werden, daß dieses also nicht kostenlos ist.

Produktionspläne und die Nutzenfunktionen der Haushalte (Wähler), so kann sie die Pareto-optimale Lösung berechnen, falls die vorhandenen Rechenkapazitäten ausreichen (was in der Realität ebensowenig zutrifft, wie die vollständige Information). Wird die erhaltene Lösung nun mit anderen realisierbaren Produktions- und Konsumplänen zur Wahl gestellt und besitzt jeder Haushalt eine Stimme, so erhält die Pareto-optimale Lösung nicht nur eine Mehrheit der Stimmen, sondern wird sogar einstimmig gewählt[4].

Das gilt allerdings nur mit einer Einschränkung. Ist für die Gültigkeit der Entscheidung eine Mehrheit der Haushalte nicht ausreichend, sondern ist Einstimmigkeit erforderlich, so darf keiner der Wähler sich klarmachen, daß er durch die Abgabe seiner Stimme gegen die von allen vorgezogene Lösung die Entscheidung blockieren kann. Wäre das nämlich der Fall, so könnte der betreffende Haushalt eine Entscheidung verhindern, falls ihm nicht von den anderen ein größeres als das vorgegebene Einkommen zugestanden wird. Da diese Möglichkeit jedoch unsere Annahme einer vorgegebenen Einkommensverteilung verletzt, soll hier auf diese Frage nicht weiter eingegangen werden.

Die geschilderte Einstimmigkeit für die Pareto-optimale Lösung ist natürlich trivial. Sie verdeutlicht aber immerhin die wichtige Tatsache, daß Wahlen, wie andere Entscheidungssysteme, häufig nicht nur die Funktion haben, eine Entscheidung herbeizuführen, sondern gleichzeitig den Beteiligten die für ihre Entschlüsse benötigten Informationen zu liefern und die Wünsche der Wähler aufeinander abzustimmen.

Besitzen weder Wahlleitung noch Wähler Informationen über die Präferenzskalen der (anderen) Haushalte und die realisierbaren Produktionspläne, so kann die Dezentralisierung über den Markt oder das im letzten Abschnitt geschilderte Verfahren weiterhelfen. Will jedoch eine zentrale Planungsstelle Preise (oder Punktzahlen je Gütereinheit) nicht benutzen, so scheint es nicht möglich zu sein, mit Hilfe einer Wahl ein Pareto-Optimum zu erreichen, bei der jeder Haushalt über eine Stimme verfügt und bei der jeweils die Mehrheit oder gar alle Wähler sich für eine Alternative aussprechen müssen, wenn diese angenommen werden soll[5].

Ein einfaches Beispiel soll die auftretenden Probleme verdeutlichen. Werden Preise nicht verwendet, so ist es nicht möglich, von einer be-

---

[4] Nach dem Beweis in Abschnitt 4.1 kann bei gegebenem Einkommen in einer Pareto-optimalen Situation kein Haushalt seine Lage verbessern.
[5] Im 2. Band wird zu zeigen sein, daß bei Existenz eines Zweiparteiensystems ein Erreichen des Pareto-Optimums unter bestimmten Bedingungen möglich ist.

Bestimmung der Konsumgütermengen durch Mehrheitsbeschluß

liebigen, vorher bestimmten Verteilung der *Geldeinkommen* auszugehen. Es liegt daher nahe, von vornherein eine bestimmte Verteilung der *Mengen* der Konsumgüter auf die Haushalte anzunehmen. Am naheliegendsten wäre dabei wohl zunächst eine Verteilung, bei der jeder Haushalt von jedem Konsumgut eine gleich große Menge erhält.

Unsere Frage ist nun erstens, ob es im Fall einer vorgegebenen Verteilung der Konsumgütermengen einen gesamtwirtschaftlichen Produktions- und Konsumplan gibt, der mit Mehrheit oder einstimmig gewählt wird, und zweitens, ob ein solcher Plan Pareto-optimal sein kann. Die erste Frage wollen wir für ein spezielles Beispiel, die zweite generell zu beantworten suchen.

Wir beginnen mit der zweiten Frage und vergleichen zu diesem Zweck zwei Situationen miteinander, in denen n Haushalte einmal bei gegebener Einkommensverteilung und das andere Mal bei gegebener Verteilung der Mengen der einzelnen Güter selbständig über ihre Konsumpläne entscheiden. Die Verteilung sei sowohl für die Verteilung der Einkommen als auch für die Verteilung der einzelnen Mengen auf die Haushalte durch $0 < a_i < 1$, ($i = 1, 2, ..., n$), mit $\sum_{i=1}^{n} a_i = 1$ gegeben. Es gilt also entweder $Y_i = a_i Y$ oder $N_{ij} = a_i N_j$, ($j = 1, 2, ..., m$).

Die bei dieser Verteilung der Konsumgütermengen auf die Haushalte sich ergebenden Mengen werden mit dem Symbol *, die Pareto-optimalen Größen wie bisher durch das Symbol ' gekennzeichnet[6].

Es läßt sich zunächst zeigen, daß bei vorgegebener Einkommensverteilung im Konkurrenzgleichgewicht jeder beliebige Haushalt i zumindest die Mengen $N^*_{ij} = a_i N^*_j$ erhalten kann, die er bei einer durch ein gleichgroßes a_i bestimmten Verteilung beliebiger realisierbarer Mengen der Konsumgüter bekommen könnte. Durch Umformung ergibt sich:

$$p'_j N^*_{ij} = a_i p'_j N^*_j,$$

$$\sum_{j=1}^{2} p'_j N^*_{ij} = a_i \sum_{j=1}^{2} p'_j N^*_j.$$

---

[6] Es wurde in Abschnitt 4.1 bewiesen, daß die durch das Symbol ' gekennzeichneten Werte der verschiedenen Größen im Konkurrenzgleichgewicht Pareto-optimal sind. Ferner gehen wir bei unserer Beweisführung davon aus, daß durch die Produktion beliebige realisierbare Mengen an Konsumgütern zur Verfügung stehen. Daraus folgt, daß unser Beweis auch für die Pareto-optimalen Produktionsmengen der vollständigen Konkurrenz mit dezentralisierten Verbrauchsentscheidungen gilt, da diese realisierbar sind.

Bei Verwendung von (4.22) folgt daraus unter Berücksichtigung der Tatsache, daß N^*_j eines der beliebigen realisierbaren N_j ist:

$$\sum_{j=1}^{2} p'_j N^*_{ij} = \alpha_i \sum_{j=1}^{2} p'_j N^*_j \leq \alpha_i \sum_{j=1}^{2} p'_j N'_j.$$

Dieser Ausdruck läßt sich wegen (4.5) und (4.16) umformen in:

$$\sum_{j=1}^{2} p'_j N^*_{ij} \leq \alpha_i \sum_{j=1}^{2} p'_j \sum_{i=1}^{n} N'_{ij} = \alpha_i \sum_{i=1}^{n} \alpha_i Y' = \alpha_i Y',$$

so daß wegen (4.8)

(4.24) $\quad \sum_{j=1}^{2} p'_j N^*_{ij} \leq Y'_i = \alpha_i Y'$

ist. Die N^*_{ij} lassen sich also bei Dezentralisierung der Konsumentscheidungen und vollständiger Konkurrenz von den Haushalten verwirklichen.

Für beliebige, von den einzelnen Haushalten realisierbare Mengenkombinationen gilt nun aber wegen (4.9) und (4.16):

(4.25) $\quad \sum_{j=1}^{2} p'_j N_{ij} \leq \sum_{j=1}^{2} p'_j N'_{ij},$

so daß auch für die N^*_{ij} gilt:

(4.26) $\quad \sum_{j=1}^{2} p'_j (N^*_{ij} - N'_{ij}) \leq 0.$

Berücksichtigen wir, daß wegen (4.12) und (4.13) entweder $N'_{ij} = 0$ und $\dfrac{\partial W_i}{\partial N_{ij}} \leq \lambda'_i p'_j$ oder für $N'_{ij} > 0 \quad \dfrac{\partial W'_i}{\partial N_{ij}} = \lambda'_i p'_j \quad (j = 1, 2)$

ist, so ergibt sich aus (4.26) unter Berücksichtigung von (4.20):

(4.27) $\quad \dfrac{1}{\lambda'_i} \Delta W'_i = \dfrac{1}{\lambda'_i} \left[\dfrac{\partial W'_i}{\partial N_{i1}} (N^*_{i1} - N'_{i1}) + \dfrac{\partial W'_i}{\partial N_{i2}} (N^*_{i2} - N'_{i2}) \right] \leq 0.$

Es gilt also $\Delta W'_i \leq 0$. Die Wohlfahrt eines jeden Haushalts i ist bei vorgegebener Verteilung der *Gütermengen* regelmäßig kleiner als in dem Fall, in dem nur die *Geldeinkommen* in gleicher Weise auf die Haushalte verteilt sind. Tatsächlich kann unter unseren Annahmen das Gleichheitszeichen nur für $\alpha_i N^*_j = N^*_{ij} = N'_{ij}$ gelten.

Die abgeleitete Schlußfolgerung gilt für beliebige vorgegebene Verteilungen. Sie trifft deshalb auch für die Gleichverteilung $a_1 = a_2 = \ldots = a_n$ zu. In diesem Fall kommt es nur dann nicht zu einem Wohlfahrtsverlust bei den Haushalten, wenn diese alle die gleichen Präferenzen bezüglich der Konsumgüter besitzen.

Nachdem wir gesehen haben, daß eine vorgegebene Verteilung der Konsumgütermengen regelmäßig nicht Pareto-optimal ist, wenden wir uns der Beantwortung der Frage zu, ob bei Erfordernis einer Stimmenmehrheit oder der Einstimmigkeit überhaupt eine Entscheidung zustande kommt und wie diese beschaffen ist. Dabei soll in dem verwendeten Beispiel von vornherein von einer Gleichverteilung der Konsumgütermengen auf die Haushalte ausgegangen werden.

Die betrachtete Gesellschaft bestehe aus drei Haushalten. Die Produktionsseite werde durch Modell 2.1 beschrieben, wobei jedoch nur das erste Produktionsmittel knapp ist und sich folglich im Produktionssektor (2.5) als einzige Restriktion ergibt:

(4.28) $\quad H_{m1} \equiv a_1 - (a_{11}A_1 + a_{21}A_2) = 0.$

Wegen der Gleichverteilung der produzierten Mengen der Konsumgüter auf die n Haushalte gilt:

(4.29) $\quad N_{ij} = \dfrac{1}{n} A_j \quad (i = 1, 2, \ldots, n; j = 1, 2).$

Ferner wird folgende spezielle Zielfunktion für die n Haushalte vorausgesetzt:

(4.30) $\quad W_i = (N_{i1} + d_{i1})(N_{i2} + d_{i2}),$

wobei die d_{ij} Konstanten bezeichnen [7].

Durch Einsetzen von (4.29) in (4.30) erhält man:

(4.31) $\quad W_i = \left(\dfrac{1}{n} A_1 + d_{i1}\right)\left(\dfrac{1}{n} A_2 + d_{i2}\right).$

Der einzelne Haushalt erreicht unter den gegebenen Bedingungen den für ihn günstigsten Zustand, wenn er A_1 und A_2 so auswählt, daß unter Berücksichtigung von (4.28) die Gleichung (4.31) maximiert wird. Zur Berechnung dieser Werte bilden wir die Funktion

$$Z_i \equiv W_i - \lambda_i H_{m1}$$

---

[7] Vgl. *Duesenberry*, a.a.O., S. 6–16. *Herbert A. Simon*, Theories of Decision-Annahmen (4.2) bis (4.4) erfüllt (vgl. Aufgabe 1, Abschnitt 4.6).

mit $\lambda_i > 0$ und erhalten nach dem Verfahren von Lagrange[8] als notwendige Bedingungen für ein Nutzenmaximum des Haushalts i:

(4.32) $\quad \dfrac{\partial Z_i}{\partial A_1} = \dfrac{1}{n} \left(\dfrac{1}{n} A_2 + d_{i2} \right) - \lambda_i a_{11} = 0,$

(4.33) $\quad \dfrac{\partial Z_i}{\partial A_2} = \dfrac{1}{n} \left(\dfrac{1}{n} A_1 + d_{i1} \right) - \lambda_i a_{21} = 0,$

(4.34) $\quad a_{11} A_1 + a_{21} A_2 = a_1.$

Aus (4.32) und (4.33) ergibt sich:

$$\frac{\dfrac{1}{n} A_2 + d_{i2}}{\dfrac{1}{n} A_1 + d_{i1}} = \frac{a_{11}}{a_{21}},$$

$$A_2 = \frac{a_{11}}{a_{21}} (A_1 + n d_{i1}) - n d_{i2}.$$

Ferner folgt aus (4.34):

$$A_1 = \frac{a_1}{a_{11}} - \frac{a_{21}}{a_{11}} A_2,$$

so daß

(4.35) $\quad A_1 = \dfrac{a_1}{2 a_{11}} + \dfrac{n a_{21}}{2 a_{11}} d_{i2} - \dfrac{n}{2} d_{i1},$

(4.36) $\quad A_2 = \dfrac{a_1}{2 a_{21}} + \dfrac{n a_{11}}{2 a_{21}} d_{i1} - \dfrac{n}{2} d_{i2}.$

Wir erörtern nun den Fall $n = 3$, wobei i die Werte 1 bis 3 annehmen kann. Die gewünschten A_j werden je nach Haushalt verschieden sein. A^i_j soll daher die vom Haushalt i gewünschte Produktionsmenge des Gutes j bezeichnen. Setzt man in einem Zahlenbeispiel $a_1 = 60$, $a_{21} = 6$, $a_{11} = 2$, so erhält man aus (4.35) und (4.36):

---

[8] Eine gute Darstellung des Maximierungsverfahrens mit Lagrange-Multiplikatoren findet sich bei *George Hadley*, Nichtlineare und dynamische Programmierung, Würzburg/Wien 1969, S. 85–112. Auf einem einfacheren Niveau ist die Methode auch bei *R. G. D. Allen*, Mathematik für Volks- und Betriebswirte, aus dem Englischen übersetzt von E. Kosiol, Berlin 1956, S. 378 ff. dargestellt.

(4.37) $\quad A^i{}_1 = 15 + \dfrac{9}{2} d_{i2} - \dfrac{3}{2} d_{i1}$,

(4.38) $\quad A^i{}_2 = 5 + \dfrac{1}{2} d_{i1} - \dfrac{3}{2} d_{i2}$.

Wir wählen nun für die d_{ij} folgende Werte:

$d_{11} = 3, \quad d_{12} = 1;$

$d_{21} = 2, \quad d_{22} = 2;$

$d_{31} = 1, \quad d_{32} = 3.$

Die vom Standpunkt der drei Haushalte günstigsten Produktionsmengen lassen sich unter Verwendung dieser Werte aus (4.37) und (4.38) berechnen:

$A^1{}_1 = 15, \quad A^1{}_2 = 5;$

$A^2{}_1 = 21, \quad A^2{}_2 = 3;$

$A^3{}_1 = 27, \quad A^3{}_2 = 1.$

Da die von den drei Haushalten unter den gegebenen Bedingungen am höchsten geschätzten gesamtwirtschaftlichen Produktionsmengen beider Konsumgüter nicht übereinstimmen, muß bei der folgenden Abstimmung ein Kompromiß gefunden werden.

Es sei vom Mehrheitswahlrecht ausgegangen und angenommen, daß jeder Haushalt zunächst die von ihm am meisten bevorzugte Alternative vorschlägt. Um das Verhalten der Wähler zu untersuchen, ist es daher notwendig, ihre Bewertung der verschiedenen Alternativen festzustellen. Bezeichnet man mit $W^j{}_i$ den Nutzen, den der Haushalt i bei einer Realisierung der von Haushalt j am höchsten geschätzten Alternative realisieren würde, so ergibt sich:

$W^1{}_1 = 21 \dfrac{1}{3}, \quad W^2{}_1 = 20, \quad W^3{}_1 = 16;$

$W^1{}_2 = 25 \dfrac{2}{3}, \quad W^2{}_2 = 27, \quad W^3{}_2 = 25 \dfrac{2}{3};$

$W^1{}_3 = 28, \quad W^2{}_3 = 32, \quad W^3{}_3 = 33 \dfrac{1}{3}.$

Gehen wir davon aus, daß die $W^j{}_i$ (j = 1, 2, 3) nur dem jeweiligen Haushalt i bekannt sind und die drei vorgeschlagenen Alternativen zur

Wahl gestellt werden, so erhält jede derselben eine Stimme und keine die erforderliche Mehrheit. Angesichts dieser Sachlage wird es für die Wähler notwendig, zusätzliche Alternativen in die Diskussion zu bringen, bei denen auf eine Mehrheit der Stimmen zu hoffen ist.

Bei dem auf diese Weise anhebenden Spiel befindet sich der 2. Haushalt, dessen relative Gewichtung der beiden Güter zwischen derjenigen der anderen Haushalte liegt, in einer strategisch günstigen Lage, da es für den 1. und 3. Haushalt vorteilhafter ist, mit ihm als miteinander eine gemeinsame Basis zu finden.

Nehmen wir zunächst an, der erste bzw. dritte Haushalt schlage dem zweiten vor, die zwischen den beiden am höchsten geschätzten Situationen in der Mitte liegende Alternative zur Wahl zu stellen. Das wäre im einen Fall (18,4) und im anderen (24,2), wobei die erste Zahl die Menge des ersten, die zweite die des zweiten Gutes angibt. Bei den angegebenen Alternativen würde der 2. Haushalt folgende Nutzen realisieren:

$$W^{1,2}{}_2 = (6 + 2)\left(\frac{4}{3} + 2\right) = 26\frac{2}{3},$$

$$W^{2,3}{}_2 = (8 + 2)\left(\frac{2}{3} + 2\right) = 26\frac{2}{3}.$$

Der 2. Haushalt ist indifferent zwischen den vorgeschlagenen Alternativen. Er hat allen Grund, diese Tatsache den anderen Wählern mitzuteilen, um sie zu noch günstigeren Angeboten zu veranlassen.

Man kann sich den weiteren Gang der Dinge leicht vorstellen. Haushalt 1 und 3 werden sich so lange überbieten, um Haushalt 2 bei den Wahlen für sich zu gewinnen, bis die für diesen günstigste Situation erreicht ist. Als Lösung unseres Problems kommt also eine Entscheidung zugunsten des Produktions- und Verbrauchsplans $A_1 = 21$, $A_2 = 3$ heraus. Die einzelnen Haushalte bekommen $N_{11} = N_{21} = N_{31} = 7$ und $N_{12} = N_{22} = N_{32} = 1$ zugeteilt. Wie nach dem oben angeführten Beweis zu erwarten, ist diese Situation nicht Pareto-optimal. Die Haushalte 1 und 3 können ihre Lage dadurch verbessern, daß Haushalt 1 z. B. 2 Einheiten des ersten Gutes an Haushalt 3 für $\frac{2}{3}$ Einheiten des zweiten Gutes abgibt. Tatsächlich wäre unter den beschriebenen Bedingungen mit der Entwicklung eines Tauschhandels unter den Haushaltungen zu rechnen, wie die Erfahrungen während des Zweiten Weltkrieges und in der Nachkriegszeit mit ihren blühenden Tauschgeschäften und Tauschzentralen bei Rationierung der Konsumgüter gezeigt haben.

Die gefundene Lösung zeichnet sich dadurch aus, daß sie auch gewählt worden wäre, wenn Einstimmigkeit für die Auswahl eines Produktionsplanes erforderlich wäre. $A_1 = 21$, $A_2 = 3$ ist die Kompromißlösung, auf die sich alle Wähler einigen könnten.

Unsere Lösung ist nicht zufällig in dem Sinne, daß sie etwa von der Zahl der Wähler oder von den speziellen Nutzenfunktionen des Beispiels abhängt. Man überzeugt sich leicht, daß bei einer Zunahme der Zahl der wählenden Haushalte die Lösung ebenfalls bei der Alternative liegen wird, die der Wähler bevorzugt, der mit der relativen Wertschätzung der beiden Güter gerade in der Mitte liegt (vgl. auch Aufgabe 2, Abschnitt 4.6)[9]. Ist die Zahl der Wähler gerade, so gibt es allerdings gewissermaßen zwei „mittlere" Wähler, so daß die Lösung ein Kompromiß zwischen den von diesen beiden am meisten geschätzten Alternativen ist.

Die Eigenschaft der gewonnenen Lösung, den Präferenzen des „mittleren" Wählers (der „mittleren" Wähler) zu entsprechen, gilt allgemein solange, wie die Wähler eingipfelige Nutzenfunktion besitzen (d. h. die Nutzenfunktion hat nur ein lokales Maximum, das gleichzeitig das globale Maximum ist).

4.4 Das Problem der Bestimmung der Einkommensverteilung

Die Überlegungen der vorausgegangenen Abschnitte lassen vermuten, daß es kaum möglich sein dürfte, Entscheidungsverfahren zu finden, die in befriedigender Weise gleichzeitig die von den einzelnen Gütern zu erzeugenden Mengen und ihre Verteilung auf die Bevölkerung zu bestimmen erlauben. Zwar ergab sich bei vorgegebener Verteilung der Geldeinkommen eine Pareto-optimale Lösung, doch konnte diese mit einer ungerechten Einkommensverteilung verbunden sein.

Ähnlich lagen die Dinge bei einem Verzicht auf dezentralisierte Entscheidungen der Haushalte über den Markt oder ein diesem Mechanismus analoges politisches Wahlverfahren. In diesem Falle wurde wegen der Kompliziertheit des Problems von einer vorgegebenen Verteilung der Gütermengen auf die Haushalte ausgegangen, um bei Stimmenmehrheit oder Einstimmigkeit in einer Wahl zu einer Entscheidung kommen zu können. Dieser Umstand hatte zur Folge, daß die getroffene Entscheidung nicht Pareto-optimal war.

Es ist nicht zu erwarten, daß die geschilderten Schwierigkeiten kleiner werden, wenn wir uns nun dem Problem der Einkommensvertei-

---

[9] Es wird also durchweg die vom im Median befindlichen Wähler am höchsten geschätzte Alternative ausgewählt. Voraussetzung ist allerdings, daß die Präferenzen der Wähler eingipfelig sind. Vgl. zu diesem Problemkreis *Duncan Black*, The Theory of Committees and Elections, Cambridge 1958.

lung zuwenden. Tatsächlich wird sich zeigen, daß in diesem Fall der Marktmechanismus, selbst im Rahmen der bisher betrachteten Modelle, nicht zu einem vom Standpunkt der Gerechtigkeit befriedigenden Ergebnis führt und daher politische Entscheidungprozesse benötigt werden, die aber ihrerseits kaum zu einer zufriedenstellenden Lösung führen können.

Zwei Fragen erfordern unsere besondere Aufmerksamkeit. Das ist erstens die Frage, wie eine gerechte Einkommensverteilung aussehen soll, und zweitens das Problem, ob die zur Verfügung stehenden Entscheidungsverfahren die Verwirklichung der angestrebten Verteilung ermöglichen oder mit welchen Ergebnissen bei ihrer Verwendung zu rechnen ist.

Die folgenden Überlegungen beschränken sich auf die Probleme der Verteilung von Geldeinkommen (bzw. von in Rechnungseinheiten gemessenen Einkommen), da eine direkte Verteilung von Gütermengen neben den im letzten Abschnitt behandelten Fragen grundsätzlich nur analoge Probleme aufwirft.

4.4.1 Probleme der Bestimmung des Inhalts einer gerechten Einkommensverteilung

Im 1. Kapitel hatten wir das Postulat einer gerechten Einkommensverteilung aufgestellt und dabei darauf hingewiesen, daß man darunter recht Verschiedenes verstehen kann. Betont wurden von uns die erbrachte Leistung und die bestehenden Bedürfnisse der Gesellschaftsmitglieder als mögliche Maßstäbe einer gerechten Verteilung.

Es sei zunächst von der erbrachten Leistung als Maßstab ausgegangen. Hier drängt sich sofort die Frage auf, ob Kinder, Alte und Kranke, die nicht arbeiten können, kein Einkommen erhalten sollen. Sollen sie ein Einkommen erhalten, so müßten die gesunden Einkommensempfänger im arbeitsfähigen Alter freiwillig oder gezwungen Teile des bezogenen Einkommens an die übrige Bevölkerung abgeben und auf diese Weise ihren Unterhalt ermöglichen. Bei Zwangsabgaben wie Steuern würden sie ein geringeres verfügbares Einkommen behalten, während die abgezogenen Beträge den nicht mehr Arbeitsfähigen zur Verfügung ständen. Die Verteilung nach den Leistungen wäre also durchbrochen, weil auch die Bedürfnisse der nicht Arbeitsfähigen berücksichtigt werden müssen. Eine Verteilung allein nach den erbrachten Leistungen kann also nur erfolgen, wenn die Versorgung der Alten, Kranken und Kinder wie in der Großfamilie oder Sippe freiwillig geschieht, wobei diese „Freiwilligkeit" mehr oder minder durch soziale Normen geregelt sein muß.

Ein zweites Problem der Einkommensverteilung nach den Leistungen besteht in der Frage, welche Leistungen und wie diese Leistungen bewertet werden sollen. Ein möglicher Bewertungsmaßstab wird durch die sich für die Produktionsmittel bei optimaler Planung oder bei vollständiger Konkurrenz ergebenden Preise geboten. Sieht man einmal von den praktischen Schwierigkeiten ab, die sich daraus ergeben, daß beide Situationen in der Realität nie voll verwirklicht werden können, so bleiben noch immer genügend offene Fragen.

So hängen die Produktionsmittelpreise von der Seltenheit der Produktionsmittel im Verhältnis zur wirksamen Nachfrage (oder den Zielen der Gesellschaft) ab. Sängerinnen und Komponisten mögen in einem Gemeinwesen sehr gefragt sein und Gagen erhalten, die weit über den sonst üblichen Löhnen liegen. Man kann nun große Zweifel hegen, ob das gerecht ist, wo doch gute Stimmen und musikalische Begabungen weitgehend auf Erbanlagen beruhen, für die den Begünstigten kein Verdienst zukommt. Andererseits mag es zutreffen, daß auch andere Gesellschaftsmitglieder gleiche Anlagen aufweisen, jedoch zu ihrer Ausbildung keine Gelegenheit hatten oder die dafür erforderliche Mühe und Zeit scheuten. Als Lösung dieser und ähnlicher Schwierigkeiten würden viele von uns wohl einem Kompromiß zuneigen, wonach die Einkommen progressiv zu besteuern sind, das verfügbare Einkommen jedoch mit dem Bruttoeinkommen wächst. Aber wie stark soll die Progression im einzelnen bemessen sein?

Leichter scheint uns das Urteil zu fallen, daß arbeitslose Einkommen aus knappen Produktionsmitteln, die sich bei herrschendem Privateigentum im Besitz bestimmter Menschen befinden, nicht gerechtfertigt sind. Denn in diesem Fall wird scheinbar keine persönliche Leistung erbracht. Näheres Überlegen zeigt jedoch, daß diese Folgerung vorschnell ist. Wie sieht die Lage bei zwei Personen, A und B, aus, die fünf Jahre lang bei gleicher Arbeitsleistung ein gleiches Einkommen erzielt haben, das jedoch von A teilweise gespart, von B dagegen voll ausgegeben wurde? Wäre es in diesem Fall richtig, wenn A keine Erträge (Zinsen, Dividenden oder Pacht) aus den Vermögensanlagen erhalten würde, wo doch – wie wir gesehen haben – z. B. bei Mehrergiebigkeit längerer Produktionswege gegenwärtige Güter der gleichen Art wertvoller sind als künftige? Und wo außerdem B, der vor gleichen Alternativen wie A stand, es trotz der möglichen Vermögenserträge vorzog, auf die Bildung von Ersparnissen zu verzichten?

Anders als im gerade betrachteten Fall liegen die Dinge, wenn Vermögensbestände in einer Wirtschaft mit Privateigentum nicht durch eigene Arbeit erworben, sondern ererbt wurden. Der Eigentümer kann in diesem Fall keine persönliche Leistung für die ihm arbeitslos zufließenden Erträge geltend machen. Das trifft jedoch für die Erblasser, also z. B. die Eltern oder Großeltern nicht zu. Es drängt sich folglich die Frage auf, inwieweit die Arbeitsleistung und die Ersparnisse, die sie unter Verzicht auf eigenen Konsum zur Vorsorge für Kinder und Enkel erbracht haben, als ethische Begründung für die Vererbung von Vermögen berücksichtigt werden sollen. Einleuchtend dürfte es sein, daß eine Ansammlung sehr großer Vermögen über viele Generationen ebenso wie das aus ihnen anfallende arbeitslose Einkommen nicht zu rechtfertigen ist. Aber gilt das auch, wenn ein Ehepaar z. B. ein Haus und ein begrenztes Wertpapierkonto selbst im Laufe seines Lebens erspart hat und diese nun seinen Kindern vererbt? Wieder scheint sich vom Standpunkt der Gerechtigkeit ein Kompromiß anzubieten, der eine Vererbung zwar grundsätzlich erlaubt, aber z. B. größere Vermögen einer rigorosen Erschaftssteuer unterwirft.

Das oben erörterte Problem der Behandlung von arbeitslosen Einkommen aus selbsterspartem Vermögen weist über sich hinaus. Ist es überhaupt gerecht, bei der Betrachtung der Einkommen von den Monats- oder Jahreseinkommen auszugehen? Wäre es nicht vielmehr gerechter, den diskontierten Wert aller Einkommen während der erwarteten Lebensdauer als Bezugsgröße zu wählen? Man erkennt z. B. sofort, daß bei im Zeitablauf unveränderter Verzinsung die im oben angegebenen Beispiel von A und B gewählten Alternativen einen gleichen Gegenwartswert besitzen. Wird daher der diskontierte Wert aller Einkommen als Bezugsgröße bevorzugt, so wäre es in jedem Fall ungerecht, das arbeitslose Zinseinkommen des A aus seinen eigenen Ersparnissen ihm ganz oder teilweise z. B. durch Steuern zu entziehen, da er dann bei gleicher Arbeitsleistung insgesamt ein kleineres erwartetes Lebenseinkommen als B beziehen würde.

Eine gänzlich am Leistungsprinzip orientierte Einkommensverteilung würde auch den in Kapitel 1 aufgestellten Gerechtigkeitspostulaten der Herstellung möglichst weitgehender Chancengleichheit für jedermann und der Förderung der von Natur aus Benachteiligten widersprechen. Es wäre sicherlich ungerecht, wollte man nicht versuchen, bei den durch mangelhafte Erziehung oder ungünstige Erbanlagen ohne ihr Verschulden Betroffenen einen gewissen Ausgleich zu schaffen. Allerdings wird dieser Ausgleich in erster Linie über die kostenlose Bereitstellung von Ausbildungsmöglichkeiten für diese Bevölkerungskreise zu erfolgen haben, soweit dadurch die Chancengleichheit gefördert werden kann. Auch eine kostenlose Versorgung mit Leistungen bringt jedoch eine Umverteilung der Einkommen mit sich.

Wie eine Verteilung nach den Leistungen ist auch eine Verteilung nach den Bedürfnissen mit großen Problemen verbunden. Zunächst sind

Bedürfnisse schlecht „objektiv" festzustellen. Kinder und Alte haben andere Bedürfnisse als arbeitsfähige Erwachsene, Männer andere Bedürfnisse als Frauen. Aber selbst bei Gleichaltrigen des gleichen Geschlechts sind die Bedürfnisse recht unterschiedlich. Ein gleich großes Einkommen für jedermann, ob Mann, Frau oder Kind kann also nicht als gerecht angesehen werden, selbst wenn man von der Ungerechtigkeit absieht, daß größere Leistungen sich nicht in der Entlohnung niederschlagen.

Eine Einkommensverteilung gemäß den Bedürfnissen kann sich ferner negativ auf die im 1. Kapitel postulierten Ziele einer sich verbessernden Güterversorgung und wachsender Freiheit auswirken.

So spricht manches dafür, daß die Höhe der Ersparnisse und damit der Nettoinvestitionen bei dezentralisierten Verbrauchsentscheidungen der Haushalte um so größer ist, je ungleichmäßiger die Einkommen verteilt sind. Die Nettoinvestitionen jedoch sind ein wesentlicher Faktor für das künftige Wachstum der Produktion und damit des Volkseinkommens der Zukunft. Die Einkommen späterer Perioden und folglich der Umfang der Freiheit der Wirtschaftssubjekte werden also durch eine gleichmäßigere Einkommensverteilung reduziert.

In einer zentral geleiteten Wirtschaft wäre es allerdings möglich, diesen Konsequenzen dadurch auszuweichen, daß ein Teil des Sozialprodukts vorweg für Investitionen reserviert und nur der Rest gleichmäßig nach den Bedürfnissen verteilt wird. In diesem Fall würde jedoch nicht nur eine Pareto-optimale Güterversorgung über die Zeit verhindert werden, sondern es wäre auch die Frage zu beantworten, wer die Höhe der Investitionen bestimmen soll und nach welchem Verfahren diese Entscheidungen getroffen werden sollen. Die damit angeschnittenen Probleme werden uns später noch eingehender beschäftigen.

Eine Einkommensverteilung, die sich nur an den Bedürfnissen und nicht an den Leistungen orientiert, hat in jedem Wirtschaftssystem den Nachteil, daß dem arbeitenden Teil der Bevölkerung keine Leistungsanreize geboten werden. Die Folge ist eine Senkung der Leistungsbereitschaft und eine Verschlechterung der Güterversorgung, die möglicherweise alle ungünstiger stellen wird als eine ungleichmäßige Verteilung, die das Leistungsprinzip genügend berücksichtigt.

Die vorausgegangenen Überlegungen legen den Schluß nahe, daß eine gerechte Einkommensverteilung von einem Kompromiß zwischen den verschiedenen Gerechtigkeitsprinzipien auszugehen hat. Dafür spricht auch der Umstand, daß bei zu gleichmäßiger Verteilung der Leistungswille gelähmt und Ersparnisse und Investitionen zu niedrig werden können, wodurch das Postulat einer guten und sich verbessernden Güterversorgung ebenso wie das Postulat möglichst großer Freiheit verletzt wird. Andererseits darf man nicht übersehen, daß eine zu ungleichmäßige Verteilung das Gerechtigkeitsempfinden großer Teile der Bevölkerung verletzen und daher zu Unruhen oder gar Revolutionen führen kann, was den Postulaten des Friedens und der Sicherheit widersprechen würde.

Ein Kompromiß ist also in jedem Fall erforderlich. Und es leuchtet ein, daß dieser Kompromiß, je nach den herrschenden Umweltbedingungen, im Laufe der Zeit und von Land zu Land anders aussehen muß. Es ist die Aufgabe politischer Entscheidungen, ein ethisch und in den Augen der Bevölkerung vertretbares Ergebnis zu liefern. Zu fragen bleibt allerdings, ob es politische Entscheidungsverfahren gibt, die ein solches befriedigendes Ergebnis liefern. Damit ist die Frage gestellt, der wir uns nun ein erstes Mal zuwenden wollen.

4.4.2 Entscheidungsprozesse zur Lösung des Problems der Einkommensverteilung

Wir wollen zunächst die Lösung des Problems der Einkommensverteilung in einer Marktwirtschaft mit Privateigentum diskutieren, in der keine Eingriffe der öffentlichen Hand zum Zwecke der Umverteilung der aufgrund des Marktprozesses entstandenen Einkommen erfolgen.

In der damit gekennzeichneten Wirtschaftsordnung werden die Einkommen durch die Preise der Produktionsmittel und die von den Haushalten abgegebenen Mengen derselben, durch die für Forderungen erzielten Zinseinnahmen und durch die Gewinne der Unternehmungen bestimmt, sobald festgelegt ist, wem die Produktionsmittel, Forderungen und Unternehmungen gehören und wer über ihre Erträge verfügen darf.

Preise und Zinssätze haben in diesem System folglich nicht nur eine Funktion bei der Allokation der Ressourcen, sondern auch eine Funktion bei der Bestimmung der Einkommensverteilung. Die resultierende Verteilung kann vom Standpunkt der Gerechtigkeit höchst unbefriedigend sein. Dieser Umstand erlaubt jedoch nicht den vorschnellen Schluß, daß die Marktwirtschaft mit Zinssätzen und Preisen abgeschafft werden müßte, sind diese doch ein wesentliches Steuerungsmittel zur Verwirklichung einer möglichst guten Güterversorgung.

Tatsächlich ergeben sich ungünstige Auswirkungen der Verteilungsfunktion von Preisen und Zinssätzen nur, wenn sie mit einem entsprechenden Eigentums-, Erb- und Steuerrecht verbunden sind. Kann jedermann über seine Ersparnisse (oder über Kredite) zum Erwerb von Vermögensgegenständen frei verfügen, diese beliebig verwenden, veräußern und vererben, und hat er volle Verfügungsberechtigung über ihre Erträge, so lassen sich bei fehlender oder niedriger Erbschaftssteuer im Laufe der Zeit erhebliche Vermögenskonzentrationen und hohe arbeitslose Einkünfte bei einzelnen nicht vermeiden. In der Tat hängt unter diesen Bedingungen die Größe der Vermögen und der arbeitslosen Einkommen von solchen Faktoren ab, wie der Lebensdauer der Eigentümer, der Zahl der Kinder oder der Bevorzugung dieses oder jenes möglichen Erben durch den Erblasser, ebenso wie von der mehr oder minder zufälligen Eignung der Erben bei der Verwaltung und Anlage von Vermögenswerten. Zu beachten ist auch, daß die Vergrößerung eines Vermögens um so leichter wird, je größer dasselbe ist, da in diesem Falle Ersparnisse leichter gebildet werden können. Sehr hohe arbeitslose Einkommen können praktisch nicht verbraucht werden.

Die beschriebene Entwicklung hängt von den Regeln des Eigentums-, Erb- und Steuerrechts ab. Diese werden jedoch nicht durch den Marktmechanismus bestimmt, sondern bilden vielmehr den Rahmen und die Voraussetzung für sein tägliches Funktionieren. So wäre es ohne Normen, die feststellen, wann und unter welchen Bedingungen Eigentum erworben und veräußert werden kann und wer über Vermögensgegenstände verfügen darf, ausgeschlossen, Transaktionen am Markt durchzuführen. Die angegebenen Regeln gehören folglich zur Wirtschaftsverfassung, die bestimmt, unter welchen Voraussetzungen es mit Hilfe des Marktmechanismus zu gültigen Entscheidungen kommt. Ganz entsprechend legt die politische Verfassung fest, wann und durch welche Verfahren gültige politische Entscheidungen gefällt werden.

Regeln der Wirtschaftsverfassung kommen durch politische Entscheidungsverfahren zustande und können durch solche Verfahren geändert werden. Die marktwirtschaftliche Organisation ist mit einer Vielfalt unterschiedlicher Wirtschaftsverfassungen zu vereinbaren, wie schon das Beispiel einer sozialistischen Marktwirtschaft in Jugoslawien zeigt.

Es scheint daher durchaus möglich zu sein, die soeben skizzierte Entwicklung der Einkommensverteilung durch politische Entscheidungen im Sinne einer gerechteren Verteilung zu korrigieren. Als Ansatzpunkt wird nach unseren Überlegungen insbesondere die Erbschaftssteuer in Frage kommen, wobei an eine stark progressive Steuer bei der Vererbung von Großvermögen zu denken wäre. Denn letztlich ist ja die ungünstige Entwicklung der Vermögensverteilung für die besonders ins Auge fallenden Ungerechtigkeiten der Einkommensverteilung verantwortlich. Daneben kann insbesondere eine progressive Einkommensteuer für die Umverteilung verwendet werden.

Fassen wir zusammen. Der Marktmechanismus bestimmt zusammen mit einer durch politische Entscheidungen zustande gekommenen Wirtschaftsverfassung die Einkommensverteilung. Diese kann den Postulaten der Gerechtigkeit nur dann entsprechen, wenn die Normen der Wirtschaftsverfassung die Zusammenballung großer Vermögen und der aus ihnen stammenden arbeitslosen Einkünfte in den Händen Einzelner verhindern.

Wie diese Feststellung zeigt, kann selbst in einer Marktwirtschaft mit Privateigentum und folglich erst recht in anderen Wirtschaftssystemen eine gerechte Verteilung von Einkommen oder Gütermengen nur mit Hilfe politischer Entscheidungsverfahren erreicht werden. Es ist jedoch fraglich, ob politische Verfahren geeignet sind, eine gerechte Verteilung herbeizuführen, wie nun mit einigen Überlegungen für den speziellen Fall des Mehrheitswahlrechts gezeigt wird.

Wir stellen uns wieder eine direkte Demokratie mit Stimmrecht für jeden Haushalt vor. Die Wirtschaft sei im Sinne des Konkurrenzsozialismus organisiert (vgl. Abschnitt 2.4). Ferner wird vorausgesetzt, daß man sich bereits für eine Dezentralisierung der Konsumentscheidungen auf die Haushalte mit Hilfe des Marktes entschlossen hat. Die Preise der Konsumgüter bilden sich also auf den Märkten, wobei sich die Haushalte und die in öffentlichem Eigentum befindlichen Betriebe als Mengenanpasser verhalten. Dagegen werden die Preise der Produktionsmittel von der zentralen Planungsstelle berechnet und den Betrieben als Grundlage für ihre Entscheidungen mitgeteilt. Wir können uns vorstellen, daß man sich für eine Dezentralisierung der Konsumentscheidungen über den Markt entschieden hat, weil es der zentralen Planstelle nicht möglich oder zu kostspielig ist, sich die benötigten Informationen über die Präferenzen der Haushalte zu beschaffen, und weil man deren Pareto-optimale Versorgung anstrebt.

Die öffentlichen Betriebe führen ihre Gewinne und die für die knappen Produktionsmtitel zu den Verrechnungspreisen ermittelten Kosten an die zentrale Planungsstelle ab. Dieses Volkseinkommen Y ist mit Mehrheitsentscheidung auf die n Haushalte zu verteilen.

Es läßt sich leicht zeigen, daß durch ein Mehrheitswahlrecht eine gerechte Einkommensverteilung keineswegs gesichert wird. Nehmen wir einmal an, E bezeichne ein Haushaltseinkommen, das die arbeitsfähigen Mitglieder eines jeden beliebigen Haushalts gerade veranlasse, die gewohnten Arbeitsleistungen zu erbringen und sich nicht gegen das herrschende politische und wirtschaftliche System aufzulehnen. Ist nun $nE < Y$, so lohnt es sich für eine Majorität von $m > \dfrac{2}{n}$ der n Haushalte, sich zusammenzuschließen und den übrigen $(n - m)$ Haushalten durch Mehrheitsbeschluß ein Einkommen $Y_j = E$ ($j = n - m + 1, \ldots,$

n), sich selbst dagegen jeweils $Y_i = \frac{1}{m}[Y-(n-m)E]$ ($i = 1, 2, \ldots,$ m) zuzuweisen, wobei $Y_i > \frac{1}{n} Y$.

Es ist offensichtlich, daß in diesem Fall von einer gerechten Einkommensverteilung keine Rede sein kann, obwohl das Eigeninteresse der Haushalte das geschilderte Verhalten als durchaus möglich erscheinen läßt. Schließlich macht unser Beispiel deutlich, daß die Mitglieder der Majorität sich um so besser stellen, je kleiner diese ist.

Die von den m Haushalten gebildete Koalition ist jedoch nicht stabil. Die unterlegenen Wähler haben allen Grund, bei der nächsten Entscheidung eines oder mehrere Koalitionsmitglieder auf ihre Seite zu ziehen, um auf diese Weise selbst eine Mehrheit zu erlangen. Sie können dieses Ziel erreichen, wenn sie sich mit einem Einkommen Y_k begnügen, für das gilt: $Y_i > Y_k > E$, und den Betrag $(n-m)(Y_i - Y_k)$ zusätzlich zu Y_i den Überläufern anbieten.

Unsere Überlegungen zeigen, daß die in dem betrachteten Modell gebildeten Koalitionen wechseln, wenn z. B. die Verteilung des Volkseinkommens von Jahr zu Jahr neu festgelegt wird. Dieser Umstand läßt jedoch erwarten, daß einmal diese und einmal jene Haushalte zu den Gewinnern gehören und sich auf lange Sicht womöglich jeder Haushalt wegen der Schwankungen seines Einkommens schlechter steht, als es ohne die Bildung von ständig wechselnden Koalitionen der Fall wäre. Es ist daher angesichts sich immer wiederholender Entscheidungen gleicher Fragen durchaus denkbar, daß sich die Mitglieder der Gesellschaft schließlich auf eine Verfassungsnorm einigen, die ein für allemal eine als gerecht angesehene Verteilung festlegt. Wir wollen jedoch nicht übersehen, daß auch dann für eine kurzfristig denkende Mehrheit ein starker Anreiz zur Beseitigung dieser Regel vorhanden ist. Größere Sicherheit würde wohl nur bestehen, wenn man sich geeinigt hätte, daß zur Beseitigung der Norm eine größere Mehrheit, also z. B. eine $\frac{2}{3}$ oder $\frac{3}{4}$ Mehrheit der Haushalte erforderlich wäre.

Bei der vorausgegangenen Untersuchung wurde angenommen, daß die Bildung einer Koalition ohne Kosten und Zeitaufwand möglich ist. Diese Annahme ist um so unrealistischer, je größer die Zahl der Wähler ist. In diesem Fall taucht jedoch zusätzlich die Frage auf, ob, unter welchen Bedingungen und wie alle Wähler an der Entscheidungsbildung beteiligt werden. Die Behandlung der damit angeschnittenen Fragen muß jedoch in einem späteren Abschnitt erfolgen (vgl. 6.3).

4.5 Schlußfolgerungen für die Organisation der Wirtschaft

Unsere Überlegungen in den vorausgegangenen Abschnitten legen verschiedene Schlußfolgerungen für eine Organisation der Wirtschaft nahe, die es erlauben soll, die in Kapitel 1 postulierten Ziele so weit wie möglich zu realisieren.

Zunächst einmal konnten wir uns überzeugen, daß eine Marktwirtschaft mit Privateigentum und dezentralisierten Konsumentscheidungen durch die Haushalte, bei am Anfang gegebener und sich im Laufe der Zeit durch unterschiedliche Einkommen, Ersparnisse und Investitionen, durch Vererbung und Schenkungen ändernder Vermögensverteilung, in keiner Weise zu einer als gerecht zu beurteilenden Verteilung der Einkommen und Vermögen tendiert. Vielmehr besteht durchaus die Möglichkeit, daß die primäre Einkommens- und Vermögensverteilung im Laufe der Zeit immer ungleichmäßiger wird. Daraus ist aber der Schluß zu ziehen, daß dem Ziel der Gerechtigkeit in einer Marktwirtschaft mit Privateigentum nur Rechnung getragen werden kann, wenn es neben den Entscheidungen über den Markt politische Entscheidungen gibt, die für eine den Erfordernissen der Gerechtigkeit entsprechende Umverteilung z. B. mit Hilfe von progressiven Einkommens-, Vermögens- und Erbschaftssteuern sorgen, da nur auf diese Weise eine gerechte Sekundärverteilung von Einkommen und Vermögen erreicht werden kann. Der Marktmechanismus allein reicht bei Privateigentum zur Realisierung der Verteilungsgerechtigkeit nicht aus, sondern muß durch politische Entscheidungsverfahren ergänzt werden. Eine vollständige Dezentralisierung *aller* Entscheidungen und ihre Koordinierung über den Markt widerspricht also den in Kapitel 1 postulierten Zielen.

Ähnliche Probleme und Schlußfolgerungen wie für eine kapitalistische ergeben sich auch für eine sozialistische Marktwirtschaft, wenn sich die Unternehmungen z. B. im Eigentum der dort Beschäftigten befinden und diese über Löhne und Gewinnverteilung im Rahmen der Möglichkeiten selbst entscheiden können. Je nach der Entwicklung der einzelnen Betriebe und je nach ihrer Investitionspolitik können sich hier von Unternehmung zu Unternehmung und von Wirtschaftszweig zu Wirtschaftszweig große Divergenzen zwischen Löhnen und ausgeschütteten Gewinnanteilen ergeben, die möglicherweise als ungerecht zu beurteilen wären. In diesem Fall müßte durch zentrale politische Entscheidungen eine gerechtere Sekundärverteilung, etwa mit Hilfe von Steuern und Transferzahlungen an die Benachteiligten, herbeigeführt werden.

Unsere Untersuchung legte ferner, zumindest für einfache Beispiele, den Schluß nahe, daß auch bei einer Verteilung oder Umverteilung der Einkommen oder Güter mit Hilfe politischer Entscheidungen, bei denen alle Mitglieder der Gesellschaft beteiligt sind, die Gefahr ungerechter Ergebnisse nicht ausgeschlossen werden kann, wenn die Entscheidungen mit einfacher Mehrheit zu fassen sind. Es ist daher notwendig, in der Folge nach politischen Institutionen, Verfassungsregeln oder Entscheidungsverfahren Ausschau zu halten, die verhindern, daß aufgrund ungerechter politischer Entscheidungen ein Teil der Bevölkerung bei der Einkommens- oder Güterverteilung benachteiligt wird (vgl. Abschnitte 6.2 und 6.3, sowie Band 2).

Wie festgestellt werden konnte, entspricht bei *gerechter Einkommensverteilung* und *unabhängigen Zielen* der Haushalte die Dezentralisierung der Verbrauchsentscheidungen und ihre Koordinierung durch den Markt einem optimalen Wahlverfahren. Die dezentralisierte Organisation des Verbrauchs ist daher für den von uns betrachteten Problemkreis politischer Entscheidungsverfahren, bei denen jedes Gesellschaftsmitglied über eine Stimme verfügt, und in denen mit einfacher Mehrheit oder mit einem höheren Anteil der Stimmberechtigten oder der Abstimmenden gültige Beschlüsse gefaßt werden, regelmäßig überlegen und niemals unterlegen, da sie Pareto-optimale Ergebnisse ermöglicht. Diese Tatsache ist darauf zurückzuführen, daß jedermann bei der Entscheidung, welche Güter er in welchen Mengen beziehen möchte, die Intensität seiner Wünsche zum Ausdruck bringen kann und muß, und es keine überstimmte Minderheit gibt, da jedermann im Rahmen seines Einkommens die von ihm gewünschten Käufe durchführen kann. Das System führt folglich zu Pareto-optimalen Ergebnissen und zu einer effizienten Steuerung der Produktion durch die Konsumenten. Man spricht daher auch von „Konsumentensouveränität".

Das geschilderte Resultat legt die Schlußfolgerung nahe, daß für die Verwirklichung möglichst guter Wirtschaftssysteme eine Dezentralisierung der Konsumentscheidungen auf die Haushalte zu empfehlen ist, falls nicht andere, z. B. politische Entscheidungsverfahren, bei gleichen oder geringeren Entscheidungskosten, ebenfalls Pareto-optimale Ergebnisse zu erzielen erlauben. Wäre das der Fall, so läge statt der „Konsumentensouveränität" eine „Wählersouveränität" vor. Die Wähler würden die Menge der zu produzierenden und von den einzelnen Haushalten zu verbrauchenden Konsumgüter in optimaler Weise durch politische Entscheidungen festlegen. Es kann schon jetzt gesagt werden, daß sich das Pareto-Optimum bei vollständiger Information in einem Zweiparteiensystem unter bestimmten Bedingungen ebenfalls realisieren läßt (vgl. Band 2). In der Realität dürfte es allerdings unmöglich sein, die benötigten Informationen zu beschaffen und dürften die Entscheidungskosten (vgl. auch Abschnitte 5.5 und 6.3) außerordentlich hoch sein. Aus diesem Grunde wird vermutlich dem Prinzip der Konsumentensouveränität der Vorzug zu geben sein, obwohl hier das Problem der dynamischen Stabilität auftaucht, Informationsmängel bestehen (vgl. Abschnitt 5.5), gewisse, wenn auch wohl erheblich geringere Entscheidungskosten zu tragen sind, und durchweg keine vollständige Konkurrenz auf der Seite der Produzenten vorliegen dürfte. Daneben kann auch eine Beeinflussung der Verbraucher durch Reklame nicht ausgeschlossen werden, doch trifft das ganz entsprechend auch für die Wähler zu, auf die sich die Propaganda der Parteien richtet (vgl. Abschnitt 5.3.3).

Es wird notwendig sein, die mit diesen Bemerkungen angeschnittenen Probleme später noch eingehender zu erörtern. Im Augenblick können wir festhalten, daß eine im Hinblick auf die postulierten Ziele möglichst gute Wirtschaftsordnung entweder die Konsumentensouveränität oder ein bei gleich großen oder geringeren Kosten zu ähnlichen Ergebnissen führendes politisches Entscheidungsverfahren enthalten sollte.

Die Aufnahme der Konsumentensouveränität als einen der wesentlichen Bestandteile in eine Wirtschaftsordnung impliziert keineswegs, daß diese durchgehend marktwirtschaftlich organisiert sein muß. Vielmehr ist es denkbar, daß in einem im übrigen nach den Prinzipien der Zentralgeleiteten Verwaltungswirtschaft oder des Konkurrenzsozialismus geordneten System die Verbrauchsentscheidungen den Haushalten überlassen werden und diese sich an den Einkommen und den Preisen für die Konsumgüter orientieren. Die zentrale Planungsbehörde würde in diesem Fall in der Zentralgeleiteten Verwaltungswirtschaft die Preise für die Konsumgüter festsetzen, bei denen die Nachfrage für jedes Gut genau der produzierten Menge entspricht. Die Produktionsmengen werden gemäß den Wünschen der Haushalte weiterhin durch direkte Anweisungen an die Betriebe festgelegt. Entsprechendes gilt für die Mengen der zu verbrauchenden Produktionsmittel. Schließlich teilt die zentrale Planungsstelle jedem Haushalt ein bestimmtes Einkommen zu, das z. B. durch eine politische Entscheidung bestimmt wurde. Die Summe der Einkommen entspricht dem Volkseinkommen.

Im Konkurrenzsozialismus könnte die Festsetzung und die Zuteilung der Einkommen an die Haushalte in der gleichen Weise erfolgen. Dagegen würde die Steuerung der Betriebe wie bisher mit Hilfe der berechneten optimalen Preise für die Produktionsmittel und der den Konsumenten in Rechnung gestellten optimalen Preise für die Konsumgüter erfolgen.

Unsere Überlegungen zeigen, daß es möglich ist, zwischen Formen der Zentralgeleiteten Verwaltungswirtschaft bzw. des Konkurrenz-

Folgerungen für die Wirtschaftsorganisation

sozialismus mit und ohne Konsumentensouveränität zu unterscheiden. Entsprechende Überlegungen gelten für die kapitalistische und die sozialistische Marktwirtschaft. Auch in diesen Wirtschaftssystemen könnte durchaus auf die Konsumentensouveränität verzichtet werden. Es ist ja ohne weiteres denkbar, daß die Produktionsentscheidungen dezentral von den Unternehmungen vorgenommen und durch die Produktionsmittelmärkte koordiniert werden, während ein politisches Entscheidungsverfahren die den einzelnen Verbrauchern zustehenden Mengen der Konsumgüter festlegt. Ein Ministerium für Konsumgüterbeschaffung könnte in diesem Fall bei vollständiger Information die Preise der Konsumgüter so festsetzen, daß die Unternehmungen bei Gewinnmaximierung gerade die aufgrund der politischen Entscheidung festgesetzten Konsumgütermengen herstellen würden. Gewinne und Einkommen wären von den Unternehmungen und den Besitzern der Produktionsmittel an das Ministerium abzuführen. Bei vollständiger Konkurrenz wäre die Produktion der gewünschten Konsumgütermengen offenbar effizient.

Das Privateigentum hätte allerdings unter diesen Bedingungen in einer kapitalistischen Marktwirtschaft nur dann eine Funktion, wenn die den Konsumenten zugewiesenen Konsumgütermengen wenigstens in gewissem Umfang von den Einkommen der Produktionsmittel und den Gewinnen abhängen würden.

Wird in einem Wirtschaftssystem von dem Prinzip der Konsumentensouveränität kein Gebrauch gemacht, so stellt sich die Frage, durch wen und wie die Mengen der zu produzierenden Konsumgüter und ihre Verteilung bestimmt werden. Für die in diesem Abschnitt verfolgten Zwecke reicht es aus, wenn wir von der groben Unterscheidung ausgehen, ob die genannten Entscheidungen demokratisch oder durch eine Minderheit, eine „Elite" oder einen Diktator gefällt werden, d. h. ob alle mündigen Bürger direkt oder indirekt daran beteiligt sind oder nicht und ob für eine gültige Entscheidung eine Mehrheit der Wahlberechtigten oder der von ihnen in ihren Wahlkreisen mit Mehrheit gewählten Repräsentanten erforderlich ist oder nicht. Entsprechend wollen wir von demokratischen oder elitären politischen Entscheidungen sprechen.

Es ist wichtig, sich an dieser Stelle nochmals klarzumachen, daß auch bei Konsumentensouveränität politische Entscheidungen bezüglich der Einkommensverteilung getroffen werden können oder müssen, die demokratisch oder elitär sein können. So haben wir gesehen, daß eine gerechte Einkommensverteilung in einer Marktwirtschaft mit Privateigentum eine Umverteilung der Primäreinkommen mittels politischer Entscheidungsverfahren notwendig macht. Selbst der Verzicht auf eine

Umverteilung impliziert die politische Entscheidung, außer der Festlegung eines Eigentums- und Erbrechts, nichts zu tun. Die Vermutung liegt nahe, daß es sich bei einem solchen Verzicht auf eine Einkommensumverteilung nur um eine elitäre Entscheidung oder um eine Entscheidung bei unvollständiger Information handeln kann, da die ungleichmäßige Einkommens- und Vermögensverteilung lediglich einer Minderheit Vorteile bringt.

Benutzen wir die vorhandene oder fehlende Konsumentensouveränität und die Verwendung demokratischer oder elitärer politischer Entscheidungsverfahren als zusätzliche Kriterien zur Klassifizierung der Wirtschaftssysteme, so erhalten wir folgendes Schema (vgl. Tabelle 4.1). Die mit den Ziffern 1–16 bezeichneten Wirtschaftsordnungen können wie folgt beschrieben werden:

Tabelle 4.1

	Die Einkommens- oder Güterverteilung wird entschieden unter Verwendung			
	demokratischer politischer Verfahren		elitärer politischer Verfahren	
Organisation der Produktion	Konsumentensouveränität	Keine Konsumentensouveränität	Konsumentensouveränität	Keine Konsumentensouveränität
Kapitalistische Marktwirtschaft	1	2	3	4
Sozialistische Marktwirtschaft	5	6	7	8
Konkurrenzsozialismus	9	10	11	12
Zentralgeleitete Verwaltungswirtschaft	13	14	15	16

1. Kapitalistische Marktwirtschaft mit Konsumentensouveränität und Einkommensumverteilung durch demokratische Verfahren.
2. Dezentralisierte Entscheidungen und ihre Koordination durch den Markt gibt es nur im Produktionsbereich der Wirtschaft. Die Festlegung der zu produzierenden Konsumgütermengen und ihre Verteilung wird durch demokratische politische Verfahren bestimmt und zentral durchgeführt. Dabei setzt z. B. ein Ministerium für Konsumgüterbeschaffung die Preise der Konsumgüter so fest, daß gerade die gewünschten Mengen dieser Güter produziert werden. Anschließend werden diese von dem Ministerium gemäß dem politi-

schen Beschluß an die Mitglieder der Gesellschaft verteilt. Die Preise der Produktionsmittel werden vom Markt bestimmt.
3. Hier kann es sich einmal um den reinen Kapitalismus handeln, bei dem Konsumentensouveränität herrscht und keine Umverteilung durch politische Entscheidungen erfolgt, da die politische Elite kein Interesse an einer Umverteilung hat. Zweitens ist es jedoch auch möglich, daß eine Umverteilung durch die Elite zu ihren eigenen Gunsten oder zu Gunsten bestimmter Bevölkerungsteile vorgenommen wird.
4. In diesem Fall ist die Konsumentensouveränität aufgehoben und eine Elite oder ein Diktator bestimmt, welche Mengen der einzelnen Konsumgüter hergestellt und wie diese verteilt werden. Die Preise der Konsumgüter werden wie unter 2. festgesetzt, die Preise der Produktionsmittel vom Markt bestimmt.
5. Dieser Fall entspricht Nr. 1, mit dem Unterschied, daß öffentliches Eigentum an den Produktionsmitteln besteht.
6. Dieses System ist bis auf öffentliches Eigentum an den Produktionsmitteln mit Nr. 2 identisch.
7. Dieser Fall entspricht mit der gleichen Einschränkung Nr. 3. Wird die Verteilung allein dem Markt überlassen, so muß allerdings bestimmt sein, wem die Einkommen unter welchen Bedingungen zufließen. So könnte etwa vorgesehen sein, daß verfügbare Lohnsumme und Gewinn (d. h. die Nettowertschöpfung) in jedem Betrieb zu festgelegten Anteilen den dort Beschäftigten zufließen.
8. Bis auf das öffentliche Eigentum an den Produktionsmitteln ist diese Organisation der Wirtschaft mit Nr. 4 identisch.
9. Die Einkommensverteilung wird durch einen demokratischen politischen Prozeß festgelegt und dann den Konsumenten die Entscheidung über die zu wählenden Konsumgütermengen überlassen. Die Preise der Konsumgüter und der Produktionsmittel werden bei vollständiger Information von der zentralen Planungsstelle den Haushalten und Unternehmungen so vorgegeben, daß Angebot und Nachfrage für alle Güter einander entsprechen.
10. Die zu produzierenden Konsumgütermengen und ihre Verteilung werden wie in Nr. 2 bestimmt. Die Organisation ist entsprechend, nur daß hier die Produktionsmittelpreise ebenso wie die Konsumgüterpreise von der zentralen Planungsstelle so festgesetzt werden, daß Angebot und Nachfrage gleich sind.
11. Die Einkommensverteilung wird durch elitäre politische Verfahren bestimmt und im übrigen wird wie in Nr. 9 verfahren.
12. Dieser Fall entspricht Nr. 4 mit dem Unterschied, daß die Produktionsmittelpreise ebenso wie die Konsumgüterpreise von der zentra-

len Planungsstelle so festgesetzt werden, daß sich Angebot und Nachfrage für die verschiedenen Güter gerade entsprechen.
13. Diese Organisation entspricht Nr. 9, wobei allerdings von der zentralen Planungsstelle nur die Preise der Konsumgüter direkt festgesetzt werden, während andererseits die zentrale Planungsstelle den Betrieben direkt die zu produzierenden und zu verbrauchenden Mengen der Konsumgüter und Produktionsmittel vorschreibt. Dabei entsprechen die gewählten Preise der Konsumgüter den Verrechnungspreisen bei optimaler Planung.
14. Die durch demokratische politische Entscheidungen bestimmten Mengen der Konsumgüter werden den Verbrauchern von der zentralen Planungsstelle zugeteilt, nachdem diese Güter von den Betrieben hergestellt worden sind. Diese erhalten direkte Anweisungen wie in Nr. 13.
15. Die Einkommensverteilung wird durch elitäre politische Entscheidungen festgesetzt und im übrigen wie in Nr. 13 verfahren.
16. Die Mengen der herzustellenden Konsumgüter und ihre Verteilung wird elitär festgelegt. Im übrigen entspricht die Organisation der Wirtschaft der von Nr. 14.

Die vorstehende Skizze verschiedener möglicher Wirtschaftssysteme ist für die unter den Nr. 2, 4, 6, 8, 10, 12, 14 und 16 angegebenen Organisationsformen nicht vollständig. In all diesen Fällen wäre es auch möglich, statt der Festsetzung der zu produzierenden Konsumgütermengen und ihrer Verteilung durch politische Entscheidungen, den Haushalten nur einen Teil des Volkseinkommens zuzuweisen und sie über diesen frei verfügen zu lassen, während der verbleibende Teil des Volkseinkommens für andere Zwecke, wie die Finanzierung von Investitionen, von kostenloser Gesundheitsfürsorge und kostenloser Ausbildung oder für Rüstungszwecke zurückbehalten würde. Wie wir in Kapitel 5 sehen werden, macht die Existenz öffentlicher Güter ein solches Vorgehen sogar zwingend notwendig, da der Verkauf öffentlicher Güter an einzelne Wirtschaftssubjekte über den Markt in der Regel nicht möglich oder sinnvoll ist (vgl. Abschnitt 5.2).

Im Grunde handelt es sich bei den gerade betrachteten organisatorischen Maßnahmen um die Gewährung einer teilweisen Konsumentensouveränität. Die Haushalte steuern über die Märkte einen Teil der Produktion, während der übrige Teil durch politische Entscheidungen über Umfang und Verwendung des öffentlichen Anteils am Volkseinkommen gelenkt wird.

Die in Tabelle 4.1 wiedergegebene Schematisierung bietet einen Überblick über verschiedene mögliche Wirtschaftssysteme. Wie jede Einteilung besitzt sie neben Vorteilen jedoch auch Nachteile. So wird es in der Realität schon wegen der Existenz öffentlicher Güter eine vollständige Konsumentensouveränität nicht geben, sondern diese nur in mehr oder minder großem Ausmaß vorhanden sein. Auch zwischen rein demokratischen politischen Verfahren und einer reinen Diktatur oder Oligarchie gibt es alle möglichen Zwischenformen, die in der besprochenen idealisierten und abstrakten Darstellung nicht berücksichtigt werden. Schließlich dürften neben den Einteilungskriterien öffentliches oder privates Eigentum, Grad der Zentralisierung oder Dezentralisierung, Ausmaß der Konsumentensouveränität und Ausmaß der Demokratie in den politischen Entscheidungsverfahren noch andere wichtige Merkmale für die Organisation der Wirtschaftssysteme existieren, auf die erst später eingegangen werden kann.

Abschließend können wir feststellen, daß durch das Postulat der Freiheit, mit dem ja auch eine Mitwirkung aller von einer Kollektiventscheidung Betroffenen gefordert wurde (vgl. Abschnitt 1.6.1.2), Wirtschaftssysteme mit elitären politischen Verfahren als unerwünscht ausgeschlossen werden. Andererseits scheiden alle Systeme mit voller Konsumentensouveränität wegen der Existenz öffentlicher Güter aus, während gleichzeitig so viel Konsumentensouveränität wie möglich zu gewähren ist, da diese bei anderen als öffentlichen Gütern schwerlich durch demokratische Verfahren voll ersetzt werden kann. Freiheitliche Wirtschaftssysteme, die eine möglichst gute Versorgung mit Konsumgütern gewährleisten sollen, müssen daher demokratische politische Entscheidungsverfahren verwenden und ein gewisses Ausmaß an Konsumentensouveränität, keineswegs jedoch eine vollständige Konsumentensouveränität vorsehen.

4.6 Aufgaben

1. Bilden Sie $\dfrac{\partial W_i}{\partial N_{i_1}}$, $\dfrac{\partial W_i}{\partial N_{i_2}}$, $\dfrac{dN_{i_2}}{dN_{i_1}}\bigg|_{W_i = \text{const.}}$ und $\dfrac{d^2 N_{i_1}}{dN^2{}_{i_2}}\bigg|_{W_i = \text{const.}}$

   der Zielfunktion $W_i = (N_{i_1} + d_{i_1})(N_{i_2} + d_{i_2})$, um zu beweisen, daß diese Zielfunktion die in (4.2) bis (4.4) postulierten Eigenschaften besitzt.

2. Zu den drei wahlberechtigten Haushalten des in Abschnitt 4.3 erörterten Beispiels seien zwei weitere Haushalte mit entsprechenden Zielfunktionen hinzugefügt. Die Werte der entsprechenden Konstanten der Zielfunktion betragen:

   $d_{41} = 2\tfrac{2}{3}, \qquad d_{42} = 1\tfrac{1}{3};$
   $d_{52} = 2\tfrac{1}{2}, \qquad d_{52} = 1\tfrac{1}{2}.$

Welche Produktionsmengen werden in diesem Fall mit Hilfe des Mehrheitswahlrechts von der Gesellschaft gewählt?

3. Die Zielfunktion des Haushalts i sei durch $W_i = (N_{i1} + d_{i1})(N_{i2} + d_{i2})$ gegeben. Sein Einkommen betrage Y_i, die Marktpreise für die beiden Konsumgüter p_1 und p_2.
   a) Leiten Sie die von Haushalt i von beiden Gütern nachgefragten Mengen als Funktion der Preise und des Einkommens ab.
   b) Zeigen Sie, daß die Nachfragemengen bei einer Verdoppelung oder Verdreifachung von Preisen und Einkommen unverändert bleiben.

4. Gehen Sie von der gleichen Zielfunktion für Haushalt i wie in Aufgabe 3 aus und setzen sie $i = 1, 2, 3$. Die Einkommen seien durch $Y_i = 60$, $(i = 1, 2, 3)$, gegeben. In der Produktion der beiden Güter ist nur das 1. Produktionsmittel knapp, so daß wie im Beispiel von Abschnitt 4.3 die Gleichung (4.28) die einzige bindende Restriktion im Produktionssektor angibt. Wie in diesem Beispiel sei $a_1 = 60$, $a_{21} = 6$, $a_{11} = 2$; $d_{11} = 3$, $d_{12} = 1$; $d_{21} = 2$, $d_{22} = 2$; $d_{31} = 1$, $d_{32} = 3$.

Alle Wirtschaftssubjekte verhalten sich als Mengenanpasser; die Konsumentscheidungen werden dezentral von den Haushalten über den Markt gefällt.
   a) Welche Werte ergeben sich für die $A'_j = N'_j$ und die N'_{ij} ($i = 1, 2, 3; j = 1, 2$)?
   b) Zeigen Sie, daß sich die drei Haushalte besser oder gleich gut stehen, wie bei der im Beispiel von Abschnitt 4.3 durch Mehrheitsentscheidung gewonnenen Lösung.

5. Können in einer Marktwirtschaft, in der sich alle Produktionsmittel in öffentlichem Eigentum befinden, und in der die Betriebsangehörigen frei über die Gewinne ihres Betriebes verfügen, spezielle Probleme für eine an der Leistung orientierte gerechte Einkommensverteilung auftreten?

4.7 Literatur

Ein relativ einfacher Beweis für die Pareto-Optimalität des Konkurrenzgleichgewichts findet sich bei

T. C. Koopmans, Allocation of Resources and the Price System, insbesondere Kap. 2, S. 41–66. In: Three Essays on the State of Economic Science, New York/Toronto/London 1957.

Eine Übersicht über Ergebnisse von Untersuchungen zum Mehrheitswahlrecht zusammen mit Literaturangaben bringen

R. Duncan Luce und *Howard Raiffa*, Games and Decisions, insbesondere Kap. 14, S. 327–370, New York/London/Sydney 1957.

In diesem Buch werden auch die Probleme einer fairen Verteilung von Gütern und die Bedeutung der Intensitäten erörtert, mit denen die Wähler verschiedene Güter wünschen. Verschiedene Probleme des Mehrheitswahlrechts werden in formal einfacherer Weise behandelt in

Gordon Tullock, Toward a Mathematics of Politics, insbesondere Kap. II und IV. Ann Arbor (Michigan) 1967.

Der Titel des Buches ist übrigens irreführend, da zwar Zeichnungen, aber keine Mathematik verwendet werden.

Die grundlegenden Probleme der Bildung von politischen Koalitionen erörtert

William H. Riker, The Theory of Political Coalitions. New Haven (Connecticut) 1962.

Zur Frage einer möglichst guten Organisation der Wirtschaft, d. h. zur Frage der Wirtschaftssysteme sind zu empfehlen:

Herbert Giersch, Allgemeine Wirtschaftspolitik. Wiesbaden 1961, Viertes Kapitel, S. 135–193.

F. A. Hayek (Herausgeber), Collectivist Economic Planning. London 1956 (Neudruck).

Oskar Lange und *Fred M. Taylor,* On the Economic Theory of Socialism. Herausgegeben von B. E. Lippincott, New York 1966 (1. Auflage 1938).

Walter Eucken, Die Wettbewerbsordnung und ihre Verwirklichung. In: Ordo, Band II, 1949.

Walter Eucken, Grundsätze der Wirtschaftspolitik, 2. Auflage, Tübingen 1955.

Diese Arbeiten gehen teilweise auch auf Probleme ein, die von uns erst später erörtert werden. Die Autoren treten fast durchweg für bestimmte Wirtschaftssysteme ein, ohne ihre Ansichten immer wissenschaftlich eindeutig begründen zu können.

Kapitel 5

DIE BEDEUTUNG DER SOGENANNTEN KLASSISCHEN AUSNAHMEN, DER INFORMATIONSKOSTEN UND DER DYNAMISCHEN STABILITÄT FÜR EINE MÖGLICHST GUTE GÜTERVERSORGUNG

Unsere Überlegungen hatten mit der Frage begonnen, welche Bedingungen bei gegebenen Produktionsmittelmengen, bei gegebener Produktionstechnik, gegebener gesellschaftlicher Zielfunktion und bei vollständiger und kostenloser Information erfüllt sein müssen, damit eine möglichst gute, ja eine optimale Güterversorgung gewährleistet ist. Diese Bedingungen wurden in Kapitel 2 abgeleitet. Dabei zeigte sich, daß die Lenkung des Wirtschaftsprozesses nicht nur mit Hilfe einer direkten Festlegung der berechneten optimalen Mengen durch eine Planungsbehörde erfolgen kann, sondern eine optimale Organisation auch mit Hilfe eines Preissystems und einer weitgehenden Dezentralisation der Entscheidungen auf verschiedene Wirtschaftseinheiten möglich ist. Entsprechend diesen Überlegungen wurden die Zentralgeleitete Verwaltungswirtschaft, der Konkurrenzsozialismus und die Marktwirtschaft mit privatem oder öffentlichem Eigentum als mögliche Wirtschaftssysteme zur Erzielung einer guten Versorgung mit Gütern diskutiert. In Kapitel 3 wurde die Untersuchung mit entsprechenden Ergebnissen auf die intertemporalen Aspekte des Wirtschaftens ausgedehnt, also die speziellen Probleme erörtert, die sich aus Sparen, Investieren und Kapitalgüterproduktion ergeben.

Bei all diesen Überlegungen wurde jedoch zunächst von einer Reihe wichtiger Probleme abstrahiert, von denen nun ein großer Teil in Kapitel 5 diskutiert werden soll. Dabei handelt es sich einmal um die sogenannten klassischen Probleme für die Verwirklichung einer optimalen Güterversorgung mit Hilfe von marktwirtschaftlichen Systemen.

Zweitens gehören hierzu die Probleme, die sich ergeben, weil in der Realität keine vollständige Information der Entscheidungsträger vorhanden ist, die Gewinnung von Informationen Kosten verursacht und schließlich nicht sicher ist, ob beliebige Wirtschaftssysteme sich dem angestrebten Optimum bei unvollständiger Information auch wirklich nähern. Es ist naheliegend, daß das Informationsproblem insbesondere für zentralgeleitete Wirtschaften von größter Bedeutung ist, muß hier doch die Planungsstelle möglichst alle bedeutsamen Informationen zur Verfügung haben und verarbeiten können.

Unter den klassischen Ausnahmen haben wir die Möglichkeit zuneh-

Klassische Ausnahmen, Informationskosten und Stabilität

mender Grenzerträge (oder abnehmender Grenzkosten) in der Produktion, die Existenz öffentlicher Güter, die Interdependenzen und Abhängigkeiten der Ziele der Haushalte und die externen Vorteile und Nachteile, die durch Produktion oder Konsumtion bei anderen Wirtschaftseinheiten entstehen, zusammengefaßt. Zwar können die öffentlichen Güter strenggenommen als Sonderfall der externen Vorteile oder Nachteile aufgefaßt werden, doch scheint es wegen ihrer Bedeutung ratsam, sie in einem besonderen Abschnitt zu behandeln.

Den sogenannten klassischen Ausnahmen ist gemeinsam, daß sie ein optimales Funktionieren einer voll dezentralisierten Marktwirtschaft bei vollständiger Konkurrenz behindern bzw. diese unmöglich machen. Ihre Existenz macht daher ergänzende Überlegungen zu der in den Kapiteln 2 und 3 behandelten Frage notwendig, welche Wirtschaftssysteme zur optimalen oder möglichst guten Versorgung mit Gütern in Frage kommen und wie sie organisiert sein sollen. Auch für die Zentralgeleitete Verwaltungswirtschaft und besonders den Konkurrenzsozialismus ergeben sich hier zusätzliche Probleme.

Die Tatsache, daß die Informationsbeschaffung mit Kosten verbunden ist und nie vollständig sein kann, wirft ebenfalls zusätzliche Fragen für eine möglichst gute Organisation der verschiedenen Typen von Wirtschaftssystemen auf, wobei hier die Schwierigkeiten bei zentralisierten Wirtschaftssystemen größer als bei Marktwirtschaften sind. Umgekehrtes gilt vermutlich für das Problem der dynamischen Stabilität, das ebenfalls die Frage nach den möglichen Wirtschaftssystemen und ihrer bestmöglichen Organisation berührt.

Es ist nicht beabsichtigt und teilweise auch nicht möglich, die eben angeschnittenen Fragen in Kapitel 5 erschöpfend und abschließend zu behandeln. Zu verschiedenen Problemen werden wir im 2. Band zurückzukehren haben, wenn die einzelnen möglichen Wirtschaftssysteme und ihre Stärken und Schwächen zu erörtern sind. Immerhin legen schon die Ergebnisse von Kapitel 5 den Schluß nahe, daß Marktwirtschaften nicht voll dezentralisiert werden können und einer ergänzenden zentralen Planung und Leitung durch den Staat bedürfen, während zentralisierte Wirtschaften ohne eine gewisse Dezentralisierung schwerlich auskommen, bzw. diese wegen der Unmöglichkeit, alle benötigten Informationen zu beschaffen, gar nicht vermeiden können.

Obwohl in Kapitel 5 durch die Berücksichtigung der angegebenen Probleme der Abstraktionsgrad unserer Überlegungen wesentlich vermindert wird, kann neben anderen Fragen z. B. die Bedeutung des technischen Fortschritts und der Zunahme der Bevölkerung für die Organisation verschiedener Wirtschaftssysteme noch nicht berücksichtigt werden. Diese Fragen werden vielmehr erstmals in Kapitel 7 aufgegriffen.

5.1 Zunehmende Grenzerträge in der Produktion

Wir betrachten zunächst den Fall zunehmender Grenzerträge. Zwei Betriebe stellen je ein Konsumgut her. Dabei sei der Einfachheit halber angenommen, daß zur Produktion nur ein Produktionsmittel (Arbeit) verwendet wird. Bei der Erzeugung des 2. Konsumgutes wird mit zunehmender Produktmenge eine gleichbleibende Menge des Produktionsmittels zur Erzeugung einer zusätzlichen Produkteinheit benötigt (konstante Grenzerträge), während bei der Herstellung des 1. Konsumgutes eine abnehmende Menge erforderlich ist (zunehmende Grenzerträge)[1]. Eine zentrale Planungsstelle hat die Produktion so zu planen, daß unter Berücksichtigung der vorhandenen Menge an Arbeitsleistungen die gesellschaftliche Wohlfahrt maximiert wird.

Die gesellschaftliche Zielfunktion möge der in Modell 2.1 verwendeten entsprechen:

(5.1) $\quad W = W(N_1, N_2),$

(5.2) $\quad \dfrac{\partial W}{\partial N_i} > 0 \quad (i = 1, 2),$

(5.3) $\quad \left.\dfrac{dN_2}{dN_1}\right|_{W = \text{const.}} < 0,$

(5.4) $\quad \left.\dfrac{d^2 N_2}{dN_1^2}\right|_{W = \text{const.}} > 0.$

An Arbeitsleistungen steht der Wirtschaft insgesamt die Menge s zur Verfügung.

Die technischen Bedingungen der Produktion in den beiden Betrieben werden durch

(5.5) $\quad A_1 \leqq a_1 X_1^{b_1} \quad (b_1 > 1, a_1 > 0),$

(5.6) $\quad A_2 \leqq a_2 X_2^{b_2} \quad (b_2 = 1, a_2 > 0)$

beschrieben. A_1 und A_2 bezeichnen die produzierten Mengen der beiden Güter, X_1 und X_2 die dazu benötigten Arbeitsleistungen. a_1, a_2, b_1 und b_2 sind Konstanten, durch die die gegebene Technologie beschrieben wird. So läßt sich (5.6) z. B. umformen in

---

[1] In Marktwirtschaften spricht man auch von abnehmenden Grenzkosten oder Stückkosten.

$$\frac{1}{a_2} A_2 \leq X_2 \text{ oder}$$

$$\frac{1}{a_2} \leq \frac{X_2}{A_2}.$$

Um A_2 Einheiten des 2. Konsumgutes herzustellen, werden folglich wenigstens $\frac{1}{a_2} A_2$ Einheiten Arbeit, für die Produktion einer Produkteinheit mindestens $\frac{1}{a_2}$ Einheiten Arbeit benötigt. Daraus läßt sich erkennen, daß $\frac{1}{a_2}$ wegen der konstanten Grenzerträge bei der Erzeugung des 2. Gutes, ($b_2 = 1$), einem der Koeffizienten a_{ij} in Tabelle 2.1 (Abschnitt 2.1) entspricht. Das gilt jedoch nicht für $\frac{1}{a_1}$. Formt man nämlich (5.5) um, so folgt:

$$\left(\frac{1}{a_1} A_1\right)^{\frac{1}{b_1}} \leq X_1.$$

Zur Erzeugung der Menge A_1 des 1. Gutes sind also mindestens $\left(\frac{1}{a_1} A_1\right)^{\frac{1}{b_1}}$ Arbeitsleistungen notwendig; das ist jedoch wegen zunehmender Grenzerträge der Produktion, ($b_1 > 1$), weniger als $\frac{1}{a_1} A_1$.

Als Grenzerträge der Produktion sind die ersten Ableitungen der Gleichungen (5.5) und (5.6) definiert:

$$\frac{dA_1}{dX_1} = a_1 b_1 X_1^{b_1-1},$$

$$\frac{dA_2}{dX_2} = a_2 b_2 X_2^{b_2-1} = a_2.$$

Wie man sieht, wachsen die Grenzerträge bei der Produktion des 1. Gutes mit X_1, da $b_1 - 1 > 0$ ist, während sie bei der Herstellung des 2. Gutes konstant sind ($b_2 - 1 = 0$).

Die verwendeten Arbeitsleistungen dürfen die insgesamt verfügbare Menge nicht übersteigen, so daß:

(5.7) $X_1 + X_2 \leq s.$

Schließlich kann der Verbrauch der beiden Konsumgüter höchstens so groß sein wie die produzierten Mengen:

(5.8) $\quad N_i \leq A_i \quad (i = 1, 2)$.

Man macht sich sofort klar, daß in den Gleichungen (5.5) bis (5.8) überall das Gleichheitszeichen gilt. Wegen (5.2) wird ja jede größere Konsumgütermenge vorgezogen. Folglich werden die hergestellten Produktmengen voll verbraucht, von den Konsumgütern soviel wie (nach (5.5) und (5.6)) technisch möglich hergestellt und daher auch alle verfügbaren Arbeitskräfte in der Produktion verwendet.

Es läßt sich daher für (5.5) bis (5.8) auch schreiben:

(5.9) $\quad H_i \equiv N_i - A_i = 0 \quad (i = 1, 2)$,

(5.10) $\quad H_3 \equiv A_1 - a_1 X_1^{b_1} = 0$,

(5.11) $\quad H_4 \equiv A_2 - a_2 X_2 = 0$,

(5.12) $\quad H_{m_1} \equiv s - (X_1 + X_2) = 0$.

(5.13) $\quad N_i, A_i, X_i \geqq 0$.

Die gesellschaftliche Zielfunktion ist unter Berücksichtigung der Nebenbedingungen (5.9) bis (5.13) zu maximieren. Zur Ableitung der notwendigen Bedingungen für ein Maximum verwenden wir das Lagrange-Verfahren und bilden zunächst die Funktion

$$Z = W + \sum_{i=1}^{4} p_i H_i + p_{m_1} H_{m_1},$$

wobei $p_i, p_{m_1} > 0$, $(i = 1, 2, 3, 4)$, Lagrange-Multiplikatoren darstellen. Durch Differentiation dieser Funktion und Nullsetzen der Ableitung erhält man die notwendigen Bedingungen für ein Wohlfahrtsmaximum[2]:

(5.14) $\quad \dfrac{\partial Z}{\partial N_i} = \dfrac{\partial W}{\partial N_i} - p_i = 0, \quad (i = 1, 2)$,

(5.15) $\quad \dfrac{\partial Z}{\partial A_1} = p_3 - p_1 = 0$,

(5.16) $\quad \dfrac{\partial Z}{\partial A_2} = p_4 - p_2 = 0$,

---

[2] Der Einfachheit halber verzichten wir auf eine besondere Kennzeichnung der optimalen Werte.

Zunehmende Grenzerträge

(5.17) $\quad \dfrac{\partial Z}{\partial X_1} = p_3 b_1 a_1 X_1^{b_1-1} - p_{m1} = 0,$

(5.18) $\quad \dfrac{\partial Z}{\partial X_2} = p_4 a_2 - p_{m1} = 0.$

Es folgen die Bedingungen (5.9) bis (5.13), die hier nicht wiederholt werden sollen.

Die Gleichungen (5.14) sind uns wohlbekannt:

(5.14a) $\quad p_i = \dfrac{\partial W}{\partial N_i} \quad (i = 1, 2).$

Die Preise der beiden Konsumgüter sind der von ihnen bewirkten gesellschaftlichen Grenzwohlfahrt gleich. Ferner gilt nach (5.15) bzw. (5.16) $p_3 = p_1$ und $p_4 = p_2$.

Schließlich besagen (5.17) und (5.18):

(5.19) $\quad p_{m1} = (a_1 b_1 X_1^{b_1-1}) p_1,$

(5.20) $\quad p_{m1} = a_2 p_2$

$a_1 b_1 X_1^{b_1-1} p_1$ und $a_2 p_2$ sind die Grenzerträge des Produktionsmittels Arbeit, ausgedrückt in Einheiten der beiden Produkte, multipliziert mit den Preisen dieser Produkte.

Der Grenzerlös des Faktors Arbeit ist also seinem Preis p_{m1} gleich.

Wir wenden uns nun den Gleichungen (5.10) bis (5.12) zu und erhalten daraus:

$$X_2 = s - X_1,$$
$$A_2 = a_2(s - X_1) \text{ oder}$$

(5.21) $\quad X_1 = s - \dfrac{1}{a_2} A_2,$

(5.22) $\quad A_1 = a_1 \left(s - \dfrac{1}{a_2} A_2\right)^{b_1}.$

Gleichung (5.22) gibt alle Wertepaare von A_1 und A_2 an, die mit den vorhandenen Mengen an Arbeitsleistungen höchstens hergestellt werden können. Sie wird in Abb. 5.1 durch die Kurve AB abgebildet.

Den Anstieg von AB erhält man bei Auflösung von (5.22) nach A_2 durch Differentiation dieser Gleichung nach A_1:

(5.22a) $\left(\dfrac{1}{a_1} A_1\right)^{\frac{1}{b_1}} = s - \dfrac{1}{a_2} A_2,$

(5.23) $A_2 = a_2 s - a_2 \left(\dfrac{1}{a_1} A_1\right)^{\frac{1}{b_1}},$

(5.24) $\dfrac{dA_2}{dA_1} = - \dfrac{a_2}{a_1 b_1} \left(\dfrac{1}{a_1} A_1\right)^{\frac{1-b_1}{b_1}} < 0.$

Die Kurve AB fällt also von links oben nach rechts unten. Ferner erkennt man nach Umformung von (5.24) in

(5.25) $\left|\dfrac{dA_2}{dA_1}\right| = \dfrac{a_2}{a_1 b_1} \dfrac{1}{\left(\dfrac{1}{a_1} A_1\right)^{\frac{b_1-1}{b_1}}},$

daß $\left|\dfrac{dA_1}{dA_2}\right|$ mit wachsendem A_1 kleiner, AB also bei einer Vergrößerung von A_1 immer weniger steil wird. Diese Tatsache ist auf die steigenden Grenzerträge bei der Erzeugung des 2. Konsumgutes zurückzuführen, ($b_1 > 1$).

Neben den Punkten auf AB können auch alle Punkte links und unterhalb dieser Kurve als Produktionspläne realisiert werden. Effizient sind jedoch nur die Pläne auf AB. Bei dem in Abb. 5.1 angenommenen Ver-

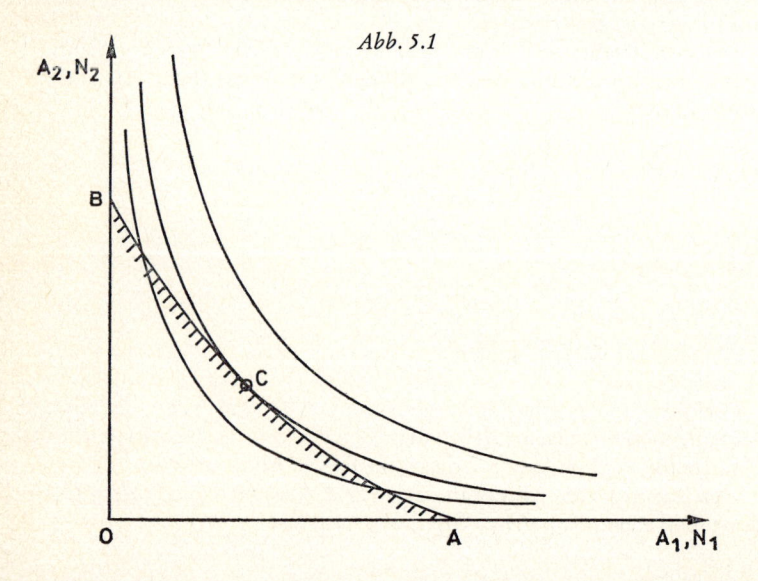

Abb. 5.1

Zunehmende Grenzerträge

lauf der gesellschaftlichen Indifferenzkurven wird der optimale Produktions- und Konsumplan durch den Punkt C angegeben. Wie man sieht, ist ein zwischen A und B liegender Plan wie z. B. C nur dann optimal, wenn die Indifferenzkurven stärker gekrümmt sind als die Transformationskurve (5.23), wenn also im Tangentialpunkt

(5.26) $\quad \dfrac{d^2 N_2}{dN_1^2}\bigg|_{W = \text{const.}} > \dfrac{d^2 A_2}{dA_1^2}$

gilt. Anderenfalls ist A oder B der optimale Konsumplan. In diesem Fall würde also nur eines der beiden Konsumgüter hergestellt und verbraucht.

Da wir uns speziell für den Fall interessieren, in dem beide Verbrauchsgüter erzeugt werden, sei angenommen, daß (5,26) erfüllt ist. Dann ergibt sich unter Verwendung von (5.15) bis (5.18):

$$\frac{p_4}{p_3} \frac{a_2}{a_1 b_1 X_1^{b_1-1}} = 1,$$

$$\frac{a_2}{a_1 b_1} X_1^{1-b_1} = \frac{p_1}{p_2}.$$

Wegen (5.21) ist $X_1^{1-b_1} = (s - \dfrac{1}{a_2} A_2)^{1-b_1}$ und wegen (5.22a)

$$\frac{1}{a_2} A_2 = s - \left(\frac{1}{a_1} A_1\right)^{\frac{1}{b_1}}$$

Setzt man diese beiden Ausdrücke in die obige Gleichung ein, so erhält man:

(5.27) $\quad \dfrac{a_2}{a_1 b_1} \left(\dfrac{1}{a_1} A_1\right)^{\frac{1-b_1}{b_1}} = \dfrac{p_1}{p_2}.$

Schließlich ergibt sich aus (5.14), (5.24) und (5.27):

(5.28) $\quad -\dfrac{dA_2}{dA_1} = \dfrac{a_2}{a_1 b_1} \left(\dfrac{1}{a_1} A_1\right)^{\frac{1-b_1}{b_1}} = \dfrac{p_1}{p_2} = \dfrac{\dfrac{\partial W}{\partial N_1}}{\dfrac{\partial W}{\partial N_2}} = -\dfrac{dN_2}{dN_1}.$

Die bisherigen Ergebnisse unterscheiden sich nur wenig von den im Modell 2.1 abgeleiteten. Sie erlauben es uns jedoch, in Kürze die wesentlichen durch die zunehmenden Grenzerträge hervorgerufenen Probleme darzustellen. Zu diesem Zweck stellen wir zunächst die Gewinngleichung für beide Betriebe auf:

(5.29) $G_i \equiv p_1 A_i - p_{m_1} X_i$ (i = 1, 2).

Daraus folgt wegen (5.10) bzw. (5.11):

(5.30) $G_1 = p_1 a_1 X_1^{b_1} - p_{m_1} X_1,$

(5.31) $G_2 = (p_2 a_2 - p_{m_1}) X_2 = 0.$

Der Gewinn des 2. Betriebes beträgt also wegen (5.20) Null. Dies trifft jedoch nicht für den Gewinn des 1. Betriebes zu. Einige Umformungen von (5.30) ergeben:

$$G_1 = p_1 a_1 X_1^{b_1} - p_1 a_1 b_1 X_1^{b_1} + p_1 a_1 b_1 X_1^{b_1} - p_{m_1} X_1,$$

$$G_1 = p_1 a_1 (1-b_1) X_1^{b_1} + (p_1 a_1 b_1 X_1^{b_1-1} - p_{m_1}) X_1.$$

Daraus folgt wegen (5.19):

(5.32) $G_1 = p_1 a_1 (1-b_1) X_1^{b_1} < 0,$

da $1 - b_1 < 0$, und weil die optimale Lösung nach unseren Annahmen nicht auf einer der Achsen liegt, und folglich $X_1 > 0$ ist.

Der mit zunehmenden Grenzerträgen arbeitende Betrieb hat, berechnet zu den Verrechnungspreisen, einen Verlust zu verzeichnen, wenn die Güterproduktion und der Güterverbrauch optimal organisiert werden. Wir berechnen noch die Lohnsumme L und das Volkseinkommen Y, wobei die Arbeitsleistungen mit dem optimalen Lohnsatz p_{m_1} bewertet werden. Es gilt wegen (5.12):

(5.33) $L \equiv p_{m_1} (X_1 + X_2) = p_{m_1} s.$

Das Volkseinkommen ist durch die Definition $Y \equiv L + G_1 + G_2$ gegeben und beträgt folglich unter Verwendung von (5.33), (5.31) und (5.32):

(5.34) $Y = p_{m_1} s + p_1 a_1 (1-b_1) X_1^{b_1} < L.$

Das Volkseinkommen berechnet zu den Verrechnungspreisen ist also kleiner als die entsprechende Lohnsumme. Gleiches gilt für den Wert der Konsumgüter C:

$$C = p_1 N_1 + p_2 N_2 = p_1 A_1 + p_2 A_2.$$

Daraus ergibt sich wegen (5.10) und (5.11):

$$C = p_1 a_1 X_1^{b_1} + p_2 a_2 X_2,$$

$$C = p_1 a_1 X_1^{b_1} - p_1 a_1 b_1 X_1^{b_1} + p_1 a_1 b_1 X_1^{b_1-1} X_1 + p_2 a_2 X_2.$$

Zunehmende Grenzerträge

Unter Berücksichtigung von (5.19) und (5.20) folgt:

$$C = p_1 a_1 (1-b_1) X_1^{b_1} + p_{m_1} X_1 + p_{m_1} X_2,$$

und wegen (5.34):

(5.35) $\quad C = p_{m_1} s + p_1 a_1 (1-b_1) X^{b_1} = Y < L.$

Unsere Schlußfolgerungen sind für eine zentralgeleitete Verwaltungswirtschaft, wenn die zentrale Planungsstelle vollständige Informationen besitzt und den Betrieben direkte Anweisungen über die zu produzierenden und dabei zu verbrauchenden Mengen gibt, ohne weitere Bedeutung. Anders liegen die Dinge, wenn eine Dezentralisierung über den Markt oder auch eine zentrale Planung mit Hilfe der Vorgabe von optimalen Verrechnungspreisen erfolgt. Im letztgenannten Fall würde der Betrieb, bei dem zunehmende Grenzerträge vorliegen, zu den vorgegebenen Verrechnungspreisen Verluste erleiden. Gleiches träfe in einer Marktwirtschaft zu, wenn die betreffende Unternehmung als Mengenanpasser handelt.

Die sich ergebenden Probleme sind gering, solange keine Dezentralisierung des Verbrauchs auf die Haushalte vorliegt; in diesem Fall könnte das Ministerium für Konsumgüterbeschaffung von den Betrieben bzw. Unternehmungen jeweils wie zuvor die Entgelte für die verwendeten Produktionsmittel erhalten, müßte jedoch die erlittenen Verluste zurückerstatten, so daß für den Bezug von Konsumgütern lediglich der Betrag $Y = C$ zur Verfügung stände.

Schwieriger ist das Problem zu lösen, wenn in Marktwirtschaften mit privatem oder öffentlichem Eigentum die Verbrauchsentscheidungen von den Haushalten gefällt werden und diese die Entgelte für die von ihnen gelieferten Produktionsmittel und die Gewinne (oder Verluste) aus den ihnen gehörenden Unternehmungen als Einkommen erhalten. Denn auch in diesem Fall müssen ja für eine Pareto-optimale Güterversorgung die Bedingungen (5.9) bis (5.13), (5.14) bis (5.18) und folglich (5.32), (5.34) und (5.35) erfüllt sein. Es ergibt sich also die Frage, wer bei einer solchen Organisation der Wirtschaft die Verluste der Unternehmung, die das 1. Konsumgut herstellt, trägt. In einer kapitalistischen Marktwirtschaft würden die Eigentümer der Unternehmung die Produktion bei länger anhaltenden Verlusten sicherlich bald einstellen. Aber auch in einer sozialistischen Marktwirtschaft wäre es auf längere Sicht nicht möglich, z. B. die in der Unternehmung Beschäftigten deshalb den Verlust tragen zu lassen, weil ihnen gesetzlich neben ihrem Lohn ein Anteil am Gewinn (hier Verlust) ihrer Unternehmung zusteht. Angesichts dieser Sachlage bleibt kein anderer Ausweg, als die betroffene Unternehmung zu subventionieren, wenn sie weiter als Mengenanpasser handeln soll, was für eine optimale Güterversorgung notwendig ist. Die Subventionen können in den betrachteten Organisationsformen der Wirtschaft nur mit Hilfe von Steuern aufgebracht werden, die irgendwie auf die Haushalte verteilt werden müssen, deren verfügbare Einkommen sich dadurch verkleinern[3]. Wir wissen aber bereits, daß Entscheidungen, die die Einkommensverteilung betreffen, nur mit Hilfe eines politischen Verfahrens, wie z. B. einer Abstimmung nach dem Mehrheitswahlrecht, schlecht und recht gefällt werden können.

5.2 Öffentliche Güter

Wir haben gesehen, daß im Falle zunehmender Grenzerträge bei der Herstellung eines oder mehrerer Güter eine marktwirtschaftlich organisierte Wirtschaft nur befriedigend funktionieren kann, wenn politische Entscheidungsverfahren existieren, die für eine Subventionierung der betroffenen Betriebe sorgen und die dafür erforderlichen Beträge in Form von Steuern auf die Mitglieder der Gesellschaft verteilen. Ähnliche Schlußfolgerungen lassen sich für die öffentlichen Güter ableiten.

Was versteht man nun unter öffentlichen Gütern im Gegensatz zu den bisher einzig von uns in Betracht gezogenen privaten Gütern? Der entscheidende Unterschied zwischen beiden Güterarten ist in folgendem zu sehen. Bezieht z. B. ein Haushalt ein privates Gut, wie einen Anzug oder einen Laib Brot, so kann er diese Güter konsumieren, ohne andere Haushalte an diesem Konsum teilnehmen lassen zu müssen. Die anderen Haushalte können also vom Verbrauch oder Gebrauch des Gutes ausgeschlossen werden; es gilt das Ausschließungsprinzip. Anders liegen die Dinge bei öffentlichen Gütern. Wird etwa zum Schutze vor Überschwemmungen von einigen Wirtschaftssubjekten ein Deich errichtet, so erhalten nicht nur diese, sondern auch alle anderen in Küstennähe Lebenden einen besseren Schutz gegen Überschwemmungen. Sie können also nicht von Bezug und Gebrauch des Gutes ausgeschlossen werden. Das Ausschließungsprinzip gilt nicht bei öffentlichen Gütern.

Der Zusammenhang sei durch ein weiteres Beispiel erläutert. Stellen verschiedene Anlieger einer Straße einen Wächter an, um sich einen besseren Schutz vor Diebstählen zu verschaffen, so werden auch die Nachbarn, die sich nicht an dieser Maßnahme beteiligt haben, Vorteile daraus ziehen. Gelingt es z. B. dem Wächter, einen Dieb dingfest zu

---

[3] Jede Steuer außer einer Kopfsteuer führt notwendigerweise zu einem suboptimalen Zustand. Vgl. hierzu *William J. Baumol* und *David F. Bradford*, Optimal Departures from Marginal Cost Pricing, The American Economic Review, Band 60, 1970, S. 265–283.

machen, so erhöht sich damit auch die Sicherheit der unbeteiligten Straßenanlieger. Auch hier können diese nicht vom Bezug des Gutes ausgeschlossen werden.

Alle Güter, bei denen sich das Ausschließungsprinzip nicht anwenden läßt, werden als öffentliche Güter bezeichnet. Sicherheit vor Gesetzesbrechern aller Art, Sicherheit gegenüber Angriffen durch das Ausland, Feuerschutz, saubere Luft, Schutz vor ansteckenden Krankheiten und Verkehrssicherheit sind einige weitere Beispiele für öffentliche Güter.

Man verdeutlicht sich nun leicht, daß rein private und besonders rein öffentliche Güter selten sind. Ein rein öffentliches Gut wäre immer dann gegeben, wenn bei einem Bezug einer bestimmten Menge des Gutes durch eines oder mehrere Wirtschaftssubjekte alle anderen die gleiche Menge desselben erhalten würden. Das ist jedoch nicht einmal im Falle eines öffentlichen Parks zutreffend. Hier werden in der Regel nur dann alle Besucher die Schönheiten des Parks in gleicher Weise genießen können, wenn dieser nicht zu stark besucht ist. Andernfalls nehmen die Vorteile des Parks um so mehr ab, je stärker er überfüllt ist. Je mehr Leute also die Nutzungen des Parks in Anspruch nehmen, desto geringer ist der Genuß für jedermann. Das Ausschließungsprinzip ist nur teilweise wirksam, der Park kein rein öffentliches Gut.

Wieweit ein Gut öffentlichen oder privaten Charakter hat, ist nicht in jedem Fall wie bei einem Deich, der alle Küstenbewohner schützt, sozusagen von Natur aus vorgegeben, sondern hängt häufig auch davon ab, wie die Rechtsordnung gestaltet ist. Die Nutzungen eines Parks oder eines Schwimmbades sind private Güter, wenn es nach der Rechtsordnung möglich ist, sie durch eine Umfriedung abzugrenzen und Eintrittsgebühren zu erheben. Ist dagegen nach den Gesetzen z. B. Privateigentum an Wäldern nicht gestattet, und hat jedermann ein Recht, sich in diesen aufzuhalten oder zu jagen, so handelt es sich bei der Nutzung des Waldes um ein öffentliches Gut, von dem *angesichts der bestehenden Rechtsordnung* niemand ausgeschlossen werden kann.

Die Existenz öffentlicher Güter wirft für die Verwirklichung des Ziels einer möglichst guten Versorgung mit Konsumgütern schwierige Probleme auf, die besonders bei einer Dezentralisierung der Wirtschaft mit Hilfe des Marktes hervortreten. Wird ein Gut mit mehr oder minder ausgeprägtem öffentlichen Charakter von jemandem am Markt gekauft, so können andere Wirtschaftssubjekte dieses Gut mitbeziehen, ohne ihrerseits etwas dafür bezahlt zu haben. Der Preis dieses Gutes ist für sie also Null. Man kann sich vorstellen, welche Konsequenzen sich aus dieser Sachlage ergeben. So beziehen bei einem rein öffentlichen Gut diejenigen, die nichts bezahlen, sogar ebensoviel von dem Gut wie derjenige, der es kauft. Das wird zur Folge haben, daß nur die Wirtschaftssubjekte, die die intensivsten Präferenzen für das fragliche Gut besitzen, dieses kaufen, während die anderen es ohne Entgelt parasitär mitbeziehen. Unter diesen Umständen kann jedoch die Versorgung der Bevölkerung über den Markt nicht Pareto-optimal sein, und die Haushalte mit intensiveren Präferenzen für öffentliche Güter werden ungerechterweise zugunsten der übrigen Bevölkerung belastet.

Um zu zeigen, daß die beschriebene Situation in der Regel nicht Pareto-optimal ist, seien zwei Haushalte A und B betrachtet. A hat die intensiveren Präferenzen für das einzige rein öffentliche Gut und kauft es zum Preise p_1. B bezieht die gleiche Menge des Gutes kostenlos mit und verwendet sein ganzes Einkommen zum Kauf des einzigen privaten Gutes. Nun ist es jedoch durchaus möglich, daß B beim Preise von αp_1 und A zum Preise von $(1-\alpha)p_1$, wobei $1 > \alpha > 0$ ist, bereit wäre, eine zusätzliche Menge des öffentlichen Gutes zu kaufen und dafür auf einen Teil der Menge des privaten Gutes zu verzichten. In diesem Fall würde es sich für beide lohnen, gemeinsam eine gewisse Menge des öffentlichen Gutes zum Preis p_1 zu kaufen und die Ausgaben im Verhältnis $\alpha/(1-\alpha)$ zu teilen. Ist das aber der Fall, so war ihre Situation vorher nicht Pareto-optimal.

Die Probleme, die sich bei dezentralisierten Entscheidungen über den Markt ergeben, werden um so bedeutungsloser, je weniger der öffentliche und je stärker der private Charakter eines Gutes ausgeprägt ist. Nähert sich der Charakter eines Gutes mehr und mehr dem eines rein privaten Gutes, so wird B in unserem Beispiel weniger und weniger des Gutes bei einem Kauf durch A miterhalten. Je geringer diese Menge ist, desto eher wird er geneigt sein, selbst eine gewisse Menge hinzuzukaufen, was wiederum auch A zugute kommt. Ist das aber der Fall, so wird eine für beide befriedigendere Situation erreicht als bei einem Gut mit einem ausgeprägteren öffentlichen Charakter.

Die bei Existenz öffentlicher Güter für eine möglichst zufriedenstellende Versorgung auftretenden Schwierigkeiten werden verstärkt, wenn es sich dabei um wenig teilbare Güter handelt. Das ist in der Realität häufig der Fall. Ein Deich kann nicht in kleine Stücke geteilt werden, wenn er seine Aufgabe erfüllen soll; der Unterhalt auch einer kleinen Feuerwehr, die Entwicklung und Kontrolle eines Systems von Verkehrsregeln, ebenso wie die Finanzierung eines allgemeinen Impfdienstes in einer Gemeinde sind notwendigerweise sehr kostspielig[4].

Die unzulängliche Teilbarkeit vieler öffentlicher Güter hat zur Folge, daß die bereits in unserem Beispiel hervortretende Tendenz einer

---

[4] Die durch eine allgemeine Impfung auftretende Immunisierung ist schon deshalb ein öffentliches Gut, weil danach auch der Ungeimpfte einer geringeren Ansteckungsgefahr ausgesetzt ist.

Unterversorgung mit öffentlichen Gütern eher noch verstärkt wird. Die einzelnen Wirtschaftssubjekte haben oft nicht die Mittel, um die kleinste mögliche Menge eines öffentlichen Gutes zu kaufen, oder sie müßten doch auf zu viele andere Güter verzichten, als daß sie sich zu einem Kauf entschließen könnten. Ohne einen Zusammenschluß mehrerer Wirtschaftssubjekte zum Kauf eines wenig teilbaren öffentlichen Gutes würde dieses folglich in der Wirtschaft überhaupt nicht zur Verfügung gestellt werden.

Nehmen wir nun einmal an, es bilde sich eine Gruppe zum gemeinsamen Kauf des öffentlichen Gutes. Auch in diesem Fall wird es in der Regel eine Reihe von Wirtschaftssubjekten geben, die keine Mitglieder der Gruppe sind, und die trotzdem wegen der fehlenden oder mangelhaften Ausschließungsmöglichkeit in den Genuß des bezogenen Gutes kommen. Aus diesem Grunde ist es für das einzelne Gruppenmitglied verlockend, aus der Gruppe auszuscheiden, und sich ohne eigenen Aufwand von den anderen mitversorgen zu lassen, es sei denn, daß es selbst seine Mitgliedschaft für unabdingbar für das weitere Existieren der Gruppe hält. Das ist jedoch zumindest bei Gruppen mit einer hohen Mitgliederzahl unwahrscheinlich. Die Tendenz zum Zerfall von Gruppen mit vielen Angehörigen ist also groß, wenn die Zugehörigkeit zur Gruppe freiwillig ist. Andererseits ist gerade die Bildung von Großgruppen wegen der damit verbundenen Organisationskosten schwierig oder gar unmöglich. Daraus dürfte folgen, daß mit der Bildung und Erhaltung von Gruppen von Wirtschaftssubjekten zum Zwecke des Kaufs unzulänglich teilbarer Güter nur dann gerechnet werden kann, wenn die für den Kauf einer Einheit erforderlichen Mittel von wenigen aufgebracht werden können oder die Mitgliedschaft der Begünstigten erzwungen werden kann[5].

Unsere Überlegungen haben gezeigt, daß bei öffentlichen anders als bei privaten Gütern eine Pareto-optimale Versorgung bei einer dezentralisierten Organisation der Wirtschaft mit Hilfe des Marktes nicht zu erreichen ist, ja es bei geringer Teilbarkeit dieser Güter sogar dazu kommen kann, daß einzelne Güter trotz dringenden Bedarfs überhaupt nicht gekauft und erzeugt werden.

Als Ausweg scheint sich ein politisches Entscheidungsverfahren anzubieten. Allerdings ist auch ein solches Verfahren nicht ohne Probleme. Wir hatten bereits früher auf die Schwierigkeiten, ja auf die Unmöglichkeit hingewiesen, mit Hilfe von Mehrheitsentscheidungen eine Pareto-optimale Versorgung der Bevölkerung zu gewährleisten (vgl. Abschnitt 4.3). Diese Schwierigkeit nimmt bei öffentlichen Gütern noch

---

[5] Vgl. die ausführliche Diskussion dieser Probleme in Kapitel 6.

an Bedeutung zu. Es ist bei Existenz dieser Güter notwendig, daß eine staatliche Stelle oder sonstige Institution der Gesellschaft entscheidet, wieviel von den öffentlichen Gütern hergestellt werden soll, wer einen Vorteil aus ihrem Vorhandensein zieht, wie groß diese Vorteile sind, wie diese bewertet werden sollen und wer sie finanzieren soll.

In einer Marktwirtschaft mit dezentralisierten Konsumentscheidungen durch die Haushalte bezüglich der privaten Konsumgüter und bei gegebener Einkommensverteilung wäre z. B. ein Beschaffungsministerium für öffentliche Konsumgüter einzurichten. Dieses hätte sich Informationen über die Präferenzen der Haushalte zu verschaffen, danach die Pareto-optimale Menge der öffentlichen Güter zu verschiedenen Preisen zu bestimmen und schließlich diese Gütermengen zu beziehen und zu verteilen. Dabei hätte es sich, wie wir wissen, als Mengenanpasser zu verhalten. Anschließend müßte das Ministerium die Haushalte so mit Gebühren für die öffentlichen Güter belasten, daß diese ihre Zielfunktion maximieren würden und ein Pareto-Optimum erreicht wäre.

Man erkennt schon aus der vorstehenden Formulierung des Problems, daß es kaum ein Verfahren für seine Lösung geben dürfte. Weder eine Befragung der Haushalte, noch eine Abstimmung nach einem dem Markt entsprechenden Punktwahlsystem dürfte Erfolg versprechen. Wahrheitsgetreue Auskünfte der Haushalte oder die Abgabe von Punkten entsprechend den tatsächlichen Präferenzen hätten ja zur Folge, daß die Haushalte nach der Intensität ihrer Wünsche für öffentliche Güter mit Gebühren belastet würden. Umgekehrt könnten die Wirtschaftssubjekte mit einer Versorgung mit öffentlichen Gütern bei geringen oder gar keinen Gebühren rechnen, wenn sie durch falsche Auskünfte oder durch die Abgabe einer Zahl von Stimmpunkten, die nicht der Intensität ihrer Wünsche nach öffentlichen Gütern entspricht, das Beschaffungsministerium täuschen würden.

Das zuletzt geschilderte Problem besteht naturgemäß auch für eine zentralgeleitete Verwaltungswirtschaft, wenn in der gesellschaftlichen Zielfunktion die Wünsche der Wirtschaftssubjekte berücksichtigt werden sollen. Der einzige Unterschied liegt hier darin, daß die zentrale Planungsstelle die optimalen Mengen für alle Güter und darüber hinaus die Verteilung der Konsumgüter auf die Haushalte festzulegen hat. Ferner werden statt der Gebühren den Haushalten unmittelbar weniger private Güter zugewiesen. Die Mengen dieser Güter müssen dabei um so kleiner sein, je intensiver ein Haushalt die öffentlichen Güter begehrt. Das hat jedoch wiederum zur Folge, daß jeder Haushalt daran interessiert ist, seine wahren Präferenzen zu verbergen.

Als Lösung des beschriebenen Problems bietet sich eine Entscheidung mit Hilfe des Mehrheitswahlrechts an. In einer Marktwirtschaft hätten die Haushalte z. B. zwei Fragen zu entscheiden. Erstens, welche von verschiedenen möglichen Mengenkombinationen öffentlicher Güter hergestellt und vom Ministerium für die Beschaffung öffentlicher Güter bezogen werden sollen, und zweitens, welche Steuern oder Gebühren jeder einzelne zur Finanzierung der erforderlichen Kaufsumme aufbringen soll. In der Zentralgeleiteten Verwaltungswirtschaft wäre analog mit Hilfe des Mehrheitswahlrechts zu entscheiden, welche Kombination von Mengen öffentlicher und privater Güter hergestellt werden soll, und wie die privaten Güter auf die Mitglieder der Gesellschaft zu verteilen sind. Es ist klar, daß auf diese Weise getroffene Entscheidungen nur sehr grob sein können und nicht zu einer Pareto-optimalen Lösung führen.

Wir ziehen den Schluß, daß weder der Markt noch die bekannten politischen Verfahren geeignet sind, eine Pareto-optimale Versorgung mit öffentlichen Gütern zu gewährleisten. Es ist daher schwer, Institutionen vorzuschlagen, die zur Lösung dieses Problems besser geeignet sind. Einige Schlußfolgerungen liegen jedoch nahe. Sind bei dem öffentlichen Gut die Einheiten so groß, daß der Zusammenschluß vieler Personen notwendig wird, um eine dieser Einheiten zu kaufen, so wird man auf ein politisches Verfahren und den öffentlichen Bezug des Gutes nicht verzichten können. Besitzt andererseits ein Gut keinen rein öffentlichen Charakter, sondern überwiegt der private Charakter und (oder) ist dieses Gut wenigstens so weit teilbar, daß es von kleinen Gruppen gekauft werden kann, so spricht vieles dafür, den Wirtschaftssubjekten seine Beschaffung am Markt zu überlassen, da politische Entscheidungsverfahren in der Regel mit höheren Kosten verbunden sind (vgl. Abschnitt 6.3). Das setzt natürlich voraus, daß nicht andere Gründe gegen eine marktwirtschaftliche Dezentralisation sprechen.

Abschließend seien zwei wichtige Punkte betont. Einmal impliziert die Zweckmäßigkeit der öffentlichen Beschaffung eines Gutes nicht, daß dieses auch von in öffentlichem Eigentum befindlichen oder von einer öffentlichen Planstelle gelenkten Betrieben hergestellt werden muß. Wie wir uns überzeugen konnten, ist die Effizienz einer Dezentralisierung der Produktionsentscheidungen über den Markt völlig unabhängig von der Dezentralisierung der Beschaffungs- oder Verbrauchsentscheidungen. Zweitens impliziert die öffentliche Bereitstellung eines Gutes nicht, daß jedes Mitglied der Gesellschaft einen Teil der Kosten tragen oder weniger von den privaten Gütern erhalten sollte. Den Vorteil eines Deichbaus genießen sicherlich nur diejenigen, die in der Nähe der Küste wohnen, den Vorteil der Feuerwehr im Ort A nur dessen Bewohner und nicht die Einwohner der weit entfernten Stadt S. Diese Tatsache legt es nahe, öffentliche Organisationen zu gründen, die je nach Art des öffentlichen Gutes auf regionaler und (oder) sachlicher Basis arbeiten, die Wünsche der in Frage kommenden Leute wegen ihrer räumlichen oder sachlichen Nähe besser kennen und daher eher in der Lage sind, nur die Begünstigten möglichst gerecht mit den erforderlichen Kosten oder Leistungen zu belasten.

5.3 Interdependenzen und Abhängigkeiten der Ziele der Haushalte

> „From the viewpoint of preference theory or marginal utility theory, human desires are desires for specific goods; but nothing is said about how these desires arise or how they are changed. That, however, is the essence of the consumption problem when preferences are interdependent."
>
> *James S. Duesenberry* [6]

In Abschnitt 4.1 wurde bewiesen, daß eine Dezentralisierung der Konsumentscheidungen bei vollständiger Konkurrenz zu einer Paretooptimalen Lösung führt. Dabei wurden bestimmte Annahmen der traditionellen Haushalts- oder Nutzenthoerie verwendet, die in den letzten Jahrzehnten auf Kritik gestoßen sind. Es ist daher zweckmäßig, kurz auf einige der mit dieser Theorie verbundenen Probleme einzugehen und zu zeigen, welche Schlußfolgerungen sich für die Politische Ökonomie ergeben, falls einige der dieser Einwände berechtigt sind. Besondere Bedeutung wollen wir dabei in der folgenden Erörterung den Fragen der Abhängigkeit der Ziele der Haushalte vom Verhalten anderer Haushalte und der Möglichkeit einer Beeinflussung dieser Ziele durch Reklame oder Propaganda widmen. Zuvor ist es jedoch zweckmäßig, kurz auf einige andere Einwände gegen die Nutzentheorie einzugehen.

5.3.1 Einige grundlegende Einwendungen gegen die Nutzentheorie

Wir wollen uns nicht mit dem Vorwurf aufhalten, daß die Nutzentheorie nicht falsifizierbar sei oder gar auf einem Zirkelschluß beruhe. Diese Kritik ist unberechtigt und basiert auf einer mangelhaften Kenntnis des neueren Standes der Nutzentheorie und der verschiedenen Experimente und Beobachtungen, die zu ihrer Überprüfung unternommen wurden [7].

Ernster sind einige andere Einwände zu nehmen. So nimmt die Nutzentheorie an, daß jedes Wirtschaftssubjekt rational in dem Sinne

---

[6] *James S. Duesenberry*, Income, Saving and the Theory of Consumer Behavior, New York 1967, erste Veröffentlichung 1949, S. 19.

[7] Vgl. *Duesenberry*, a.a.O., S. 6–16. *Herbert A. Simon*, Theories of Decisionmaking in Economics and Behavioral Science. In: Surveys of Economic Theory, New York 1967, Vol. III, S. 1–28, insbes. S. 4–9.

handelt, daß seine Entscheidungen konsistent sind. Wird z. B. von den Alternativen A, B und C die Alternative B gegenüber A und die Alternative A gegenüber C vorgezogen, so muß auch B höher als C bewertet werden[8]. Diese Annahme der Transitivität ist sehr stark. Empirische Untersuchungen scheinen zu zeigen, daß sie nur zutrifft, wenn die von Wirtschaftssubjekten zu treffende Wahl nicht zu kompliziert ist[9].

Welche Konsequenzen ergeben sich für die Politische Ökonomie aus der Tatsache, daß Entscheidungen der Wirtschaftssubjekte u. U. nicht konsistent sind? Zunächst einmal folgt sicherlich, daß sich bei einer Dezentralisierung der Konsumentscheidungen über den Markt für die gesamte Wirtschaft widersprüchliche Entscheidungen ergeben können. Daraus darf jedoch nicht der Schluß gezogen werden, daß politische Entscheidungsverfahren dem Marktmechanismus bei der Lösung der Aufgabe, die zu produzierenden Mengen der einzelnen Konsumgüter und ihre Verteilung auf die Wirtschaftssubjekte möglichst zufriedenstellend zu bestimmen, überlegen sei. Denn es ist nur dann zu erwarten, daß die Wähler bei Abstimmungen über diese Fragen konsistent handeln, wenn die zur Wahl gestellten Alternativen einfacher als die am Markt vorhandenen sind. Das ist jedoch nicht ohne weiteres der Fall, es sei denn, daß wichtige Vorentscheidungen bereits getroffen worden sind. Bezüglich dieses zuletzt genannten Falls konnte aber bereits gezeigt werden (vgl. Abschnitt 4.3), daß selbst eine so einfache Vorentscheidung wie die Bestimmung, daß jeder Haushalt die gleiche Menge von jedem Gut erhält, die Verwirklichung eines Pareto-Optimums verhindert. Es lassen sich also vermutlich die zur Wahl gestellten Alternativen so vereinfachen, daß die Wähler konsistent zu handeln vermögen, doch vereiteln dann die getroffenen Vereinfachungen ein bestmögliches Ergebnis.

Verzichtet man auf allgemeine Wahlen, so sind die Entscheidungen über die Produktionsmengen und die Güterverteilung entweder von einem Diktator oder einer Elite zu treffen. Diese müssen jedoch ihrerseits konsistent handeln und die Elite muß zu einer gemeinsamen Willensbildung kommen können, wenn nicht auch in diesem Fall widersprüchliche Ergebnisse möglich sein sollen. Darüber hinaus ergibt sich die schwerwiegende Frage, ob die Elite oder der Diktator das Wohl der Gesamtheit oder aber ihr eigenes verfolgen werden. Auch bleibt unklar, wie bei einer Verfolgung des Wohls aller Mitglieder der Gesellschaft die Wünsche der Gesamtheit festgestellt werden sollen.

---

[8] Eine axiomatische Darstellung der Voraussetzungen der Nutzentheorie findet sich bei *H. Wold* u. *L. Juréen*, Demand Analysis, A Study in Econometrics, New York u. Stockholm 1953, S. 82 ff.

[9] Vgl. die bei *Simon*, a.a.O., S. 6, angegebene Literatur.

Eine weitere Kritik an der Nutzentheorie richtet sich gegen die Voraussetzung einer beliebigen Teilbarkeit aller Konsumgüter. Diese Annahme ist jedoch für die Gültigkeit der Theorie nicht erforderlich, da die Wirtschaftssubjekte lediglich in der Lage sein müssen, die vorhandenen Alternativen ihrer Wertschätzung nach zu ordnen. Das ist aber bei den wenigen Alternativen, die bei mangelnder Teilbarkeit vorhanden sind, sogar leichter als bei vielen Alternativen.

Schließlich wird darauf hingewiesen, daß entgegen der traditionellen Haushaltstheorie die Wirtschaftssubjekte nicht alle vorhandenen Alternativen kennen oder zu bewerten vermögen, weil sie bisher noch keine Erfahrungen mit vielen dieser Alternativen gesammelt haben.

Die angegebene Kritik der Nutzentheorie ist nicht sehr schwerwiegend. Sobald ein Haushalt eine neue Alternative kennengelernt hat und sie beurteilen kann, wird er sie in Beziehung zu den bisher schon von ihm gemäß seinen Präferenzen geordneten Alternativen setzen und in Zukunft bei seinen Entscheidungen berücksichtigen können. Das hat aber zur Folge, daß der Haushalt künftig jeweils die Alternative wählt, die nach seiner augenblicklichen Kenntnis optimal ist. Lernt er später bessere Alternativen kennen, so wird er diese in gleicher Weise bewerten und realisieren, so daß sich seine Situation im Laufe der Zeit immer weiter verbessert.

Andererseits führt diese Kritik zu der wichtigen Schlußfolgerung, daß dem Staat und anderen Institutionen eine bedeutende Aufgabe bei der Verbesserung des Informationsstandes der Bevölkerung zukommt. Dieser Zusammenhang muß daher bei der Gestaltung des Bildungssystems berücksichtigt werden.

5.3.2 Interdependenzen zwischen den Zielen der Haushalte

Die traditionelle Haushaltstheorie ist von begrenztem Wert, weil sie von gegebenen Präferenzen der Wirtschaftssubjekte ausgeht und nicht zu erklären vermag, wie diese Präferenzen zustande kommen. Dabei dürfte feststehen, daß die Präferenzen eines einzelnen sich im Laufe der Zeit mehr oder minder an dem Verhalten der Leute in seiner Umgebung orientieren und seine Wertvorstellungen besonders während Kindheit und Jugend auf diese Weise geformt werden.

Geht man einmal davon aus, daß die Einflüsse, die von den Verbrauchsgewohnheiten anderer ausgehen, sich nur allmählich bemerkbar machen, die Präferenzskalen sich also nur langsam ändern, so wird die Nutzentheorie wegen des Vorhandenseins von Interdependenzen nicht wertlos. Sie kann dann zwar nicht für langfristige Voraussagen benutzt werden, da sie die Änderung der Präferenzen nicht vorauszusagen vermag. Wohl aber ist sie wegen der nur langsamen Änderung der Präferenzordnungen für kurzfristige Aussagen geeignet. Schließlich bleibt auch die Pareto-Optimalität der vollständigen Konkurrenz weitgehend unberührt, wenn das Wirtschaftssystem in der Lage ist, sich dem allmählichen Wandel der Präferenzskalen in verhältnismäßig kurzer Zeit anzupassen.

Anders liegen die Dinge, wenn das Konsumverhalten der Haushalte bzw. ihre Bewertung der gegebenen Alternativen ohne wesentliche Verzögerung von dem Verhalten anderer abhängt. Um uns die in diesem Fall auftauchenden Probleme zu verdeutlichen, seien zwei Haushalte betrachtet. Wir nehmen an, daß für die Bewertung der verschiedenen Konsummöglichkeiten durch diese Haushalte nicht nur die eigenen Bezüge an Konsumgütern, sondern auch die des anderen Haushaltes bedeutsam sind. Diese Zusammenhänge lassen sich für Haushalt i durch folgende Zielfunktion ausdrücken:

(5.36) $\quad W_i = \left(N_{i1}, N_{i2}; \dfrac{N_{i1}}{N_{j1}}, \dfrac{N_{i2}}{N_{j2}} \right),$

(5.37) $\quad \dfrac{\partial W_i}{\partial N_{ik}} > 0,$

(5.38) $\quad \dfrac{\partial W_i}{\partial \dfrac{N_{ik}}{N_{jk}}} > 0,$ wenn $\dfrac{N_{ik}}{N_{jk}} < 1,$

$\quad \dfrac{\partial W_i}{\partial \dfrac{N_{ik}}{N_{jk}}} \leqq 0,$ wenn $\dfrac{N_{ik}}{N_{jk}} > 1,$

$\quad \dfrac{\partial W_i}{\partial \dfrac{N_{ik}}{N_{jk}}} = 0,$ wenn $\dfrac{N_{ik}}{N_{jk}} = 1, \quad (k = 1, 2; j \neq i).$

Nach (5.36) ist der Nutzen des Haushalts i nicht nur von den verbrauchten Mengen N_{ik} der beiden Güter, sondern auch von dem Verhältnis derselben zu den vom anderen Haushalt bezogenen Mengen, also von $\dfrac{N_{ik}}{N_{jk}}, (i \neq j),$ abhängig. Wie man für den Fall $i = 1$ und $j = 2$ sieht, haben wir in (5.38) weiter angenommen, daß für $N_{1k} < N_{2k}$ die Wohlfahrt des 1. Haushalts bei einer Vergrößerung von $\dfrac{N_{1k}}{N_{2k}}$ wächst.

Das bedeutet aber u. a., daß eine Güterversorgung (N_{11}, N_{12}) von Haushalt 1 um so ungünstiger beurteilt wird, je größer die Differenz zu dem höheren Verbrauch (N_{21}, N_{22}) des 2. Haushalts an beiden Gütern ist. Der ärmere Haushalt richtet seine Bewertung also auch am Konsumverhalten des reicheren Haushalts aus. Seine Wohlfahrt wird möglicherweise von Neidgefühlen beeinflußt.

Anders sieht die Situation aus, wenn der erste Haushalt eine bessere Güterversorgung als der zweite erhält: $N_{1k} > N_{2k}$, (k = 1, 2). Für diesen Fall haben wir entweder angenommen, daß die Güterversorgung des 2. Haushalts die Bewertung des Haushalts 1 nicht berührt $\left(\dfrac{\partial W_1}{\partial \dfrac{N_{1k}}{N_{2k}}} = 0\right)$, oder daß er seine eigene Lage um so ungünstiger beurteilt, je weniger der ärmere Haushalt im Verhältnis zu ihm selbst erhält $\left(\dfrac{\partial W_1}{\partial \dfrac{N_{1k}}{N_{2k}}} < 0\right)$.

Der 1. Haushalt nimmt sozusagen inneren Anteil an der Lage des anderen, sie bedrückt ihn, er macht sich vielleicht sogar Gewissensbisse, weil es ihm selbst besser geht.

In der Folge sei zunächst von der Gültigkeit des Gleichheitszeichens ausgegangen und geprüft, welche Konsequenzen sich für die Pareto-Optimalität aus der gegenüber unseren früheren Annahmen geänderten Beschaffenheit der Zielfunktion (5.36) ergeben. Wir stellen uns zu diesem Zweck eine Situation vor, die nach den früher betrachteten Nutzenfunktionen der Haushalte nicht Pareto-optimal ist und in der Haushalt 1 von beiden Gütern kleinere Mengen als Haushalt 2 erhält. In diesem Fall kann, bei fehlender Interdependenz zwischen den Haushalten, entsprechend dem Sinn des Pareto-Optimums eine bessere Situation für unsere aus zwei Haushalten bestehende Gesellschaft erreicht werden, wenn allein Haushalt 2 von einem oder beiden Konsumgütern mehr erhält, da der 1. Haushalt dadurch seine Lage nicht verschlechtert.

Anders liegen die Dinge bei Gültigkeit der durch (5.36) bis (5.38) charakterisierten Nutzenfunktionen. In diesem Fall wird zwar die Lage des 2. Haushalts verbessert, die des 1. jedoch verschlechtert, da $\dfrac{N_{1k}}{N_{2k}}$ sich verkleinert. Die geänderte Situation wäre also für die Gesellschaft insgesamt nicht besser. Eine entsprechende Schlußfolgerung ergibt sich für $\dfrac{\partial W_i}{\partial \dfrac{N_{ik}}{N_{jk}}} < 0$, wenn $\dfrac{N_{1k}}{N_{2k}} > 1$ ist und N_{1k} vergrößert wird, da in diesem Fall nicht einmal sicher ist, ob der 1. Haushalt die neue Situation für besser hält. Zwar beurteilt er die Verbesserung der eigenen Güterversorgung nach (5.37) positiv, doch wird die relative Verschlechterung der Lage des anderen Haushalts von ihm wegen (5.38) negativ bewertet.

Wie kann man unter diesen Umständen zu einer Verbesserung der Lage kommen, wenn der gesamten Gesellschaft noch zusätzliche Gütermengen zur Verfügung stehen? Zunächst sieht man sofort, daß eine bessere Situation immer dann erreicht wird, wenn der Haushalt, der bisher von beiden Gütern kleinere Mengen als der andere bezog, jetzt größere Konsumgütermengen erhält. Dagegen wird eine günstigere Lage durch eine Erhöhung der Konsumgütermengen bei beiden Haushalten nur erreicht, wenn der bisher schlechter mit Gütern versorgte Haushalt wenigstens so viel mehr von den Konsumgütern bekommt, daß sich das Verhältnis $\dfrac{N_{ik}}{N_{jk}}$ nicht verkleinert, die Versorgung von Haushalt 2 also im Verhältnis zu Haushalt 1 wenigstens gleich gut bleibt.

Unsere Überlegungen machen deutlich, daß das Kriterium des Pareto-Optimums Gesichtspunkte der Einkommens- und Güterverteilung berücksichtigt, wenn die Zielfunktionen der Haushalte die Annahmen (5.36) bis (5.38) erfüllen. So wird ein eindeutig besserer Zustand nur dann erreicht, wenn die Einkommens- bzw. Güterverteilung dadurch nicht ungleichmäßiger wird.

Diese Ergebnisse lassen erkennen, daß es vom Standpunkt der Politischen Ökonomie[10] aus ziemlich gleichgültig ist, ob wir die in (5.36) bis (5.38) zum Ausdruck kommenden Interdependenzen zwischen den Präferenzen der Haushalte berücksichtigen oder nicht, solange das Ziel einer möglichst gleichmäßigen Verteilung der Einkommen genügend stark in der politischen Willensbildung zum Ausdruck kommt. Allerdings wird bei Vorliegen von Interdependenzen zwischen den Nutzenfunktionen eine gleichmäßige Verteilung der Einkommen gegenüber einer Einkommensverteilung nach den Leistungen größeres Gewicht erhalten, als wenn diese Interdependenzen nicht vorhanden wären.

---

[10] Vgl. die in Abschnitt 1.6 postulierten Ziele.

5.3.3 Die Beeinflussung der Haushalte durch Reklame und Propaganda

> „Autonomous changes in taste can be produced by advertising and other sales efforts. Evaluation of the efficiency of advertising is exceedingly difficult... In the present state of our knowledge, decisions about the role of advertising must remain a matter of judgement. But although no categorical statement is possible, it seems doubtful that advertising accounts for the phenomena before us."
>
> *James S. Duesenberry* [11]

Die traditionelle Nutzentheorie liefert, wie bereits erwähnt, keine Erklärung für die Bildung der Präferenzen der Konsumenten. Sie kann daher den möglichen Einfluß der Reklame auf die Präferenzskalen nur in Form von Parameteränderungen der Nutzenfunktion berücksichtigen, ohne selbst aussagen zu können, ob ein solcher Einfluß überhaupt besteht und welcher Art er ist.

Es wird nun häufig behauptet, daß in entwickelten Marktwirtschaften mit Privateigentum die Wirtschaftsunternehmungen in der Lage seien, die Konsumenten weitgehend zugunsten der von ihnen hergestellten oder vertriebenen Produkte zu beeinflussen. Ein Beweis für diese Behauptung hat sich bisher jedoch nicht erbringen lassen, wenn man nicht schon die Tatsache als Beweis ansehen will, daß die Reklameaufwendungen in den entsprechenden Ländern stärker als das Sozialprodukt gewachsen sind.

Doch gerade dieses Argument verliert viel an Anziehungskraft, wenn man aufgrund des empirischen Materials feststellen muß, daß der Anteil der Ersparnisse am Sozialprodukt anders als der Anteil der Reklameaufwendungen im Laufe von Jahrzehnten verhältnismäßig konstant geblieben ist und folglich der gestiegene Anteil der Reklameaufwendungen nicht zu einem höheren Anteil des Verbrauchs am Volkseinkommen geführt hat. Ferner stimmt es nachdenklich, daß augenscheinlich Konjunkturrückschläge nicht durch erhöhte Reklameaufwendung verhindert werden können. Schließlich ist es allem Anschein nach auch nicht möglich, die Nachfrage nach einem Gut, das schon alle Verbraucher beziehen und für das sich daher eine gewisse Sättigung abzeichnet, nochmals in fühlbarer Weise zu erhöhen.

Die vorausgegangenen Überlegungen sind nicht so auszulegen, als ob die Reklameausgaben einer einzelnen Unternehmung, z. B. für eine Zigarettenmarke, von ihrer Warte aus sinnlos wären. Es ist durchaus möglich, daß ohne Reklame Einbußen im Absatz hingenommen werden

---

[11] *Duesenberry*, a.a.O., S. 105.

Interdependenzen und Abhängigkeiten der Ziele 157

müßten, während sich die Nachfrage nach den Produkten der Konkurrenten aus der gleichen Branche verstärken würde. Zweifelhaft ist aber, ob durch die Reklame eines gesamten Wirtschaftszweiges, wie z. B. der Zigarettenindustrie, der Absatz desselben insgesamt, also z. B. der Zigarettenabsatz, wesentlich erhöht werden kann.

Ein weiteres Argument spricht gegen einen großen Einfluß der Reklame auf die Präferenzen der Verbraucher. Eine Unternehmung, die ihren Gewinn maximieren will, muß auch ihre Aufwendungen für Reklame so effizient wie möglich einsetzen. Das ist aber außer durch Reklame, die der reinen Information dient, am besten zu erreichen, wenn die Reklame auf Güterarten gerichtet wird, bei denen der innere Widerstand der Konsumenten am geringsten ist, die also bereits vorher eine so hohe Bewertung genießen, daß es nur noch eines geringen Anstoßes zum Kaufentschluß bedarf. Gehen die Unternehmungen aber auf diese Weise vor, so muß der Einfluß der Reklame auf die Präferenzen recht beschränkt bleiben.

Trotz dieser eher skeptischen Bewertung der Reklameeinflüsse wollen wir uns fragen, welche Konsequenzen bei einer starken Wirksamkeit der Reklame zu ziehen wären. Würde in diesem Fall die Schlußfolgerung erlaubt sein, daß eine Beseitigung der Dezentralisierung der Konsumentscheidungen über den Markt zweckmäßig ist? Schon eine kurze Überlegung zeigt die Unzulässigkeit eines solchen Schlusses. Denn wenn die Verbraucher durch Reklame sehr stark beeinflußt werden können, so kann ihnen gegenüber als Wählern auch die Propaganda mißbraucht werden, die von Parteien oder anderen politischen Institutionen ausgeht. Auf diese Weise können die Politiker die Entscheidungen über Produktion und Verteilung der Konsumgüter in eine ihnen genehme und den ursprünglichen Wünschen der Haushalte widersprechende Richtung lenken. Ist eine starke Beeinflußbarkeit der Menschen gegeben, so gilt das nicht nur für Entscheidungen am Markt, sondern auch für politische Entscheidungsverfahren.

Eine Lösung des Problems der Reklame und Propaganda läßt sich daher wohl nur auf folgende Art erreichen. Einmal kann man versuchen, die Widerstandskraft der Individuen gegen an Emotionen appellierende Beeinflussungsversuche mit Hilfe einer besseren Aufklärung während ihrer Erziehung zu stärken. Das ist jedoch sicherlich ein langfristiger Prozeß. Zweitens können Reklame und Propaganda, die über die reine Information hinausgehen, verboten werden. Für letzteres würde, selbst bei Abwesenheit einer fühlbaren Wirksamkeit von Reklame und Propaganda, die Erwägung sprechen, daß auf diese Weise die Vergeudung von knappen Produktionsmitteln vermieden werden könnte. Zu fragen bleibt allerdings, ob und wie sich ein solches Verbot politisch durchsetzen ließe und welche Instanz bestimmen sollte, ob und wann konkrete Fälle von Reklame und Propaganda über die reine Information hinausgehen und daher unterbunden werden müssen. Schließlich muß gefragt werden, wer soll die zuständige Instanz kontrollieren?

5.4 Externe Vorteile und Nachteile [12] z. B. Umweltzerstörung

Von externen Vorteilen (external economies) und externen Nachteilen (external diseconomies) spricht man, wenn durch die Produktion in einem Betrieb oder den Verbrauch in einem Haushalt anderen Betrieben oder Haushalten Vor- oder Nachteile entstehen. Einige Beispiele mögen verdeutlichen, was damit gemeint ist. Ein Betrieb leitet Abwässer in einen Fluß. Dadurch wird der Fischbestand und das Fangergebnis eines Fischereibetriebes vermindert. Es liegt ein Fall externer Nachteile vor, der sich dadurch auszeichnet, daß der die Abwässer erzeugende Betrieb den eintretenden Schaden in seiner Planung nicht berücksichtigt. Ein anderes Beispiel für externe Nachteile sind von einem Produktionsbetrieb in die Luft geleitete Abgase, die nicht nur Kleidung und Fenster der umliegenden Haushalte beschmutzen, sondern vor allem die Qualität der Luft verschlechtern und dadurch das Wohlbefinden der Betroffenen herabsetzen. Entsprechend bringt die Benutzung eines Autos durch einen Haushalt wegen der Auspuffgase und der Erhöhung der Verkehrsgefahr externe Nachteile für andere Haushalte mit sich.

Externe Vorteile sind ebenfalls häufig zu beobachten. Ein Imker erhöht durch seine Bienenzucht den Ertrag von Obstgärten, ohne diese zusätzlichen Erträge in Rechnung stellen zu können. Durch den Bau von Wohnhäusern nimmt der Absatz der in der Nähe befindlichen Einzelhändler zu. Das hübsche Minikleid von Frl. Meier führt zu einer Erhöhung des Wohlbefindens der ihr begegnenden Passanten. Schließlich sind öffentliche Güter ein Extremfall externer Vorteile. So kommen die Vorteile eines Deichbaus durch eine Gruppe von Leuten auch allen unbeteiligten Nachbarn voll zugute.

Das Minikleid von Frl. Meier verdeutlicht ebenso wie die externen Nachteile, die mit dem Gebrauch eines Autos verbunden sind, daß eine Abgrenzung der externen Vor- und Nachteile gegenüber den öffentlichen Gütern nicht immer leicht, ja manchmal sogar unmöglich ist. Das Autofahren produziert sozusagen ein anderes „Gut" (oder besser, ein „Übel"), von dessen Konsum andere Wirtschaftssubjekte nicht aus-

---

[12] Herrn Dr. *M. Faber* bin ich für seine Mitwirkung bei der Entwicklung der in diesem Abschnitt verwendeten Modelle dankbar.

geschlossen werden können und sich nicht einmal selbst auszuschließen vermögen. Das Ausschließungsprinzip gilt also nicht. Ähnlich verhält es sich mit dem Minikleid von Frl. Meier, das jeder Entgegenkommende betrachtet. In diesem Fall ist es übrigens möglich, daß das Minikleid für einen Puritaner nicht einen externen Vorteil, sondern einen externen Nachteil, ja ein „öffentliches Übel" bedeuten kann. Dadurch wird deutlich, daß es auch von sozialen Normen, die wir meist im Laufe unserer Erziehung übernommen haben, abhängen kann, ob wir bestimmte Dinge als externe Vorteile oder Nachteile oder als keines von beiden ansehen.

Wegen der engen Beziehung, die zwischen öffentlichen Gütern und externen Vorteilen oder Nachteilen besteht, die durch den Gebrauch oder Verbrauch eines Konsumgutes bei anderen Haushalten hervorgerufen werden, soll in der Folge nur die Bedeutung von externen Vor- oder Nachteilen näher erörtert werden, die durch die Güter*produktion* hervorgerufen werden[13]. Dabei wollen wir uns auf die Analyse externer Nachteile beschränken. In einem ersten Beispiel werden diese von einem Betrieb bei einem anderen und in einem zweiten Beispiel durch einen Betrieb bei den Konsumenten verursacht. Die gewählten Beispiele lassen sich jedoch durch kleine Änderungen auch auf den Fall externer Vorteile anwenden.

5.4.1 Gesamtwirtschaftliche Auswirkungen externer Nachteile, die ein Betrieb bei einem anderen hervorruft

In der folgenden Untersuchung gehen wir von Modell 2.1 (vgl. Abschnitt 2.1) aus, unterstellen jedoch, daß keine knappen nicht transferierbaren Produktionsmittel vorhanden sind, so daß $b_{13} = b_{24} = 0$. Es gibt also zwei gesamtwirtschaftliche Produktionsmittel, mit denen in zwei Produktionsprozessen zwei Konsumgüter hergestellt werden. Die gesellschaftliche Zielfunktion möge die spezielle Form

$$(5.39) \quad W = (N_1 + \frac{6}{5})(N_2 + \frac{11}{5})$$

annehmen. Es läßt sich leicht zeigen, daß diese Funktion die in (2.2) bis (2.4) angenommenen Eigenschaften besitzt. Die technischen Bedingungen der Produktion sind in Tabelle 5.1 angegeben.

---

[13] Damit soll nicht bestritten werden, daß die durch den Verbrauch bestimmter Güter von den Haushalten verursachten externen Nachteile heute außerordentlich bedeutsam sind. Vgl. dazu Abschnitt 7.3.

Tabelle 5.1

Produktionsprozesse	Mengen der benötigten Produktionsmittel		Zur Herstellung der Menge des Konsumgutes	
	1	2	1	2
1 (a) wenn $A_2 \leqq \frac{1}{2}$	$a_{11} = \frac{5}{2}$	$a_{12} = 1$	1	0
1 (b) wenn $A_2 > \frac{1}{2}$	$a_{11} = 4$	$a_{12} = 1$	1	0
2	$a_{21} = 1$	$a_{22} = 4$	0	1

In der Tabelle kommt zum Ausdruck, daß der den 2. Produktionsprozeß verwendende Betrieb bei dem anderen Betrieb, der den 1. Prozeß benutzt, externe Nachteile hervorruft, wenn die von ihm erzeugte Menge des 2. Konsumgutes größer als $1/2$ ist. Während nämlich im 1. Prozeß zur Erzeugung einer Einheit des Produktes nur $5/2$ Einheiten des 1. Produktionsmittels benötigt werden, solange $A_2 \leqq \frac{1}{2}$ ist (Fall a), steigt die erforderliche Menge je hergestellter Produkteinheit für $A_2 > \frac{1}{2}$ auf 4 (Fall b). Eine Erhöhung der Produktion des 2. Konsumgutes über $1/2$ hinaus ist also für den anderen Betrieb mit externen Nachteilen verbunden.

Stellt man sich unter dem 1. Produktionsmittel ein Kapitalgut vor, so kann man unser Beispiel wie folgt konkreter deuten. Im 2. Prozeß wird Wasser verunreinigt und in einen Fluß abgeleitet, aus dem weiter unterhalb Wasser für den 1. Produktionsprozeß entnommen wird. Dieses muß eine gewisse Reinheit aufweisen. Ist $A_2 \leqq \frac{1}{2}$, so kann sich das verunreinigte Wasser selbst durch Naturvorgänge wieder reinigen. Bei größeren Produktionsmengen ist das jedoch nicht mehr der Fall, und es werden daher im 1. Prozeß zusätzliche Mengen des Kapitalgutes benötigt, um das erforderliche Wasser mit Hilfe einer Kläranlage zu reinigen.

Schließlich sei angenommen, daß von den beiden Produktionsmitteln insgesamt die Mengen $a_1 = 5$ und $a_2 = 8$ vorhanden sind.

Wir betrachten zunächst den Fall a) $A_2 \leqq \frac{1}{2}$, bei dem keine externen Nachteile entstehen. Die Ungleichungen (2.28) bis (2.41) erhalten dann bei Verwendung der oben gewählten speziellen Werte die Form[14]:

---

[14] Der Einfachheit halber verzichten wir in diesem Abschnitt außer bei den Ergebnissen auf eine besondere Kennzeichnung der optimalen Werte.

$(5.40)\quad (N_2 + \dfrac{11}{5}) - p_1 \leqq 0,$

$(5.41)\quad (N_1 + \dfrac{6}{5}) - p_2 \leqq 0,$

$(5.42a)\quad p_1 - \dfrac{5}{2} p_{m1} - p_{m2} \leqq 0,$

$(5.43)\quad p_2 - p_{m1} - 4 p_{m2} \leqq 0,$

$(5.44a)\quad (N_2 + \dfrac{11}{5} - p_1)N_1 + (N_1 + \dfrac{6}{5} - p_2)N_2 +$

$\qquad\quad + (p_1 - \dfrac{5}{2} p_{m1} - p_{m2})A_1 + (p_2 - p_{m1} - 4 p_{m2})A_2 = 0,$

$(5.45a)\quad (A_1 - N_1)p_1 + (A_2 - N_2)p_2 + (5 - \dfrac{5}{2} A_1 - A_2)p_{m1} +$

$\qquad\quad + (8 - A_1 - 4 A_2)p_{m2} = 0,$

$(5.46)\quad A_1 - N_1 \geqq 0,$

$(5.47)\quad A_2 - N_2 \geqq 0,$

$(5.48a)\quad 5 - \dfrac{5}{2} A_1 - A_2 \geqq 0,$

$(5.49)\quad 8 - A_1 - 4 A_2 \geqq 0,$

$(5.50)\quad N_i \geqq 0,\; A_i \geqq 0,\; (i = 1, 2),$

$(5.51)\quad p_i \geqq 0,\; p_{mi} \geqq 0,\; (i = 1, 2).$

Im Fall b) $A_2 > \tfrac{1}{2}$, also im Fall externer Nachteile, ändert sich dieses System von Ungleichungen nur wenig. Und zwar sind die Ungleichungen (5.42a), (5.44a), (5.45a) und (5.48a) durch die Ungleichungen

$(5.42b)\quad p_1 - 4 p_{m1} - p_{m2} \leqq 0,$

$(5.44b)\quad (N_2 + \dfrac{11}{5} - p_1)N_1 + (N_1 + \dfrac{6}{5} - p_2)N_2 +$

$\qquad\quad + (p_1 - 4 p_{m1} - p_{m2})A_1 + (p_2 - p_{m1} - 4 p_{m2})A_2 = 0,$

$(5.45b)\quad (A_1 - N_1)p_1 + (A_2 - N_2)p_2 + (5 - 4 A_1 - A_2)p_{m1} +$

$\qquad\quad + (8 - A_1 - 4 A_2)p_{m2} = 0,$

$(5.48b)\quad 5 - 4 A_1 - A_2 \geqq 0$

zu ersetzen.

Wir berechnen zunächst den optimalen Produktions- und Konsumplan im Fall a). Sollte es sich dabei herausstellen, daß im Optimum $A_2 > \frac{1}{2}$, so ist diese Lösung nicht zulässig, da dann im 1. Produktionsprozeß die zu b) gehörende Technologie verwendet werden muß.

In Abb. 5.2 ist die Gerade (5.48a) durch BL und die Gerade (5.49) durch GK, sowie eine Indifferenzkurve der Zielfunktion (5.39) abgebildet. OBDK gibt alle realisierbaren, BDK alle effizienten Produktionspläne an.

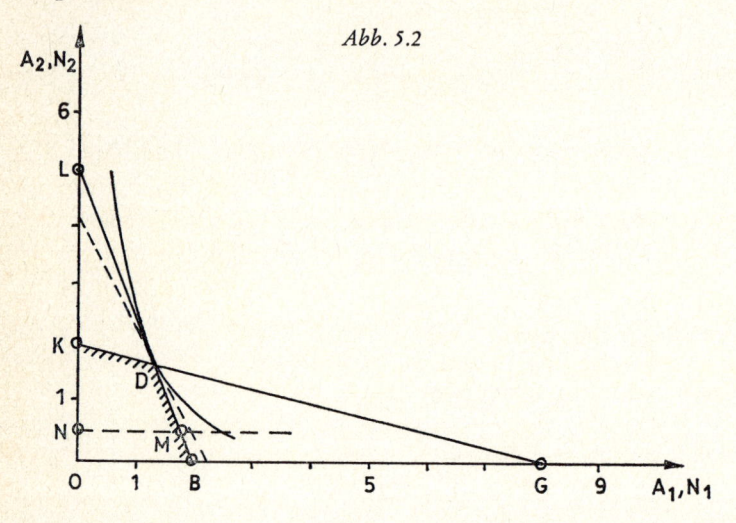

Abb. 5.2

Man erkennt aus der Abbildung, daß Punkt D immer dann das Optimum bezeichnet, wenn der absolute Anstieg der durch D verlaufenden Indifferenzkurve (die gestrichelte Gerade durch D) absolut kleiner als der von BL und absolut größer als der von GK ist. Das trifft jedoch in unserem Beispiel zu. Gilt in (5.48a) und (5.49) das Gleichheitszeichen, so folgt:

$$A_2 = 5 - \frac{5}{2} A_1,$$
$$A_1 = 8 - 20 + 10 A_1,$$
$$9 A_1 = 12,$$

(5.52) $\quad \overline{N}_1 = \overline{A}_1 = \frac{4}{3},$

(5.53) $\quad \overline{N}_2 = \overline{A}_2 = \frac{5}{3}.$

Wir können nun den Anstieg der durch das Optimum verlaufenden Indifferenzkurve aus (5.39) unter Verwendung von (5.52) und (5.53) berechnen:

$$\frac{dN_2}{dN_1} = - \frac{\frac{\partial W}{\partial N_1}}{\frac{\partial W}{\partial N_2}} = - \frac{N_2 + \frac{11}{5}}{N_1 + \frac{6}{5}} = - \frac{\frac{58}{15}}{\frac{38}{15}} = - \frac{29}{19},$$

da im Optimum $N_1 = \bar{N}_1 = \bar{A}_1$ und $N_2 = \bar{N}_2 = \bar{A}_2$.

Der Anstieg der durch die Gleichungen (5.48a) und (5.49) wiedergegebenen Geraden beträgt $-\frac{5}{2}$ bzw. $-\frac{1}{4}$. Da jedoch

$$\frac{1}{4} < \frac{29}{19} < \frac{5}{2}$$

ist, bezeichnet Punkt D tatsächlich das Optimum. Beide Produktionsmittel sind knapp.

Nach dem angegebenen Ergebnis ist die optimale Produktionsmenge des 2. Konsumgutes $\bar{A}_2 = \frac{5}{3} > \frac{1}{2}$. In diesem Fall treten jedoch externe Nachteile auf, und daher muß in Prozeß 1 die Produktionstechnik b) verwendet werden. Folglich läßt sich das berechnete Optimum nicht realisieren.

Wir wenden uns daher der Berechnung des optimalen Verbrauchs- und Produktionsplans zu, der sich im Fall b) ergibt, in dem die externen Nachteile beim 1. Betrieb berücksichtigt werden. Auch in diesem Fall ist das Optimum mit Vollbeschäftigung beider Produktionsmittel verbunden, wie wir sofort sehen werden. Aus (5.48b) und (5.49) ergibt sich:

$$A_2 = 5 - 4 A_1,$$

$$A_1 = 8 - 20 + 16 A_1,$$

$$15 A_1 = 12,$$

(5.54) $\quad \bar{A}^E_1 = \frac{4}{5},$

(5.55) $\quad \bar{A}^E_2 = \frac{9}{5}.$

Der Anstieg der durch den Schnittpunkt von (5.48b) und (5.49) führenden Indifferenzkurve ergibt sich als:

$$\frac{dN_2}{dN_1} = -\frac{\frac{\partial W}{\partial N_1}}{\frac{\partial W}{\partial N_2}} = -\frac{N_2 + \frac{11}{5}}{N_1 + \frac{6}{5}} = -\frac{4}{2} = -2.$$

Der Anstieg von (5.48b) und (5.49) beträgt -4 bzw. $-\frac{1}{4}$, und es gilt

$$\frac{1}{4} < 2 < 4.$$

Folglich ist die Indifferenzkurve absolut weniger steil als die (5.49) und steiler als die (5.48b) entsprechende Gerade.

$\overline{N}^E_1 = \overline{A}^E_1 = \frac{4}{5}$ und $\overline{N}^E_2 = \overline{A}^E_2 = \frac{9}{5}$ sind die optimalen Werte, wenn die externen Nachteile wirksam werden. Wie ein Vergleich von (5.54) und (5.55) mit (5.52) und (5.53) zeigt, wird die Produktion des 1. Konsumgutes in dem unter externen Nachteilen leidenden Produktionsprozeß gegenüber dem Fall ohne externe Nachteile eingeschränkt, während die Erzeugung des 2. Konsumgutes wächst.

Es ist jedoch zu fragen, ob eine solche Lösung den Zielen der Gesellschaft entsprechen würde; denn gerade das 2. Konsumgut verursacht ja letztlich höhere Produktionsmittelaufwendungen, nicht aber das 1. Konsumgut, dessen Produktion eingeschränkt wird.

Bevor wir uns der Beantwortung dieser Frage zuwenden können, sollen die gesellschaftliche Wohlfahrt und die Preise im Optimum bei Wirksamkeit der externen Nachteile ermittelt werden.

Aus (5.39), (5.54) und (5.55) ergibt sich:

(5.56) $\quad \overline{W}^E = \left(\frac{4}{5} + \frac{6}{5}\right)\left(\frac{9}{5} + \frac{11}{5}\right) = 8.$

Wir erinnern uns, daß nach (5.44b) wegen $\overline{N}^E_i = \overline{A}^E_i > 0$, $(i = 1, 2)$, in den Ungleichungen (5.40), (5.41), (5.42b) und (5.43) das Gleichheitszeichen gilt. Folglich ergibt sich:

(5.57) $\quad \overline{p}^E_1 = 4,$

(5.58) $\quad \overline{p}^E_2 = 2,$

$\qquad p_{m1} = 2 - 4\, p_{m2},$

$\qquad p_{m2} = 4 - 8 + 16\, p_{m2},$

$\quad 15\, p_{m2} = 4,$

(5.59) $\overline{p}^E_{m_2} = \dfrac{4}{15}$,

(5.60) $\overline{p}^E_{m_1} = \dfrac{14}{15}$.

Wir wollen nun prüfen, ob das berechnete Optimum bei Wirksamkeit der externen Nachteile (A^E_1, A^E_2) tatsächlich die für die Gesellschaft nach ihrer Zielfunktion günstigste Situation ist. Es wäre ja denkbar, daß man bei einer Reduktion der Produktion des 2. Konsumgutes unter oder auf den kritischen Wert von $1/2$ eine für die Gesamtheit bessere Lage erzielen könnte. Denn in diesem Fall würde zwar weniger von Konsumgut 2 hergestellt, aber andererseits auch der durch die externen Nachteile bedingte höhere Produktionsmittelverbrauch entfallen und für die Erzeugung des 1. Konsumgutes zur Verfügung stehen.

Um den Vergleich zu ermöglichen, ist zunächst das Optimum zu errechnen, das sich bei Abwesenheit von externen Nachteilen ergibt, wenn *gleichzeitig* die Bedingung $A_2 \leq \tfrac{1}{2}$ erfüllt ist. Zur Lösung dieses Problems können wir auf den Fall a), ergänzt um diese Ungleichung, zurückgreifen. Das Problem läßt sich dann wie folgt beschreiben:

(5.39) $\quad W = (N_1 + \dfrac{6}{5})(N_2 + \dfrac{11}{5}) = \max!$

(5.46) $\quad A_1 - N_1 \geqq 0$,

(5.47) $\quad A_2 - N_2 \geqq 0$,

(5.48a) $\quad 5 - \dfrac{5}{2} A_1 - A_2 \geqq 0$,

(5.49) $\quad 8 - A_1 - 4 A_2 \geqq 0$,

(5.61) $\quad \dfrac{1}{2} - A_2 \geq 0$,

(5.50) $\quad N_i \geqq 0, \ A_i \geqq 0, \ (i = 1, 2)$.

Die Lösung dieses Problems ergibt sich wieder nach dem Theorem von Kuhn und Tucker. Sie entspricht bis auf die Ungleichungen (5.43), (5.44a), (5.45a) und (5.51) ganz der im Fall a) angegebenen Lösung. Die genannten Ungleichungen sind durch:

(5.43c) $\quad p_2 - p_{m_1} - 4 p_{m_2} - p_{m_3} \leqq 0,$

(5.44c) $\quad (N_2 + \dfrac{11}{5} - p_1)N_1 + (N_1 + \dfrac{6}{5} - p_2)N_2 +$

$\qquad + (p_1 - \dfrac{5}{2} p_{m_1} - p_{m_2})A_1 + (p_2 - p_{m_1} - 4 p_{m_2} +$

$\qquad - p_{m_3})A_2 = 0,$

(5.45c) $\quad (A_1 - N_1)p_1 + (A_2 - N_2)p_2 + (5 - \dfrac{5}{2} A_1 - A_2)p_{m_1} +$

$\qquad + (8 - A_1 - 4 A_2)p_{m_2} + (\dfrac{1}{2} - A_2)p_{m_3} = 0,$

(5.51c) $\quad p_i \geqq 0, \ p_{mj} \geqq 0, \ (i = 1, 2; \ j = 1, 2, 3)$

zu ersetzen. Ferner ist die Ungleichung (5.61) hinzuzufügen.

Wie man sieht, taucht in diesen Ungleichungen ein neuer Preis p_{m_3} auf, der zur Ungleichung (5.61) gehört und der nicht als Preis eines Produktionsmittels gedeutet werden kann, da beide Konsumgüter nach wie vor nur mit zwei Produktionsmitteln erzeugt werden. Vielmehr ist p_{m_3} als der Preis (oder die Kosten) je hergestellter Einheit des 2. Konsumgutes aufzufassen, der (die) wegen des Beschlusses, nicht mehr als $^1/_2$ dieses Gutes zu erzeugen, entsteht (entstehen). Wir werden diese Interpretation später zu vertiefen haben.

Wie man aus Abb. 5.2 erkennt, ergibt sich als Optimum des betrachteten Fall c) die durch Punkt M beschriebene Situation. In der Abbildung wird die Gleichung (5.61) durch die Horizontale im Abstand $ON = \tfrac{1}{2}$ wiedergegeben. Die Menge der realisierbaren Produktionspläne wird also jetzt durch OBMN, die der effizienten Produktionspläne durch BM beschrieben. Die mit der höchsten Wohlfahrt verbundene Indifferenzkurve verläuft durch M.

Es zeigt sich, daß die durch die Gerade GK bezeichnete Restriktion (5.49) nicht bindend ist, also die strenge Ungleichheit gilt. Dann folgt jedoch wegen (5.45c) $p_{m_2} = 0$, das 2. Produktionsmittel ist ein freies Gut.

Da M das Optimum angibt, ist in (5.48a) und (5.61) das Gleichheitszeichen gültig. Die optimalen Angebotsmengen der Konsumgüter lassen sich daher wie folgt berechnen:

$$\dfrac{5}{2}A_1 = 5 - \dfrac{1}{2} = \dfrac{9}{2},$$

(5.62) $\quad \overline{N}^U_1 = \overline{A}^U_1 = \dfrac{9}{5}$,

(5.63) $\quad \overline{N}^U_2 = \overline{A}^U_2 = \dfrac{1}{2}$.

Für die Wohlfahrt im Optimum ergibt sich aus (5.39) unter Verwendung von (5.62) und (5.63):

$$W = \left(\dfrac{9}{5} + \dfrac{6}{5}\right)\left(\dfrac{1}{2} + \dfrac{11}{5}\right) = 3 \cdot \dfrac{27}{10},$$

(5.64) $\quad \overline{W}^U = \dfrac{81}{10} = 8\dfrac{1}{10}$.

Ein Vergleich von (5.64) mit (5.56) zeigt, daß im Optimum bei Unterdrückung der externen Nachteile durch Einschränkung der Produktion des 2. Gutes eine größere gesellschaftliche Wohlfahrt erzielt wird als im Optimum bei Duldung der externen Nachteile. Folglich bezeichnen die durch (5.62) und (5.63) angegebenen Produktions- und Verbrauchsmengen die günstigste gesellschaftliche Situation in unserem Beispiel; sie geben das Optimum optimorum an.

Man sollte sich jedoch klarmachen, daß dieser Schluß von den speziellen Zahlenwerten unseres Beispiels abhängt. Bei anderen Werten, d. h. bei anderen Umweltgegebenheiten oder anderer relativer Gewichtung der Konsumgüter in der gesellschaftlichen Zielfunktion könnte durchaus der Fall eintreten, daß die Hinnahme der externen Nachteile wünschenswert wäre.

Abschließend seien die zum Optimum optimorum gehörenden Preise berechnet. Da $\overline{A}^U_1 = \overline{N}^U_1 > 0$ und $\overline{A}^U_2 = \overline{N}^U_2 > 0$, gilt in (5.40), (5.41), (5.42a) und (5.43c) wegen (5.44c) das Gleichheitszeichen. Da $p_{m2} = 0$ ist, folgt also:

(5.65) $\quad \overline{p}^U_1 = \dfrac{1}{2} + \dfrac{11}{5} = \dfrac{27}{10}$,

(5.66) $\quad \overline{p}^U_2 = \dfrac{9}{5} + \dfrac{6}{5} = 3$,

(5.67) $\quad \overline{p}^U_{m1} = \dfrac{2}{5}\dfrac{27}{10} = \dfrac{27}{25}$,

(5.68) $\quad \overline{p}^U_{m2} = 0$,

(5.69) $\quad \overline{p}^U_{m3} = \dfrac{48}{25}$.

Ein Vergleich mit (5.57) bis (5.60) ergibt:

$$\overline{p}^U{}_1 < \overline{p}^E{}_1, \quad \overline{p}^U{}_2 > \overline{p}^E{}_2, \quad \overline{p}^U{}_{m_1} > \overline{p}^E{}_{m_1}, \quad \overline{p}^U{}_{m_2} < \overline{p}^E{}_{m_2}.$$

Das 2. Konsumgut und das 1. Produktionsmittel sind bei Verhinderung der externen Nachteile knapper und haben daher einen höheren Preis. Umgekehrtes gilt für das 1. Konsumgut und das 2. Produktionsmittel.

5.4.2 Organisatorische Maßnahmen zur Verwirklichung der besten Güterversorgung bei externen Nachteilen in der Produktion

In diesem Abschnitt wollen wir die Frage zu beantworten suchen, wie in verschiedenen Wirtschaftssystemen bei externen Nachteilen, die von einem Betrieb bei anderen verursacht werden, eine möglichst gute Konsumgüterversorgung sichergestellt werden kann. Zu diesem Zweck gehen wir von dem oben diskutierten Beispiel aus und prüfen, wie das Optimum optimorum verwirklicht werden könnte.

Keine Schwierigkeiten ergeben sich bei der Zentralgeleiteten Verwaltungswirtschaft, wenn die zentrale Planungsstelle über Art und Ausmaß der vom 2. Produktionsprozeß hervorgerufenen externen Nachteile voll informiert ist. In diesem Fall kann die zentrale Planungsstelle die zu erzeugenden Mengen der Konsumgüter und die dabei benötigten Mengen der Produktionsmittel bei Vorhandensein ausreichender Rechenkapazitäten berechnen und entsprechende Anweisungen an die Betriebe und die Besitzer der Produktionsmittel geben.

Anders liegen die Dinge beim Konkurrenzsozialismus und bei marktmäßiger Organisation der Wirtschaft. Im Konkurrenzsozialismus bieten sich folgende Maßnahmen an. Auch hier berechnet die zentrale Planungsstelle das Optimum optimorum aufgrund vollständiger Information über Zielfunktion, vorhandene Produktionstechniken und Produktionsmittelmengen. Anschließend gibt sie den Betrieben die zugehörigen Preise der Konsumgüter und Produktionsmittel bekannt mit der Anweisung, soviel Produktionsmittel zu beziehen und Konsumgüter zu produzieren und zu liefern, daß der Gewinn maximiert wird. Dabei erhält jedoch in unserem Beispiel der die externen Nachteile verursachende Betrieb zusätzlich die Mitteilung, daß er außer den Kosten für die verwendeten Produktionsmittel für jede Einheit des von ihm erzeugten 2. Konsumgutes Kosten in Höhe von $\overline{p}^U{}_{m_3} = \dfrac{48}{25}$ zu berechnen hat. Unter diesen Voraussetzungen wird er die Produktionsmenge des Optimum optimorum wählen und keine externen Nachteile verursachen.

In Marktwirtschaften werden die Preise nicht von staatlichen Stellen vorgegeben. Trotzdem bietet sich in dem betrachteten Fall gewissermaßen eine Ausnahme von dieser Regel als organisatorische Lösung an. Folgende Überlegung verdeutlicht diese Möglichkeit. Im Wettbewerbsgleichgewicht würden sich die Preise $\bar{p}^E_1$, $\bar{p}^E_2$, $\bar{p}^E_{m_1}$ und $\bar{p}^E_{m_2}$, nicht aber $\bar{p}^U_1$, $\bar{p}^U_2$, $\bar{p}^U_{m_1}$ und $\bar{p}^U_{m_2}$ an den Märkten ergeben. Der Marktmechanismus hätte also bei Verwirklichung dieses Gleichgewichts keine bestmögliche Güterversorgung zur Folge. Nun können die staatlichen Stellen diesen Mangel dadurch beheben, daß sie bei Unternehmung 2 eine Steuer von $\bar{p}^U_{m_3}$ je produzierte Einheit des 2. Konsumgutes erheben. In diesem Fall entspricht das zugehörige Wettbewerbsgleichgewicht auf den Märkten dem Optimum optimorum, und die Preise nehmen die Werte $\bar{p}^U_1$, $\bar{p}^U_2$, $\bar{p}^U_{m_1}$ und $\bar{p}^U_{m_2}$ an.

Man kann sich diesen Zusammenhang noch deutlicher machen, wenn man die Gewinne der 2. Unternehmung in den beiden Gleichgewichten, $\bar{G}^E_2$ und $\bar{G}^U_2$, betrachtet:

$$\bar{G}^E_2 = (\bar{p}^E_2 - \bar{p}^E_{m_1} - 4\bar{p}^E_{m_2})\,\bar{A}^E_2 = 0,$$

$$\bar{G}^U_2 = (\bar{p}^U_2 - \bar{p}^U_{m_1} - 4\bar{p}^U_{m_2} - \bar{p}^U_{m_3})\,\bar{A}^U_2 = 0.$$

Geht man von der 1. Gleichung aus, so sieht man sofort, daß bei Einführung der Steuer die Unternehmung durch die zusätzlichen Kosten in Höhe von $\bar{p}^U_{m_3}\bar{A}^E_2 > 0$ einen Verlust erleiden würde. Dieser Verlust kann nur vermieden werden, wenn die Unternehmung eine Produktionseinschränkung vornimmt. Wird das neue Gleichgewicht erreicht, so erleidet sie keine Verluste, wie man aus der 2. Gleichung erkennt. Hier ist trotz der Steuern in Höhe von $\bar{p}^U_{m_3}\bar{A}^U_2$ der Gewinn gleich Null. In diesem Zusammenhang ist es allerdings wichtig, sich klarzumachen, daß im neuen, durch die Einführung der Steuer herbeigeführten Gleichgewicht die Preise mit dem Index U gelten [15].

Außer der Einführung einer Steuer stehen den öffentlichen Stellen andere organisatorische Möglichkeiten zur Verfügung. So kann den Eigentümern der 1. Unternehmung (oder in einer sozialistischen Marktwirtschaft den im 1. Betrieb Entscheidungsberechtigten) durch die Wirtschaftsverfassung das Recht eingeräumt werden, vollen Schadensersatz bzw. Ersatz der zusätzlich erforderlichen Kosten von Unternehmung 2 zu verlangen. Diese Kosten betragen in unserem Beispiel $(4 - \dfrac{5}{2}$

---

[15] Es ist auch möglich, daß die durch die Steuer bewirkte Gewinnminderung die Unternehmung veranlaßt, nach neuen Produktionstechniken zu suchen, die mit weniger oder gar keinen externen Nachteilen verbunden sind. Wir sehen hier von dieser Möglichkeit ab, da wir den technischen Fortschritt noch nicht berücksichtigen.

$\bar{p}^E_{m_1}\bar{A}^E_1 > 0$, da der zusätzliche Aufwand des 1. Produktionsmittels je erzeugter Produkteinheit durch die von Unternehmung 2 verursachten externen Nachteile um $4 - \frac{5}{2} = \frac{3}{2}$ erhöht wird.

Bei einer Klage der 1. Unternehmung würde die 2. Unternehmung den angegebenen Schaden ersetzen und daher eine Gewinnminderung hinnehmen müssen. In unserem Beispiel würde sich, wie man aus der ersten der beiden angegebenen Gleichungen erkennt, ein Verlust ergeben. Diesem Verlust könnte die Unternehmung wieder nur durch eine Einschränkung ihrer Produktion auf $\bar{A}^U_2$ entgehen.

Allerdings unterscheidet sich diese Lösung von einer Regelung mit Hilfe einer Verbrauchssteuer durch eine andere Einkommensverteilung. Bei einer Produktion von $\bar{A}^U_2 = \frac{1}{2}$ entsteht bei Unternehmung 1 kein Schaden, den Unternehmung 2 zu ersetzen hat. Folglich beträgt jetzt der Gewinn dieser Unternehmung:

$$(\bar{p}^U_2 - \bar{p}^U_{m_1} - 4\bar{p}^U_{m_2})\bar{A}^U_2 > \bar{G}^U_2,$$

$$\bar{G}^U_2 = (\bar{p}^U_1 - \bar{p}^U_{m_1} - 4\bar{p}^U_{m_2} - \bar{p}^U_{m_3})\bar{A}^U_2 = 0.$$

Es fließt also Einkommen in Höhe von $\bar{p}^U_{m_3}\bar{A}^U_2$ statt dem Staat der 2. Unternehmung zu.

Eine letzte Organisationsmöglichkeit besteht in einem staatlichen Verbot, mehr als $A_2 = \frac{1}{2}$ des 2. Konsumgutes zu produzieren. Die Durchsetzung dieses Gebotes kann z. B. durch Geld- oder Gefängnisstrafen erzwungen werden. Auch in diesem Fall bringt das neue Wettbewerbsgleichgewicht eine Einkommensumverteilung zugunsten der 2. Unternehmung mit sich.

Man fragt sich allerdings sofort, ob bei Anwendung von Verboten überhaupt noch von einem Wettbewerbsgleichgewicht gesprochen werden kann. Tatsächlich wird ja die zu erzeugende Menge des 2. Konsumgutes in unserem Beispiel durch direkte staatliche Eingriffe nach oben begrenzt. Wir können daher auch sagen, daß bei einer solchen Maßnahme die Marktwirtschaft durch einen zentralverwaltungswirtschaftlichen Eingriff ergänzt wird. Die Maßnahme ist nicht „systemkonform".

Abschließend sei noch auf einen interessanten Umstand verwiesen. $\bar{p}^U_{m_3}$ kann gewissermaßen als der Wert des Verbots je erzeugter Einheit des 2. Konsumgutes aufgefaßt werden, mehr als $1/2$ dieses Konsumgutes zu produzieren. Nicht nur *knappe* Produktionsmittel, sondern auch *wirksame* Rechtsvorschriften oder sonstige Normen haben also ihren Preis oder zumindest ihren Verrechnungspreis.

5.4.3 Durch die Produktion bei den Verbrauchern hervorgerufene externe Nachteile

Da wir in der Folge nur externe Nachteile bei den Verbrauchern betrachten wollen, können wir von der Produktionstechnik und den Produktionsmittelmengen des Beispiels a) ausgehen. Es sei jedoch angenommen, daß nun im 2. Produktionsprozeß neben dem 2. Konsumgut ein drittes, unerwünschtes Konsumgut (oder besser Konsum-„Übel") zwangsläufig miterzeugt wird. Man kann hier z. B. an Abgase denken, die im 2. Betrieb proportional zur Menge des 2. Konsumgutes entstehen und von der Bevölkerung der Umgebung eingeatmet werden müssen.

Wir wollen unterstellen, daß bei Herstellung einer Einheit des 2. Konsumgutes 2 Einheiten des 3. Konsumgutes produziert werden, so daß
$$A_3 = 2 A_2.$$

Ferner muß nach dem zuvor Gesagten A_3 voll verbraucht werden, ob die Konsumenten wollen oder nicht:
$$N_3 = A_3.$$

Es hängt nun alles weitere davon ab, ob die durch das unerwünschte Konsumgut bei der Bevölkerung hervorgerufenen Nachteile in der gesellschaftlichen Zielfunktion zum Ausdruck kommen oder nicht. Werden sie z. B. wegen eines ungeeigneten politischen Verfahrens zur Bildung der gesellschaftlichen Zielfunktion nicht berücksichtigt, so ergibt sich als Optimum die durch (5.52) und (5.53) beschriebene Lösung des Falles a). Diese braucht jedoch, wie gleich gezeigt wird, keineswegs eine bestmögliche Güterversorgung zu bedeuten.

Andererseits ist es möglich, daß die von der Bevölkerung empfundenen Nachteile in der gesellschaftlichen Zielfunktion Ausdruck finden. Wir wollen für diesen Fall von folgender Zielfunktion ausgehen:

(5.39d) $\quad V = (N_1 + \frac{6}{5})(N_2 + \frac{11}{5}) - \frac{12}{25} N^2_3.$

Diese Zielfunktion unterscheidet sich von (5.39) durch den zusätzlichen Summanden $-\frac{12}{25} N^2_3$. Die gesellschaftliche Wohlfahrt nimmt bei einer Zunahme des unerwünschten Konsumguts ab. Bei jeder Menge $N_3 > 0$ ist sie geringer als wenn das Übel nicht vorhanden wäre. Außerdem wird die Abnahme der Wohlfahrt je zusätzlicher Einheit des Gutes um so größer, je mehr von diesem bereits vorhanden ist:

$$\frac{\partial V}{\partial N_3} = -\frac{24}{25} N_3,$$

172 *Klassische Ausnahmen, Informationskosten und Stabilität*

Man kann sich die Bedeutung dieser Annahme am Beispiel der Luftverschmutzung verdeutlichen. Je stärker die Luft bereits verschmutzt ist, desto schädlicher und unangenehmer wirken zusätzliche Abgase.

Das bei Berücksichtigung der externen Nachteile in der gesellschaftlichen Zielfunktion gegebene Problem (der Fall d) läßt sich nach dem Gesagten wie folgt zusammenfassen.

(5.39d) $V = (N_1 + \dfrac{6}{5}) (N_2 + \dfrac{11}{5}) - \dfrac{12}{25} N^2_3 = \max!$

(5.46) $A_1 - N_1 \geqq 0,$

(5.47) $A_2 - N_2 \geqq 0,$

(5.70) $2 A_2 - N_3 = 0,$

(5.48a) $5 - \dfrac{5}{2} A_1 - A_2 \geqq 0,$

(5.49) $8 - A_1 - 4 A_2 \geqq 0,$

(5.50) $N_i \geqq 0, \ A_i \geqq 0, \ (i = 1, 2).$

Die Lösung dieses Problems entspricht nach dem Theorem von Kuhn und Tucker der in den Ungleichungen (5.40) bis (5.51) angegebenen Lösung des Falles a), wenn die Ungleichungen (5.43), (5.44a), (5.45a), (5.50) und (5.51) wie folgt ersetzt werden:

(5.43d) $p_2 + 2 p_3 - p_{m1} - 4 p_{m2} \leqq 0,$

(5.44d) $(N_2 + \dfrac{11}{5} - p_1)N_1 + (N_1 + \dfrac{6}{5} - p_2)N_2 +$

$+ (-\dfrac{24}{25} - p_3)N_3 + (p_1 - \dfrac{5}{2} p_{m1} - p_{m2})A_1 +$

$+ (p_2 + 2 p_3 - p_{m1} - 4 p_{m2})A_2 = 0,$

(5.45d) $(A_1 - N_1)p_1 + (A_2 - N_2)p_2 + (2 A_2 - N_3)p_3 +$

$+ (5 - \dfrac{5}{2} A_1 - A_2)p_{m1} + (8 - A_1 - 4 A_2)p_{m2} = 0,$

(5.50d) $N_i \geqq 0, \ A_j \geqq 0, \ (i = 1, 2, 3; j = 1, 2)$

(5.51d) $p_i \geqq 0, \ p_{mi} \geqq 0, \ (i = 1, 2)$
$p_3 \lessgtr 0.$

Externe Vorteile und Nachteile

Schließlich haben wir noch die Gleichungen

(5.70) $\quad 2A_2 - N_3 = 0\quad$ und

(5.71) $\quad -\dfrac{24}{25}N_3 - p_3 = 0$

hinzuzufügen.

In den Ungleichungen taucht als neuer Preis p_3 auf. Dieser ist als Preis des dritten, unerwünschten Konsumgutes zu deuten.

Wie wirkt sich die Berücksichtigung der externen Nachteile auf die Güterversorgung aus? Da das dritte, unerwünschte Konsumgut bei der Produktion des zweiten Konsumguts entsteht, ist zu vermuten, daß nun im Optimum eine kleinere Menge dieses Konsumguts erzeugt wird als im Fall a). Der optimale Produktionsplan dürfte also in Abb. 5.2 rechts von D auf BD liegen. Trifft diese Vermutung aber zu, so liegt das Optimum nicht auf GK und in (5.49) gilt das Ungleichheitszeichen. Ferner ist wegen (5.45d) dann $p_{m2} = 0$, das zweite Produktionsmittel ist also ein freies Gut.

Werden die beiden ersten Konsumgüter produziert, so ergibt sich wegen (5.46), (5.47) und (5.70) in Verbindung mit (5.40) und (5.41):

$p_1 > 0$,

$p_2 > 0$,

$A_1 = N_1 > 0$,

$A_2 = N_2 > 0$,

$A_3 = N_3 > 0$.

Außerdem gilt in (5.48a) das Gleichheitszeichen.

Trifft unsere Vermutung zu, daß das Optimum zwischen B und D auf BL liegt, so können wir die optimale Lösung wie folgt berechnen. Durch Einsetzen der Gleichungen (5.42a) und (5.43d) in die Gleichungen (5.40) und (5.41) erhält man unter Berücksichtigung der Gleichungen (5.46), (5.47), (5.70), (5.71) und von $p_{m2} = 0$:

$\dfrac{5}{2}p_{m1} = A_2 + \dfrac{11}{5}$,

$p_{m1} = \dfrac{2}{5}A_2 + \dfrac{22}{25}$;

$$p_{m1} - 2\,p_3 = A_1 + \frac{6}{5},$$

$$p_{m1} = A_1 + \frac{6}{5} + 2\,p_3;$$

$$p_3 = -\frac{48}{25}A_2,$$

$$p_{m1} = A_1 + \frac{6}{5} - \frac{96}{25}A_2;$$

$$\frac{2}{5}A_2 + \frac{22}{25} = A_1 + \frac{6}{5} - \frac{96}{25}A_2,$$

$$A_1 = \frac{106}{25}A_2 - \frac{8}{25}.$$

Wir setzen diesen Wert in (5.48a) ein und erhalten:

$$A_2 = 5 - \frac{53}{5}A_2 + \frac{4}{5},$$

$$\frac{58}{5}A_2 = \frac{29}{5},$$

(5.72) $\quad \overline{N}^C{}_2 = \overline{A}^C{}_2 = \frac{1}{2};$

$$A_1 = \frac{106}{50} - \frac{16}{50} = \frac{90}{50},$$

(5.73) $\quad \overline{N}^C{}_1 = \overline{A}^C{}_1 = \frac{9}{5}.$

Ferner ergibt sich aus (5.70) und (5.72):

(5.74) $\quad \overline{N}^C{}_3 = \overline{A}^C{}_3 = 1.$

Durch Einsetzen der gefundenen Werte in (5.39d) erhält man die zugehörige gesellschaftliche Wohlfahrt:

$$V = 3\left(\frac{1}{2} + \frac{11}{5}\right) - \frac{12}{25}\,1^2,$$

$$V = \frac{81}{10} - \frac{12}{25} = \frac{405 - 24}{50}$$

(5.75) $\quad \overline{V}^C = \dfrac{381}{50} = 7\dfrac{31}{50}.$

Um sicherzugehen, daß die gefundenen Werte tatsächlich das Optimum angeben, haben wir noch zu zeigen, daß sich eine geringere gesellschaftliche Wohlfahrt ergibt, wenn sowohl in (5.48a) als auch in (5.49) das Gleichheitszeichen gilt, wenn also gemäß (5.52) und (5.53):

$$N_1 = A_1 = \frac{4}{3} \quad \text{und}$$

$$N_2 = A_2 = \frac{5}{3}$$

ist. In diesem Fall gilt wegen (5.70)

$$N_3 = A_3 = \frac{10}{3},$$

so daß wir für die gesellschaftliche Wohlfahrt nach (5.39d) erhalten:

$$V = \left(\frac{4}{3} + \frac{6}{5}\right)\left(\frac{5}{3} + \frac{11}{5}\right) - \frac{12}{25}\left(\frac{10}{3}\right)^2,$$

$$V = \frac{38}{15}\frac{58}{15} - \frac{12}{25}\frac{100}{9},$$

$$V = \frac{2204}{225} - \frac{16}{3},$$

$$V = 9\frac{179}{225} - 5\frac{1}{3}.$$

Dieser Wert ist tatsächlich kleiner als $\overline{V}^C$, so daß dieses die mit dem optimalen Konsum- und Produktionsplan verbundene gesellschaftliche Wohlfahrt angibt.

5.4.4 Organisatorische Maßnahmen zur Verwirklichung einer möglichst guten Güterversorgung bei externen Nachteilen für die Verbraucher

Auch bei externen Nachteilen für die Verbraucher, die durch die Produktion bestimmter Güter hervorgerufen werden, interessiert uns die Frage, durch welche organisatorischen Maßnahmen in verschiedenen Wirtschaftssystemen die optimale Güterversorgung erreicht werden kann.

Bei vollständiger Information der zentralen Planungsstelle können in der Zentralgeleiteten Verwaltungswirtschaft die optimalen Mengen der zu erzeugenden Konsumgüter und der zu verbrauchenden Produktionsmittel berechnet und den Betrieben, den Besitzern der Produktionsmittel und dem Ministerium für Konsumgüterbeschaffung entsprechende Anweisungen gegeben werden.

Im Konkurrenzsozialismus wird die zentrale Planungsstelle an Hand ihrer Informationen die optimalen Preise der Konsumgüter und der Produktionsmittel berechnen und die gefundenen Werte den Betrieben und dem Ministerium für Konsumgüterbeschaffung mit der Anweisung zuleiten, sich als Mengenanpasser bei Produktion und Konsumgüterbeschaffung zu verhalten und die Gewinne bzw. die gesellschaftliche Zielfunktion zu maximieren. Gleichzeitig erhält der 2. Betrieb zusätzlich die Mitteilung, daß ihm für jede produzierte Mengeneinheit des 3. Konsumgutes Kosten in Höhe von (vgl. Gleichung (5.71)):

$$-\overline{p}^{C_3} = \frac{24}{25}$$

berechnet werden. Schließlich wird das Ministerium für Güterbeschaffung darauf hingewiesen, daß es bei seinen Konsumgüterkäufen nicht nur über die Entgelte der Produktionsmittel und die Gewinne der Betriebe, sondern auch über die Betrieb 2 zusätzlich berechneten Kosten in Höhe von

$$-\overline{p}^{C_3}\overline{N}^{C_3} = \frac{24}{25}$$

verfügen kann.

In Marktwirtschaften läßt sich eine ähnliche Regelung finden. Hier wird etwa von den staatlichen Stellen eine Steuer von $-\overline{p}^{C_3}$ je hergestellter Einheit auf die Produktion des unerwünschten Gutes erhoben und der Steuerertrag als Transferzahlung an das Ministerium für Konsumgüterbeschaffung weitergeleitet. Die Steuer könnte natürlich auch in Höhe von

$$-\frac{1}{2}\overline{p}^{C_3} = \frac{12}{25}$$

je Einheit des 2. statt des 3. Konsumgutes erhoben werden.

Eine alternative Regelung ließe sich dadurch erzielen, daß dem Ministerium für Konsumgüterbeschaffung im Rahmen der Wirtschaftsverfassung ein Schadensersatzanspruch gegen die 2. Unternehmung in

Höhe von $-\bar{p}^{C}{}_{3}$ je hergestellter Menge des unerwünschten Konsumgutes eingeräumt würde.

Schließlich besteht für die staatlichen Stellen die Möglichkeit, der 2. Unternehmung zu verbieten, mehr als eine Einheit des 3. Konsumguts oder eine halbe Einheit des 2. Konsumguts herzustellen. Diese Maßnahme ist jedoch im Rahmen einer Marktwirtschaft nicht systemkonform, da praktisch eine Menge durch staatliche Anweisung fixiert wird.

Das für unser Beispiel abgeleitete Ergebnis macht deutlich, daß es durchaus sinnvoll sein kann, die Produktion des unerwünschten Gutes nicht ganz zu unterbinden, sondern nur zu verringern. In dem gewählten Beispiel hängt dieses Ergebnis davon ab, daß wegen der starren Technik (die Konsumgüter 2 und 3 können nur in einem unveränderlichen Verhältnis erzeugt werden) die völlige Beseitigung der externen Nachteile für die Verbraucher die Einstellung auch der Produktion des zweiten erwünschten Konsumgutes bedeuten würde. In der Realität kann es jedoch auch sinnvoll sein, in begrenztem Ausmaß externe Nachteile (wie eine relativ geringe Wasserverschmutzung) hinzunehmen, wenn man sonst zwar nicht völlig auf bestimmte andere Konsumgüter, wohl aber auf eine erhebliche Menge derselben verzichten muß.

Abschließend sei kurz auf einige Probleme eingegangen, die im Zusammenhang mit externen Nachteilen für die Verbraucher bei der Bildung der gesellschaftlichen Zielfunktion oder bei einer Dezentralisierung des Verbrauchs auf die Haushalte mit Hilfe der Märkte entstehen.

Sollen die herzustellenden Konsumgütermengen und ihre Verteilung durch Mehrheitsbeschlüsse aller Haushalte bestimmt werden, so ist zunächst einmal zu vermuten, daß Maßnahmen zur Einschränkung von externen Nachteilen nur dann getroffen werden, wenn ein genügend großer Anteil der Wähler von den Nachteilen betroffen wird und diese auch als solche auffaßt. Hält ein großer Bevölkerungsteil das betreffende Konsumgut für ein Übel, so besteht eher Aussicht für die Wahl einer Alternative durch Mehrheitsbeschluß, die eine Einschränkung der Produktion des unerwünschten Gutes impliziert.

Bei Dezentralisierung des Verbrauchs in einer Marktwirtschaft entstehen bei externen Nachteilen ähnliche Probleme wie bei öffentlichen Gütern. Das die externen Nachteile verursachende Übel wird ja nicht über den Markt bezogen, sondern den Verbrauchern durch die Produzenten des Übels aufgezwungen[16]. Bezieht also auch nur ein Haushalt

---

[16] In der Realität werden den Konsumenten externe Nachteile wie Abgase von Autos und Heizungen in beträchtlichem Ausmaß auch durch andere Verbraucher aufgezwungen.

ein Gut, dessen Erzeugung die Herstellung des unerwünschten Konsumgutes mit sich bringt, so können andere Haushalte regelmäßig nicht vom Verbrauch desselben ausgeschlossen werden und sich nicht einmal selbst davon ausschließen. Das kann zur Folge haben, daß auch die Gewährung von Schadensersatzansprüchen durch die Wirtschaftsverfassung nicht zu einer genügenden Einschränkung der externen Nachteile führt. Der einzelne Haushalt muß zur Realisierung seines Schadensersatzanspruchs Zeit und Prozeßkosten aufwenden, die ihm gewichtiger erscheinen können, als der von ihm erlittene Schaden. Das kann bedeuten, daß kein Verbraucher einen Prozeß anstrengt, obwohl der bei allen Konsumenten bewirkte Nachteil beträchtlich ist. Schließlich ist zu bedenken, daß die einzelnen Haushalte geneigt sein werden, einander bei der Beseitigung oder Minderung der externen Nachteile mit Hilfe eines Gerichtsverfahrens den Vortritt zu lassen, da sie selbst auf diese Weise die erforderliche Zeit und die Prozeßkosten sparen können.

In vielen Fällen wird also nichts anderes übrigbleiben, als daß staatliche Stellen mit Hilfe eines Verbotes oder einer Steuer eingreifen. Es ist jedoch auch dann nicht zu erwarten, daß eine Pareto-optimale Entscheidung herbeigeführt wird. Um diese überhaupt erst berechnen zu können, müßte die zuständige staatliche Stelle, neben allen Produktionstechnik und vorhandene Produktionsmittelmengen betreffenden Informationen, die Präferenzen aller Verbraucher und ihre Einkommen kennen. Ganz analog wie bei öffentlichen Gütern widerspricht es aber den Interessen der Haushalte, die Intensität ihrer Präferenzen oder Abneigungen wahrheitsgemäß erkennen zu lassen. Denn die Verwirklichung einer Pareto-optimalen Situation würde erfordern, daß die Konsumenten gemäß den ihnen zugefügten und von ihnen selbst bewerteten externen Nachteilen entschädigt werden, wobei der entsprechende Betrag z. B. in Form von Steuern bei den Unternehmungen zu erheben wäre, die die unerwünschten Güter produzieren. Die Haushalte haben daher alle Ursache, die empfundenen Nachteile als besonders gravierend hinzustellen, um eine möglichst hohe Entschädigung zu erhalten.

Es bleibt also auch in der Marktwirtschaft nichts anderes übrig, als externe Nachteile gegebenenfalls durch politische Verfahren, also z. B. durch Mehrheitsentscheidungen zu beseitigen oder einzuschränken, wenn die Einräumung von Schadensersatzansprüchen nicht ausreicht und die Nachteile der Mehrheit der Wähler schwerwiegend genug erscheinen. Eine Pareto-optimale Lösung kann jedoch mit Hilfe eines solchen Vorgehens nicht erwartet werden, wie bereits die Erörterungen in Abschnitt 4.3 gezeigt haben.

5.5 Informationskosten und dynamische Stabilität

Im bisherigen Verlauf unserer Erörterungen sind wir meist von der Annahme ausgegangen, daß in jedem Wirtschaftssystem alle erforderlichen Informationen irgendwo vorhanden sind und ohne Verbrauch oder Gebrauch von knappen Produktionsmitteln in den Besitz der zentralen Planungsstelle oder anderer Behörden gelangen können. Darüber hinaus wurde angenommen, daß die öffentlichen Stellen ausreichende Kapazitäten zur Aufnahme und Verarbeitung aller Informationen besitzen.

Es bedarf keiner langen Darlegungen, um zu zeigen, daß diese Voraussetzungen unrealistisch sind. Weder sind alle Informationen bei den Wirtschaftseinheiten des Systems vorhanden, noch können sie von öffentlichen Stellen ohne Verwendung knapper Produktionsmittel erlangt werden, noch sind auch diese öffentlichen Stellen in der Lage, selbst mit den modernsten Großrechnern und Speicheranlagen, die Milliarden Daten aufzunehmen und zu verarbeiten, die für die optimale Planung einer modernen Wirtschaft benötigt werden.

Angesichts dieser Sachlage ist es naheliegend, daß eine optimale Güterversorgung in dem bisher verwendeten Sinn bestenfalls näherungsweise erreicht werden kann und diese Annäherung vermutlich um so geringer sein wird, je umfangreicher die Informationserfordernisse eines bestimmten Wirtschaftssystems bei sonst gleichen Bedingungen sind.

Eng verbunden mit dem Problem der Informationen ist die Frage der dynamischen Stabilität von Wirtschaftssystemen. Besitzt z. B. in einer Zentralverwaltungswirtschaft die zentrale Verwaltungsstelle nicht alle benötigten Informationen, so kann sie die optimalen Mengen der zu produzierenden Konsumgüter und der zu verbrauchenden Produktionsmittel nicht berechnen. Folglich sind die berechneten Mengen nicht optimal. Werden diese nun den einzelnen Betrieben als Zielgrößen mitgeteilt, so wird das häufig zur Folge haben, daß die gesetzten Ziele von den Betrieben nicht erreicht oder aber übererfüllt werden. Erfährt die zentrale Planungsstelle von diesen Diskrepanzen, so wird sie sich zu einer Korrektur der Planungsgrößen entschließen usw. Die entscheidende Frage ist nun, ob erstens das gewählte Korrekturverfahren im Laufe der Zeit bei unveränderten Umweltbedingungen zu einem Zustand führt, in dem keine größeren Planrevisionen mehr erforderlich sind, das System also dynamisch stabil ist, und ob sich zweitens die produzierten und verbrauchten Mengen immer mehr dem Optimum nähern oder nicht.

In der Folge können nur einige grundsätzliche Aspekte des Informationsproblems und der Frage der dynamischen Stabilität erörtert werden. Ein Grund dafür ist, daß wir in Band 2 bei der Betrachtung verschiedener Wirtschaftssysteme besser auf die einzelnen Probleme eingehen können, als im Rahmen einer allgemeinen Diskussion. Ein anderer und vielleicht wichtigerer Grund besteht jedoch darin, daß die Kenntnis der durch Informationslücken und Informationskosten aufgeworfenen Probleme, ebenso wie die Kenntnis dynamischer wirtschaftlicher oder gar sozial-ökonomischer Systeme, bisher höchst unvollkommen ist.

5.5.1 Die Informationserfordernisse verschiedener Wirtschaftssysteme bei Verwirklichung des Optimums von Produktion und Verbrauch ohne Berücksichtigung von Informationskosten [17]

Uns interessieren in diesem Abschnitt die Informationserfordernisse verschiedener Wirtschaftssysteme. Da die Beschaffung von Informationen einen Produktionsmittelaufwand mit sich bringt, werden um so weniger Produktionsmittel für die eigentliche Produktion zur Verfügung stehen, je höher die Informationsbedürfnisse eines Wirtschaftssystems bei sonst gleicher Leistung sind. Informationssparende Systeme können daher effizienter sein. Wie sieht es nun mit dem Informationsbedarf bei Zentralverwaltungswirtschaft, Konkurrenzsozialismus und Marktwirtschaft aus? Es sei davon ausgegangen, daß alle benötigten Informationen bei den Wirtschaftseinheiten, die unmittelbar Konsumgüter verbrauchen, Güter produzieren oder Produktionsmittel besitzen, vorhanden sind. Diese Annahme impliziert bereits eine gewisse Abstraktion von der Wirklichkeit, obwohl die genannten Wirtschaftssubjekte sicherlich am besten über den kleinen Ausschnitt der Wirtschaft informiert sind, mit dem sie selbst täglich in Berührung kommen. Darüber hinaus dürfte der Informationsstand dieser Wirtschaftseinheiten vermutlich nur wenig von Wirtschaftssystem zu Wirtschaftssystem schwanken, soweit die Kenntnis der von ihnen benutzten Produktionstechnik, der eigenen Präferenzen und der bei ihnen vorhandenen Produktionsmittel betroffen ist. Folglich können wir von Lücken in ihrem diesbezüglichen Wissen absehen, da sich die verschiedenen Wirtschaftssysteme dadurch nicht erheblich unterscheiden.

Es sei nun eine verallgemeinerte Fassung von Modell 2.1 betrachtet, in der n Konsumgüter mit m Produktionsmitteln von r Betrieben hergestellt und von s Haushalten verbraucht werden. Ferner wollen wir annehmen, daß sich die Menge a_j (j = 1, 2, ..., q) des j-ten transferierbaren Produktionsmittels im Besitz der privaten und öffentlichen Haus-

---

[17] Herr Dr. *M. Faber* hat wesentlich zur Gestaltung dieses Abschnittes beigetragen.

Informationskosten und Stabilität

halte befindet, wobei bei den transferierbaren Produktionsmitteln besonders an die verschiedenen Arten Arbeit zu denken ist. Öffentliche Haushalte wie Gemeinden mögen daneben, selbst in einer Zentralverwaltungswirtschaft, über Boden- und Naturschätze verfügen. Die Menge b_j ($j = q + 1, q + 2, \ldots, m$) des j-ten nicht transferierbaren Produktionsmittels ist im Besitz je eines Betriebes. Schließlich sei angenommen, daß jedes der Güter von mehr als einem Betrieb erzeugt wird.

Welche Informationen würde unter diesen Voraussetzungen die zentrale Planungsstelle einer Zentralverwaltungswirtschaft für die Berechnung eines optimalen Plans benötigen, und welche Informaitonen müßte sie selbst an die Haushalte und Betriebe weiterleiten? Zunächst ist einleuchtend, daß die s Haushalte die Mengen der bei ihnen befindlichen gesamtwirtschaftlichen Produktionsmittel (also die a_j) und, falls die Wünsche der Haushalte in der gesellschaftlichen Zielfunktion berücksichtigt werden sollen, ihre Präferenzen bezüglich der Konsumgüter der zentralen Planungsstelle mitteilen müßten.

Von jedem Betrieb werden Angaben über die Produktionstechnik (also die a_{ij} und b_{ik} unseres Modells) und über die Mengen der bei ihnen befindlichen nicht transferierbaren Produktionsmittel (d. h. die b_k) benötigt.

Hat die zentrale Planungsstelle diese Informationen erhalten, so berechnet sie den optimalen Plan und teilt anschließend jedem einzelnen Betrieb mit, wieviel er von jedem Produkt herstellen soll und welche Mengen an Produktionsmitteln dafür verbraucht werden sollen. Kann ein Gut in einem Betrieb nur mit einem Produktionsprozeß hergestellt werden, so ist die letztgenannte Information überflüssig, da sie sich aufgrund der Kenntnis, die der Betrieb über seine Produktionstechnik besitzt, aus den Angaben über die Produktmenge ergibt.

Den Konsumenten teilt die zentrale Planungsstelle mit, welche Produktionsmittelmengen sie an welche Betriebe zu liefern haben und welche Mengen der verschiedenen Konsumgüter sie erhalten.

Sind keine genügenden Anreize vorhanden, um sicherzustellen, daß Haushalt und Betriebe sich entsprechend den erhaltenen Anweisungen verhalten, so ist es notwendig, daß die zentrale Planungsstelle sich am Ende der Planungsperiode Informationen über die tatsächlich hergestellten Produktmengen, ihren Verbrauch und die wirklich gelieferten und verwendeten Produktionsmittelmengen verschafft.

In den folgenden Perioden ist das geschilderte Verfahren zu wiederholen, wenn das Optimum noch nicht erreicht ist.

Man erkennt aus den vorausgegangenen Überlegungen, daß die Informationserfordernisse des beschriebenen Systems außerordentlich hoch sind. Es ist daher naheliegend zu fragen, ob der Konkurrenzsozialismus in dieser Hinsicht besser arbeitet als die Zentralverwaltungswirtschaft.

Das ist, wie gleich zu zeigen ist, tatsächlich der Fall. Zwar benötigt die zentrale Planungsstelle auch hier die gleichen Informationen von Haushalten und Betrieben, um den optimalen Plan und damit die optimalen Preise berechnen zu können. Doch braucht sie selbst Haushalten und Betrieben nur die Preise der Produkte und der Produktionsmittel sowie die Einkommen mitzuteilen und gleichzeitig die Betriebe anzuweisen, als Mengenanpasser ihre Gewinne zu maximieren. Daß auf diese Weise eine Informationsersparnis erzielt werden kann, ist offensichtlich. Denn alle Haushalte, die Konsumgüter der gleichen Art verbrauchen wollen, benötigen Informationen über die gleichen Preise. Entsprechendes gilt für alle Betriebe, die diese Konsumgüter herstellen. Schließlich brauchen auch die Betriebe, die die gleichen Produktionsmittel benutzen, Informationen über identische Verrechnungspreise. Es ist also möglich, diese Informationen z. B. durch einen Sender auszustrahlen oder durch eine Zeitung zu verbreiten, da gleiche Informationen sich an viele Empfänger richten. Aus diesem Grunde ist es nicht wie in der Zentralgeleiteten Verwaltungswirtschaft notwendig, jedem einzelnen Betrieb und jedem einzelnen Haushalt *alle* Informationen, die er benötigt, gesondert zukommen zu lassen, weil die die einzelnen Wirtschaftssubjekte betreffenden Mitteilungen einen unterschiedlichen Inhalt besitzen.

Die Kontrolle der untergeordneten Wirtschaftssubjekte durch die zentrale Planungsstelle ist im Konkurrenzsozialismus nur notwendig, wenn kein genügender Anreiz für dieselben vorhanden ist. Wird das Einkommen der Betriebsleiter und der führenden Angestellten teilweise von den erzielten Verrechnungsgewinnen oder -verlusten abhängig gemacht, so wird die Kontrolle der Leistungen der Betriebe und die dafür erforderlichen vielfältigen Informationen vermutlich überflüssig sein.

Wie sieht es mit den Informationsbedürfnissen der Marktwirtschaft aus? Hier müssen weder Informationen an eine zentrale Planungsstelle noch von dieser Anweisungen an Betriebe und Haushalte gegeben werden. Haushalte und Unternehmungen treten mit den von ihnen angebotenen und nachgefragten Mengen der Konsumgüter und Produktionsmittel aufgrund der bei ihnen vorhandenen Kenntnis der Preise der letzten ebenso wie früherer Perioden an den Markt, der auf diese Weise Informationen erhält. Im Gegensatz zu den vorher betrachteten Systemen wird der Informationsgehalt der Gütertransaktionen selbst genutzt, es entstehen neben den Kosten für diese Transaktionen keine besonderen Informationskosten. So wird etwa bei einem Überangebot für ein Gut der Preis desselben fallen, bei einer Übernachfrage dagegen steigen. Andererseits ist jedoch zu fragen, ob dieser Prozeß zu den Preisen des Wettbewerbsgleichgewichts führt. Das ist nur der Fall, wenn das System dynamisch stabil ist. Selbst dann ist es möglich, daß einige Zeit vergeht, bis eine hinreichend enge Annäherung an die Gleichgewichtspreise erreicht ist.

Es läßt sich also feststellen, daß die Marktwirtschaft außerordentlich informationssparend ist, da sie im Gegensatz zur Zentralverwaltungswirtschaft und zum Konkurrenzsozialismus schon durch die Mengentransaktionen Informationen liefert, die von den Märkten gewissermaßen wie von einem riesigen Rechner zu Preisänderungen verarbeitet werden. Ohne die dynamische Stabilität des Systems und eine rasche Annäherung an die Wettbewerbspreise würde jedoch dieser Ersparnis von Informationskosten wenig Bedeutung zukommen. Es ist also notwendig, die dynamischen Eigenschaften von Marktwirtschaften kennenzulernen, bevor ein Urteil in dieser Angelegenheit möglich ist [18].

Die Ersparnisse an Aufwendungen für Informationen, die eine Marktwirtschaft gegenüber dem Konkurrenzsozialismus mit sich bringt, können entfallen, wenn öffentliche Güter oder externe Vorteile oder Nachteile vorhanden sind. Das trifft z. B. bei Externalitäten immer dann zu, wenn die externen Vorteile oder Nachteile so schwerwiegend sind, daß selbst bei Berücksichtigung der für die zusätzlichen Informationen zur Bestimmung des Optimums erforderlichen Produktionsmittelaufwendungen sich in der Marktwirtschaft ein von diesem Optimum abweichender Produktions- und Verbrauchsplan ergibt. Wie wir gesehen haben (vgl. Abschnitt 5.4), wäre unter diesen Umständen ein Wettbewerbsgleichgewicht ganz unabhängig von seiner dynamischen Stabilität nur dann optimal, wenn zuvor bestimmte staatliche Maßnahmen ergriffen worden wären. Sollen diese jedoch tatsächlich einen optimalen Zustand herbeiführen, so muß die zuständige staatliche Stelle sich die gleichen Informationen wie die zentrale Planungsstelle beschaffen, um den optimalen Konsum- und Produktionsplan und damit die optimalen Maßnahmen berechnen zu können. In diesem Fall besitzt folglich die Marktwirtschaft nur noch die Informationsvorteile des Konkurrenzsozialismus gegenüber der Zentralverwaltungswirtschaft.

Man sollte jedoch nicht übersehen, daß nach den früheren Ergebnissen wohl in keinem der erwähnten Wirtschaftssysteme bei Auftreten

---

[18] Zusätzliche Informationsprobleme tauchen auf, wenn in einer Marktwirtschaft Entscheidungen zu treffen sind, die wie Investitionen die Wirtschaftssubjekte für längere Zeit binden. In diesem Falle liegt es im Interesse der Entscheidungsträger, sich Informationen über die mutmaßliche künftige Entwicklung, wie z. B. über zu erwartende Absatzmengen und Preise, zu verschaffen.

öffentlicher Güter oder externer Vorteile oder Nachteile eine Paretooptimale Situation erreicht werden kann. Wie wir sahen, haben unter diesen Voraussetzungen die Haushalte allen Grund, die von den zuständigen staatlichen Stellen benötigten Informationen nicht wahrheitsgetreu zur Verfügung zu stellen. Es stellt sich daher die Frage, ob die Informationsvorteile der Marktwirtschaft bei hinreichender dynamischer Stabilität nicht bewahrt bleiben sollten, und man sich nicht damit begnügen sollte, mit Hilfe ergänzender politischer Entscheidungsverfahren, die durch das Vorhandensein öffentlicher Güter und die Existenz externer Vor- und Nachteile hervorgerufenen Abweichungen soweit wie möglich zu korrigieren.

5.5.2 Die Bedeutung dynamischer Anpassungsprozesse in verschiedenen Wirtschaftssystemen

Um die Bedeutung dynamischer wirtschaftlicher Prozesse und die durch sie ermöglichten Informationsersparnisse besser zu verstehen, wollen wir zunächst zu der in Abschnitt 4.2 gegebenen Interpretation der dezentralisierten Konsumentscheidungen der Haushalte als politisches Wahlverfahren zurückkehren.

Es sei daran erinnert, daß in diesem Verfahren die Wahlleitung den Haushalten und Betrieben zunächst mitteilt, wieviel Punkte je Einheit (Preise) der verschiedenen Konsumgüter aufzuwenden sind bzw. für sie erhalten werden können. Anschließend stimmen die Haushalte ab, indem sie ihre gesamten Stimmpunkte (ihre Einkommen) auf die Wahlurnen verteilen, die alle Konsumgüter repräsentieren. Die Wahlleitung ist dann über die insgesamt von den Verbrauchern zu den vorgegebenen Punkten je Einheit gewünschten Mengen der Konsumgüter informiert.

Inzwischen haben auch die Betriebe der Wahlleitung mitgeteilt, welche Mengen der Konsumgüter sie zu den festgesetzten Punktzahlen je Einheit anbieten wollen. Stimmen die angebotenen Mengen für alle Konsumgüter mit der Nachfrage überein, so sind die optimalen Punkte je Einheit (die Preise des Wettbewerbsgleichgewichts) erreicht und die Wahlleitung erklärt die von den Haushalten gewünschten und von den Betrieben angebotenen und zu produzierenden Mengen für verbindlich. Die Ausführung der koordinierten und konsistenten Pläne kann beginnen.

Ist das Gleichgewicht von Angebot und Nachfrage dagegen für einige oder alle Konsumgüter noch nicht erreicht, so erhöht die Wahlleitung die je Einheit erforderliche Punktzahl (den Preis) bei den Gütern, bei denen die Nachfrage das Angebot übersteigt, und setzt sie bei den Gütern herab, bei denen ein Angebotsüberschuß vorliegt.

Informationskosten und Stabilität

Anschließend wird das beschriebene Verfahren wiederholt. Ergibt sich eine Gleichheit von Angebot und Nachfrage für alle Güter, so ist der Wahlvorgang abgeschlossen. Ist das nicht der Fall, so wird die Prozedur in der beschriebenen Weise fortgesetzt, bis dieses Ergebnis schließlich vorliegt.

Man macht sich nun klar, daß bei dem geschilderten Verfahren die Wahlleitung keine Informationen über Präferenzskalen, über vorhandene Produktionstechnik und Produktionsmittelmengen zu besitzen braucht. Die Haushalte benötigen neben der Kenntnis ihrer Einkommen und ihrer Präferenzen nur die Information über die für sie relevanten Konsumgüterpreise. Ganz entsprechend brauchen die Betriebe neben der Information über die ihnen zur Verfügung stehende Produktionstechnik und die bei ihnen vorhandenen Produktionsmittelmengen nur die Preise der Konsumgüter zu kennen.

Wird das Beispiel durch die Annahme erweitert, daß sich transferierbare Produktionsmittel in den Händen der Haushalte befinden, und daß diese ihr Einkommen als Gegenleistung für die Abgabe von Produktionsmitteln an die Betriebe erzielen, so muß die gegebene Beschreibung etwas modifiziert werden. In diesem Fall wird den Haushalten nicht die Zahl der ihnen zur Verfügung stehenden Stimmpunkte (ihr Einkommen) mitgeteilt, sondern die Wahlleitung gibt die Punkte je Einheit (die Preise) an, die die Verbraucher für die Abgabe der verschiedenen Produktionsmittel erhalten. Die den Haushalten zur Verfügung stehende Punktzahl (das Einkommen) bestimmt sich dann bei gegebener Verteilung der transferierbaren Produktionsmittel auf die Haushalte ebenfalls durch den Wahlvorgang. Gleichzeitig erfahren die Betriebe nun von der Wahlleitung neben den Punktzahlen (Preisen) für die Konsumgüter auch die Punktzahlen für die transferierbaren Produktionsmittel und teilen der Wahlleitung die bei diesen Punktzahlen je Einheit (Preise) gewünschten Mengen derselben mit. In diesem erweiterten Beispiel ist also die Kenntnis der Punktzahlen je Einheit der Produktionsmittel für Haushalte und Betriebe erforderlich. Schließlich müssen die Haushalte jetzt über die Mengen der bei ihnen vorhandenen Produktionsmittel Bescheid wissen.

Im Laufe des oben geschilderten Wahlverfahrens erhält die Wahlleitung Informationen über die gewünschten Angebots- und Nachfragemengen und teilt anschließend den Verbrauchern und den Betrieben neue Punktzahlen je Gütereinheit (Preise) mit. Dieses Verfahren hört auf, wenn Angebots- und Nachfragemengen übereinstimmen. Daraus erkennt man, daß die Wahlleitung, die Haushalte und die Betriebe nie über mehr als die angegebene, sehr begrenzte Menge von Informationen verfügen müssen. Trotzdem wird früher oder später eine optimale Güterversorgung erreicht, wenn das beschriebene Verfahren dynamisch stabil ist.

Ein dem beschriebenen entsprechendes Verfahren läßt sich auch im Konkurrenzsozialismus denken. Die zentrale Planungsstelle beschafft sich in diesem Fall nicht, wie bei unseren bisherigen Überlegungen zur Organisation des Konkurrenzsozialismus angenommen wurde, alle zur Berechnung der optimalen Preise erforderlichen Informationen von Haushalten und Betrieben und gibt die optimalen Preise an die genannten Wirtschaftssubjekte weiter, sondern übernimmt weitgehend die Funktionen der Wahlleitung unseres oben skizzierten Beispiels. Die zentrale Preisstelle, wie wir die zentrale Planungsstelle jetzt besser nennen wollen, teilt zunächst den Haushalten und Betrieben beliebige Güterpeise mit. Im Gegensatz zum oben betrachteten Beispiel bieten die Betriebe nun aber tatsächlich ihre Produkte an und fragen Produktionsmittel nach, während die Haushalte tatsächlich Konsumgüter nachfragen und Produktionsmittel anbieten. Es finden also wirklich Gütertransaktionen zu den vorgegebenen Preisen statt, und es treten möglicherweise Diskrepanzen zwischen angebotenen und nachgefragten Mengen auf. Die Preisstelle läßt sich von diesen Diskrepanzen berichten und setzt bei einem Überangebot den für die nächste Periode gültigen Preis herab, bei einer Übernachfrage dagegen herauf. Aufgrund der geänderten Preise werden Angebots- und Nachfragemengen von Betrieben und Haushalten angepaßt. Entsprechen Angebot und Nachfrage einander, so läßt die zentrale Preisstelle die Preise unverändert, andernfalls wird das geschilderte Verfahren fortgesetzt. Auch dieses System des Konkurrenzsozialismus kommt bei Verwendung des beschriebenen Anpassungsmechanismus mit weniger Informationen aus und führt trotzdem zur optimalen Güterversorgung, wenn dynamische Stabilität vorliegt. Aufwendungen von knappen Produktionsmitteln zur Beschaffung, Verarbeitung und Weiterleitung der überflüssig werdenden Informationen können vermieden werden.

Wir wenden uns nun der Marktwirtschaft zu. Dort entfallen zentrale Preisstelle oder Wahlleitung. In einer gegebenen Periode setzen die die einzelnen Güter herstellenden Unternehmungen die Preise ihrer Produkte und die anzubietenden Mengen der Konsumgüter und die nachzufragenden Produktionsmittelmengen fest. Dabei orientieren sie sich an den Preisen der Vorperiode und den Informationen über das dort von ihnen festgestellte Überangebot oder die Übernachfrage. Bei einem Überangebot setzen sie den Preis des fraglichen Gutes herab, bei Übernachfrage herauf. Die Haushalte reagieren wie in den anderen Fällen auf die neuen Preise.

Wird auf diese Weise ein Ausgleich für Angebot und Nachfrage aller Güter erzielt, so lassen die Unternehmungen die Preise unverändert, andernfalls wiederholt sich die beschriebene Prozedur.

Wie man sieht, ist es in einer Marktwirtschaft nicht einmal erforderlich, die Aufwendungen zur Information der Wahlleitung oder der zentralen Preisstelle zu machen. Das System ist also, wie bereits betont, außerordentlich informationssparend. Bei dynamischer Stabilität führt es ebenfalls zu einer optimalen Güterversorgung, wobei wir, wie immer in diesem Abschnitt, von öffentlichen Gütern und externen Vorteilen oder Nachteilen absehen.

Wir haben noch die Frage zu prüfen, ob auch für die Zentralgeleitete Verwaltungswirtschaft ein informationssparendes dynamisches System existiert, das bei Stabilität zu einer optimalen Güterversorgung führt. Diese Frage ist nach unseren heutigen Kenntnissen viel schwerer zu beantworten. Man kann sich jedoch vorstellen, daß die zentrale Planungsstelle zunächst den Betrieben bestimmte Produktmengen und Produktionsmittelmengen vorgibt. Nach Ausführung dieser Pläne läßt sie sich die von den Plangrößen nach oben oder unten abweichenden Mengen melden. Anschließend werden die alten Pläne mit Hilfe der neuen Informationen revidiert. Stimmen in der neuen Periode tatsächliche Größen und Plangrößen überein, so wird keine Änderung mehr vorgenommen. Andernfalls wird in der beschriebenen Weise weiterverfahren.

Nichts garantiert jedoch bei diesem Verfahren, daß selbst bei einer Übereinstimmung von geplanten und tatsächlichen Mengen ein optimaler Konsum- und Produktionsplan vorliegt, gibt es doch viele Mengenkombinationen der Produkte und Produktionsmittel, die sich dadurch auszeichnen, daß die vorhandenen Mengen der Produktionsmittel gerade zur Herstellung der Produktmengen ausreichen. Wie wir wissen, ist das für z. B. für alle effizienten Produktionspläne bei den knappen Gütern der Fall, obwohl nur einer dieser Pläne optimal ist. Dabei haben wir sogar bewußt darauf verzichtet, nochmals auf die bereits erörterte Frage einzugehen, auf welche Weise die Wünsche der Haushalte ohne Preis- oder Punktsystem berücksichtigt werden könnten. Es wird also der Schluß nahegelegt, daß für die Zentralverwaltungswirtschaft schwerlich ein dynamisches, informationssparendes System konstruiert werden kann, das bei Stabilität eine befriedigende Annäherung an eine optimale Güterversorgung erlaubt[19]. Trifft diese Vermutung

---

[19] *G. M. Heal*, Planning without Prices; Review of Economic Studies, Bd. XXXVI, Nr. 107, 1969, S. 347–362, sucht ein dynamisches, informationssparendes System für eine Zentralverwaltungswirtschaft zu entwickeln, indem er die Grenzerträge der Produktionsmittel verwendet.

aber zu, so ist es unumgänglich, daß sich die zentrale Planungsstelle eine außerordentliche Fülle von Informationen beschafft, diese verarbeitet und dann die entsprechend zahlreichen Informationen über die geplanten Mengen an Haushalte und Betriebe weiterleitet. Eine volle Erfassung, Verwertung und Weitergabe aller für eine optimale Planung benötigten Informationen erfordert jedoch nicht nur einen erheblichen Produktionsmittelaufwand, sondern geht über die Kapazität aller Behörden und Rechner hinaus.

Wir wollen uns mit dieser Erörterung einiger der speziellen Probleme der Zentralgeleiteten Verwaltungswirtschaft begnügen, zumal wir uns später bei der Betrachtung der verschiedenen Wirtschaftssysteme näher mit diesen und anderen Fragen beschäftigen müssen.

Abschließend sei noch kurz auf zwei wichtige Probleme eingegangen. Da die Beschaffung, Weitergabe und Verarbeitung von Informationen Aufwendungen von Produktionsmitteln erforderlich macht, ist es im Grunde notwendig, diese Aufwendungen bei der Bestimmung des Optimums z. B. einer Zentralgeleiteten Verwaltungswirtschaft zu berücksichtigen. Aufwendungen für Zwecke der Informationsgewinnung und der Informationsverarbeitung dürfen nur insoweit gemacht werden, als die je zusätzlich verwendeter Einheit der fraglichen Produktionsmittel gewonnenen zusätzlichen Informationen wegen einer sich ergebenden Planverbesserung eine größere Erhöhung der gesellschaftlichen Wohlfahrt herbeiführen, als durch den Ausfall dieser Produktionsmitteleinheit für die Produktion verlorengeht. Hier ergibt sich jedoch ein Dilemma. Ohne ausreichende Informationen kann die zentrale Planungsstelle nicht mit Sicherheit bestimmen, wieviel zusätzliche Informationen sie zur Realisierung des Optimums bei Berücksichtigung der Aufwendungen für Informationszwecke noch gewinnen, weiterleiten oder verarbeiten soll. Sie kann also nur Entscheidungen unter Risiko oder Unsicherheit treffen. Die Berechnung eines optimalen Planes, der auch die Aufwendungen für Informationen einbezieht, ist selbst bei Vorhandensein aller Informationen bei irgendwelchen Wirtschaftssubjekten nicht eindeutig möglich.

Ferner haben wir gesehen, daß die Aufwendungen für Informationszwecke erheblich durch die Verwendung dynamischer Verfahren vermindert werden können, da diese ein Herantasten an die optimalen Werte durch Versuchen und Probieren ermöglichen. Ein dynamisches System liefert jedoch nur dann optimale Werte, wenn der Gleichgewichtszustand, also z. B. in einer Marktwirtschaft das Konkurrenzgleichgewicht, erreicht worden ist. Bis zu diesem Zeitpunkt treten vom Standpunkt der Gesellschaft Wohlfahrtsverluste auf. Diese werden in der Regel um so größer sein, je stärker und je länger die im Verlauf des dynamischen Prozesses für Verbrauch und Produktion erzielten Mengen der verschiedenen Güter bzw. ihre Preise von den Werten des Optimums abweichen. Daneben ist auch zu beachten, daß bei längeren und stärkeren Schwankungen wirtschaftlicher Größen, wie z. B. der Zahl der Beschäftigten oder der Preise, das Postulat der Sicherheit und möglicherweise auch das des Friedens (vgl. Abschnitt 1.6.1) verletzt werden dürften.

Aus diesen Überlegungen ergibt sich, daß nur ein Vergleich der ersparten Informationsaufwendungen bzw. der dadurch ermöglichten größeren gesellschaftlichen Wohlfahrt mit den bei einem dynamischen Prozeß sich ergebenden Wohlfahrtsverlusten ein Urteil darüber erlaubt, ob die Ersetzung hoher Informationsaufwendungen durch die Verwendung eines informationssparenden dynamischen Systems gerechtfertigt ist.

5.6 Aufgaben

1. Es sei das Modell zunehmender Grenzerträge in der Produktion betrachtet (vgl. 5.1) und angenommen, daß in Ungleichung (5.5) $b_1 < 1$ gilt.
   a) Liegen in diesem Fall zunehmende Grenzerträge vor?
   b) Wie sieht dann die Transformationskurve AB in Abb. 5.1 aus?
   c) Müßte in einer Marktwirtschaft die das 1. Konsumgut herstellende Unternehmung subventioniert werden, wenn ein Maximum der gesellschaftlichen Zielfunktion verwirklicht werden soll?
2. Ein Haushalt besitzt einen privaten Landeplatz mit häufig benutztem Hubschrauber. Der Hubschrauber stört durch seinen Lärm die benachbarte Bevölkerung. Handelt es sich in diesem Beispiel um ein öffentliches Gut, um externe Nachteile oder um beides?
3. Halten Sie es für denkbar, daß eine sehr weitgehende Unteilbarkeit eines Konsumgutes den Eingriff öffentlicher Stellen notwendig machen könnte, selbst wenn das Ausschließungsprinzip anwendbar wäre?
4. Es sei von dem in 5.3.2 betrachteten Beispiel bezüglich der Interdependenzen zwischen den Zielen von zwei Haushalten ausgegangen. Nehmen Sie an, daß in (5.38) statt $\dfrac{\partial W_i}{\partial N_{ik}} \Big/ \partial N_{jk} \leq 0$ die Annahme $\dfrac{\partial W_i}{\partial N_{ik}} \Big/ \partial N_{jk} > 0$ gilt, wenn $\dfrac{N_{ik}}{N_{jk}} > 1$ ist.

a) Wie ist diese Annahme ökonomisch zu deuten?
b) Ausgehend von einer gegebenen Situation können noch zusätzliche Mengen der Konsumgüter verteilt werden. Unter welchen Bedingungen könnte in diesem Fall eine nach dem Kriterium von Pareto bessere gesellschaftliche Lage erreicht werden?

5. Gehen Sie von dem Beispiel in Abschnitt 5.4 aus, in dem der 2. Betrieb externe Nachteile bei den Verbrauchern hervorruft. Zeigen Sie, daß es für die Gesellschaft nicht optimal wäre, die Produktion des 2. Konsumgutes ganz einzustellen, um auf diese Weise die externen Nachteile zu beseitigen.

6. Es sei das gleiche Beispiel wie in Frage 5 betrachtet, die dort verwendete gesellschaftliche Zielfunktion jedoch durch

$$W = (N_1 + \frac{6}{5})(N_2 + \frac{11}{5}) + \frac{12}{25} N_3^2$$

ersetzt.
a) Werden unter diesen Bedingungen die Verbraucher ebenfalls durch externe Nachteile betroffen?
b) Berechnen Sie den optimalen Verbrauchs- und Produktionsplan.
c) Wie könnte in diesem Fall in einer Marktwirtschaft eine optimale Güterversorgung herbeigeführt werden?

5.7 Literatur

Eine moderne Behandlung von Unteilbarkeiten und zunehmenden Grenzerträgen bringt:

Charles F. Frank, Production Theory and Indivisible Commodities, Princeton (N. J) 1969.

Eine kurze mathematische Diskussion der Auswirkungen und der Bedeutung externer Vor- und Nachteile, die von Unternehmungen bei anderen hergerufen werden, findet sich für marktwirtschaftliche Verhältnisse bei

James M. Henderson und *Richard E. Quandt,* Microeconomic Theory, New York/Toronto/London 1958, S. 92–94 und S. 214–217.

Interdependenzen zwischen den Zielfunktionen der Haushalte werden im gleichen Buch auf S. 212–214 behandelt. Ausführlich werden diese Interdependenzen in

James S. Duesenberry, Income, Saving and the Theory of Consumer Behavior, Cambridge (Mass.) 1949,

erörtert. Außer bei *Duesenberry* werden neuere Ansätze der Haushaltstheorie behandelt in:

H. Leibenstein, Bandwagon, Snob, and Veblen Effects in the Theory of Consumers Demand. In: Quarterly Journal of Economics, 1950, S. 183–207.

Vergleiche ferner die kritische Übersicht bei:

H. A. Simon, Theories of Decision Making in Economics and Behavioural Science. In: Surveys of Economic Theory, herausgegeben von *American Economic Association* und *Royal Economic Association,* New York 1957, S. 1–28.

Eine Diskussion der neueren Entwicklung des Begriffs der externen Vor- und Nachteile bietet:

E. J. Mishan, Reflections on Recent Developments in the Concept of External Effects. In: Canadian Journal of Economics and Political Science, Bd. XXXI, 1965, S. 3–34.

E. J. Mishan, The Postwar Literature on Externalities: An Interpretative Essay. In: Journal of Economic Literature, Bd. IX, 1971, S. 1–28.

Die mit der Existenz öffentlicher Güter verbundenen Probleme werden untersucht in dem Buch von

J. M. Buchanan, The Demand and Supply of Public Goods, Chicago 1968.

Daneben ist der Aufsatz von

John Head, Public Goods and Public Policy. In: Public Finance, Bd. 3, 1962, und die Aufsatzsammlung:

Julius Margolis (Hrsg.), The Analysis of Public Output, New York 1970 zu empfehlen.

Es wurde bereits im Text erwähnt, daß für die Probleme des dynamischen Verhaltens von Wirtschaftssystemen, der Informationsgewinnung und -verarbeitung sowie der Unsicherheit in diesen Systemen noch keine befriedigenden Antworten gefunden werden konnten. Einen kritischen Überblick über den Stand der Diskussion speziell für die Marktwirtschaft gibt

F. H. Hahn, Some Adjustment Problems. In: Econometrica, Bd. 38, 1970, S. 2–17.

Die dynamischen Probleme auch der Planwirtschaft werden ebenso wie Informationsaspekte eingehender erörtert von

Thomas Marshak, Centralization and Decenzralization in Economic Organizations. In: Econometrica, Bd. 27, 1959, S. 399–430.

An neueren Aufsätzen zu diesem Thema sei erwähnt:

E. Malinvaud, Decentralized Procedures for Planning. In: *E. Malinvaud* und *M. O. L. Bacharach* (Hrsg.), Activity Analysis in the Theory of Growth and Planning, New York 1967.

Leonid Hurwicz, Centralization and Decentralization in Economic Systems. On the Concept and Possibility of Informational Decentralization. In: American Economic Review, Papers and Proceedings, Bd. LIX, 1969, S. 513–524.

Thomas Marshak, On the Comparison of Centralized and Decentralized Economics. In: American Economic Review, Papers and Proceedings, Bd. LIX, 1969, S. 525–532.

G. M. Heal, Planning without Prices, Review of Economic Studies, Bd. XXXVI, No. 107, 1969, S. 347–362.

Eine Diskussion der Konsequenzen, die sich durch die Existenz von externen Effekten und von öffentlichen Gütern für die mögliche Organisation der Wirtschaft ergeben, findet sich bei:

Richard A. Musgrave, Fiscal Systems, New Haven/London 1969, insbesondere S. 3–32.

Kapitel 6

STAAT, ÖFFENTLICHE INSTITUTIONEN UND POLITISCHE ENTSCHEIDUNGSPROZESSE

> „Solange es einen Staat gibt, gibt es keine Freiheit. Wenn es Freiheit geben wird, wird es keinen Staat mehr geben."
>
> *W. I. Lenin* [1]

In den vorausgegangenen Abschnitten haben wir uns bereits verschiedentlich veranlaßt gesehen, politische Entscheidungsverfahren zu erörtern und als Alternative zur Koordinierung der Entscheidungen einzelner oder von Gruppen durch den Markt zu diskutieren. Wie die Analyse der vorausgegangenen Kapitel zeigte, sind in Wirtschaftssystemen mit zentraler Planung und Steuerung politische Entscheidungen unumgänglich. Auch in marktwirtschaftlich organisierten Systemen, bei denen dezentralisierte Entscheidungen über den Markt koordiniert werden, wird eine Ergänzung durch andere Entscheidungsverfahren notwendig, wenn die Ziele einer gerechten Einkommensverteilung (vgl. Abschnitt 4.2) und einer möglichst guten Güterversorgung realisiert werden sollen (vgl. insbesondere die Abschnitte 5.1 bis 5.4). Daneben können in Marktwirtschaften auch fehlende oder unzulängliche Konkurrenz und im Laufe des dynamischen Prozesses auftretende Schwankungen bedeutsamer ökonomischer Größen, wie der Zahl der Beschäftigten oder der Preise (vgl. Abschnitt 5.5.2), korrigierende oder vorbeugende Eingriffe mit Hilfe politischer Entscheidungsverfahren nahelegen, um die Postulate der guten Versorgung mit Gütern, der Sicherheit und möglicherweise des Friedens besser realisieren zu können. Es ist daher an der Zeit, etwas näher auf die politischen Entscheidungsverfahren und die dafür benötigten oder zweckmäßigerweise zu wählenden Institutionen einzugehen, und dabei einige Fragen zu erörtern, die sich der Leser vermutlich schon selbst gestellt hat.

Dazu gehören Probleme wie: Sind politische Entscheidungsverfahren überhaupt notwendig? Ist die Existenz eines Staates, der sich notfalls physischer Zwangsmittel zur Durchsetzung politischer Entscheidungen bedient, erforderlich? Oder ist der Staat nicht vielmehr ein überflüssiges Monstrum, eine Maschinerie der Gewalt, derer sich eine Gruppe von Bürgern oder eine Klasse zur Unterdrückung, zur Ausbeutung anderer bedient? Ist der Staat auf diese Weise nicht ein Instrument im Dienst der Herrschenden, der immer größere Teile der Güterproduktion ledig-

---

[1] *N. (W. I.) Lenin,* Staat und Revolution, Berlin 1919, S. 87.

lich zur Aufrechterhaltung des benötigten Zwangsapparates an sich zieht?

Eine Antwort auf diese Fragen suchen wir in Abschnitt 6.1 zu geben. Unsere Analyse zeigt, daß bei politischen Entscheidungsverfahren wohl kaum auf staatliche Institutionen mit Zwangsgewalt verzichtet werden kann, wenn wesentliche postulierte Ziele nicht erheblich schlechter verwirklicht werden sollen als ohne mit Zwang ausgestattete Organe. Ist das aber der Fall, so ergibt sich eine große Gefahr für die Freiheit der Gesellschaftsmitglieder, kann doch der erforderliche Zwangsapparat des Staates zur Unterdrückung einer Mehrheit oder Minderheit der Bevölkerung verwendet werden. Aus diesem Grunde ist es notwendig, die Möglichkeiten des Mißbrauchs der Staatsgewalt etwas näher zu untersuchen und anschließend zu prüfen, durch welche Institutionen und Verfassungsregeln der Mißbrauch politischer Entscheidungsverfahren soweit wie möglich verhindert werden kann (vgl. Abschnitt 6.2).

Die Verwendung politischer Entscheidungsverfahren legt die Frage nahe, welche dieser Verfahren am besten geeignet sind, den in Kapitel 1 aufgestellten Postulaten Rechnung zu tragen, und wann politischen gegenüber anderen Entscheidungsverfahren der Vorzug zu geben ist. Wegen der Ziele der Freiheit und der Gerechtigkeit ist zu fordern (vgl. Abschnitte 1.6.1.2 und 1.6.1.3), daß jedermann an allen politischen Entscheidungen mitwirkt, von deren Auswirkungen er selbst betroffen wird. Strenggenommen kann jemand Nachteile solcher Entscheidungen für sich nur verhindern, wenn diese einstimmig getroffen werden müssen. Andererseits sind die Entscheidungskosten jedoch um so höher, je mehr Gesellschaftsmitglieder bei den Entscheidungen mitwirken und je größer der Anteil derselben ist, der zu einer gültigen Entscheidung notwendig ist. Entscheidungskosten verschlechtern jedoch die Güterversorgung. Es muß also angesichts dieses Zielkonflikts nach möglichst guten Regeln für politische Entscheidungsverfahren gesucht werden. Dieser Aufgabe wenden wir uns in Abschnitt 6.3 zu.

Kapitel 6 ist durch einen hohen Abstraktionsgrad gekennzeichnet. Die für politische Entscheidungsverfahren so wichtigen Institutionen der Parteien und Interessenverbände werden nur am Rande oder gar nicht berücksichtigt. Erst recht gilt das für die Probleme, die sich durch die Notwendigkeit von staatlichen Ausführungsorganen (Behörden) ergeben. Interdependenzen zwischen wirtschaftlicher und politischer Organisation der Gesellschaft und ihre Auswirkungen auf den politischen Prozeß können ebenfalls erst in Band 2 behandelt werden. Das hat zur Folge, daß auch die grundlegende Frage, wie wünschenswerte politisch-ökonomische Gesamtsysteme aussehen sollen, und ob diese sich überhaupt realisieren und erhalten lassen, erst später untersucht werden kann.

6.1 Die Notwendigkeit der Existenz des Staates und politischer Entscheidungsprozesse

> „The alternative of remaining outside the agreement, or remaining a free rider, must be effectively eliminated before the individual can appropriately weigh the comparative advantages of independent behavior on the one hand and cooperative action on the other. It is because they facilitate the elimination of this free rider alternative that coercive arrangements, governmental in nature, tend to emerge from the preferences of individuals themselves, at least on some conceptual level of constitution-making."
>
> *James M. Buchanan*[2]

Wir haben bereits bei der Diskussion verschiedener Fragen der Organisation einer möglichst guten Güterversorgung festgestellt, daß sich bestimmte der damit verbundenen Probleme nur mit Hilfe kollektiver Entscheidungen lösen lassen.

So ist in einer zentralgeleiteten Verwaltungswirtschaft zu entscheiden, was, für wen und auf welche Weise produziert werden soll. Werden diese Entscheidungen nicht der Willkür oder dem Wohlwollen eines Diktators überlassen, so muß durch einen wie auch immer gearteten politischen Prozeß eine gemeinsame Willensbildung der betroffenen Gruppe herbeigeführt werden.

In einer Marktwirtschaft können die gleichen Fragen, wie sich gezeigt hat, unter bestimmten Bedingungen durch voneinander unabhängige Entscheidungen der Wirtschaftssubjekte gelöst werden, da der Markt eine Koordinierung der verschiedenen Wünsche und Möglichkeiten vornimmt. Die Wirksamkeit des Marktes hängt jedoch von Voraussetzungen ab, die ebenfalls nur kollektiv geschaffen und aufrechterhalten werden können, wenn das Diktat eines Einzelnen vermieden werden soll.

Als erste dieser Voraussetzungen ist die Regelung der Verfügungsgewalt über die verschiedenen Dinge zu nennen, die zum Gegenstand von Markttransaktionen werden können. Das reibungslose Funktionieren von Kauf und Verkauf, von Beleihung, Produktion, Vermietung und Verpachtung macht Normen notwendig, die möglichst eindeutig festlegen, welches Individuum oder welche Gruppe der Gesellschaft berechtigt ist, in der erforderlichen Weise über ein Gut zu verfügen. So muß geregelt sein, wer berechtigt ist, eine Maschine in der Produktion

---

[2] The Demand and Supply of Public Goods, Chicago 1968, S. 88. Ein „free rider" ist eine Person, die öffentliche Güter bezieht, ohne sich an den Kosten ihrer Bereitstellung zu beteiligen.

zu verwenden, wer rechtskräftig ein Auto verkaufen und wer ein Grundstück beleihen kann.

In der Realität sind diese Normen in einer Vielfalt von Gesetzen und Verordnungen enthalten, die sich auf das Sachenrecht, Schuldrecht, Handelsrecht, Erbrecht und andere Rechtszweige verteilen. Es ist einleuchtend, daß diese Normen nur durch kollektive Willensbildungsprozesse zustande kommen können. Das schließt natürlich weder aus, daß der größte Teil dieser Regeln einfach als Erbe von früheren Generationen übernommen wird, noch daß der Willensbildungsprozeß auch unbewußt verlaufen kann und daher nicht zu schriftlich fixierten Rechtsregeln führen muß. Viele Normen mögen sozusagen durch Sitte und Gewohnheit bestimmt und durch die Tradition weitergegeben worden sein.

Die moderne Marktwirtschaft ist als Institution nicht nur auf die Grundregeln der Eigentums- und Verkehrsordnung, sondern auch auf eine größere Anzahl von spezielleren Normen angewiesen. Hier ist zunächst einmal die Organisation des Geldwesens zu nennen. Ohne eine Währungsordnung und Institutionen wie die Zentralbank, die die Durchführung dieser Ordnung sicherstellen, kann bestenfalls eine primitive Geldwirtschaft existieren, die keine bestmögliche Güterversorgung erlaubt.

Ferner hatten wir gesehen, daß eine möglichst gute Güterversorgung in einer Marktwirtschaft voraussetzt, daß sich alle Wirtschaftssubjekte als Mengenanpasser verhalten. Das kann jedoch in einer realen Marktwirtschaft, wie im 2. Band noch näher zu erörtern sein wird, nur gewährleistet werden, wenn ein möglichst weitgehender Wettbewerb durch den Staat sichergestellt wird. Aus diesem Grunde sind Regeln erforderlich, die zu große Zusammenballungen von Unternehmungen und anderen Wirtschaftssubjekten in Form von Kartellen oder großen Konzernen und einen Mißbrauch der so geschaffenen Marktmacht untersagen. Außerdem ist schwer vorstellbar, daß in diesem Fall auf öffentliche Institutionen verzichtet werden kann, die die Befolgung dieser Regeln überwachen.

Schließlich ist auch, wie in Kapitel 5 gezeigt, eine denkbare mangelhafte dynamische Stabilität eines markwirtschaftlichen Systems einer guten Versorgung mit Gütern abträglich, da jedes Abweichen vom Konkurrenzgleichgewicht Wohlfahrtsverluste mit sich bringt. Es kann daher erforderlich sein, kollektive Institutionen zu schaffen, die, z. B. in Form einer antizyklischen Konjunkturpolitik, der Marktwirtschaft eine höhere Stabilität zu verleihen suchen. Auch auf diese Frage werden wir im zweiten Band zurückkommen.

Wir konnten uns im letzten Kapitel davon überzeugen, daß eine gerechte Einkommensverteilung, die Existenz zunehmender Grenzerträge, das Vorhandensein öffentlicher Güter, von externen Vorteilen und Nachteilen ebenso wie von Interdependenzen zwischen den Verbrauchern und ihre mögliche Beeinflussung durch Reklame, öffentliche Regeln und Institutionen notwendig machen, die ebenfalls eine gemeinsame Willensbildung der Gruppe erfordern. Wie wir zeigen konnten, läßt sich eine möglichst gute Versorgung mit Gütern und eine gerechte Verteilung derselben allein mit Hilfe des Marktes nicht erreichen. Vielmehr ist ein optimales Funktionieren einer überwiegend mit Hilfe des Marktes organisierten Wirtschaft nur gewährleistet, wenn das Verhalten der Wirtschaftssubjekte gewissen zusätzlichen Regeln unterworfen wird und öffentliche Institutionen bestimmte Funktionen übernehmen, für die der Markt nicht geeignet ist.

Die Notwendigkeit von kollektiven Willensbildungsprozessen anderer Art als die des Marktes, von öffentlichen Institutionen, die bestimmte Maßnahmen vornehmen, und von Regeln, die alle Gesellschaftsmitglieder binden, ist also unbestreitbar. Offen ist jedoch die Frage, ob es zur Wirksamkeit dieser Maßnahmen und Regeln eines Zwangsapparates wie des Staates bedarf, der den Einzelnen notfalls mit Gewalt zur Einhaltung der Regeln, zum Unterhalt der öffentlichen Institutionen und zu bestimmten, im öffentlichen Interesse stehenden Handlungen zwingt.

Das im 1. Kapitel aufgestellte Postulat der Freiheit scheint jeder Art staatlichen Zwangs zu widersprechen. Dieser kann daher nur als sinnvoll angesehen werden, wenn sich zeigen läßt, daß ohne Anwendung von oder Drohung mit Zwang die Güterversorgung und damit wiederum die Freiheit der Gesellschaftsmitglieder so erheblich vermindert würden, daß die Minderung der Freiheit nach Ansicht der Beteiligten bedeutsamer als der sonst notwendige Zwang ist. Nur in diesem Fall könnte auch das rationale Individuum freiwillig für eine auf der Androhung von Gewalt basierende partielle Beschränkung seiner Freiheit eintreten, um auf diese Weise seine Wohlfahrt insgesamt zu erhöhen.

Wir beginnen mit der Betrachtung eines einfachen Beispiels. Bei dem lebhaften Straßenverkehr der Gegenwart ist jedermann an einer möglichst genauen Einhaltung von Verkehrsregeln durch alle Beteiligten interessiert, um auf diese Weise Schaden an Leib und Gut unwahrscheinlicher zu machen. Aus diesem Grunde wird auch jeder der Einführung von Verkehrsregeln zustimmen können. Da diese für alle vorteilhaft sind, könnte man sich sogar einen einstimmigen Beschluß für die Aufstellung von Verkehrsregeln in einem Gemeinwesen vorstellen.

Andererseits darf jedoch nicht übersehen werden, daß sich der Einzelne noch besser stände, wenn zwar alle anderen die beschlossenen Regeln einhalten würden, er selbst diese jedoch nach Belieben übertreten könnte. Dann wäre es ihm möglich, Halteverbote zu mißachten, Einbahnstraßen in der falschen Richtung zu benutzen oder an einer Stelle zu parken, wo das nicht erlaubt ist.

Nun befinden sich naturgemäß sämtliche Verkehrsteilnehmer in der gleichen Lage. Brechen aber alle die beschlossenen Regeln, so sind diese wirkungslos, und jedermann steht sich wieder schlechter, als wenn alle die Verkehrsregeln befolgt hätten.

Die Gesellschaftsmitglieder sehen sich also einem Dilemma gegenüber. Einerseits hat jeder Interesse an einer Befolgung der Verkehrsregeln durch alle; andererseits besteht ein starker Anreiz, die Regeln zu brechen. Dieses Dilemma hängt mit der großen Zahl der Verkehrsteilnehmer zusammen, da jeder einzelne davon ausgehen kann, daß sein eigenes Verhalten das Verhalten der übrigen nicht wahrnehmbar beeinflußt. Er kann weder annehmen, daß sein Wohlverhalten die anderen zu einem entsprechenden Verhalten veranlaßt, noch muß er befürchten, daß die anderen deshalb die Verkehrsregeln nicht einhalten werden, weil er sie nicht eingehalten hat.

Das beschriebene Dilemma kann gelöst werden, wenn die Überschreitung der Verkehrsregeln durch Geld- oder Gefängnisstrafen geahndet wird, deren Durchsetzung notfalls mit physischer Gewalt erfolgt. Bei Androhung empfindlicher Strafen müssen die Vorteile einer Übertretung schon groß sein, um das Risiko einer Bestrafung einzugehen. Das hat zur Folge, daß die Verkehrsregeln überwiegend eingehalten werden und sich alle Gesellschaftsmitglieder besser stehen als ohne diese Regeln und ohne öffentlichen Zwang. Es ist daher für die Mitglieder des Gemeinwesens rational, für die Einführung nicht nur einer Verkehrsordnung, sondern einer öffentlichen Zwangseinrichtung wie der Polizei einzutreten, die die Einhaltung der Regeln kontrolliert und Zuwiderhandlungen notfalls zwangsweise ahndet. Wird gleichzeitig durch zusätzliche Einrichtungen wie Gerichte dafür gesorgt, daß die Feststellung von Vergehen möglichst unparteiisch und sachkundig erfolgt, und sind die Kosten des in Form von Polizei und Gerichten zu unterhaltenden Apparates nicht zu hoch, so ist es durchaus denkbar, daß das Gemeinwesen sich einstimmig für diese Einrichtungen ausspricht, obwohl die Abstimmenden dadurch einen Teil ihrer eigenen Handlungsfreiheit einschränken und sich gewissermaßen selbst zu einem bestimmten Verhalten zwingen. Etwas überspitzt läßt sich also sagen, daß es Situationen gibt, in denen größere Freiheit nur durch eine Einschränkung der Freiheit gewonnen werden kann.

Die Sicherheit des Straßenverkehrs ist ein weitgehend unteilbares öffentliches Gut, von dem keiner der Verkehrsteilnehmer ausgeschlossen werden kann. Daraus ergibt sich aber sofort, daß ganz allgemein für öffentliche Güter, sobald diese einer großen Personengruppe zugute kommen und besonders, wenn es sich dabei um nur wenig teilbare Güter handelt, eine möglichst gute Versorgung nur erreicht werden kann, wenn öffentliche Einrichtungen mit Zwangsmöglichkeiten bestehen. Dieser Schluß ergibt sich schon deshalb, weil öffentliche Güter mit Hilfe von Steuern finanziert oder doch ihre Produktion durch Einschränkung der den Wirtschaftssubjekten verfügbaren Mengen von privaten Gütern ermöglicht werden muß. Ein Gesellschaftsmitglied hätte in einer großen Gruppe keinen Anlaß, diese Leistungen aufzubringen, wenn alle anderen durch ihre Leistung für das Angebot der gewünschten öffentlichen Güter sorgen würden, da es von deren Benutzung nicht ausgeschlossen werden kann.

Nun befindet sich jedoch jeder in der gleichen Lage. Folglich würde niemand die benötigten Leistungen erbringen, und daher würden die wenig teilbaren öffentlichen Güter gar nicht zur Verfügung gestellt werden. Wie sich im vorigen Kapitel gezeigt hat, könnte lediglich bei weitgehend teilbaren öffentlichen Gütern durch individuelles Handeln oder durch Bildung von kleineren Gruppen eine gewisse Versorgung erreicht werden. Es ergibt sich also die Schlußfolgerung, daß ohne eine Erzwingung der erforderlichen Leistungen, zumindest bei wenig teilbaren öffentlichen Gütern, die Gesellschaftsmitglieder schlechter gestellt würden.

Man kann sich die geschilderte Sachlage anhand des folgenden Beispiels verdeutlichen[3]. In Tabelle 6.1 sind die verschiedenen Ergebnisse eingetragen, die ein Individuum bei bestimmtem eigenen Verhalten und

Tabelle 6.1

	Wert des Ergebnisses für das Individuum	
	bei Beteiligung des Individuums	bei Nichtbeteiligung des Individuums
Bei Beteiligung aller übrigen	$(a - b - d), (q)$	$a, (q)$
Bei Nichtbeteiligung aller übrigen	$(- d), (1 - q)$	$0, (1 - q)$
Erwarteter Wert für das Individuum	$(a - b)q - d$	aq

---

[3] Es handelt sich um die Verallgemeinerung eines von *James M. Buchanan*, The Demand and Supply of Public Goods, Chicago 1968, S. 89 f., verwendeten Beispiels.

bei bestimmtem Verhalten der übrigen Gruppenangehörigen erwartet. Dabei wird davon ausgegangen, daß es sich um die Versorgung mit einem öffentlichen Gut handelt, dessen Bereitstellung jedermann a DM wert ist und ihn bei gleichmäßiger Verteilung der Kosten auf alle b DM kosten würde. Ferner wird angenommen, daß durch den Entscheidungsprozeß jedem daran Beteiligten Entscheidungskosten in Höhe von $d < b$ entstehen, die unabhängig davon sind, ob es zu einer positiven Entscheidung kommt oder nicht. Unter den Entscheidungskosten kann man sich etwa den Aufwand an Zeit und Geld vorstellen, der sich beim Besuch einer Versammlung ergeben würde, in der über das Problem entschieden werden soll. Dabei ist $a > b + d$. Beteiligen sich alle an der Versorgung mit dem Gut, so erhält das Individuum netto einen Wert von a–b–d. Beteiligt sich nur das Individuum, so kann das öffentliche Gut nicht angeboten werden, und es erleidet einen Verlust in Höhe seiner Entscheidungskosten, d. h. von d. Analog sind die beiden anderen Fälle zu deuten. q ($0 < q < 1$) ist die Wahrscheinlichkeit (nach dem Urteil des Individuums), daß alle übrigen Gesellschaftsmitglieder mitwirken, $1 - q$, daß sie sich nicht beteiligen. Jeder möglichen Alternative ist die zugehörige Wahrscheinlichkeit in Klammern zugeordnet. In der letzten Zeile der Tabelle stehen die Erwartungswerte, die sich bei den beiden verfügbaren Alternativen für das Gruppenmitglied ergeben.

Man sieht, daß sich das betrachtete Individuum nicht an der Besorgung des öffentlichen Gutes beteiligen wird, da

$$(a - b)q - d < aq,$$
$$- bq - d < 0$$

ist, unabhängig davon, welche Werte a, b, d und q annehmen. Da das jedoch für alle Gruppenmitglieder gilt, wird das öffentliche Gut gar nicht bereitgestellt und jeder erhält $0 < a - b - d$.

Aus diesem Grunde lohnt es sich, daß jeder Angehörige der Gruppe der Einführung einer Strafe in Höhe von c DM für den Fall zustimmt, daß ein Gesellschaftsmitglied sich an der Beschaffung des öffentlichen Gutes nicht beteiligt und seinen Anteil b nicht leistet. Es ergibt sich dann die in Tabelle 6.2 beschriebene Situation, wobei natürlich sichergestellt sein muß, daß die Geldstrafe notfalls gewaltsam erzwungen werden kann. Die Mitwirkung des Individuums ist gesichert, wenn $bq + d < c$ ist.

Unsere Überlegungen haben gezeigt, daß zumindest bei wenig teilbaren öffentlichen Gütern es für alle Gesellschaftsmitglieder vorteilhaft ist, der Errichtung mit Zwangsgewalt ausgestatteter öffentlicher Einrichtungen zuzustimmen. Der Staat bringt also unter bestimmten Bedingungen für jedermann Vorteile mit sich, obwohl durch den damit verbundenen Zwang die Freiheit des einzelnen Bürgers in gewissem Sinne eingeschränkt wird.

Tabelle 6.2

	Wert des Ergebnisses für das Individuum	
	bei Beteiligung des Individuums	bei Nichtbeteiligung des Individuums
Bei Beteiligung aller übrigen	$(a - b - d), (q)$	$(a - c), (q)$
Bei Nichtbeteiligung aller übrigen	$(- d), (1 - q)$	$(- c), (1 - q)$
Erwarteter Wert für das Individuum	$(a - b)q - d$	$aq - c$

Ganz entsprechende Überlegungen gelten für die Gewährleistung einer Wirtschaftsordnung, nach deren Regeln sich die wirtschaftlichen Transaktionen abspielen, für die Verbesserung der Stabilität des Wirtschaftssystems, für die Sicherung einer gerechten Einkommensverteilung und für die Beseitigung von Ineffizienzen, die durch zunehmende Grenzerträge bedingt sind, oder für die Minderung der durch externe Vorteile oder Nachteile hervorgerufenen Wohlfahrtsverluste.

Es ist wenig zweckmäßig, in diesem Zusammenhang auf jedes dieser Probleme einzugehen. Statt dessen sei lediglich am Problem der gerechten Einkommensverteilung nochmals die Notwendigkeit von staatlichen Zwangseinrichtungen nachgewiesen.

Wir wollen davon ausgehen, daß alle Einkommen und Vermögen der Gesellschaftsmitglieder anfänglich gleich groß sind, daß aber durch verschiedene Ereignisse, wie unterschiedliche Belastungen durch verschiedene Zahl der Kinder, Krankheiten, Unfälle und Berufswahl, allmählich eine ungleichmäßige Einkommensverteilung zu erwarten ist. Dagegen sei angenommen, daß Ersparnisse nicht gebildet werden. Jedes Gesellschaftsmitglied erwarte daher, daß sein Einkommen E in verschiedenen künftigen Perioden entsprechend einer Normalverteilung mit bestimmten Wahrscheinlichkeiten oberhalb oder unterhalb des durchschnittlichen Einkommens je Kopf aller Gesellschaftsmitglieder $\bar{E}$ liegen könne (vgl. Abb. 6.1). In diesem Falle kann das Individuum seine erwartete Wohlfahrt, sofern es an Sicherheit und damit an einem gleichmäßigen Einkommen über die Zeit interessiert ist, erhöhen, wenn es einer Regel zustimmt, nach der die Gesellschaftsmitglieder mit einem überdurchschnittlichen Einkommen dies in Zukunft jeweils an die mit unterdurchschnittlichem Einkommen abgeben. Bei Verabschiedung und

Befolgung dieser Regel ist die erwartete Wohlfahrt in unserem Beispiel für alle Gruppenangehörigen größer als ohne diese Norm. Sie versichern sich sozusagen gegen unerwünschte Einkommensreduzierungen.

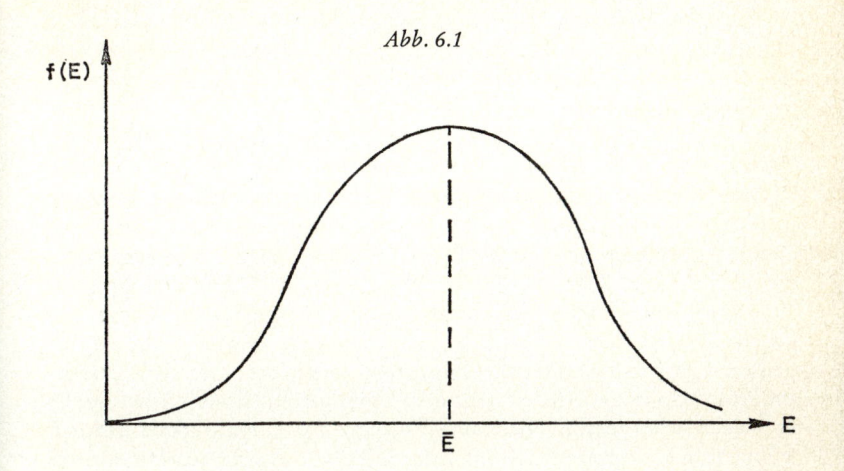

Abb. 6.1

Wieder steht sich jedoch der Einzelne noch besser, wenn zwar die anderen die beschlossene Regel befolgen, er selbst sie jedoch bricht und nichts von seinem Einkommen abgibt, sobald er ein überdurchschnittliches Einkommen bezieht. Da dies für alle Gesellschaftsmitglieder zutrifft, läßt sich die Umverteilung nicht organisieren, und alle stehen sich schlechter. Wieder ist die Zustimmung zu einer Erzwingung des abgeschlossenen Vertrags durch öffentliche Organe für jedermann vorteilhaft, so daß alle mit der Einführung entsprechender Regeln und Institutionen einverstanden sein werden.

Hier mag man einwenden, daß unter den Annahmen unseres Beispiels jedermann den gleichen Zweck mit Hilfe einer privaten Versicherung erreichen kann. Aber auch die private Versicherung ist in der Realität auf den hinter dem staatlichen Vertragsrecht stehenden Zwang angewiesen, wenn sie die Erfüllung eines Versicherungsvertrages erzwingen will.

Dagegen müssen wir die Frage stellen, ob es bei einer kollektiven Versicherung auf Gegenseitigkeit nicht ausreicht, eine Vertragsverletzung mit der Verweigerung aller Zahlungen für den Fall zu bedrohen, daß das betreffende Individuum in der Zukunft ein unterdurchschnittliches Einkommen bezieht. Man macht sich jedoch klar, daß dieses Mittel nur dann wirksam ist, wenn das Gesellschaftsmitglied den Erwartungswert des Einkommensverlustes, den es möglicherweise durch unterdurchschnittliche Einkommen in der Zukunft erleidet, höher bewertet als den Betrag, um den sein augenblickliches Einkommen über dem durchschnittlichen Einkommen liegt. Obwohl hier der Einzelne im Gegensatz zu öffentlichen Gütern zur Strafe von späteren Vorteilen ausgeschlossen werden kann, dürfte in vielen Fällen Zwang oder Drohung mit Zwang zur Einhaltung des Vertrages erforderlich sein.

In der Realität sind die Einkommen unterschiedlich und ist die Wahrscheinlichkeit überdurchschnittlicher künftiger Einkommen bei Beziehern großer Einkommen größer als bei denen kleinerer Einkommen. Aus diesem Grunde werden die Individuen mit großen Einkommen offenbar einer so rigorosen Umverteilung der Einkommen wie in unserem Beispiel nicht zustimmen. Da jedoch eine Verminderung ihres augenblicklichen hohen Einkommens durchaus möglich ist, würde eine begrenzte Umverteilung auch in ihrem Interesse liegen, wenn sie sich dadurch gegen die Unterschreitung eines vielleicht über dem Durchschnittseinkommen je Kopf liegenden Einkommens sichern könnten. Es ist jedoch offensichtlich, daß dem Postulat der Gerechtigkeit dadurch wohl kaum Genüge getan sein würde. Soll diese erreicht werden, so muß mit Zwang durch staatliche Stellen gearbeitet werden können, obwohl dieser nicht von allen Mitgliedern der Gesellschaft gebilligt wird.

Unsere bisherigen Überlegungen haben gezeigt, daß eine Gesellschaft auf mit Zwangsmitteln ausgerüstete kollektive Institutionen nicht verzichten kann, wenn die Postulate der möglichst guten Versorgung mit Gütern, der Freiheit, der Sicherheit und der Gerechtigkeit so weit wie möglich erfüllt werden sollen. Bevor wir diese These als gesichert betrachten können, müssen wir uns jedoch noch mit der Antithese auseinandersetzen, daß öffentliche Institutionen mit Zwangsgewalt überflüssig seien, weil es möglich wäre, die Menschen auf dem Weg über sozialen Einfluß zu veranlassen, eine Verletzung der notwendigen Normen zu unterlassen [4].

Wie könnte ein solches Verhalten der Gesellschaftsmitglieder erreicht werden? Beispielsweise durch eine Erziehung, die durch Bestrafung bzw. – bei Unterlassung – Entzug von Belohnungen das von den übergeordneten Normen abweichende Verhalten solange ahndet, bis die Befolgung der Normen zur „zweiten Natur" geworden ist. Die norminkongruenten Bedürfnisse würden sich aufgrund von Angst (Antizipa-

---

[4] Herr Diplompsychologe *Jens Faber* hat wesentlich zur Gestaltung der folgenden Ausführungen von Abschnitt 6.1 beigetragen.

tion von Strafe) nicht durchsetzen können und zumindest partiell verdrängt. Entsprechende Mechanismen sind seit Freud recht gut bekannt.

Wenn wir uns den Zusammenhang an unserem Beispiel klarmachen wollen, so können wir sagen, daß c jetzt der durch Schuldgefühle oder den Entzug von wichtigen Gütern wie Liebe, Freundschaft, Anerkennung usw. bedingte Nachteil ist, der das Individuum veranlaßt, sich an der Bereitstellung des öffentlichen Gutes zu beteiligen.

Es ist wichtig, sich klarzumachen, daß auch bei der Erreichung einer Normorientierung über das Prinzip der Bestrafung eine Art Zwang vorliegt, ja daß es sich u. U. um einen Zwang sublimster Art handelt. Den Individuen wird ja durch die besprochene Form des sozialen Einflusses verwehrt, sich frei zwischen Alternativen, die im Fall der Verdrängung nicht einmal bewußt verfügbar sind, zu entscheiden. Der Zwang im Inneren hat den von außen abgelöst. Die Menge der Möglichkeiten wird in jedem Fall eingeschränkt, ja die Einschränkungen lassen sich vermutlich schwerer entfernen (etwa durch Psychoanalyse), als dies bei auf staatlichen Sanktionen beruhendem Zwang der Fall ist.

Weitere Schwierigkeiten würden sich ergeben, wenn festgestellt werden müßte, ob und welche neuen Normen erforderlich sind. Die dafür Verantwortlichen oder dazu Geeigneten würden entweder durch Schuldgefühle gehindert werden oder müßten in geringerem Maße als die übrige Bevölkerung oder gar nicht in den alten Regeln erzogen worden sein. Im erstgenannten Fall wäre die Anpassungsfähigkeit der Gesellschaft gering, und würde die Anpassung sehr viel Zeit in Anspruch nehmen. Mangelhafte Anpassungsfähigkeit in einer sich rasch wandelnden Umwelt könnte jedoch katastrophale Folgen haben. Im zweitgenannten Fall wäre eine Elite vorhanden, die das Privileg einer größeren inneren Freiheit besäße und über die neuen Formen für die übrige Bevölkerung zu bestimmen hätte. Es würde sich hier sofort die Frage stellen, wer zu dieser Elite gehören soll bzw. wer über die Zugehörigkeit zu ihr bestimmt. Das Problem der Kontrolle der Elite würde wohl gar nicht zu lösen sein.

Beide Einwände gelten, wenn auch in eingeschränkter und abgewandelter Form, für den sich am Prinzip der Belohnung orientierenden sozialen Einfluß. Man wird zwar hier nicht von einer Verdrängung von Alternativen reden können; trotzdem kommt es auch in diesem Fall zu einer Einschränkung innerer Freiheit, weil durch Belohnung einer Alternative die anderen Verhaltensmöglichkeiten entweder gar nicht bewußt werden oder aus dem Blickfeld geraten. – Auch hier stellt sich, wie bei dem Prinzip der Strafe, das Eliteproblem.

Abgesehen von den genannten Problemen ist zu fragen, ob über den auf den Prinzipien von Lohn und Strafe basierenden sozialen Einfluß alle Menschen veranlaßt werden könnten, die für die Existenz der Gesellschaft wichtigen Normen einzuhalten. Man wird diese Frage, die im folgenden exemplarisch am Beispiel des mit dem Prinzip der Strafe operierenden sozialen Einflusses diskutiert wird, in dem Grad verneinen müssen, in dem die Vermittlung spezifischer Normen notwendig erscheint, um die Existenz der Gesellschaft zu gewährleisten, und zwar aus folgenden Gründen:

1. In einer sich rasch wandelnden Umwelt werden die erforderlichen Normensysteme verhältnismäßig häufig Änderungen unterzogen werden müssen, wenn sich die Lage der Gesellschaft nicht erheblich verschlechtern soll. Das ist jedoch bei Normen, die über das Prinzip der Bestrafung vermittelt werden, sehr schwierig, da die Befolgung der Normen zur Selbstverständlichkeit geworden ist und die Bedingungen, die zur Übernahme der jeweiligen Normen geführt haben und ihre Einhaltung stabilisieren, verdrängt wurden bzw. nicht (mehr) bewußt verfügbar sind. In jedem Fall wären die notwendigen Änderungen von Normen mit hohen Kosten (besonders an Zeit) verbunden. Vermutlich würden in einem auf diesem Mechanismus beruhenden System Änderungen im wesentlichen nur mit dem Generationswechsel erfolgen können.

2. Die erforderlichen Regeln sind zu zahlreich und oft auch zu komplex und zu undurchsichtig, um durch die Erziehung eingeprägt werden zu können. Es ist schwer zu sehen, wie Regeln zur Beschränkung einer inflationsfördernden Geldschöpfung den künftigen Bankiers oder Normen für die zulässige Verwendung von DDT durch die Erziehung zur „zweiten Natur" gemacht werden sollen.

3. Schließlich kann nicht vorausgesetzt werden, daß die Menschen, die das Individuum etwa durch den Entzug von Liebe, Freundschaft usw. zu strafen vermögen, in allen Situationen ihren Einfluß ausüben können. Viele der Handlungen eines Gesellschaftsmitglieds erfolgen heute in Kreisen, mit denen es keinen engen Kontakt hat. Freunde und Familienmitglieder wissen wenig von der konkreten Tätigkeit eines Bankiers, von den Steuerhinterziehungen eines Einzelhändlers, von dem Verhalten eines Verkäufers bei der Beratung seiner Kunden über die Qualität der gefragten Ware oder von den Entscheidungen eines Betriebsleiters bei der Planerfüllung in einer Zentralverwaltungswirtschaft. Und selbst, wenn sie mehr davon erführen, wüßten sie in vielen Fällen nicht genug, um sich ein sachgerechtes Urteil über die Bedeutung oder die Folgen von Handlungen zu bilden. Die Bedeutung der Geldschöpfung durch den Bankier ist ihnen und vielleicht diesem selbst unbekannt. Sie wissen nicht einmal, daß der Ein-

zelhändler Mehrwertsteuer bezahlen muß und der vom Vertreter nach dem üblichen Jargon als reine Wolle bezeichnete Stoff eben nicht aus reiner Wolle besteht. Ebensowenig können sie wissen, daß der Betriebsleiter überwiegend Waren niedriger Qualität herstellen läßt, um die im Plan geforderte Stückzahl möglichst schnell zu erreichen. So wird es vielfach unmöglich sein, eine soziale Mißbilligung oder gar Ächtung durch diese Gruppen zur Verhinderung unerwünschter Handlungen zu erreichen.

Aus diesen Überlegungen ergibt sich, daß mit zunehmendem Spezifitätsgrad der zu vermittelnden Normen die Möglichkeit abnimmt, auf staatliche Sanktionen zu verzichten. Andererseits ist zu betonen, daß man in dem Maße, wie es gelingt, die Befolgung spezifischer Normen durch Vermittlung allgemeiner Normen (etwa des Typus: es ist jeweils das zu tun, was von Fachleuten für zweckmäßig gehalten wird) zu erreichen, den auf dem Prinzip des Strafens basierenden sozialen Einfluß mit größerem Erfolg ausüben kann. Die für spezifische Normen vorgebrachten Einwände entfallen dann zum großen Teil.

Obwohl es auch unter diesen Bedingungen fraglich bleibt, ob man das Verhalten aller Menschen in allen Situationen, in denen gesellschaftliches Interesse auf dem Spiel steht, erfolgreich kontrollieren kann, muß es doch prinzipiell für möglich gehalten werden, daß staatliche Sanktionen weitgehend abgebaut werden könnten. Dies gilt allerdings nur vorbehaltlich der Lösung des oben angesprochenen Eliteproblems, wie z. B. die Problematik einer Kontrolle der Fachleute zeigt. Eine solche Lösung scheint sich jedoch heute in keiner Weise anzubieten. Ob aber dann die Opfer, die dafür gebracht werden müssen (Verlust der Autonomie bzw. Entscheidungsfreiheit) gerechtfertigt sind, muß entschieden bezweifelt werden.

Es bleibt zu prüfen, ob die negativen Konsequenzen der auf den Prinzipien von Lohn und Strafe basierenden sozialen Einflüsse vermieden werden können, wenn man allen Menschen die Einsicht in die Bedeutung der Einhaltung von für das Bestehen der Gesellschaft wichtigen Normen vermitteln würde. Auch für diesen Ansatz gilt, daß seine Realisierung in dem Maße erschwert wird, in dem spezifische Normen vermittelt werden müssen. Wie aber steht es, wenn man sich auch hier auf den Standpunkt stellt, die Befolgung spezifischer Normen ließe sich auf dem Weg über die Vermittlung allgemeiner Normen erreichen? Bei näherer Betrachtung dieser Frage ergeben sich folgende Schwierigkeiten. Man wird zwar sicher davon ausgehen können, daß man die Einsicht vermitteln kann, daß die Einhaltung von Normen im Interesse der Gesellschaft von Bedeutung ist. Zu bezweifeln ist aber, ob und inwieweit sich eine solche Einsicht in den zahlreichen Situationen durchsetzt, in denen individuelles und gesellschaftliches Interesse als miteinander nicht vereinbar erlebt werden. Gegen diese Bedenken ließe sich die Behauptung stellen, es gäbe in Wirklichkeit keinen solchen Interessenkonflikt. Die objektiven Interessen der Gesellschaft seien mit denen des Individuums identisch. Wenn dennoch ein Widerspruch erlebt werde, so sei der Vermittlungsprozeß nicht geglückt. Der Einzelne könne nur deshalb eine Diskrepanz erleben, weil ihm sein wahres Interesse nicht bewußt oder – dieser Fall ist auch denkbar – ein falsches gesellschaftliches Interesse vermittelt worden sei. Selbst wenn man diese sehr zweifelhafte Behauptung akzeptieren würde – die erkenntnistheoretischen Probleme und psychologischen Schwierigkeiten, die sich damit verbinden, seien hier nicht diskutiert – wäre dadurch das Problem nicht gelöst, sondern nur verlagert. Statt des Einwandes der fehlenden Identität von individuellem und gesellschaftlichem Interesse würde nun das Argument gelten, daß individuelles und gesellschaftliches Interesse nicht als miteinander identisch vermittelt werden können.

Insgesamt ergeben sich aus diesen Überlegungen folgende Schlußfolgerungen:

1. Es erscheint prinzipiell möglich, staatliche Sanktionen unter der Bedingung zu reduzieren, daß man die Einhaltung spezifischer Normen durch allgemeine Normen vermitteln kann. Man muß sich dann aber darüber klar sein, durch welche Nachteile das erkauft wird (siehe die dazu oben gemachten Ausführungen).
2. Es scheint zwar möglich zu sein, durch verstärkte Bemühungen Menschen die Einsicht in die Bedeutsamkeit der Befolgung von Normen zu vermitteln und auf diese Weise auch Menschen zu veranlassen, sich auf freiwilliger Grundlage an Normen zu orientieren. Jedoch muß bezweifelt werden, ob in absehbarer Zeit eine solche Strategie auch nur annähernd den Erfolg des mit dem Prinzip der Strafe und (oder) Belohnung operierenden Einflusses erreichen könnte.

6.2 Die Degeneration des Staates zum Unterdrückungs- und Ausbeutungsinstrument

„Da nun Staatsverfassung und Staatsregierung ein und dasselbe bedeuten, die Staatsregierung aber die oberste Gewalt der Staaten ist, so muß diese Gewalt entweder von einem oder von wenigen oder von der Mehrzahl des Volkes repräsentiert werden. Wenn dieser eine oder diese wenigen oder die Mehrzahl des Volkes bei ihrer Regierung das allgemeine Wohl im Auge haben, so ergeben sich in allen drei Fällen richtige Verfassungen, wenn aber nur dem eigenen Nutzen des einen oder der wenigen oder der großen Mehrzahl, dann bloße Abarten, denn entweder verdienen die Teilnehmer gar nicht den Namen von Staatsbürgern, oder sie müssen auch alle Anteil an den Vorteilen haben...
Die Abarten der genannten Verfassungen sind nun aber: vom Königtum die Tyrannis, von der Aristokratie die Oligarchie und von der Politeia die Demokratie, denn die Tyrannis ist eine solche Art von Alleinherrschaft, welche lediglich zum Vorteil des Monarchen, Oligarchie eine solche Herrschaft, welche zu dem der Reichen, und Demokratie eine solche, welche zu dem der Armen geführt wird, und auf das, was dem ganzen Gemeinwesen frommt, sieht keiner von ihnen."
Aristoteles [5]

„Da der Staat entstanden ist aus dem Bedürfnis, Klassengegensätze im Zaun zu halten, da er aber gleichzeitig mitten im Konflikt dieser Klassen entstanden ist, so ist er in der Regel Staat der mächtigsten, ökonomisch herrschenden Klasse, die vermittelst seiner auch politisch herrschende Klasse wird, und so neue Mittel erwirbt zur Niederhaltung und Ausbeutung der unterdrückten Klasse... Ausnahmsweise indes kommen Perioden vor, wo die kämpfenden Klassen einander so nahe das Gleichgewicht halten, daß die Staatsgewalt als scheinbare Vermittlerin momentan eine gewisse Selbständigkeit gegenüber Beiden erhält."
Friedrich Engels [6]

Wir konnten feststellen, daß staatliche Einrichtungen, die über physische Zwangsmittel verfügen, notwendig sind, wenn eine möglichst

---

[5] Politik, Rowohlts Klassiker der Literatur und der Wissenschaft, Band 8, 1965, 3. Buch, 7. Abschnitt, S. 94. Die funktionierende Demokratie im Sinne des heutigen Sprachgebrauchs wird von Aristoteles als Politeia bezeichnet.
[6] Der Ursprung der Familie, des Privateigentums und des Staates, 17. Auflage, Stuttgart 1919 (1. Auflage 1884), S. 180.

hohe Wohlfahrt aller Gesellschaftsmitglieder angestrebt wird. Damit ist jedoch weder gesagt, daß die historischen Staaten zur Förderung der Wohlfahrt aller ihrer Bürger entstanden, noch daß sie dieser Aufgabe in Gegenwart oder Vergangenheit in wünschenswerter Weise nachgekommen sind.

Die Institution Staat hat sich im Laufe der Zeit mehr oder minder das Monopol der Anwendung physischen Zwangs innerhalb ihres Gebietes angeeignet. Ein solches Monopol ist auch notwendig, wenn die Bindung aller Gesellschaftsmitglieder an die ihnen selbst nutzenden Regeln erzwungen werden soll. Andernfalls könnten die bei Teilen der Bevölkerung vorhandenen Machtmittel zur Verhinderung dieses Zwanges denen des Staates entgegengesetzt werden.

Das Monopol der physischen Zwangsmittel in Form von Polizei, bewaffneten Streitkräften usw. beim Staat wirft jedoch mannigfache Probleme auf. Die Gewalt kann statt zur Durchsetzung allen nutzender Normen auch zur Durchsetzung ungerechtfertigter Eingriffe, zur Unterdrückung, Ausbeutung, ja zur Versklavung größerer oder kleinerer Teile der Bevölkerung benutzt werden.

Man ist geneigt, bei diesen Degenerationserscheinungen des Staates an Diktatur, Tyrannei und Oligarchie zu denken. Aber auch Demokratien mit Mehrheitsentscheidungen von Repräsentanten oder der Wahlberechtigten sind gegen solche Entartungen nicht gefeit. Selbst wenn alle erwachsenen Wähler stimmberechtigt sind und Volksabstimmungen vorgenommen werden, ist es durchaus möglich, ja oftmals sogar im Interesse der Mehrheit, Entscheidungen auf Kosten der Minderheit zu fällen.

Umgekehrt wäre es immerhin denkbar, daß ein wohlwollender Diktator oder eine Oligarchie aus einsichtigen Männern solche Verhaltensregeln in Kraft setzt und ihre Befolgung erzwingt, die im Interesse aller Bürger liegen und ihre volle Zustimmung finden. Die Frage ist hier allerdings, mit welcher Wahrscheinlichkeit mit einer solchen Entwicklung und ihrer Fortsetzung in der Zukunft gerechnet werden kann. Diktatoren und herrschende Eliten müssen zur Durchführung dieser Politik die Wünsche der Gesellschaftsmitglieder kennen. Wir wissen aber bereits, mit welchen Schwierigkeiten das bei Gütern, deren Bezug nicht über den Markt erfolgt, verbunden ist, selbst wenn das Mittel von Abstimmungen zur Verfügung steht. Noch größer werden natürlich die Schwierigkeiten, wenn auf dieses Mittel wie in einer Diktatur oder Oligarchie verzichtet wird.

Größer dürfte die Gefahr sein, daß Diktator oder Elite bei allem Wohlwollen glauben, die wahren Interessen der Bevölkerung besser beurteilen zu können, als die Gesellschaftsmitglieder selbst. Auch wenn dieses Urteil in einzelnen Fällen zutreffen sollte, wäre hier der Keim zu einer Entwicklung gelegt, bei der die Herrschenden ihre eigenen Interessen mit denen der Beherrschten gleichsetzen.

Schließlich besteht die Gefahr, daß ein wohlwollender Diktator oder eine wohlwollende Oligarchie von solchen abgelöst werden, die nur an die Erweiterung ihrer eigenen Macht oder ihres eigenen Wohlergehens, einschließlich desjenigen der ihnen nahestehenden Personen, denken. Und in Diktaturen und Oligarchien sind Machtwechsel bekanntlich häufig mit Diadochenkämpfen verbunden, deren Ausgang recht ungewiß ist. Diktatur und Oligarchie widersprechen also nicht nur dem Postulat der Freiheit, das nach unserer Definition eine Mitbestimmung der Gesellschaftsmitglieder verlangt, sondern auch dem Postulat der Sicherheit.

6.2.1 Möglichkeiten zur Unterdrückung der Mehrheit in Demokratien

Wir konnten uns überzeugen, daß es in Demokratien zu einer Unterdrückung von Minderheiten durch die Mehrheit kommen kann. Weniger bekannt ist, daß unter bestimmten Bedingungen selbst in einer Demokratie der Wille einer Minderheit sich gegenüber einer Mehrheit der Bevölkerung durchsetzen kann. Einige dieser Bedingungen lassen sich wie folgt angeben: 1. In einer direkten Demokratie werden alle Parlamentsabgeordneten direkt in einem bestimmten Wahlkreis durch die Mehrheit der Wähler bestimmt. 2. In etwas mehr als der Hälfte der Wahlkreise hat die Minderheit eine knappe Mehrheit, während sie in den übrigen Wahlkreisen kaum vertreten ist. Unter den angegebenen Bedingungen kann die Minderheit der Bevölkerung die Mehrheit der Abgeordneten stellen und über Parlamentsbeschlüsse der Mehrheit der Bevölkerung ihren Willen aufzwingen.

Ein Beispiel verdeutlicht den Zusammenhang. Angenommen, ein Land setze sich aus fünf Wahlkreisen mit je fünf Wahlberechtigten zusammen. Eine Minderheit der Wahlberechtigten bevorzuge die Alternative A, eine Mehrheit die Alternative B. Die Verteilung der Wähler wird durch Tabelle 6.3 wiedergegeben.

Aufgrund dieser Situation werden offenbar drei Abgeordnete gewählt, die für A, dagegen nur zwei, die für B eintreten. Die Minderheit kann die Mehrheit beherrschen.

Es ist zu vermuten, daß eine so ungleichmäßige Verteilung von Wählern mit verschiedenen Einstellungen auf die Wahlkreise nicht sehr häufig ist. Ausgeschlossen werden kann sie jedoch nicht.

Auch unter anderen Bedingungen kann die Minderheit in einer Demokratie der Mehrheit ihren Willen aufzwingen. Das ist etwa der

Fall, wenn ein Teil der erwachsenen Bevölkerung, wie z. B. die Frauen, nicht das Wahlrecht besitzen. Dieses Ergebnis kann sich auch ergeben, wenn die Wahlbeteiligung gering ist. Scheut ein größerer Teil der Bevölkerung den Zeitaufwand für eine Abstimmung, weil die zu entscheidende Frage für unwichtig gehalten wird, würde dieser Teil der Bevölkerung jedoch ohne Berücksichtigung des Zeitaufwands für Alternative A eintreten, so ist es möglich, daß diejenigen, die sich der Stimme enthalten, zusammen mit der Minderheit der Abstimmenden, die für A eintreten, eine Mehrheit der Wahlberechtigten ausmachen. Alternative B würde also die Mehrheit der abgegebenen Stimmen erhalten. Allerdings läßt sich in diesem Fall sogar ein Argument für die Entscheidung durch die Minderheit finden, da diejenigen, die der Abstimmung ferngeblieben sind, offenbar die zu entscheidende Angelegenheit für viel weniger wichtig halten, als sie für die siegreiche Minderheit ist.

Tabelle 6.3

	Wahlkreise					Ganzes Land
	I	II	III	IV	V	
Zahl der Wähler, die A bevorzugen	3	3	3	1	1	11
Zahl der Wähler, die B bevorzugen	2	2	2	4	4	14

Wir haben uns nun die Frage zu stellen, wie eine Degeneration des Staates zu einem Unterdrückungsinstrument oder zu einer Einrichtung, die die Wünsche der Gesellschaftsmitglieder nicht genügend berücksichtigt, verhindert werden kann.

6.2.2 Einstimmigkeitsregel und staatlicher Machtmißbrauch

Nach unseren Überlegungen im vorausgegangenen Abschnitt ist es naheliegend, Einstimmigkeit für die Einführung jeder Norm, deren Befolgung von staatlichen Einrichtungen notfalls erzwungen werden soll, zu verlangen. In diesem Fall ist gesichert, daß der Zwang im Interesse von jedermann liegt und niemand unterdrückt werden kann.

Einer solchen übergeordneten Verfassungsregel, die Einstimmigkeit bei politischen Entscheidungen vorschreibt, stehen jedoch schwerwiegende Bedenken entgegen. Insbesondere sind zu nennen:

1. Hohe Entscheidungskosten. Die Entscheidungskosten nehmen mit dem Anteil der Gesellschaftsmitglieder, der für eine gültige Entschei-

dung notwendig ist, ebenso wie mit der Größe der Gesellschaft zu. Es wird daher häufig so sein, daß die externen Nachteile, die jemandem z. B. bei Mehrheitsentscheidungen dadurch entstehen können, daß er von anderen überstimmt wird, geringer sind als die zusätzlichen Entscheidungskosten, die durch die Verhandlungen zur Verwirklichung der Einstimmigkeit entstehen würden. Auf die damit angeschnittenen Fragen werden wir in Abschnitt 6.3 näher einzugehen haben.

2. Gerade bei Einstimmigkeit sind die Entscheidungskosten sehr hoch. Die letzten oder der letzte Bürger, die einer bestimmten Regel noch zuzustimmen haben, könnten versuchen, von der Mehrheit einen besonders hohen Preis für ihre Zustimmung zu erpressen. Da das für alle Gruppen und Bürger zutreffen würde, dürften die Verhandlungen sehr zeitraubend und kostspielig sein. Bei größeren Gemeinwesen müßte sogar bezweifelt werden, ob überhaupt eine Einigung erzielt werden könnte.

3. Wie bereits gezeigt wurde, können Gerechtigkeitsgesichtspunkte gegen die Norm der Einstimmigkeit sprechen. Bei ungleichmäßiger Einkommens- und Vermögensverteilung wäre für eine Umverteilung die Zustimmung der reicheren Bevölkerungskreise meist nicht zu erreichen. Da in einer Marktwirtschaft hohes Einkommen und großes Vermögen Macht zur Verfügung über sehr viele Güter bedeuten, und folglich den Begünstigten eine größere Menge von Alternativen zur Verfügung steht und daher mehr Freiheit verschafft, wäre der ärmere Teil der Bevölkerung nur bei politischen Entscheidungen, nicht aber bei Entscheidungen am Markt gleichberechtigt, wenn nicht zumindest eine gewisse Korrekturmöglichkeit gegeben wäre.

Die Einstimmigkeit ist also keine zweckmäßige Verfassungsregel für die Gültigkeit politischer Entscheidungen. Andererseits muß jedoch nochmals betont werden, daß ohne Einstimmigkeit staatliche Zwangseinrichtungen immer mißbraucht werden können. Wir haben daher die Frage zu prüfen, wie die Möglichkeit von Unterdrückung und Ausbeutung durch eine Mehrheit oder Minderheit der Gesellschaftsmitglieder mit Hilfe des Staatsapparates wenn nicht beseitigt, so doch wenigstens so weit wie möglich eingeschränkt werden kann.

6.2.3 Methoden zur Begrenzung staatlichen Machtmißbrauchs

Es gibt nun verschiedene Institutionen, Verfahren und übergeordnete Normen, die einer Begrenzung des möglichen Mißbrauchs der Staatsgewalt dienen können. Die wichtigsten seien an dieser Stelle kurz diskutiert.

1. Beschränkung der Staatstätigkeit auf die Lösung von Problemen, die vom Markt gar nicht oder nur sehr schlecht gelöst werden können und bei denen auch nicht mit der Bildung freiwilliger privater Organisationen zu rechnen ist, die die anstehenden Fragen bewältigen können.

Wir haben gesehen, daß die Institution des Marktes für genügend teilbare private Güter eine Pareto-optimale Güterversorgung gewährleistet, wenn die Marktteilnehmer sich wie bei vollständiger Konkurrenz als Mengenanpasser verhalten, dynamische Stabilität des Systems gegeben ist und keine Externalitäten vorhanden sind. Ferner steht fest, daß jede Staatstätigkeit mit zusätzlichen Entscheidungskosten und mit den Kosten des Unterhaltes der erforderlichen öffentlichen Organe verbunden ist, und außerdem eine Benachteiligung derjenigen eintritt, die die ergriffenen Maßnahmen nicht gebilligt haben. Folglich wird eine Güterversorgung durch kollektive Einrichtungen nur dann in Frage kommen, wenn der öffentliche Charakter eines Gutes stark ausgeprägt ist, gravierende Externalitäten vorliegen oder der Wettbewerb in hohem Maße fehlt. Selbst dann wird eine direkte Güterversorgung durch den Staat nicht zweckmäßig sein, wenn der Wettbewerb oder das Verhalten der Wirtschaftssubjekte als Mengenanpasser durch geringfügige Eingriffe des Staates gesichert bzw. bestehende Externalitäten beseitigt werden können. Was die öffentlichen Güter betrifft, so haben wir bereits früher gesehen, daß die Sicherstellung der Versorgung mit ihnen durch den Staat keineswegs mit einer Produktion durch staatliche Betriebe gleichzusetzen ist. Abschließend sei noch betont, daß die Existenz von Märkten nicht voraussetzt, daß sich die Betriebe in privatem Eigentum befinden.

2. Ausgedehntes Recht auf Entschädigung für jedermann

Hier ist zunächst daran zu erinnern, daß externe Vorteile und Nachteile, die von einem Wirtschaftssubjekt bei anderen hervorgerufen werden, durch direkte staatliche Gebote und Verbote, durch Steuern und Subventionen oder durch Schadensersatzansprüche der Betroffenen geregelt werden können[7]. Es ist also möglich, in allen Fällen, in denen der Urheber eines Schadens oder der Nutznießer eines Vorteils leicht festgestellt werden kann, und in denen sich Vorteile oder Nachteile nicht gleichmäßig auf sehr viele verteilen, es also nicht zu kostspielig wird, Ersatzansprüche geltend zu machen, den staatlichen Zwang auf die Durchsetzung eines weitgehenden Schadensersatzrechtes zu beschränken. Zwangsmaßnahmen wie Gebote und Verbote, die von Fall zu Fall

---

[7] Vgl. hierzu Abschnitt 5.4.

neu aufgestellt werden müßten, könnten auf diese Weise vermieden werden. Es wäre jedoch notwendig, nicht nur denjenigen, die einen Nachteil erleiden, sondern auch Personen oder Gruppen, die anderen nachweisbar Vorteile verschaffen, die nicht über den Markt entgolten werden, einen Vergütungsersatzanspruch einzuräumen. Sehr schwer lösbar ist in diesem Zusammenhang allerdings die Frage, von wem und auf welche Weise die Höhe der Entschädigung festgesetzt werden soll.

Werden Gesellschaftsmitglieder bei einer politischen Entscheidung überstimmt, so entstehen ihnen durch das Verhalten der überstimmenden Mehrheit externe Nachteile. Es ist daher zweckmäßig, in allen Fällen, in denen der Schaden staatlicher Maßnahmen nachgewiesen werden kann, den Betroffenen ebenfalls ein Entschädigungsrecht gegen die öffentliche Hand, d. h. gegen die Allgemeinheit einzuräumen. Auf diese Weise werden die externen Nachteile z. B. von Mehrheitsentscheidungen für die Minderheit häufig beseitigt oder wenigstens gemildert und der Zwangscharakter öffentlicher Entscheidungen kann somit abgeschwächt werden.

3. Die Aufstellung von Grundrechten, die gar nicht oder nur mit großer Mehrheit geändert oder beseitigt werden können.

Hohe Entscheidungskosten lassen es zweckmäßig erscheinen, die meisten politischen Entscheidungen gültig sein zu lassen, wenn ihnen eine Mehrheit der von den Wahlberechtigten gewählten Parlamentsmitglieder zugestimmt hat. Andererseits sind gewisse Entscheidungen so wichtig, daß höhere Entscheidungskosten in Kauf genommen werden können und man zu ihrer Gültigkeit qualifizierte Mehrheiten von $2/3$ oder $3/4$ der Parlamentsabgeordneten verlangen kann. Im Extremfall ist es sogar möglich, Einstimmigkeit der Abgeordneten zu verlangen oder aber bestimmte Gebiete überhaupt aus dem Bereich politischer Entscheidungen auszuklammern [8].

Zu den grundlegenden Regeln, die nur mit qualifizierter Mehrheit oder gar nicht geändert werden dürfen, wird man zunächst einmal die Normen zu rechnen haben, die festlegen, wann eine politische Entscheidung gültig ist. Es sollte nicht möglich sein, durch einfache Mehrheit das Wahlrecht einzuengen oder abzuschaffen, Abgeordnete aus dem Parlament auszuschließen oder zu bestimmen, daß in Zukunft bereits 30 % der Parlamentsmitglieder statt 50 % ein Gesetz verabschieden können.

An zweiter Stelle sind die eigentlichen Grundrechte zu nennen. Schutz vor willkürlicher Verhaftung durch die Staatsorgane, Anspruch auf alsbaldiges Verfahren vor einem ordentlichen Gericht, Gleichheit

---

[8] Vgl. zu diesen Fragen auch Abschnitt 6.3.

vor dem Gesetz, Glaubensfreiheit, Meinungs- und Informationsfreiheit, Versammlungsfreiheit, Freizügigkeit, freie Berufswahl und anderes sind hier anzuführen.

Man kann sich jedoch vorstellen, daß auch andere Normen so schwerwiegend sind, daß ihre Einführung und Änderung einer qualifizierten Mehrheit bedarf. So sollte eine Abschaffung oder Änderung des Entschädigungsrechts ebenso erschwert werden, wie eine Beseitigung der Regel der Allgemeinheit und Gleichheit der Besteuerung. Ferner sollten Regeln darüber, welche Entscheidungen durch politische Verfahren und welche durch den Marktmechanismus zu fällen sind, ebenso wie die Verteilung der Entscheidungsbefugnisse zwischen den einzelnen Staatsorganen nicht durch einfache Mehrheiten zu ändern sein.

4. Dezentralisierung des Staatsapparates (Föderalismus)

Alle Entscheidungen, die eine öffentliche Organisation mit Zwangseinrichtungen erforderlich machen, die aber im wesentlichen nur einem Teil der Staatsbürger nützen oder schaden und die keine zu großen externen Vorteile oder Nachteile für andere mit sich bringen, sollten von öffentlichen Institutionen getroffen werden, an deren Entscheidungen nur die hauptsächlich Betroffenen beteiligt und zu deren Finanzierung nur diese herangezogen werden. Die entsprechenden Organe würden also eingeschränkte Kompetenzen besitzen, die nach Gebiet (Länder, Kantone, Gemeinden) oder nach Funktion abzugrenzen wären.

Eine Dezentralisierung hat mehrere Vorteile. Nur potentiell Begünstigte oder Benachteiligte werden in der Regel bereit sein, bei politischen Entscheidungen mitzuwirken, da sie eher ein Interesse haben, die Entscheidungskosten zu tragen. Zweitens können die Kosten der Maßnahme in diesem Fall nicht Unbeteiligten aufgebürdet werden, die niemals einen greifbaren Vorteil daraus ziehen können. Es wird also unerwünschter staatlicher Zwang vermieden. Drittens sind die Entscheidungskosten um so geringer, je kleiner die Gruppe der Betroffenen ist. Es ist daher auch eher möglich, eine qualifizierte Mehrheit für wichtige Entscheidungen zu verlangen. Schließlich sind in einer indirekten Demokratie die Abgeordneten durch die überschaubaren Verhältnisse eher in der Lage, Wünsche und Bedürfnisse ihrer Wähler richtig einzuschätzen.

5. Zulassung von Volksabstimmungen über geplante Gesetze

Wie wir gesehen haben, ist es in einer indirekten Demokratie bei Mehrheitsentscheidungen im Parlament möglich, daß eine Minderheit der Bevölkerung einer Mehrheit ihren Willen aufzwingt. Diese Möglichkeit kann ausgeschlossen werden, wenn ein bestimmter Prozentsatz

(z. B. 5 %) der Wähler eine Volksabstimmung über jedes beliebige vom Parlament verabschiedete Gesetz verlangen kann, in der es möglich ist, das Gesetz mit einfacher Mehrheit der sich an der Abstimmung Beteiligenden abzulehnen.

Die beschriebene Möglichkeit bietet jedoch gleichzeitig einen gewissen Minderheitenschutz. Ist z. B. zwar eine Mehrheit für ein bestimmtes Gesetz, mißt aber der größte Teil der Mehrheit diesem Gesetz nur sehr geringe Bedeutung bei, während die ablehnende Minderheit die damit verbundenen Nachteile sehr stark gewichtet, so ist zu erwarten, daß die Wahlbeteiligung bei der Minderheit der Bevölkerung groß, bei der Mehrheit dagegen gering sein wird, da hier bei vielen der Wähler die Mühe des Wahlgangs angesichts der Bedeutungslosigkeit der Vorteile stark ins Gewicht fällt. Es ist also durchaus möglich, daß es zu einer Ablehnung des vorgeschlagenen Gesetzes kommt.

Volksabstimmungen können jedoch auch Nachteile haben. Das ist besonders bei komplizierten Zusammenhängen der Fall, die von der Masse der Bevölkerung nicht voll durchschaut werden können. Unter diesen Bedingungen ist es denkbar, daß sich viele für oder gegen ein Gesetz entscheiden, weil sie die damit für sie vorhandenen Vor- oder Nachteile falsch einschätzen.

In Krisensituationen kann die Masse der Bevölkerung schließlich besonders anfällig für an die Emotionen appellierende Versprechungen von Demagogen sein und sich zu einem ihren eigenen Interessen widersprechenden Verhalten verleiten lassen.

Ähnliche Möglichkeiten und Gefahren ergeben sich auch innerhalb der Parlamente. Es ist jedoch zu vermuten, daß die Abgeordneten durch ihre Laufbahn und ihre politische Spezialisierung sowohl besser informiert als auch weniger anfällig für Demagogie sind als der Durchschnittsbürger.

6. Proportionale Repräsentation der Wähler im Parlament

Die Möglichkeit, daß in einer indirekten Demokratie eine Minderheit der Mehrheit Zwang antut, läßt sich auch durch eine Verfassung ausschalten, die ein proportionales Wahlrecht vorsieht. In diesem Fall werden nicht alle Abgeordneten direkt in einem Wahlkreis gewählt, sondern ein Teil der Sitze nach der Wahl so auf die sich beteiligenden Parteien verteilt, daß die Sitzverteilung im Parlament dem Anteil der Parteien an den Wählerstimmen entspricht. Die Minderheit der Bevölkerung kann also nicht die Mehrheit der Abgeordneten stellen.

Dieses Verfahren hat jedoch auch gewisse Nachteile. Einmal setzt es die Existenz von Parteien voraus, die darüber bestimmen, in welcher

Reihenfolge die Kandidaten, die nicht direkt gewählt werden, berücksichtigt werden sollen. Damit verlieren die Wähler die Möglichkeit, sich bei ihrer Entscheidung auch nach der Persönlichkeit des Kandidaten zu entscheiden. Weiter ist bekannt, daß das proportionale Wahlrecht zu einer Verteilung der Sitze auf sehr viele Parteien führen kann, was die Regierungsbildung ebenso wie konsistente politische Entscheidungen erschwert.

7. Recht auf Gesetzesinitiative

Für politische Entscheidungsprozesse ist es nicht nur wichtig, wer über vorgeschlagene Alternativen mitentscheidet und bei welchen Stimmenverhältnissen ein Vorschlag gültig wird, sondern auch, wer berechtigt ist, Alternativen zur Entscheidung zu stellen. So ist es durchaus denkbar, daß eine Mehrheit der Bevölkerung eine Änderung der vorliegenden Situation durch bestimmte staatliche Maßnahmen für vorteilhaft hält, jedoch die allein zur Gesetzesinitiative Berechtigten, die Fraktionen des Parlaments und die Regierung, z. B. wegen Unkenntnis des Wunsches der Mehrheit der Bevölkerung, keinen entsprechenden Antrag stellen. Auf diese Weise würde durch die politische Organisation verhindert, daß sich die Wünsche der Mehrheit durchsetzen.

Dem beschriebenen Mißstand kann dadurch abgeholfen werden, daß Gesetze im Parlament oder bei einer Volksabstimmung zur Entscheidung gestellt werden müssen, wenn sich z. B. 1 % der Bürger durch ihre Unterschrift für einen Gesetzesvorschlag ausspricht. Der Gesetzesvorschlag selbst könnte von jedermann oder von jeder Gruppe ausgehen.

8. Politische Tauschgeschäfte (Explicit Logrolling)

Ein gewisser Minderheitenschutz kann in der indirekten Demokratie durch die Möglichkeit des Abschlusses politischer Tauschgeschäfte zwischen einzelnen Parlamentariern oder Gruppen von Abgeordneten erreicht werden. Politische Tauschgeschäfte lohnen sich für Abgeordnete immer dann, wenn sie ohne Tauschgeschäft bei einer für sie wichtigen Angelegenheit in der Minderheit bleiben würden. Die Zusammenhänge lassen sich am besten an einem Beispiel erklären (vgl. Tabelle 6.4). Es seien zwei Entscheidungen zu fällen, wobei im ersten Fall zwischen den Alternativen a_1 und a_2 und im zweiten Fall zwischen b_1 und b_2 zu wählen ist. Stimmberechtigt sind die drei Abgeordneten I, II und III. In Tabelle 6.4 sind die Werte eingetragen, die von den einzelnen Abgeordneten den verschiedenen Alternativen beigemessen werden. Wie man sieht, zieht der Abgeordnete I bei der 1. Entscheidung eindeutig Alternative a_1 vor, während III Alternative a_2 stark bevorzugt. II findet zwar a_2 besser als a_1, doch sind ihm beide Alternativen fast gleich lieb.

Tabelle 6.4

Entscheidungs-alternativen	Abgeordnete (Wähler)		
	I	II	III
a_1	10	7	4
a_2	5	8	11
b_1	7	9	7
b_2	8	6	8

Werden nun beide Entscheidungen durch einfache Mehrheit unabhängig voneinander gefällt, findet also kein politisches Tauschgeschäft statt, so entscheidet sich die Mehrheit der Abgeordneten bei der 1. Entscheidung für die Alternative a_2, bei der 2. Entscheidung für Alternative b_2. Der Abgeordnete I wird also bei der 1. Entscheidung überstimmt und müßte entsprechende Nachteile für sich bzw. seine Wähler in Kauf nehmen.

Der Abgeordnete I braucht sich jedoch mit diesem Ergebnis nicht abzufinden, kann er doch dem II ein politisches Tauschgeschäft anbieten, in dem vorgeschlagen wird, daß er bei der 2. Entscheidung für Alternative b_1 stimmt, falls II in der 1. Entscheidung sich für a_1 ausspricht. Bei einer solchen Verbindung der Alternativen würde I insgesamt $10 + 7 = 17$ und II $7 + 9 = 16$ erreichen, während sie ohne Tauschgeschäft nur $5 + 8 = 13$ bzw. $8 + 6 = 14$ erhalten könnten[9].

Der Vorschlag ist folglich auch für den Abgeordneten II günstig, und er wird daher das vorgeschlagene Tauschgeschäft annehmen. Sowohl I als auch II haben also Erfolg bei derjenigen Entscheidung, die für sie besonders wichtig ist. Dafür verzichten sie auf die Durchsetzung der günstigeren Alternative in der Entscheidung, in der sie die Unterschiede zwischen den Alternativen nicht sehr hoch bewerten. Intensiv empfindende Minderheiten haben folglich u. U. die Möglichkeit, sich durch politische Tauschgeschäfte in für sie wichtigen Angelegenheiten durchzusetzen.

Zu politischen Tauschgeschäften kann es allerdings nur kommen, wenn die Beteiligten sich auf die Zuverlässigkeit ihrer Partner verlassen können. In unserem Beispiel muß der Abgeordnete II sicher sein, daß I tatsächlich bei der 2. Entscheidung für b_1 stimmt, wenn diese Ent-

---

[9] Es wird angenommen, daß die den einzelnen Alternativen beigemessenen Nutzen (Werte) addierbar sind. Diese Annahme impliziert kardinale Nutzenfunktionen. Unsere Überlegungen gelten jedoch auch bei Voraussetzung ordinaler Nutzenfunktionen.

scheidung erst später gefällt wird. Man macht sich leicht klar, daß bei kontinuierlichem politischem Prozeß diese Voraussetzung erfüllt ist. Würde nämlich I seinen Verpflichtungen nicht nachkommen, so müßte das den anderen Abgeordneten bekannt werden, und er könnte wegen seiner Unzuverlässigkeit nicht damit rechnen, bei späteren Entscheidungen Partner für ein politisches Tauschgeschäft zu finden. Eine weitere Möglichkeit zur Sicherung der an dem Tauschgeschäft Beteiligten besteht in einer gleichzeitigen Abstimmung über die zu entscheidenden Fragen. In manchen Fällen ist es möglich, die gewünschten Alternativen in einem Gesetzesentwurf zusammenzufassen und dann insgesamt über diesen abzustimmen.

Das politische Tauschgeschäft bietet jedoch nicht nur einen gewissen Minderheitenschutz, sondern kann ebenso wie andere politische Verfahren auch mit Nachteilen für die Gesellschaft verbunden sein, da es zu Irrationalitäten im politischen Prozeß führt. Zum Beweis dieser Behauptung wollen wir noch einmal zu unserem Beispiel zurückkehren und alle möglichen Verbindungen von Alternativen der beiden Entscheidungen betrachten. In Tabelle 6.5 bedeutet $a_1 \cup b_1$ eine Kombination von a_1 und b_1, $a_2 \cup b_1$ eine solche von a_2 und b_1 usw. In der Tabelle sind die diesen Kombinationen von den Abgeordneten beigemessenen Werte eingetragen [9].

Tabelle 6.5

Entscheidungs-alternativen	Abgeordnete (Wähler)		
	I	II	III
$a_1 \cup b_1$	17	16	11
$a_1 \cup b_2$	18	13	12
$a_2 \cup b_1$	12	17	18
$a_2 \cup b_2$	13	14	19

Durch eine Koalition zwischen den Abgeordneten I und II würde $a_1 \cup b_1$ die Mehrheit der Stimmen erhalten. Nun wird jedoch $a_1 \cup b_1$ sowohl von $a_1 \cup b_2$ als auch von $a_2 \cup b_1$ in dem Sinne dominiert, daß es eine Mehrheit von Abgeordneten gibt, die diese Alternativen der Alternative $a_1 \cup b_1$ vorziehen. Wie man sieht, könnte der Abgeordnete III seine Lage verbessern, wenn $a_1 \cup b_2$ oder $a_2 \cup b_1$ statt $a_1 \cup b_1$ gewählt würde. Gleichzeitig würden sich jedoch auch I bei $a_1 \cup b_2$ bzw. II bei $a_2 \cup b_1$ besser stellen. Der Abgeordnete III kann also II eine Koalition mit dem Ziel vorschlagen, $a_2 \cup b_1$ durchzusetzen. Die Alternative $a_1 \cup b_2$ ist für ihn nicht so attraktiv, da er diese Situation weniger schätzt als $a_2 \cup b_1$.

Wie die Dinge liegen, handelt es sich jedoch auch bei $a_2 \cup b_1$ um eine Alternative, die von einer anderen, nämlich von $a_2 \cup b_2$ dominiert wird, da $a_2 \cup b_2$ von I und III $a_2 \cup b_1$ vorgezogen wird. Schließlich dominiert wiederum $a_1 \cup b_1$ die Alternative $a_2 \cup b_2$.

Drücken wir die Dominanz durch das Symbol $>$ aus, so erhalten wir folgendes Ergebnis:

$$a_1 \cup b_1 > a_2 \cup b_2 > a_2 \cup b_1 > a_1 \cup b_1.$$

Die betrachtete Gruppe von Abgeordneten hat daher eine irrationale Präferenzordnung. Sie zieht z. B. $a_1 \cup b_1$ indirekt über $a_2 \cup b_2$ der Alternative $a_2 \cup b_1$ vor, obwohl sie diese gleichzeitig höher einschätzt als $a_1 \cup b_1$. Die Bewertung verschiedener Alternativen durch die Gruppe ist also logisch inkonsistent, obwohl die Präferenzordnung eines jedes einzelnen Abgeordneten konsistent ist.

Das beschriebene Phänomen, bei dem trotz der Rationalität aller Stimmberechtigten keine Rationalität der Gesamtheit vorhanden ist, kann ganz allgemein bei demokratischen Entscheidungsprozessen auftreten, ist also nicht auf die besonderen Gegebenheiten unseres Beispiels beschränkt. Diese Tatsache wurde zuerst von Kenneth Arrow allgemein bewiesen[10] und wird in der Literatur als Condorcet- oder Arrow-Paradox bezeichnet.

Das Arrow-Paradox kann zu schwerwiegenden Mängeln des politischen Prozesses führen. So könnte in unserem Beispiel das Ergebnis einer Abstimmung davon abhängen, welche zwei aus den vier komplexen Alternativen zuerst zur Entscheidung gestellt werden. Daneben ist zu befürchten, daß im Laufe der Zeit widersprüchliche Entscheidungen gefällt werden. So kann es sein, daß man sich bei einer ersten Abstimmung für $a_1 \cup b_1$ entscheidet, während man später $a_2 \cup b_2$ wählt. Es ergeben sich dann einander widersprechende Handlungen mit allen damit verbundenen Nachteilen.

Wie bedeutsam die durch das Arrow-Paradox bezeichneten Phänomene in der Realität sind, ist bis heute noch nicht hinreichend geklärt worden.

9. Der Wettbewerb der Parteien

Auch der Wettbewerb zwischen den Parteien schränkt die Möglichkeit eines Machtmißbrauchs ein und sorgt für einen gewissen Schutz von Minderheiten in Angelegenheiten, die ihnen sehr wichtig sind.

Zur Illustration sei von einem Zweiparteiensystem ausgegangen, in dem Regierungs- und Oppositionspartei darum kämpfen, bei den näch-

---

[10] Social Choice and Individual Values, New York 1951.

sten Wahlen die Mehrheit der Stimmen zu erhalten. Ferner sei wieder das oben benutzte einfache Beispiel betrachtet (vgl. Tabellen 6.4 und 6.5), wobei allerdings die drei Abgeordneten als Wähler und zwar als die Gesamtheit aller Wähler aufgefaßt werden.

Schlägt unter diesen Bedingungen die Regierungspartei ein Wahlprogramm vor, in dem nur die Alternative a_2 als Ziel angegeben ist, so müßte die Oppositionspartei offenbar die Wahlen verlieren, wenn sie ihrerseits nur die Alternative a_1 in ihr Programm aufnehmen würde. Das Ergebnis einer solchen Wahl würde den Wähler I benachteiligen, wenn – was wir annehmen wollen – die siegreiche Partei ihr Wahlprogramm ausführt.

Die Oppositionspartei ist jedoch nicht auf die Alternativen a_1 oder a_2 beschränkt. Vielmehr hat sie die Möglichkeit, zusätzliche Probleme in ihr Programm einzubeziehen. Präsentiert sie den Wählern z. B. das Programm $a_2 \cup b_2$, so kann die Regierungspartei nur noch mit $a_1 \cup b_1$ die Wahlen gewinnen. Hat sie sich jedoch bereits, wie angenommen, auf a_2 festgelegt, so würde sie durch einen Wechsel zu a_1 bei den Wählern unglaubwürdig werden. Sie wird also an a_2 festhalten und die Wahlen verlieren müssen, da $a_2 \cup b_2 > a_2 \cup b_1$.

Die Einbeziehung der zusätzlichen Alternative in das Wahlprogramm hat zur Folge, daß der durch a_2 benachteiligte Wähler I wenigstens bei der Auswahl der Alternative b_2 berücksichtigt wird, da diese in dem Programm $a_2 \cup b_2$ enthalten ist. Der Wettbewerb der Parteien führt also zu einer Verbesserung der Lage von I.

Andererseits kann nicht übersehen werden, daß sich auch bei der Konkurrenz zwischen Regierungs- und Oppositionspartei die in unserem Beispiel vorhandene Inkonsistenz der Präferenzskala der Gruppe bemerkbar macht. Wenn es erforderlich ist, daß die Regierungspartei zuerst ihr Programm festlegt, so wird sie bei vollständiger Information der Wähler und der Parteien in jedem Fall die Wahlen verlieren, da jedes einfache Wahlprogramm, das etwa die Alternative a_2 bzw. b_2 enthält, durch eine komplexe Alternative besiegt werden kann und auch jede zusammengesetzte Alternative wie $a_2 \cup b_2$ durch eine andere dominiert wird. Es ist jedoch unvermeidlich, daß sich die Regierungspartei in vielen Punkten vor der Opposition auf ein Programm festlegt, da in der den Wahlen vorausgehenden Legislaturperiode Entscheidungen gefällt werden müssen. Diese Entscheidungen implizieren gewisse Zielvorstellungen, von denen das Wahlprogramm der Regierungspartei nicht wesentlich abweichen darf [11].

---

[11] Auf diese Zusammenhänge wurde zuerst von *A. Downs*, An Economic Theory of Democracy, New York 1957, Kapitel 4, hingewiesen.

Nach den vorausgegangenen Überlegungen müßte die Regierung in unserem Beispiel bei vollständiger Information mit ihrem Sturz bei den nächsten Wahlen rechnen. Das hätte jedoch zur Folge, daß die leitenden Politiker in der vorausgehenden Legislaturperiode Entscheidungen ohne Rücksicht auf die Wähler treffen könnten, da selbst die genaueste Berücksichtigung der Wünsche der Mehrheit der Bevölkerung ihre Wiederwahl nicht sichern könnte.

Das abgeleitete Ergebnis ist von großer Bedeutung. Vor allem zeigt es, daß eine Verbesserung des Informationsstandes der Bevölkerung in einer Demokratie auch zu einer schlechteren Lage führen kann. Denn unsere Schlußfolgerungen gelten ja nur bei vollständiger Information. Bei unvollständiger Information braucht es dagegen wegen der Möglichkeit, Stimmen zu tauschen, nicht notwendigerweise zu Irrationalitäten im politischen Entscheidungsprozeß zu kommen.

10. Die Möglichkeit der Auswanderung

Ist die Auswanderung aus einem Land und entsprechend die Einwanderung in andere Länder gestattet, so kann der Einzelne sich zu einer Auswanderung entschließen, wenn die durch den politischen Prozeß bei ihm hervorgerufenen externen Nachteile zu groß werden. Damit wird der Mißbrauch staatlichen Zwangs auf ein gewisses Höchstmaß begrenzt. Das setzt allerdings voraus, daß die Verhältnisse für den Betreffenden im Ausland weniger ungünstig sind, als in seinem Heimatland.

Bei einer Dezentralisierung der Entscheidungen innerhalb eines Bundesstaates wird die gleiche Möglichkeit in gewissem Maße durch die Gewährung der Freizügigkeit für das gesamte Staatsgebiet erreicht. Der Bürger kann in diesem Falle einem zu starken staatlichen Zwang durch einen Umzug innerhalb des Bundesstaates ausweichen.

6.3 Gesellschaftliche Interdependenzkosten und optimale politische Entscheidungsregeln [12]

Es wurde bereits darauf hingewiesen, daß alle politischen Entscheidungen, die gültig werden, obwohl ein Teil der Gesellschaftsmitglieder nicht zugestimmt hat, mit externen Nachteilen für die überstimmten Individuen verbunden sind. Jede Verfassungsregel, nach der für eine gültige Entscheidung keine Einstimmigkeit erforderlich ist, bringt für die Beteiligten im Laufe der Zeit Nachteile mit sich, da sie damit rechnen müssen, immer wieder einmal überstimmt zu werden.

---

[12] An der Ausarbeitung dieses Abschnitts war Herr Dr. *M. Faber* wesentlich beteiligt.

Die von einem Individuum auf diese Weise erwarteten externen Nachteile werden um so geringer sein, je höher der Anteil der Gruppenmitglieder ist, der nach der Verfassungsregel zustimmen muß, wenn Entscheidungen gültig werden sollen. Ist N die Gesamtzahl der Gruppenmitglieder, N_a die Zahl derselben, die für eine gültige Entscheidung notwendig ist, und bezeichnet K_i den Wert der von Individuum i erwarteten externen Nachteile, so gilt also

(6.1) $\quad K_i = K_i(N_a), \quad N_a \leqq N,$

(6.2) $\quad \dfrac{dK_i}{dN_a} < 0,$

(6.3) $\quad K_i = K_i(N) = 0.$

Die letzte Gleichung besagt, daß bei Einstimmigkeit keine externen Nachteile zu erwarten sind, da das Individuum in diesem Fall ein Vetorecht gegen jede vorgeschlagene Maßnahme hat.

Der genaue Verlauf der Kurve der erwarteten externen Nachteile wird von Individuum zu Individuum mehr oder minder verschieden sein und sich auch bezüglich der nach einer Verfassungsregel zu entscheidenden Probleme unterscheiden. Bei Entscheidungen über Grundrechte und Eigentumsrechte werden die erwarteten externen Nachteile des politischen Entscheidungsprozesses nur langsam mit N_a abnehmen (vgl. Abbildung 6.2).

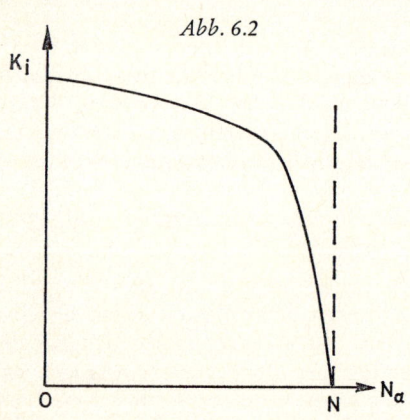

Abb. 6.2

Dagegen dürfte K_i bei anderen Problemkreisen, wie z. B. bei Entscheidungen über Verkehrsregeln, verhältnismäßig rasch fallen (vgl. Abbildung 6.3).

Gäbe es keine Entscheidungskosten, so wäre es offenbar sinnvoll, bei allen politischen Entscheidungen Einstimmigkeit zu verlangen, um externe Nachteile zu verhindern. Wir haben jedoch bereits gesehen, daß die zu erwartenden Entscheidungskosten bei Einstimmigkeit außerordentlich hoch, ja geradezu prohibitiv sein dürften.

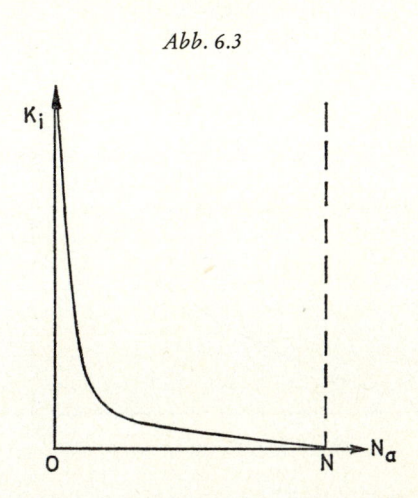

Abb. 6.3

Allgemein wird man sagen können, daß die vom Individuum i erwarteten Entscheidungskosten D_i, die sich wegen des notwendigen Zusammenwirkens mit anderen zum Zwecke der Entscheidungsbildung ergeben, um so größer sind, je mehr Gesellschaftsmitglieder N_a nach der Verfassungsregel einer Entscheidung zustimmen müssen, damit diese gültig wird. Ferner werden die erwarteten Entscheidungskosten mit der Größe der Gruppe und der Kompliziertheit der zu entscheidenden Fragen wachsen.

Gehen wir von einer gegebenen Gruppengröße N und gegebener Kompliziertheit der zu lösenden Probleme aus, so können wir annehmen, daß:

(6.4) $\quad D_i = D_i(N_a), \quad N_a \leqq N,$

(6.5) $\quad \dfrac{dD_i}{dN_a} > 0,$

(6.6) $\quad \dfrac{d^2 D_i}{dN_a^2} > 0.$

Ungleichung (6.6) besagt, daß die erwarteten Entscheidungskosten mit der Zahl der für eine gültige Entscheidung erforderlichen Gruppenmitglieder überproportional wachsen. Der Verlauf der Funktion der erwarteten Entscheidungskosten ist in Abbildung 6.4 wiedergegeben.

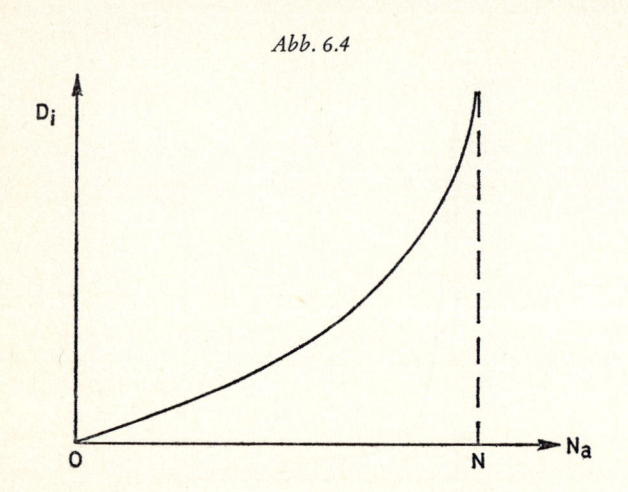

Abb. 6.4

Für Gesellschaftsmitglied i ist nun offenbar diejenige Entscheidungsregel die günstigste, bei der die Summe von erwarteten externen Nachteilen und erwarteten Entscheidungskosten am geringsten ist. In Abbildung 6.5 sind die beiden Funktionen zur Funktion der Interdependenzkosten addiert. Dabei wurde ein Verlauf der Funktion der erwarteten externen Nachteile wie in Abbildung 6.3 angenommen. Das Minimum der erwarteten Interdependenzkosten wird in Punkt P erreicht, so daß $\frac{N_a}{N}$ der Anteil der Gruppenmitglieder ist, der nach Ansicht des Individuums i für die Gültigkeit einer politischen Entscheidung in der Verfassung vorgeschrieben sein sollte.

Unsere Abbildung zeigt, daß jede politische Entscheidungsregel und damit jede Durchführung von Maßnahmen mit Hilfe öffentlicher Instanzen für Individuum i erwartete Interdependenzkosten zumindest in Höhe von $\bar{J}_i$ mit sich bringt. Hinzu kommt der von Individuum i zu tragende Anteil der Kosten für den Unterhalt der staatlichen Institutionen, die zur Ausführung und Kontrolle der der öffentlichen Hand übertragenen Maßnahmen erforderlich sind. Daraus folgt aber, daß die Existenz externer Nachteile, bei einer Güterversorgung durch den Markt, ebensowenig wie eine unzureichende Versorgung mit öffentlichen Gütern oder wie eine ungerechte Einkommensverteilung ein hinreichender Grund für ein Eingreifen der öffentlichen Hand sind. Erst wenn die Nachteile aus diesen Mängeln für die beteiligten Gesellschaftsmitglieder größer sind als die erwarteten Interdependenzkosten und die Kosten von öffentlichen Institutionen, ist die Verwendung von politischen Entscheidungsverfahren selbst für die Benachteiligten sinnvoll.

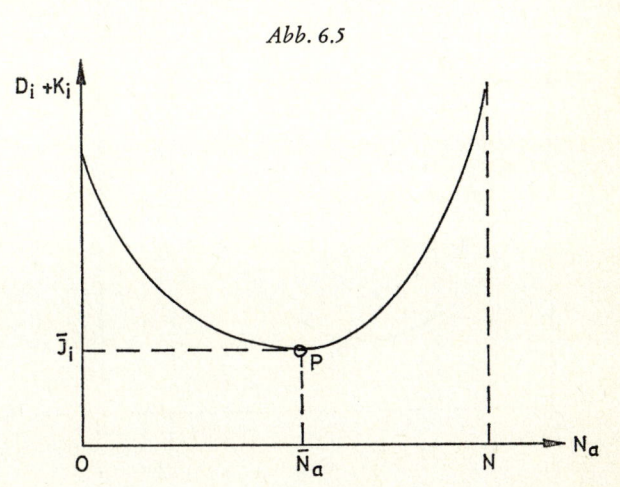

Abb. 6.5

Wir kehren noch einmal zu Abbildung 6.5 zurück. Es wurde bereits darauf hingewiesen, daß die Kompliziertheit der zu fällenden Entscheidungen die Höhe der erwarteten Entscheidungskosten beeinflußt. Je größer die Schwierigkeit der durch die politischen Entscheidungen zu lösenden Probleme ist, desto weiter links liegt die Kurve in Abbildung 6.4. Das aber hat zur Folge, daß sich die Kurve der erwarteten Interdependenzkosten in Abbildung 6.5 bei einer Zunahme der Kompliziertheit der zu treffenden Entscheidungen so verschiebt, wie dies in Abbildung 6.6 durch die gestrichelte Kurve beschrieben wird. Diese Schlußfolgerung trifft allerdings nur zu, wenn mit der Schwierigkeit nicht auch die Wichtigkeit des betrachteten Problems wächst, die Kurve der erwarteten externen Nachteile also unverändert bleibt.

Das neue Minimum P_1 liegt links oben von dem alten Minimum P_0. Zur Regelung schwieriger Probleme ist also für Individuum i eine Verfassungsregel günstiger, die vorsieht, daß ein geringerer Anteil der Gruppenmitglieder einer Entscheidung zustimmen muß, wenn diese gültig werden soll. Ferner wird deutlich, daß in diesem Fall eine staatliche Tätigkeit erst bei größeren Nachteilen einer marktmäßigen Regelung sinnvoll ist, da die minimalen Interdependenzkosten in P_1 größer als in P_0 sind.

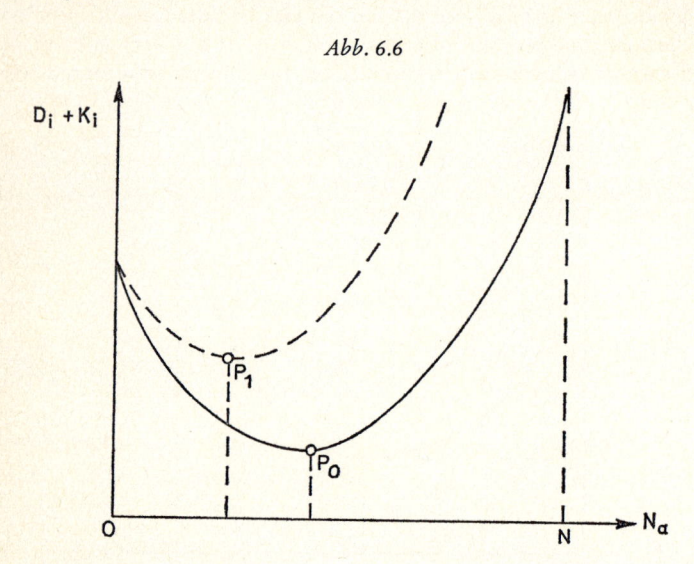

Abb. 6.6

Die erwarteten Entscheidungskosten hängen bei gleichem Anteil der für eine gültige Entscheidung erforderlichen Mitglieder an der Gesamtzahl einer Gruppe von der Größe dieser Gruppe ab. Entsprechendes gilt für die erwarteten Interdependenzkosten.

Das aber hat zur Folge, daß die für ein beliebiges Individuum i günstigste Verfassungsregel bei gleichen Problemen in einer größeren Gruppe die Zustimmung eines kleineren Anteils der Gruppenmitglieder vorsehen wird. Die vorteilhafteste Verfassungsregel hängt also nicht nur von dem Problemkreis, sondern auch von der Größe der Gruppe ab. Gleichzeitig sind die erwarteten Interdependenzkosten bei einer größeren Gruppe in ihrem Minimum höher, da die absolute Zahl derjenigen, deren Zustimmung nach der optimalen Verfassungsregel erforderlich ist, mit einer Vergrößerung der Gruppe zunehmen wird.

Die zuletzt gezogene Schlußfolgerung spricht für eine möglichst weitgehende Dezentralisierung großer Gemeinwesen. Dabei ist es zweckmäßig, externe Nachteile, die durch die Entscheidungen untergeordneter Gruppen bei den Mitgliedern anderer Untergruppen entstehen, in Kauf zu nehmen, wenn die bei zentraler Entscheidung erforderlichen zusätzlichen Entscheidungskosten für die Betroffenen größer als die zu erwartenden externen Nachteile sind.

Nicht nur die erwarteten Entscheidungskosten, sondern auch die erwarteten externen Nachteile einer politischen Entscheidung hängen von den zu lösenden Problemen ab. Je wichtiger die Probleme für die Gesellschaftsmitglieder sind, bei um so höheren Werten wird die Kurve $K_i = K_i(N_a)$ auf der Ordinate beginnen und desto langsamer wird K_i mit zunehmendem N_a anfänglich abnehmen. Bei besonders wichtigen Fragen erhalten wir eine Situation wie die in Abb. 6.2 beschriebene. Die zugehörige Kurve der erwarteten Interdependenzkosten erreicht daher ihr Minimum bei einem um so größeren N_a, je wichtiger die zur Diskussion stehenden Probleme für das betrachtete Individuum sind. Daraus folgt, daß die günstigste Verfassungsregel mit zunehmender Bedeutung der Probleme, bei gleicher Kompliziertheit derselben, die Zustimmung eines immer größeren Teils der Bevölkerung vorsehen muß. Die größere Höhe der erwarteten Entscheidungskosten wird in diesem Fall durch das Gewicht der zu vermeidenden externen Nachteile kompensiert.

Welche Schlußfolgerungen lassen sich aus den vorausgegangenen Überlegungen für moderne Industriestaaten mit großer Bevölkerungszahl ziehen? Es steht fest, daß viele der in diesen Ländern zu treffenden öffentlichen Entscheidungen kompliziert sind. Es dürfte daher bezüglich der meisten Probleme ausgeschlossen sein, Verfassungsregeln aufzustellen, die zur Gültigkeit von Sachentscheidungen die Zustimmung auch nur der einfachen Mehrheit der Stimmberechtigten vorsehen. Das bedeutet jedoch, daß in einer direkten Demokratie bereits eine womöglich kleine Minderheit der Stimmberechtigten entscheiden würde und daher die bei politischen Entscheidungen zu erwartenden externen Nachteile für die Gesellschaftsmitglieder recht groß werden könnten. Das aber wieder würde dafür sprechen, selbst bei größeren Nachteilen oder Lücken des Marktmechanismus keine Entscheidungen mit Hilfe von politischen Verfahren zu fällen.

Angesichts dieser Sachlage kann die Institution der indirekten Demokratie als eine erhebliche Verbesserung aufgefaßt werden. Zwar ermächtigt auch hier die Verfassung eine kleine Minderheit der Bevölkerung, nämlich die Mehrheit der Abgeordneten, zur Entscheidung von Sachfragen, doch unterliegen die Abgeordneten der Kontrolle der Mehrheit der Gesellschaftsmitglieder wenigstens insofern, als sie sich alle paar Jahre zur Wiederwahl zu stellen haben. Sie werden also wahrscheinlich bei einem unerwünschten Verhalten von der Masse der Wähler nicht wiedergewählt.

6.4 Aufgaben

1. In einer kleinen Gruppe ist die Wahrscheinlichkeit, daß sich alle übrigen Mitglieder an den Kosten für die Versorgung mit einem öffentlichen Gut beteiligen, im Gegensatz zur großen Gruppe nicht unabhängig davon, ob ein bestimmtes Gruppenmitglied bereit ist, seinen Anteil an den Kosten zu tragen oder nicht. Die Wahrscheinlichkeit einer Beteiligung der anderen ist kleiner, wenn sich der Betreffende weigert, einen Teil der Kosten zu übernehmen. Unter Berücksichtigung dieses Zusammenhangs läßt sich das Beispiel von Tabelle 6.1 für eine kleine Gruppe von Personen, die an der Versorgung mit einem öffentlichen Gut interessiert sind, wie folgt ändern:

Tabelle 6.6

	Wert des Ergebnisses für das Individuum	
	Bei Beteiligung des Individuums	Bei Nichtbeteiligung des Individuums
Bei Beteiligung aller übrigen	$(a-b-d), (q)$	$a, (p)$
Bei Nichtbeteiligung aller übrigen	$(-d), (1-q)$	$0, (1-p)$

q $(0 < q < 1)$ ist die Wahrscheinlichkeit, daß sich alle anderen Angehörigen der Gruppe beteiligen, wenn das betreffende Individuum zur Beschaffung des öffentlichen Gutes beiträgt, p $(0 < p < q)$ die Wahrscheinlichkeit einer Beteiligung der anderen, wenn es sich nicht beteiligt und seinen Kostenanteil b nicht übernimmt.

a) Berechnen Sie die Erwartungswerte für das Individuum für die Fälle einer Beteiligung und einer Nichtbeteiligung an den Kosten.

b) Wie stark müssen sich q und p unterscheiden, damit es für das Individuum vorteilhaft wird, sich an der Finanzierung des öffentlichen Gutes zu beteiligen?

c) Hängt die Entscheidung für eine Beteiligung nur von der Größe der Gruppe ab?

2. Bezüglich der drei Situationen a, b und c seien für drei Individuen I, II und III die folgenden Präferenzordnungen gegeben:

I: $a > b > c$
II: $b > c > a$
III: $c > a > b$,

wobei das Symbol $>$ „vorgezogen" bedeutet.

a) Leiten Sie die Präferenzordnung der Gruppe bei Entscheidungen durch einfache Mehrheit ab.

b) Prüfen Sie, ob die Präferenzordnung der Gruppe logisch konsistent ist.

3. Eine direkte Demokratie, in der es fünf Wahlberechtigte gibt, hat eine Entscheidung zwischen den Alternativen a_1 und a_2 zu fällen. Die Kosten der Wahlbeteiligung (an Zeitaufwand und sonstigen Kosten) werden von jedem Wähler mit 1,5 bewertet.

Der Wert der beiden Alternativen für die Wähler ist in Tabelle 6.7 wiedergegeben.

Tabelle 6.7

Alternative	Wert des Ergebnisses für die Wähler				
	I	II	III	IV	V
a_1	5	3	3	6	3
a_2	3	5	4	2	4

Es sei nun angenommen, daß die Wähler sich immer dann an der Wahl beteiligen, wenn der Vorteil, den sie durch eine Entscheidung für die von ihnen bevorzugte gegenüber der anderen Alternative gewinnen, größer als der Nachteil durch die Wahlbeteiligung ist.

a) Weisen Sie nach, daß sich nicht alle Wähler an der Abstimmung beteiligen.

b) Zeigen Sie, daß sich bei Entscheidung durch einfache Mehrheit der Wille einer Minderheit durchsetzt.

Gehen Sie bei Ihren Überlegungen davon aus, daß es sich bei den Daten um kardinalen und addierbaren Nutzen handelt.

4. Die Funktion der erwarteten Entscheidungskosten für das Individuum i sei durch:

$$D_i = D_i(N_a) \equiv a_i N N_a^2,$$
$$0 \leq N_a \leq N,$$

und die Funktion der erwarteten externen Nachteile, die durch den polytypischen Entscheidungsprozeß verursacht werden, durch:

$$K_i = K_i(N_a) = b_i Z(N_a - N)^2,$$
$$0 \leq N_a \leq N$$

gegeben. Dabei ist N wie bisher die Gesamtzahl der stimmberechtigten Gruppenmitglieder und N_a die Zahl der Gruppenmitglieder, die zur Gültigkeit einer Entscheidung für eine Alternative stimmen muß. a_i und b_i sind Konstanten, Z ist die Zahl der bei der betrachteten Entscheidung zur Wahl stehenden Alternativen.

Die Zahl der Alternativen Z ist ein Maß für die Kompliziertheit einer Entscheidung.

a) Zeigen Sie, daß die erwarteten externen Nachteile für Individuum i Null sind, wenn Einstimmigkeit für die Gültigkeit einer Entscheidung notwendig ist.

b) Beweisen Sie, daß die erwarteten externen Nachteile mit der Größe der Gruppe, die erwarteten Entscheidungskosten mit der durch Z repräsentierten Kompliziertheit der zu treffenden Entscheidung zunehmen.

c) Welchen Anteil der Stimmberechtigten $\frac{N_a}{N}$ müßte die für Individuum i optimale Verfassungsregel für die Gültigkeit einer Entscheidung vorsehen, wenn $a_i = 3$, $b_i = 8$, $Z = 2$ und $N = 3$ ist?

d) Wie ändert sich diese Größe, wenn N auf 27 zunimmt?

e) Wie ändert sich gegenüber d) die optimale Größe $\frac{N_a}{N}$, wenn $Z = 8$ ist, die Entscheidung also erheblich komplizierter wird?

6.5 Literatur

Mit der Notwendigkeit der Existenz von öffentlichen Einrichtungen, die über Zwangsmittel verfügen, beschäftigen sich die folgenden Werke:

James M. Buchanan, The Demand and Supply of Public Goods, Chicago 1968.

James M. Buchanan und *Gordon Tullock,* The Calculus of Consent, Ann Arbor (Mich.) 1962.

Das zuletzt genannte bahnbrechende Werk beschäftigt sich eingehend mit den externen Nachteilen politischer Entscheidungsprozesse, den mit ihnen verbundenen Entscheidungskosten und mit der Frage der optimalen Verfassung. Auch das politische Tauschgeschäft (Logrolling) wird behandelt.

Die Gefahr eines Mißbrauchs der Staatsgewalt durch herrschende Klassen wird besonders von den Marxisten betont. Zu nennen sind

Friedrich Engels, Der Ursprung der Familie, des Privateigentums und des Staates, 17. Auflage, Stuttgart 1919.

W. J. Lenin, Staat und Revolution, in: Lenin Studienausgabe, herausgegeben von *Iring Fetscher*, Bd. 2, Fischer Bücherei, Frankfurt a. M./Hamburg 1970, S. 7–100.

Zur Ergänzung kann das Buch von

Gaetano Mosca, Die herrschende Klasse, Bern 1950. Nach der 4. Auflage (1947) übersetzt von Franz Borkenau,

dienen. Eine großangelegte Untersuchung autokratischer Herrschaftssysteme und ihrer Methoden in der Geschichte bietet

Karl A. Wittfogel, Oriental Despotism, A Comparative Study of Total Power. New Haven/London 1957.

Eine grundlegende Untersuchung des Wettbewerbs der politischen Parteien um die Stimmen der Wähler und der Auswirkungen dieses Wettbewerbs bietet das Werk von

Anthony Downs, An Economic Theory of Democracy, New York 1957. Deutsch: Ökonomische Theorie der Demokratie, Tübingen 1968.

In dieser Arbeit wird auch das Arrow-Paradox behandelt. Eine Auseinandersetzung mit der Literatur über die Politik in staatslosen Gesellschaften findet sich in

W. J. M. Mackenzie, Politics and Social Science, Penguin Books, Harmondsworth (Middlesex) 1967, Chapter 13, S. 188–212.

Dieses Buch gibt im übrigen einen brauchbaren Überblick über den gegenwärtigen Stand und die jüngsten Entwicklungen in den politischen Wissenschaften.

Über die in kleinen Gruppen wirksamen Tendenzen zur Regelung des Verhaltens der Mitglieder unterrichtet

George C. Homans, The Human Group, New York 1950.

Eine auf der Nutzentheorie aufbauende theoretische Erklärung des Verhaltens in kleinen Gruppen wird in

George C. Homans, Social Behavior, Its Elementary Forms, New York/Chicago/San Francisco/Atlanta 1961,
geboten.

Zur Einführung in die psychologischen Probleme des Versuchs einer Lenkung durch Normen, deren Befolgung durch Belohnung, Bestrafung und sozialen Einfluß gesichert wird, siehe

John Dollard und *N. E. Miller,* Personality and Psychotherapy. An Analysis in Terms of Learning, Thinking and Culture, New York/Toronto/London 1950.

E. R. Hilgard, Theories of Learning, New York 1965.

P. F. Secord und *C. W. Backman,* Social Psychology, New York 1964.

Die beiden erstgenannten Werke befassen sich auch speziell mit dem Mechanismus der Verdrängung und der Frage, ob die Befolgung spezifischer Normen über die Vermittlung allgemeiner Normen erreicht werden kann.

Kapitel 7

GRUNDLEGENDE TENDENZEN UND PROBLEME DER WACHSENDEN WIRTSCHAFT

> „Die Bourgeoisie hat in ihrer kaum hundertjährigen Klassenherrschaft massenhaftere und kolossalere Produktionskräfte geschaffen als alle vergangenen Generationen zusammen. Unterjochung der Naturkräfte, Maschinerie, Anwendung der Chemie auf Industrie und Ackerbau, Dampfschiffahrt, Eisenbahnen, elektrische Telegrafen, Urbarmachung ganzer Weltteile, Schiffbarmachung der Flüsse, ganze aus dem Boden hervorgestampfte Bevölkerungen – welches frühere Jahrhundert ahnte, daß solche Produktionskräfte im Schoße der gesellschaftlichen Arbeit schlummerten."
>
> *Karl Marx und Friedrich Engels* [1]

Unsere bisherigen Überlegungen haben sich auf die Frage konzentriert, welche Entscheidungsverfahren unter verschiedenen Bedingungen am besten zur Verwirklichung der vorgegebenen Ziele Freiheit, Gerechtigkeit, Sicherheit, Friede und möglichst gute Versorgung mit Gütern geeignet sind. Dabei konnten nicht nur, je nach der vorliegenden Situation, Vorteile und Nachteile einer Entscheidungsbildung sowohl durch den Markt als auch durch politische Verfahren festgestellt, sondern auch bereits normative Forderungen für die institutionelle Gestaltung dieser Entscheidungssysteme erhoben werden.

Verschiedene Fragen mußten allerdings bisher ungeklärt bleiben. Dazu gehört einmal die Frage, ob sich die für die Organisation der Entscheidungsverfahren aufgestellten Forderungen in einer gegebenen Situation auch realisieren lassen. Damit eng verbunden ist das Problem, wie in heute vorhandenen Systemen z. B. Entscheidungen über den Markt und politische Entscheidungen in einem demokratischen Staatswesen zusammenwirken und einander gegenseitig beeinflussen. Nur wenn dieser Zusammenhang bekannt ist, kann das Funktionieren des Gesamtsystems verstanden und geklärt werden, ob Aussichten für die Realisierung der entwickelten Normen, also für eine möglichst gute Organisation des Systems bestehen.

Im bisherigen Verlauf unserer Überlegungen bestand auch keine Gelegenheit zu prüfen, wie denn mit Hilfe eines politischen Verfahrens

---

[1] Manifest der Kommunistischen Partei, Berlin 1970, S. 48. Die erste Veröffentlichung des Manifests erfolgte im Jahre 1848.

gefällte Entscheidungen ausgeführt und bezüglich ihrer Verwirklichung kontrolliert werden können, eine Frage, der besonders in der Zentralgeleiteten Verwaltungswirtschaft größere Bedeutung zukommt, die aber auch bei überwiegender Organisation mit Hilfe des Marktes für den staatlichen Sektor bedeutsam bleibt. Aus der Erfahrung ist bekannt, daß regelmäßig hierarchisch organisierte Bürokratien für die Ausführung politischer Entscheidungen benötigt werden, daß daneben jedoch auch auf dem Wege von Verhandlungen der staatlichen Organe mit anderen privaten und öffentlichen Organisationen und Gruppen versucht wird, die gefällten politischen Entscheidungen zu verwirklichen. Angesichts dieser Sachlage ist es wichtig zu wissen, ob und wieweit kollektive Verhandlungen (Bargaining) und hierarchisch organisierte Bürokratie es tatsächlich erlauben, die gefällten politischen Entscheidungen durchzusetzen. Man kann sich ja durchaus vorstellen, daß die Verwendung dieser Instrumente eine Verfälschung der gewünschten Ergebnisse, unerwünschte Nebenwirkungen, ja unbeabsichtigte Rückwirkungen zur Folge haben kann und dadurch eine Realisierung der Entscheidungen verhindert wird.

Bevor wir den angegebenen Fragen im zweiten Band unsere volle Aufmerksamkeit zuwenden, ist es jedoch erforderlich, einige Probleme zu beschreiben, die in der Gegenwart durch das Wirtschaftswachstum besonders bedeutsam geworden und von den verschiedenen möglichen Wirtschafts- und Gesellschaftssystemen entwickelter Länder vordringlich zu lösen sind. Erst vor dem Hintergrund der in einer wachsenden Wirtschaft gestellten Aufgaben ist es möglich, sich ein zutreffendes Bild von den Vorteilen und Mängeln der vorhandenen, vorgeschlagenen oder möglichen politisch-ökonomischen Systeme zu machen. Dabei ist es wichtig festzustellen, daß sich die Probleme einer wachsenden Wirtschaft zwar nicht grundsätzlich von denen einer stationären unterscheiden. Andererseits erhalten jedoch verschiedene Probleme ein um so größeres Gewicht, je schneller das wirtschaftliche Wachstum vor sich geht und je höher das erreichte Sozialprodukt je Kopf ist. So ist der Wachstumsprozeß, wie wir sehen werden, mit starken Umstrukturierungen im Verhältnis der produzierten Gütergruppen und damit der Wirtschaftszweige und des Verhältnisses der darin Beschäftigten zur Gesamtzahl der Arbeitskräfte verbunden. Das jedoch hat zur Folge, daß die Bedeutung der Stabilität (vgl. das in Abschnitt 1.6.1 aufgestellte Postulat der Sicherheit) um so stärker in den Vordergrund rückt, je schneller das Wachstum ist. Ist die Wachstumsrate groß, so werden die stagnierenden oder schrumpfenden Wirtschaftszweige einen Rückgang der Gewinne und der Zahl der dort Beschäftigten hinzunehmen haben, während Lohnerhöhungen schwerer durchzusetzen sind. Viele Arbeitskräfte müssen sich einer neuen Beschäftigung zuwenden. Je stärker das Wachstum ist, desto mehr ist folglich die Sicherheit von Arbeitsplatz, Einkommen und Vermögen bestimmter Personengruppen gefährdet. Unter Umständen kann sogar der Friede in Gefahr geraten, wenn bei stürmischem Wachstum sich bei einem Großteil der Bevölkerung wegen der Umstellungsprobleme Unzufriedenheit ausbreitet. Diese Probleme mögen noch verschärft werden, wenn sich die Einkommensverteilung zwischen den Arbeitnehmern und entsprechend zwischen den Eigentümern der Unternehmungen in den rasch wachsenden und den stagnierenden oder schrumpfenden Sektoren stärker ändert.

Es zeigt sich also, daß durch das wirtschaftliche Wachstum den Postulaten einer sich verbessernden Güterversorgung und der Freiheit auf Kosten der Sicherheit, des Friedens und der Gerechtigkeit Rechnung getragen wird. Das wird in vielen Fällen korrigierende Eingriffe staatlicher Stellen wünschenswert und notwendig machen, um den zuletzt genannten Postulaten durch eine Verminderung der Umstellungsschwierigkeiten wieder ein größeres Gewicht zu verleihen.

Die geschilderten Zusammenhänge sind nur ein Beispiel für die Verlagerung der einem Wirtschafts- und Gesellschaftssystem gestellten Aufgaben, die sich durch das wirtschaftliche Wachstum ergeben. Daneben erfordern z. B. die immer weiterreichende Ausbildung der Bevölkerung, die Ausdehnung des Verkehrswesens und die bei zunehmendem Produktionsvolumen sich kumulierenden externen Nachteile in einer wachsenden Wirtschaft eine zunehmende Staatstätigkeit und damit eine immer stärkere Betonung der politischen Entscheidungsmechanismen. Zwar sind die Probleme öffentlicher Güter, externer Nachteile und zunehmender Grenzerträge, die in diesem Zusammenhang eine Rolle spielen, auch in einer stationären Wirtschaft, wie sich in Kapitel 5 zeigte, durchaus vorhanden, doch erhalten sie mit wachsendem Sozialprodukt je Kopf eine zunehmende Bedeutung und sind die damit verbundenen Probleme wegen der Umstellungsschwierigkeiten um so wichtiger, je schneller das wirtschaftliche Wachstum vor sich geht.

Ganz entsprechend wird man feststellen können, daß die im Wachstum auftretende Umstrukturierung zwischen verschiedenen Wirtschaftszweigen, ja das Auftauchen ganz neuer Sektoren ebenso wie die ständige Entwicklung neuer Technologien und Güter erhebliche zusätzliche Anforderungen an die Informationsgewinnung und -verarbeitung, besonders in Zentralgeleiteten Verwaltungswirtschaften, und an die Flexibilität und Stabilität der Märkte in ganz oder teilweise dezentralisierten und mit Hilfe der Preise koordinierten Wirtschaftssystemen mit sich bringen. Aus all diesen Gründen ist es zweckmäßig, sich zunächst ein Bild von den durch das wirtschaftliche Wachstum bedingten Änderungen und den damit in den Vordergrund tretenden Problemen zu verschaffen. Wir werden daher in den folgenden Abschnitten zunächst die wichtigsten der in modernen Industriestaaten bei Wirtschaftswachstum wirksamen Tendenzen darstellen und anschließend die sich daraus ergebenden Probleme skizzieren.

7.1 Bevölkerungs- und Wirtschaftswachstum

Schon seit langem ist als einer der wichtigsten, auch noch die gegenwärtige Situation kennzeichnenden Faktoren überall auf der Erde ein ständiges Wachstum der Bevölkerungszahlen zu beobachten. Tabelle 7.1 gibt einen Überblick über die langfristigen Tendenzen der Bevölkerungszunahme.

Tabelle 7.1

	Bevölkerung im Jahre (in Mio)		
	1000	1750	1960
Erde	275	749	3010
Europa (einschließlich asiatisches Rußland)	47	156	640
Asien (ohne asiatisches Rußland)	165*	492*	1684
Afrika	50	90	257
Amerika und Ozeanien	13*	11*	429

* Ozeanien mit Asien zusammengefaßt.
Quellen: Spalten 1 und 2: *M. K. Bennett:* The World's Food, New York 1954, S. 9.
Spalte 4: U. N. Demographic Yearbook 1963, New York 1963, S. 142, Tabelle 2.

Dabei ist bemerkenswert, daß sich die Zuwachsrate der Bevölkerung in den letzten Jahrzehnten in den bereits industrialisierten Ländern durchweg verringert hat, während sie sich in den sogenannten Entwicklungsländern erhöhte. Die absolute Zunahme der Erdbevölkerung insgesamt hat sich immer mehr beschleunigt. Für das Jahr 2000 wird bereits mit über 6 Milliarden Erdbewohnern gerechnet.

Neben dem Wachstum der Bevölkerung ist zumindest für die entwickelten Länder eine ständige Zunahme des realen Sozialprodukts je Kopf zu beobachten. In Tabelle 7.2 sind die Wachstumsraten der Bevölkerung und des Sozialprodukts je Kopf für einige ausgewählte Länder und Zeitabschnitte angegeben. Wie man sieht, hat sich das reale Sozialprodukt in diesen Ländern so stark erhöht, daß trotz der erheblichen Vergrößerung der Bevölkerungszahl eine beachtliche Zunahme des Sozialprodukts je Kopf zu beobachten war. Diese Entwicklung läßt sich im wesentlichen auf drei Faktoren zurückführen: Auf den technischen Fortschritt bei der Güterproduktion, auf einen erhöhten Einsatz von Maschinen und Anlagen und auf eine verbesserte Ausbildung der Bevölkerung.

Tabelle 7.2

Land	Wachstumsrate je Jahrzehnt (in %)	
	Bevölkerung	Sozialprodukt je Kopf
England und Wales - Großbritannien		
1. 1700–1780	3,2	2,0
2. 1780–1881	13,1	13,4
3. 1855/59–1957/59	6,1	14,1
Frankreich		
1. 1841/50–1960/62	2,5	17,9
Deutschland–Westdeutschland		
1. 1851/55–1871/75	7,7	9,2
2. 1871/75–1960/62	11,2	17,9
Schweiz		
1. 1890/99–1957/59	8,3	16,1
Schweden		
1. 1861/65–1960/62	6,7	28,3
Italien		
1. 1861/65–1898/1902	6,8	2,7
2. 1898/1902–1960/62	6,8	18,7
Vereinigte Staaten		
1. 1839–1960/62	21,6	17,2
Japan		
1. 1879/81–1959/61	12,3	26,4
Europäisches Rußland–UdSSR		
1. 1860–1913	13,8	14,4
2. 1913–1958	6,4	27,4
3. 1928–1958	6,9	43,9

Quelle: Simon Kuznets, Postwar Economic Growth: Four Lectures, Cambridge (Mass.) 1964, S. 63–66, Tabelle 4.

Die Zunahme der Beschäftigten kann dagegen die Erhöhung des Sozialprodukts nicht erklären. Denn zwar nahm der Anteil der Erwerbstätigen an der Bevölkerung z. B. in Deutschland von 1877–1950 um 15,8 % (als Prozentsatz des Anteils im Ausgangsjahr) zu, doch ging gleichzeitig die Zahl der je Kopf geleisteten Arbeitsstunden um 12,5 % zurück[2]. Gleichzeitig wuchs der Kapitalstock in Deutschland jährlich um 3,12 % von 1852–1913 und um 8,35 % von 1950–1959[3]. Auch die Zunahme des Kapitalstocks allein reicht jedoch zur Erklärung der Zunahme des Sozialprodukts je Kopf nicht aus, da das Sozialprodukt durchweg schneller gewachsen ist als der Kapitalstock.

7.2 Umstrukturierungen als Folge des wirtschaftlichen Wachstums

Die beschriebene fortwährende Erhöhung des Sozialprodukts je Kopf hat nun in den davon betroffenen Ländern gewaltige wirtschaftliche und gesellschaftliche Veränderungen mit sich gebracht und bringt diese auch heute noch mit sich.

Eine der auffälligsten Änderungen ist ein beständiger Rückgang der Bedeutung der Landwirtschaft, verbunden mit einer zunehmenden Verstädterung der Bevölkerung. So ging der Anteil der in der Land- und Forstwirtschaft Beschäftigten an der Gesamtzahl aller Beschäftigten in Deutschland von 54,6 % im Durchschnitt der Jahre 1849/58 auf 35,1 % für die Jahre 1910/13 und auf 16,5 % in den Jahren 1955/59 zurück[4]. Er ist in der Bundesrepublik Deutschland bis 1966 auf 10,3 % gefallen[5]. Entsprechend nahm der Anteil der Land- und Forstwirtschaft und der Fischerei am Nettoinlandprodukt von 45,2 % in den Jahren 1850–1854 über 23,4 % für 1910/13 auf 8,2 % für 1955/59 ab[6] und fiel 1965 auf 4,4 %[7]. Ähnliche Entwicklungen lassen sich auch in anderen entwickelten Ländern beobachten[8].

Diese Beobachtung ist keineswegs überraschend. Gehen wir von einem Land aus, in dem die Lebensmittelversorgung der Bevölkerung gerade gesichert, für Wohnung und Kleidung dagegen mehr schlecht als recht gesorgt ist, so wird die Erhöhung der Produktivität der Landwirtschaft eine der Voraussetzungen für das wirtschaftliche Wachstum. Außer der Landwirtschaft sind ja keine Wirtschaftszweige von nennenswertem Umfang vorhanden. Die Erhöhung der landwirtschaftlichen Erträge würde nun eine reichlichere Versorgung der Bevölkerung mit

---

[2] Siehe *Simon Kuznets*, Modern Economic Growth, New Haven 1966, Tabelle 2.6, S. 73.
[3] Vgl. *Walther G. Hoffmann*, Das Wachstum der deutschen Volkswirtschaft seit der Mitte des 19. Jahrhunderts, Berlin/Heidelberg/New York 1965, S. 98.
[4] *Walther G. Hoffmann*, a.a.,O., Tabelle 7, S. 35.
[5] Statistisches Jahrbuch für die Bundesrepublik Deutschland 1967, S. 138.
[6] *Walther G. Hoffmann*, a.a.O., Tabelle 6, S. 33.
[7] Statistisches Jahrbuch für die Bundesrepublik Deutschland 1967, S. 525.
[8] Siehe *Simon Kuznets*, a.a.O., Tabelle 3.2, S. 106/107.

Lebensmitteln ermöglichen. Ist die Zunahme der Nahrungsmittelproduktion jedoch größer als die der Bevölkerung und besteht freie Konsumwahl, so wird sich die weitere Steigerung des Nahrungsmittelverbrauchs in engen Grenzen halten, wenn auch einige spezielle Nahrungsmittel, die bisher nur wenige Leute erstehen konnten, sich einer größeren Nachfrage erfreuen werden. In ungleich stärkerem Maße jedoch dürften die Konsumenten bei gestiegenem Realeinkommen je Kopf an besserer Kleidung und Wohnung interessiert sein.

Damit ergibt sich eine erste „Branchenkrise". Die Produktion der Landwirtschaft ist erheblich gestiegen, während sich der dadurch ermöglichte Nachfragezuwachs hauptsächlich auf andere Güter richtet. Soll das wirtschaftliche Wachstum weitergehen, so müssen nun Arbeitskräfte die Landwirtschaft verlassen und Beschäftigung in Textilindustrie und Bauwirtschaft suchen, die wegen der zusätzlichen Nachfrage erweitert werden müssen. Die „Landflucht" beginnt und der Anteil der Landwirtschaft am Nettoinlandprodukt nimmt ab.

Sind mehrere Wirtschaftszweige vorhanden, so kann eine weitere Zunahme des Reichtums durch die Erhöhung der Erträge je Arbeitsstunde in einzelnen oder auch in allen Wirtschaftszweigen erreicht werden. Wieder ist nach einer gewissen Steigerung des Realeinkommens je Kopf damit zu rechnen, daß zusätzliche Ausgaben nicht nur für Wohnung, Nahrung und Textilien getätigt werden, sondern sich das Interesse der Verbraucher anderen Gütern, zum Beispiel Radioapparaten, Autos, Kühlschränken, Fernsehgeräten, Büchern und Reisen zuwendet. Die Folge ist etwa eine „Branchenkrise" der Textilindustrie, die Arbeitskräfte an die neuen Wirtschaftszweige abzugeben hat und deren Wertschöpfung einen immer geringeren Anteil des Nettoinlandsprodukts ausmacht. Dagegen haben nun z. B. Auto- und Elektroindustrie ein starkes Wachstum zu verzeichnen, und ihr Anteil am Nettoinlandsprodukt wächst. Die weitere Entwicklung wird schließlich auch die Auto- und Elektroindustrie zur Stagnation oder zu niedrigen Wachstumsraten verurteilen, sobald sich die zusätzliche Nachfrage auf andere Güter richtet.

Die skizzierte Entwicklung wird durch das vorhandene Zahlenmaterial belegt. So läßt sich für Deutschland folgende Umschichtung des Verbrauchs nach Güterarten im Laufe des wirtschaftlichen Wachstums beobachten (vgl. Tabelle 7.3):

Wie man sieht, ist der Anteil der Nahrungs- und Genußmittel an den Ausgaben fast stetig und insgesamt erheblich gesunken. Entsprechendes gilt für die häuslichen Dienste. Der Anteil der Ausgaben für Bildung und Erholung, Verkehr, Gesundheits- und Körperpflege und Reinigung hat sich dagegen vervielfacht. Eine Zunahme des Ausgaben-

bar, daß die Produktionsmittel, die nicht zur Erzeugung der von der Bevölkerung dringend benötigten Lebensmittel, Kleidung und Wohnungen verwendet werden, für den Bau von Tempeln, von gotischen Domen, von Königs- und Adelsschlössern oder in großem Maße für kriegerische Rüstungen zum Zwecke der imperialistischen Expansion benützt werden.

In der neueren Entwicklung ist der Anteil des Bruttosozialprodukts, der als Endverbrauch dem staatlichen Konsum zufloß, in Deutschland von 4,0 in den Jahren 1851–1870 auf 14,4 % in 1950–1959, in Italien von 4,2 in den Jahren 1861–1880 auf 12,0 % in 1950–1959 und in den USA von 3,6 in den Jahren 1869–1888 auf 17,9 % in 1950–1959 gestiegen[11]. Andererseits hätte dieser Anstieg erheblich größer sein können.

Für uns ist es besonders wichtig festzuhalten, daß die Produktionsmittel, die wegen des technischen Fortschritts und der Zunahme des Kapitalgüterbestandes nicht mehr zur Versorgung der Bevölkerung mit den notwendigsten Gütern benötigt werden, in der verschiedensten Weise verwendet werden können: Zum Bau von Pyramiden, von Automobilen, Kühlschränken und Fernsehapparaten, für Rüstungsausgaben oder für mehr Freizeit. Während sich also in jeder Wirtschaft die Frage stellt, welche Güter für wen zu welchem Zweck hergestellt werden sollen, wer bei diesen Entscheidungen mitwirken soll und auf welche Weise dieselben gefällt werden sollen, wird diese Frage für reiche und wachsende Wirtschaften besonders wichtig, da hier mehr Güter als die für die bloße Existenzsicherung benötigten zur Verfügung gestellt werden können und außerdem jedes Jahr neu über die Verwendung der durch das Wachstum zusätzlich geschaffenen Produktionsmöglichkeiten entschieden werden muß.

7.3 Positive und negative Folgen des wirtschaftlichen Wachstums

Nach den vorausgegangenen Ausführungen und den verschiedenen Zahlenangaben ist es verhältnismäßig einfach, sich ein Bild von den positiven Auswirkungen des wirtschaftlichen Wachstums zu machen. Ganz allgemein läßt sich sagen, daß das wirtschaftliche Wachstum in den industrialisierten Ländern die realisierbaren Möglichkeiten in einem Ausmaß erhöht hat, das noch vor 100 oder 150 Jahren niemand für möglich gehalten hätte. Der den Betroffenen zur Verfügung stehende Freiheitsspielraum hat sich also in ungeahntem Umfange ausgedehnt.

Eine andere Frage ist natürlich, ob von dieser gewonnenen Freiheit immer in sinnvoller und gerechter Weise Gebrauch gemacht wurde. Die

---

[11] Vgl. *Simon Kuznets*, a.a.O., Tabelle 5.3, S. 236–237.

tatsächliche Entwicklung brachte im wesentlichen, wie wir sahen, neben besserer Kleidung, Ernährung und besseren Wohnungsverhältnissen eine Unzahl von neuen Massengütern wie Autos, Radio- und Fernsehapparate, Kühlschränke, Waschmaschinen usw. Die durchschnittliche jährliche Arbeitszeit der Erwerbstätigen sank erheblich, z. B. in Deutschland von 3920 Stunden im Jahre 1849 auf 2440 Stunden 1958[12]. Daneben sind andere wesentliche Verbesserungen zu verzeichnen. Ansteckende Krankheiten und Seuchen werden mit großem Erfolg bekämpft und praktisch gebannt, die Kindersterblichkeit nimmt in ungeahnter Weise ab, die erwartete Lebensdauer erhöht sich. Das Analphabetentum geht zurück, die Ausbildungsmöglichkeiten für die Bevölkerung werden erheblich verbessert. Ein Querschnittsvergleich zwischen Ländern mit unterschiedlichem Volkseinkommen je Kopf (vgl. Tabelle 7.5) zeigt eindrücklich die Bedeutung des Standes der wirtschaftlichen Entwicklung für diese Größen.

Es fragt sich natürlich, ob alle Teile der Bevölkerung einigermaßen gleichmäßig aus dieser Entwicklung Nutzen gezogen haben. Tatsächlich spricht das vorhandene Zahlenmaterial dafür, daß zumindest die Einkommensverteilung eher gleichmäßiger geworden ist[13].

Wie eindrucksvoll die positiven Ergebnisse des wirtschaftlichen Wachstums auch sind, so dürfen wichtige mit dem Wachstum verbundene Nachteile nicht übersehen werden. Es ist sogar anzunehmen, daß die Nachteile des Wachstumsprozesses um so bedeutsamer werden, je weiter dieser bereits fortgeschritten ist. Für die entwickelten Industriestaaten läßt sich schon heute die Frage stellen, ob die Vorteile der wirtschaftlichen Entwicklung die Nachteile überhaupt noch überwiegen, ob also vom Standpunkt der Wohlfahrtssteigerung überhaupt noch ein wirtschaftliches Wachstum vorliegt.

Beginnen wir gleich mit den düstersten Wirkungen des wirtschaftlichen Wachstums. Die größere Produktionskraft erlaubt nicht nur die Herstellung von wirksameren und todbringenderen Kriegswaffen als früher, sondern bietet auch die Möglichkeit, in Kriegszeiten einen viel größeren Teil der Produktionsmittel zur Waffenproduktion zu verwenden und einen größeren Teil der Bevölkerung zur aktiven Kriegsführung heranzuziehen. Beides ist offenbar ausgeschlossen, wenn 90 % der Arbeitskräfte benötigt werden, um die für die Ernährung der Bevölkerung erforderlichen Lebensmittel zu produzieren, und wenn das Analphabetentum noch sehr hoch ist. Auch die Kontrolle der Seuchengefahr hat die Kriegstüchtigkeit moderner Armeen erheblich verbessert,

---

[12] Siehe *Walther G. Hoffmann,* a.a.O., S. 19.
[13] Vgl. *Simon Kuznets,* a.a.O., Tabelle 4.5, S. 208–209.

ganz zu schweigen von den für und durch den Industrialisierungsprozeß geschulten Organisationstalenten. Es ist daher kein Wunder, wenn kulminierend mit dem ersten und zweiten Weltkrieg die Schrecken des Krieges erheblich an Bedeutung gewonnen haben.

Tabelle 7.5: Indikatoren der Lebensbedingungen in verschiedenen Ländern nach dem Volkseinkommen je Kopf in den Jahren nach dem 2. Weltkrieg

	Ländergruppen nach Einkommen je Kopf geordnet					
	$ 1000 u. mehr	$ 575 bis 1000	$ 350 bis 575	$ 200 bis 350	$ 100 bis 200	unter $ 100
Allgemeines						
1. Zahl der Länder, 1958	6	11	14	13	14	10
2. Bevölkerung (in Mio)	216,7	396,8	183,8	226,2	171,5	667,6
3. Einkommen je Kopf 1956–1958 (in $)	1366	760	431	269	161	72
Verstädterung						
1. Prozent der Gesamtbevölkerung in städtischen Gebieten	68,2	65,8	49,9	36,0	32,0	22,9
2. Prozent der Bevölkerung in Gemeinden von mehr als 100 000 Einwohnern (um 1955)	43	39	35	26	14	9
Sterblichkeit						
1. Lebenserwartung bei der Geburt, 1955–1958 (in Jahren)	70,6	67,7	65,4	57,4	50,0	41,7
2. Kindersterblichkeit je 1000, 1955–1958	24,9	41,9	56,8	97,2	131,1	180,0
Nahrungsverbrauch						
1. Anteil der Ausgaben für Nahrungsmittel an den privaten Gesamtausgaben, 1960 oder Ende der 50er Jahre (36 Länder)	26,2	30,5	36,1	37,6	45,8	55,0
2. Kalorienverbrauch je Kopf (40 Länder)	3153	2944	2920	2510	2240	2070
Erziehung						
1. Analphabeten 15 Jahre und älter als Prozentsatz der Bevölkerung, 1950	2	6	19	30	49	71

Quelle: Nach *Simon Kuznets,* a.a.O., Tabelle 7.4, S. 388–389, Dort finden sich auch nähere Angaben zu der Tabelle und Hinweise auf die Originärquellen.

Ein zweiter düsterer Aspekt des wirtschaftlichen Wachstums sind die durch die zunehmende Verbreitung des Autos bedingten Todesfälle und Körperverletzungen. Während 1950 in der Bundesrepublik Deutschland (einschließlich Berlin und ohne Saarland) „nur" 5803 Personen im Straßenverkehr getötet wurden, waren es 1960 bereits 13 673 und 1967 sogar 16 951 Personen [14]. Dabei ist besonders bedrückend, daß Kraftfahrzeugunfälle bei den bis 45jährigen an der Spitze aller Todesursachen stehen. Der zunehmende Autoverkehr führt schließlich immer häufiger zu Verkehrsstauungen und zu langer Suche nach Parkplätzen und daher zu Zeitverlusten und Ärger für die Beteiligten.

Trotz aller mit dem Wirtschaftswachstum zusammenhängenden Erfolge der Medizin kann nicht übersehen werden, daß bestimmte als Zivilisationskrankheiten bezeichnete Erkrankungen zunehmen und immer häufiger als Todesursachen auftreten (vgl. Tabelle 7.6).

Tabelle 7.6: Sterbeziffern nach ausgewählten Todesursachen in der Bundesrepublik Deutschland

Gestorbene auf 100 000 Einwohner

Todesursache	Standardisierte Sterbeziffern (bezogen aus den Altersaufbau der Bevölkerung im Jahre 1950)		
	1952	1960	1965
Bösartige Neubildungen	170,4	173,3	177,5
Diabetes mellitus	10,3	11,3	12,6
Krankheiten des Kreislaufsystems	218,1	233,7	237,3
Kraftfahrzeugunfälle	14,0	23,5	24,9

Quelle: Statistisches Jahrbuch für die Bundesrepublik Deutschland 1967, S. 77.

Es läßt sich vermuten, daß die Zunahme der bösartigen Neubildungen (Krebs) mit dem Zigarettenrauchen (soweit es sich um das Karzinom der Atemwege handelt) und der Aufnahme von durch den Industrialisierungsprozeß immer häufiger auftretenden Chemikalien in Nahrung und Luft zusammenhängt, während die Zuckerkrankheit wohl durch eine Ernährung mit zu sehr verfeinerten Lebensmitteln begünstigt wird. Die Zunahme der sitzenden Tätigkeit bei immer geringerer Belastung mit körperlicher Arbeit und gleichzeitiger seelischer Anspannung durch Hast, Spannung und Unruhe wird häufig für die Zunahme

---

[14] Vgl. Statistische Jahrbücher für die Bundesrepublik Deutschland 1952, S. 56–57, 1962, S. 82–83 und 1969, S. 66–67.

der Herz- und Kreislauferkrankungen verantwortlich gemacht. Gleichzeitig scheint das gehetzte Leben unter industrialisierten Gesellschaften das Auftreten von psychisch-seelischen Störungen zu fördern [15].

Eine der schwerwiegendsten Folgen des wirtschaftlichen Wachstums ist die Gefährdung, ja die Vergiftung der Umwelt des Menschen durch die bei der Produktion und Nutzung der Güter entstehenden Abfallstoffe. Da diese Vorgänge in letzter Zeit mehr und mehr Aufmerksamkeit gefunden haben, können wir uns verhältnismäßig kurz fassen.

Luft und Wasser sind in den industrialisierten Ländern bereits in hohem Maße mit Giften verseucht. Bedeutende Mengen von Kohlenmonoxyd, Kohlendioxyd und Schwefeldioxyd gelangen neben verschiedenen anderen Gasen und großen Staubmassen täglich in die Luft. Verschiedene der die Luft vergiftenden Kohlenwasserstoffe sind erwiesenermaßen krebserzeugend. Bei den Automobilabgasen ist neben anderen Giften besonders der Bleigehalt außerordentlich gesundheitsschädlich. Wichtig ist die Feststellung, daß der überwiegende Teil der Luftverschmutzung heute nicht mehr durch die Industrie, sondern durch Automobilabgase und die Ölheizungen der Haushalte verursacht wird [16]. So werden nach Angaben des Innenministeriums der Bundesrepublik Deutschland von den 13,9 Mill. Personenkraftwagen, die im Juli 1970 in der Bundesrepublik zugelassen waren, etwa 8 Mill. Tonnen Kohlenmonoxyd, 1,2 Mill. Tonnen Kohlenwasserstoffe, 0,9 Mill. Tonnen Stickoxyde, 12 000 Tonnen Schwebeteilchen und 7000 Tonnen Blei (in organischen und anorganischen Verbindungen) im Zeitraum eines einzigen Jahres in Atemhöhe ausgeschieden [17].

Wenn möglich noch bedeutsamer als die Verschmutzung der Luft ist die der Gewässer in den industrialisierten Staaten. Der Rhein ist nur noch eine große Kloake, in der eine Unmasse von Giftstoffen mitgeführt

---

[15] Vgl. z. B. *Gian Töndury,* Veränderungen der Lebensbedingungen des modernen Menschen dank den Fortschritten der Medizin – ihre positiven und negativen Aspekte. In: *Hans Leibundgut* (Hrsg.), Schutz unseres Lebensraumes, Frauenfeld 1971, S. 102–109.

[16] Zu den Problemen der Luftverschmutzung vgl. die Aufsätze in: *Hans Leibundgut,* a.a.O., S. 269–333 und die dort genannte Literatur. Siehe auch *H.-W. Schlipköter,* Wirkung von Luftverunreinigungen auf die menschliche Gesundheit. Herausgegeben vom Minister für Arbeit, Gesundheit und Soziales des Landes Nordrhein-Westfalen, Verlag für Wirtschaft und Verwaltung Hubert Wingen, Essen 1970. Ferner: Reinhaltung der Luft in Nordrhein-Westfalen, Bericht zum Kongreß Reinhaltung der Luft in Düsseldorf vom 13. bis 17. 10. 1969, herausgegeben vom Arbeits- und Sozialminister des Landes Nordrhein-Westfalen. Verlag für Wirtschaft und Verwaltung Hubert Wingen, Essen 1969.

[17] Umweltschutz, Sofortprogramm der Bundesregierung. „betrifft", Heft 3, o. J., S. 11.

wird und von der doch die Trinkwasserversorgung für Millionen von Menschen abhängt. Wupper und Emscher in der Bundesrepublik Deutschland sind bereits biologisch tot, kein Fisch kann mehr in ihnen leben. Bodensee, Erie-See und Lago Maggiore stehen in Gefahr, in wenigen Jahren zu verfaulen. Das liegt nicht nur an der Zufuhr giftiger Chemikalien, sondern auch an der Zuleitung phosphat- und stickstoffreicher Abwässer, die von Waschpulvern und Düngemitteln stammen und von denen die Gewässer so stark gedüngt werden, daß sich das Wachstum der Algen erheblich verstärkt. Sterben die Algen ab, so entziehen sie bei ihrer Zersetzung den Gewässern Sauerstoff. Es ergibt sich eine Sauerstoffverarmung und es bilden sich schließlich giftige Stoffe wie Methan, Schwefelwasserstoff und Ammoniak. Haben diese Stoffe einen gewissen Konzentrationsgrad erreicht, so müssen die Fische sterben. Es ist wichtig festzustellen, daß ein großer Teil der ungereinigten oder unzulänglich gereinigten Abwässer nicht von der Industrie, sondern von den Gemeinden stammt. Allerdings ist der relativ geringe Anteil der ungereinigten Industrieabwässer manchmal besonders giftig [18].

Eine Gefahr für die Flüsse bilden auch die geplanten Atomkraftwerke. Diese benötigen und erwärmen riesige Mengen von Kühlwasser, die weitüber den Kühlwasserbedarf konventioneller Kraftwerke hinausgehen. Ein entsprechender Temperaturanstieg durch die wieder eingeleiteten Wassermengen müßte sich jedoch katastrophal auf die bereits gefährdeten Gewässer auswirken. Im Zusammenhang mit den Atomkraftwerken ist die Gefahr einer radioaktiven Verseuchung zu nennen. Insbesondere ist bislang noch kein Verfahren zu einer sicheren Beseitigung radioaktiver Abfälle gefunden worden.

Nicht zu unterschätzen ist auch die Bedeutung des festen Mülls, dessen Menge ebenfalls von Jahr zu Jahr zunimmt und zum größten Teil ohne alle Vorsichtsmaßnahmen gelagert wird. Dadurch wird nicht nur die Schönheit der Natur berührt – man denke allein an die häßlichen Autofriedhöfe – sondern entstehen auch große Gefahren für das Grundwasser, in das die Giftstoffe dieser Ablagerungen gelangen können, wenn sie durch den Regen gelöst und fortgespült werden. Daneben besteht die Gefahr, daß Müllhalden zu Brutstätten von Ungeziefer werden [19].

---

[18] Zu den Problemen der Nutzung und des Schutzes der Gewässer siehe die Aufsätze in: *Hans Leibundgut*, a.a.O., S. 335–375. Ferner: *Bundesministerium des Innern, Referat Öffentlichkeitsarbeit*, Umweltschutz. Sofortprogramm der Bundesregierung, a.a.O., S. 17–26.

[19] Vgl. *Rudolf Braun*, Umwelthygiene unter besonderer Berücksichtigung fester Abfälle. In: *Hans Leibundgut*, a.a.O., S. 171–179.

Weitere schwere Nachteile ergeben sich aus der übertriebenen Verwendung künstlicher Düngemittel in der Landwirtschaft. Auf die schädlichen Auswirkungen für die Gewässer wurde bereits hingewiesen. Es ist jedoch auch nicht von der Hand zu weisen, daß ein zu starker Gebrauch dieser Düngemittel die Qualität der Nahrungsmittel herabsetzt.

Weit gefährlicher als der Mißbrauch von Düngemitteln sind die in der Landwirtschaft oft übermäßig benutzten chemischen Schädlingsbekämpfungsmittel. Die Gefahren des DDT sind in den letzten Jahren ausgiebig in der Öffentlichkeit erörtert worden, und allmählich wird sein Gebrauch von mehr und mehr Regierungen verboten. Aber auch andere Schädlingsbekämpfungsmittel können in starker Konzentration für Mensch, Tier und Pflanze gefährlich werden. Der Regen wäscht diese Stoffe in die Flüsse, die sie in die Meere transportieren, von wo aus sie sich heute schon über den ganzen Erdball verbreiten. Selbst in Grönland konnte bereits DDT festgestellt werden. Pflanzen, Tiere und schließlich Menschen nehmen die Giftstoffe auf, wobei diese manchmal noch besonders konzentriert werden. Es ist bekannt, daß verschiedene Vogelarten bereits vom Aussterben bedroht sind, weil ihre Eier durch die Einwirkungen der Schädlingsbekämpfungsmittel keine oder nur noch sehr dünne Schalen aufweisen. Die möglichen Schäden durch Schädlingsbekämpfungsmittel für den Menschen lassen sich noch nicht voll übersehen [20].

Auch die unkontrollierte Anwendung von zu leicht zugänglichen Medikamenten muß als Nachteil des wirtschaftlichen Wachstums angesehen werden. Da fast alle Medikamente sich durch mehr oder minder bekannte oder unbekannte schädliche Nebenwirkungen auszeichnen, können sich beachtliche Gesundheitsschäden ergeben [21].

Ein weiterer Nachteil des Wachtums der Bevölkerung und des Realeinkommens pro Kopf ist die fortschreitende Verknappung des Bodens. Bei steigendem Realeinkommen möchten mehr und mehr Leute ein eigenes Einfamilienhaus im Grünen und in der Nähe der Städte besitzen. Da der Boden jedoch nicht oder nur wenig vermehrbar ist, werden in Marktwirtschaften Nachfrage und Angebot durch scharf steigende Bodenpreise aufeinander abgestimmt. Die Wünsche der Masse der Bevölkerung lassen sich also nicht verwirklichen, während die glücklichen und zufälligen Bodeneigentümer arbeitslose Gewinne aus den gestiegenen Preisen erzielen. Alle diese Faktoren führen zu sozialen Spannungen, zumal die Ergebnisse des Prozesses ungerecht sind. Die eigentlichen Ursachen dieser Vorgänge haben jedoch letztlich

---

[20] Vgl. die Aufsätze in: *Hans Leibundgut*, a.a.O., S. 195–262.
[21] Siehe den obengenannten Aufsatz von *Gian Töndury*, a.a.O., S. 105–109.

wenig mit der Institution der Marktwirtschaft zu tun. Diese ermöglicht zwar zusammen mit der Eigentumsordnung die arbeitslosen Bodengewinne und es ist auch zweifelhaft, ob die Preise allein als Steuerungsmittel zur Gestaltung einer möglichst guten räumlichen Ordnung ausreichen, doch kann das durch das Bevölkerungswachstum bedingte Zusammenpferchen von immer mehr Bewohnern in den Ballungsgebieten mit allen negativen Folgen von keinem Gesellschafts- und Wirtschaftssystem verhindert werden. Die durch Bevölkerungswachstum und Erhöhung der Realeinkommen ausgelöste Verknappung des Bodens ist insofern von dem jeweiligen Wirtschaftssystem unabhängig. In einer Zentralgeleiteten Verwaltungswirtschaft würde sich diese in einer schärferen Rationierung der zugewiesenen Bodenmengen äußern müssen, wobei gerechte Zuteilungskriterien schwer zu finden wären und aus diesem Grunde soziale Spannungen auftreten könnten. Eine immer weitere Ausbreitung und Verschärfung der die Freiheit beschränkenden Gebote und Verbote scheint unumgänglich zu sein. Gleichzeitig ist nach unseren Überlegungen in Kapitel 2 und 3 zu erwarten, daß die Bodenpreise in einem dualen Verrechnungspreissystem, das einer optimalen Planung entspricht, bei Bevölkerungswachstum und Erhöhung der Realeinkommen von Periode zu Periode steigen würden, wenn die Wünsche der Bevölkerung in der Planung berücksichtigt werden.

Die wachsende Wirtschaft führt nicht nur zu einer zunehmenden Verknappung des Bodens, sondern ebenso zu einem fortschreitenden Abbau von Bodenschätzen wie Erzen, Kohle und Erdöl. Es läßt sich daher sagen, daß die menschliche Wirtschaft eine „schmarotzende" Wirtschaft ist, da sie Naturschätze zu ihrem Unterhalt benötigt, die bis zum heutigen Tage nicht ersetzt worden sind oder nicht ersetzt werden können.

7.4 Faktoren, die auf die Fortdauer des wirtschaftlichen Wachstums hinarbeiten

Bevor wir auf die ökonomischen und politischen Probleme des wirtschaftlichen Wachstums eingehen, ist es zweckmäßig, kurz einige Zusammenhänge zu erörtern, die bewirken, daß ein einmal in Gang gekommener Wachstumsprozeß starke Kräfte auslöst, die auf die Fortdauer dieses Prozesses hinarbeiten.

Bei einer unbefangenen Betrachtung des wirtschaftlichen Wachstums wird man sich wundern, mit welcher Kraft diese Entwicklung in einigen Ländern seit nunmehr 100 oder 150 Jahren abläuft und selbst von Kriegen, Inflation und wirtschaftlichen Depressionen nicht nachhaltig aufgehalten werden konnte. Selbst die vielen wirtschaftspolitischen Maßnahmen, die wie die Unterstützung der Landwirtschaft dem Wirtschaftswachstum entgegengerichtet sind, scheinen dieses nur vermindern, nicht jedoch aufhalten zu können. Angesichts dieser Sachlage ist es sinnvoll, nach Faktoren zu fragen, die für die Fortdauer des Wachstumsprozesses mitverantwortlich sein können.

Gehen wir von Marktwirtschaften mit Privateigentum aus, so scheinen zunächst folgende Zusammenhänge eine wichtige Rolle zu spielen [22]. Die älteren Wirtschaftszweige wie Landwirtschaft und Textilindustrie sehen sich einer stagnierenden oder relativ zur Gesamtwirtschaft nur langsam zunehmenden Nachfrage gegenüber. Die Erhöhung der Realeinkommen je Kopf – das Kennzeichen einer wachsenden Wirtschaft – wird nun in erster Linie von einer Zunahme der Reallöhne getragen. Um auf dem Arbeitsmarkt konkurrenzfähig bleiben zu können, müssen daher auch die relativ langsam wachsenden Sektoren einigermaßen mit der allgemeinen Lohnentwicklung Schritt halten. Preiserhöhungen für ihre Produkte sind jedoch angesichts der Lage auf der Nachfrageseite nur in so begrenztem Ausmaß möglich, daß die Lohnerhöhungen bei gleicher Beschäftigtenzahl nicht aufgefangen werden können. Folglich bleiben den betroffenen Unternehmungen nur folgende Möglichkeiten: Rationalisierung der Produktion in der Weise, daß die gleichen Produktmengen mit einem geringeren Arbeitsaufwand hergestellt werden können, oder Erzeugung von neuen Produkten, für die die Nachfrage noch relativ stark expandiert. Beides macht naturgemäß erhebliche Investitionen notwendig, zu denen die Unternehmungen daher in einer wachsenden Marktwirtschaft gezwungen sind, falls sie auf die Dauer überleben wollen. Der dafür benötigte Konsumverzicht (vgl. Kapitel 3) wird durch ein Einbehalten der Gewinne, durch freiwillige Ersparnisse der Haushalte und durch die durch Kreditschöpfung seitens der Banken und Kreditgewährung an die Unternehmungen bewirkte Erhöhung des Preisniveaus herbeigeführt. Die Beobachtung der Realität zeigt, daß von beiden Methoden, also von der Rationalisierung der Produktion und der Erzeugung neuer Güter, in hohem Maße Gebrauch gemacht worden ist und noch gemacht wird. Die geschilderte Rationalisierung der Produktion bedeutet nun jedoch nichts anderes, als daß mit den in der Gesamtwirtschaft verfügbaren Arbeitsleistungen mehr als zuvor hergestellt und die Realeinkommen je Kopf erhöht werden können. Gleichzeitig sorgt die Bereitstellung neuer Güter dafür, daß es nicht zu einer Stagnation der Gesamtnachfrage kommt. Es zeigt sich also deut-

---

[22] Verschiedene der in der Folge beschriebenen Zusammenhänge wurden zum erstenmal von *Karl Marx* in aller Deutlichkeit erörtert. Vgl. z. B. das Kapital, Band 1, 3. Auflage, Hamburg 1883, insbesondere Kapitel 22 und 23. Leider wird die vielversprechende Analyse von *Marx* immer wieder durch die Folgerungen aus der fehlerhaften Arbeitswertlehre (vgl. Abschnitt 3.6) in eine falsche Richtung gelenkt.

lich, wie das wirtschaftliche Wachstum sowohl die Rationalisierung als auch die Entwicklung und Produktion neuer Güter fördert und wie diese ihrerseits eine Fortsetzung des Wachstumsprozesses erlauben. Da Unternehmen, die bei der Rationalisierung oder (und) dem Angebot neuer, bei den Verbrauchern erfolgreicher Güter versagen, mit der Strafe des Konkurses bedroht sind, werden hier in der Tat sehr starke Kräfte zur Fortsetzung des Wachstums freigesetzt.

Auch in den Zentralgeleiteten Verwaltungswirtschaften arbeiten verschiedene Faktoren auf eine Weiterführung des Wachstums hin. Der Erfolg der Funktionäre in bürokratischen Verwaltungen und Betrieben wird u. a. daran gemessen, wie weit sie die staatlichen Pläne erfüllt oder übererfüllt haben. In den Plänen selbst wird außerdem von vornherein eine bestimmte Zunahme der Produktion eingeplant. Viel Sorgfalt wird darauf verwendet, auch bei der Masse der Arbeitnehmer durch „sozialistischen Wettbewerb", durch Auszeichnungen bei Produktionserfolgen und durch Pressemeldungen über besondere Leistungen und besonderes Versagen in der Güterproduktion Anreize zur Verstärkung des Wachstums zu setzen.

Allen wachsenden Wirtschaften sind Institutionen gemeinsam, die ausschließlich oder überwiegend auf die Fortsetzung des Wachstums gerichtet sind. In diesem Zusammenhang sind alle Forschungseinrichtungen zu nennen, die sich auf dem Gebiet der Naturwissenschaften in der angewandten Zweckforschung betätigen. Daneben müssen jedoch auch Institutionen erwähnt werden, die sich mit der Untersuchung von Organisationsformen, von Managementverfahren, mit Operations Research und der Verbreitung besserer organisatorischer Verfahren in Betrieben und Verwaltung beschäftigen. Schließlich dient ein großer Teil des Bildungssystems der besseren Schulung immer weiterer Kreise der Bevölkerung und der Verbreitung neuer Kenntnisse. Entsprechend nehmen die Aufwendungen für Wissenschaft und Forschung mit dem Industrialisierungsgrad eines Landes zu und tragen damit zur Fortsetzung des Wirtschaftswachstums bei.

Abschließend ist zu erwähnen, daß sich im Laufe des Wachstums eine andere Mentalität der Bevölkerung, als in einem weitgehend stationären Zustand bildet. Nach einer Gewöhnung an den Wachstumsprozeß ist man eher bereit, neue Verfahren, Methoden und Güter zu akzeptieren oder selbst aktiv bei ihrer Erfindung, Ausbreitung oder Verwendung mitzuwirken. Gegebene und als unerfreulich angesehene Zustände werden nicht mehr klaglos und resignierend hingenommen, sondern es wird nach einer Verbesserung der Situation gesucht, die ohne weiteres für möglich gehalten wird, da ja jedermann bereits Zeuge von Verbesserungen gewesen ist.

7.5 Ökonomische und politische Probleme des wirtschaftlichen Wachstums

Nach der Erörterung dieser das Wachstum unterhaltenden Faktoren sind wir in der Lage, uns den ökonomischen und politischen Problemen des wirtschaftlichen Wachstums zuzuwenden. Beginnen wir mit dem Problem der konjunkturellen Schwankungen, einem Problem, das das wirtschaftliche Wachstum in Marktwirtschaften von Anfang an begleitet hat, und dessen Bedeutung in den früheren Stadien des Entwicklungsprozesses wahrscheinlich größer als in den späteren ist. Nach den vorausgegangenen Ausführungen ist es naheliegend zu vermuten, daß Hochkonjunktur und Depression eng mit dem wirtschaftlichen Wachstum verbunden sind. Da im Verlauf des Wachstumsprozesses immer weitere Sektoren der Wirtschaft zu langsamerer Expansion oder zur Stagnation verurteilt sind, während neue Produktionszweige entstehen und solange ein rasches Expansionstempo entfalten, bis sie selbst in die Phase langsamerer Entwicklungen eintreten, ergeben sich größere Umstellungsschwierigkeiten für die Gesamtwirtschaft, wenn diese Vorgänge nicht voll synchronisiert sind. Nun ist jedoch die Erfindung neuer Güter ebenso wie die Entwicklung neuer Produktions- und Organisationsverfahren notwendigerweise irrational in dem Sinne, daß eine Vorausplanung der Art und des Auftretens dieser Erfindungen und Entwicklungen nicht möglich ist. Andernfalls würde man ja schon vorher die neu zu erfindenden Güter und Verfahren kennen, so daß sie nicht mehr erfunden werden müßten. Aus diesen Überlegungen ergibt sich, daß unerwartete Ereignisse mit Sicherheit auftreten müssen und folglich eine volle Koordinierung der Entwicklung in den verschiedenen Wirtschaftszweigen unmöglich ist. Vielmehr muß damit gerechnet werden, daß in einer Periode die Stagnation in den alternden Sektoren das Übergewicht erhält, da nicht genug neue, erwünschte Güter auftauchen, während umgekehrt in einer Periode der Entdeckung vieler neuer Verfahren und Güter die rasch expandierenden Wirtschaftszweige der Gesamtwirtschaft ein relativ rasches Wachstumstempo aufzwingen. Ist das aber der Fall, so werden sich Hochkonjunkturen mit Inflationsstößen und Depressionen oder Rezessionen mit einem Rückgang der Beschäftigung und möglicherweise mit Arbeitslosigkeit selbst durch ein anpassungsfähiges und dynamisch stabiles Wirtschaftssystem und eine moderne Konjunkturpolitik nur mildern, nicht aber ausschließen lassen [23].

---

[23] Diese Ausführungen sollten jedoch nicht den Eindruck erwecken, als ob die beschriebenen Faktoren die einzigen Ursachen für das Auftreten von Konjunkturschwankungen sind. Vgl. dazu die Aufsatzsammlung: *Wilhelm Weber* (Hrsg.), Konjunktur- und Beschäftigungstheorie, Neue wissenschaftliche Biblio-

Ebensowenig ist zu erwarten, daß sich in einer Zentralgeleiteten Verwaltungswirtschaft diese dem Wachstum inhärenten Schwierigkeiten voll meistern lassen. Zwar mag es hier leichter fallen, die Verwendung oder Nichtverwendung einmal gemachter Erfindungen zu planen. Doch weiß man auch dann vor dem Zeitpunkt der Erfindung neuer Güter, Produktions- und Organisationsverfahren nicht, ob deren alsbaldige Verwendung nach diesem Zeitpunkt sinnvoll ist oder nicht. Da folglich auch hier keine volle Vorausplanung möglich ist, müssen sich in einem solchen System immer wieder Abweichungen der tatsächlichen Ergebnisse von den in den Plänen vorgesehenen ergeben. Das wird in der Zentralgeleiteten Verwaltungswirtschaft in der Regel zwar nicht zu inflationistischen Tendenzen oder zu Arbeitslosigkeit führen, doch wird es statt dessen Lieferschwierigkeiten für bestimmte Produkte, die Herstellung unerwünschter Güter oder zusätzliche Arbeitseinsätze zur Behebung von Engpässen geben.

Bei steigendem Realeinkommen je Kopf dürften die Auswirkungen von Hochkonjunktur und Depression oder Rezession für die Betroffenen vermutlich weniger bedeutsam werden.

Gerade umgekehrt verhält es sich jedoch mit den Nachteilen des wirtschaftlichen Wachstums, die sich aus der zunehmenden Abfallproduktion und als Folge des Wohlstandskonsums ergeben. Am Anfang und in den früheren Phasen des Entwicklungsprozesses ist sowohl das Ausmaß der Abfallproduktion als auch die dadurch bereits eingetretene Schädigung der natürlichen Umwelt geringer als in den späteren Phasen. Dagegen ist die Versorgung mit den Gütern, bei deren Produktion die Abfälle entstehen, anfänglich noch verhältnismäßig schlecht, verbessert sich jedoch im Verlauf des Wirtschaftswachstums ganz erheblich. Das aber hat zur Folge, daß die Beseitigung oder Verhinderung der Umweltverschmutzung und Umweltvergiftung in einer expandierenden Wirtschaft im Laufe der Zeit im Verhältnis zur Versorgung mit den übrigen Gütern immer dringlicher wird. Schließlich wird möglicherweise ein Punkt erreicht, wo jede weitere Verschlechterung von Luft, Wasser und Erdoberfläche eine tödliche Gefahr werden muß.

Ganz ähnliche Zusammenhänge bestehen für den Gebrauch von Medikamenten und giftigen Schädlingsbekämpfungsmitteln. In den Frühstadien des Wachstums ist es äußerst wichtig, die ansteckenden Krankheiten und Seuchen unter Kontrolle zu bringen und die Nahrungsmittelproduktion durch die Bekämpfung der Schädlinge zu erhöhen. Ist das einmal weitgehend gelungen, so wird es in späteren

---

thek, Bd. 14, Köln/Berlin 1967. Wir werden im 2. Band auf das Problem der Konjunkturschwankungen zurückzukommen haben.

Phasen der wirtschaftlichen Expansion wichtiger, die schädlichen Nebenwirkungen in den Griff zu bekommen. Außerdem ist zu vermuten, daß die unerwünschten Wirkungen durch den zunehmenden Gebrauch von Medikamenten, die immer weitere Ausdehnung des Gebrauchs der Schädlingsbekämpfungsmittel und die dadurch erreichte wachsende Konzentration von Chemikalien in Pflanzen, Tieren und Menschen immer bedenklicher werden.

Ähnliches gilt für negative Auswirkungen der geänderten Konsumgewohnheiten. Diese erlangen wie die Zahl der durch Autounfälle Verletzten und Getöteten erst im Laufe des Wirtschaftswachstums größere Bedeutung.

Schließlich werden auch der Raubbau, der an den nicht reproduzierbaren Naturschätzen betrieben wird, und die Folgen der Verknappung des Bodens der Masse der Bevölkerung erst mit dem Fortschreiten der wirtschaftlichen Expansion mehr und mehr bewußt.

Es kann nach dem Gesagten wohl keinem Zweifel unterliegen, daß die skizzierten Probleme in den fortgeschrittenen Industriestaaten heute eine kritische, ja teilweise fast lebensbedrohende Bedeutung erreicht haben. Die übliche Sozialproduktsberechnung erfaßt jedoch die mit ihnen für die menschliche Wohlfahrt verbundenen Nachteile nicht, so daß die Zunahme des Sozialprodukts je Kopf kein brauchbarer Maßstab für eine Erhöhung der Lebensqualität der Bevölkerung mehr sein kann. Es ist sogar zu fragen, ob im Sinne der Wohlfahrtsvermehrung, also einer besseren Versorgung mit *allen* Gütern, überhaupt noch ein Wachstumsprozeß vorliegt und ob daher nicht das, was in früheren Wachstumsphasen mit einem gewissen Recht als Wachstum bezeichnet wurde, solange zum Stillstand gebracht werden müßte, bis die erörterten Probleme ganz oder zum größten Teil gelöst worden sind.

Die Lösung der beschriebenen Probleme dürfte jedoch nicht leicht sein. Bei den Nachteilen des wirtschaftlichen Wachstums handelt es sich ja durchweg um externe Nachteile, die in den meisten Fällen den Charakter von öffentlichen Gütern, oder besser von öffentlichen Übeln aufweisen. Die Beseitigung dieser Nachteile, die Eindämmung und Kontrolle der öffentlichen Übel kann also nicht vom Marktmechanismus bewältigt werden. Es ist daher notwendig, zur Lösung dieser Aufgaben andere Entscheidungsverfahren zur Aufstellung von Rahmenbedingungen für den Markt, zur Vornahme von korrigierenden Eingriffen oder zur Ersetzung des Marktmechanismus heranzuziehen[24]. Wie wir gesehen haben, besitzen jedoch auch die dafür in erster Linie

---

[24] Vgl. hierzu die Abschnitte 5.3 und 5.5 des 5. Kapitels.

in Frage kommenden politischen Verfahren erhebliche Nachteile und sind stets mit der Gefahr des Machtmißbrauchs verbunden. Es wird die Aufgabe des 2. Bandes dieses Buches sein, eine genauere Analyse des Funktionierens verschiedener politisch-ökonomischer Gesamtsysteme vorzunehmen, um auf diese Weise besser beurteilen zu können, ob und wie weit die gegenwärtig bekannten Entscheidungsverfahren zur Lösung dieser und auch anderer Probleme geeignet sind, oder ob die Erfindung und Realisierung neuer gesellschaftlicher Institutionen und Entscheidungsverfahren notwendig ist.

Es wurde bereits betont, daß das wirtschaftliche Wachstum einer Gesellschaft mehr und mehr Macht zur Verwirklichung von Alternativen in die Hand legt und ihr damit einen größeren Freiheitsspielraum gewährt. Freiheit und Macht können sowohl sinnvoll genutzt als auch mißbraucht werden. Diese Feststellung gilt nicht nur bezüglich der natürlichen Umwelt des Menschen, sie gilt auch für die internationale Machtpolitik. Das wachsende Wirtschaftspotential steigert die militärische Macht der modernen Industriestaaten, die wenigstens zum Teil nach wie vor in einem offenen oder verborgenen Kampf um die Herrschaft über die Erde stehen. Auch in diesem Falle besteht das Problem, wie eine Vergeudung von knappen Mitteln für die Rüstung und eine Gefährdung der Menschheit durch todbringende Kriege mit Hilfe einer internationalen Friedensordnung erreicht werden kann. Die Zweifel, ob die gegenwärtigen politischen Entscheidungsverfahren, die von den Nationalstaaten als Trägern der internationalen Gesellschaft geprägt werden, zur Lösung dieses Problems ausreichen, dürften nach den bisherigen bitteren Erfahrungen erheblich sein.

7.6 Aufgaben

1. Wie müßte die Definition des Sozialprodukts geändert werden, wenn das Sozialprodukt je Kopf in den Industriestaaten wieder ein einigermaßen verläßlicher Maßstab für das wirtschaftliche Wachstum im Sinne einer Erhöhung des Wohlstandes sein soll?

2. Eine Unternehmung sieht sich einer Nachfragefunktion $N = a - bp + c\sqrt{y}$ gegenüber, wobei p den Preis des Produkts und y das Volkseinkommen je Kopf bezeichnet. Die Produktionsfunktion der Unternehmung sei durch $A = f(X) = X^{1/2}$ gegeben. Es sei $A = N$. X bezeichnet die Menge des Produktionsmittels Arbeit, die zur Herstellung von A Einheiten des Konsumguts benötigt wird.

Zeigen Sie, daß die Unternehmung in jedem Fall im Laufe der Zeit Verluste erleiden wird, wenn der Lohnsatz $p_a(t) = de^{gt}$ ist, also im

Laufe der Zeit exponentiell wächst, und wenn y entsprechend $y(t) = me^{gt}$ zunimmt. $t = 0, 1, 2, 3, \ldots$, bezeichnet die Zeit.

Gehen Sie bei der Beantwortung der Frage davon aus, daß die Unternehmung den Produktpreis beliebig, also im Extremfall als Monopolist festsetzen kann, und keine Rationalisierungsmöglichkeiten in der Produktion bestehen. Ziehen Sie zur Lösung die Gewinndefinition heran.

3. Erörtern Sie, ob und warum das Wirtschaftswachstum auf lange Sicht nur weitergehen kann, wenn immer wieder neue Konsumgüter erfunden und akzeptiert werden.

4. Welche Probleme könnten sich Ihrer Meinung nach in ökonomischer, gesellschaftlicher und politischer Hinsicht ergeben, wenn das Wachstum des Sozialprodukts je Kopf zum Stillstand käme? (Verschiedene dieser Probleme werden im 2. Band erörtert werden.)

7.7 Literatur

Grundlegende Fakten über die während des wirtschaftlichen Wachstums auftretenden Änderungen werden von

Simon Kuznets, Modern Economic Growth. Rate, Structure and Spread, New Haven/London 1960,

und für Deutschland von

Walther G. Hoffmann, Das Wachstum der deutschen Volkswirtschaft seit der Mitte des 19. Jahrhunderts, Berlin/Heidelberg/New York 1965,

vermittelt.

Einige grundlegende Zusammenhänge der wachsenden Wirtschaft, die sich aus der Umstrukturierung während des Wachstumsprozesses ergeben, werden in den folgenden Arbeiten erörtert:

Joseph A. Schumpeter, Theorie der wirtschaftlichen Entwicklung, 5. Auflage, Berlin 1952.

Karl Marx, Das Kapital, Band 1, 3. Auflage, Hamburg 1883, insbesondere Kapitel 22 und 23.

Ernst Heuss, Allgemeine Markttheorie, Tübingen 1965.

Peter Bernholz, Einkommenswachstum, Lohnerhöhungen und Rationalisierungsmaßnahmen als Bestimmungsgründe der langfristigen Entwicklung von Preis und Marktform, Jahrbücher für Nationalökonomie und Statistik, Band 178, 1965, S. 385–420.

Fritz Neumark (Hrsg.), Strukturwandlungen einer wachsenden Wirtschaft, Schriften des Vereins für Sozialpolitik, N. F., Bd. 30, Berlin 1964.

Eine kurze Analyse der mit der Verschmutzung von Land, Wasser und Luft und dem Gebrauch von Chemikalien und Schädlingsbekämpfungsmitteln verbundenen Probleme aus ökonomischer Sicht findet sich bei

Orris C. Herfindahl und *Allen V. Kneese,* Quality of the Environmnet, An Economic Approach to Some Problems in Using Land, Water and Air. Resources for the Future. Distributed by The Johns Hopkins Press, Baltimore 1967.

Die Gefahren für die Umwelt werden unter verschiedenen Gesichtspunkten in

Hans Leibundgut (Herausgeber): Schutz unseres Lebensraumes. Symposium an der Eidgenössischen Technischen Hochschule in Zürich vom 10. bis 12. November 1970, Frauenfeld 1971,

und in

K. W. Kapp: Volkswirtschaftliche Kosten der Privatwirtschaft, Tübingen/Zürich 1958,

behandelt.

Über die Zusammenhänge von Wirtschaftswachstum, Zinssatz und Bodenpreis unterrichtet eine theoretische Untersuchung von

Jürg Niehans: Eine vernachlässigte Beziehung zwischen Bodenpreis, Wirtschaftswachstum und Kapitalzins, Schweizerische Zeitschrift für Volkswirtschaft und Statistik 1966, S. 195–200.

Sehr instruktiv für viele Fragen des wirtschaftlichen Wachstums und die damit verbundenen gesellschaftlichen Entwicklungen ist das Buch von

Joseph A. Schumpeter: Kapitalismus, Sozialismus und Demokratie, Bern 1946, obwohl nicht alle der von *Schumpeter* gezogenen Schlußfolgerungen zwingend sein dürften.

SACHREGISTER

Arbeitswertlehre 3, 7, 20, 68, 86 ff., 97
Arrow-Paradox 219, 231
Ausbeutungstheorie 3, 20
Aussagen, normative 4 f., 23 f., 26 ff. 33 f., 36 f.
Aussagen, positive 4 f., 24 f., 26, 33 f., 36 f.
Ausschlußprinzip 144 f., 147, 159, 189, 198
Außenwirtschaft 13, 14, 16, 39
Austauschverhältnis 47, 83
Auswanderung 221

Belohnung 203, 206, 231
Bevölkerung 9, 19 f., 193, 227, 234, 235 ff., 247 f., 253
Beziehungen, soziale 7, 10, 19, 202 ff
Bildung 9, 118, 130, 152, 234, 236, 238, 242, 250
Boden 15, 17 ff., 35, 88, 181
Bodenknappheit 247 f., 253
Bürokratie 13, 33, 233, 250

Chancengleichheit 31, 118

Demokratie 3, 13, 16, 99, 122, 127 f., 130 f., 208 f., 214 ff., 221, 227, 232
Dezentralisierung 7, 9, 55 ff., 64 ff., 69, 84 ff., 100 ff., 107, 110, 115, 119, 122, 124 f., 128, 131 f., 134 f., 143, 145 f., 148 f., 150 f., 157, 177, 184, 214, 221, 226
Diktatur 127, 129, 131, 151, 194, 208 f.
Durchschnittserträge 48
Durchschnittskosten 48, 52 f., 79

Effizienz der Produktion 21, 27, 38, 44 f., 75, 91, 100, 125, 127, 140, 162, 187, 200
Eigentum, öffentliches 65 f., 122, 129, 134, 143, 149
Eigentumsordnung 17, 19, 90, 120 f., 124, 128, 185, 194 f., 211, 222, 248
Einkommensverteilung 8, 12, 19, 22, 29 ff., 33, 35, 98 ff., 115 ff., 120 ff., 132, 148, 154, 170, 192, 196, 200, 211, 234, 242

Einstimmigkeit 99, 108 f., 115, 193, 210, 213, 221 ff.
Eliten 127 ff., 151, 203, 208
Entschädigung 169 f., 176, 178, 212 ff.
Entscheidungsfaktor 8 f., 12, 107 n., 123, 126, 193, 199, 210, 212 ff., 223 ff., 229
Entscheidungsverfahren 4, 8 ff., 12, 15 ff., 39, 99, 108, 115 f., 119, 121, 124 ff., 127 f., 131, 144, 147, 149, 151, 157, 178, 184, 192 ff., 232, 234, 253 f.
Erbrecht 117 f., 120 f., 124, 128, 195
Erkenntnistheorie 26, 36 f., 206
Ersparnis 6 f., 22, 23, 76, 85, 117 ff., 124, 134, 156, 200, 249
Externalitäten 8 f., 39, 135, 159 ff., 168 ff., 175 ff., 183 f., 187, 190 f., 196, 200, 211 ff., 214, 221 ff., 226 ff., 299 f., 234

Fehlplanung 66
Föderalismus 214, 226 f.
Forderungen 84 ff., 120
Fortschritt, technischer 20, 135, 169 n., 236, 241, 250
Freiheit 3, 28 ff., 32 f., 38, 99 f., 119 f., 131, 193, 196 f., 200, 202 f., 205, 209, 213, 232, 234, 241, 248, 254
Friede 31 ff. 120, 189, 232, 234

Gebühren 148 f.
Gegenwartspreise 79, 81 ff., 91, 118
Gerechtigkeit 19, 27, 29 ff., 32 f., 38, 98 ff., 116, 118 ff., 124, 192 f., 196, 200, 202, 211, 232, 234
Gesetzesinitiative 216
Gewalt 31, 192, 196 f., 199, 208
Gewerkschaften 10, 12
Gewinnmaximierung 56, 63, 65 ff., 85, 127, 143, 168, 122
Grenzerträge 8, 48, 135, 136 ff., 144, 187 ff., 196, 200, 234
Grenzkosten 48, 52, 55, 64 f., 79, 135
Grenznutzen 47 f., 52, 55, 64
Grenzproduktivitätstheorie 19, 35
Grenzrate der Substitution 46, 49, 95
Grenzrate der Transformation 46, 95

Grenzwohlfahrt 48, 52, 65, 79, 131, 171
Grundrechte 213 f., 222
Güter, freie 15, 45, 48 f., 58, 73, 78, 94, 166, 173
Güter, immaterielle 28
Güter, öffentliche 8, 12, 16 f., 39, 130 f., 135, 144 f., 159, 177 f., 183 f., 187, 191, 196, 199, 202 f., 212, 225, 228, 234, 253
Güterversorgung, intertemporale 6, 22, 27, 32 f., 38, 70 ff., 84, 88, 134
Güterversorgung, optimale 5, 7, 20, 27 ff., 46, 48, 55 ff., 63 f., 66, 68 f., 82, 91, 98, 100, 105, 134 ff., 144, 168 ff., 175 ff., 186 f., 192, 194 f., 202, 232, 234

Haushalte 17, 19, 23, 56 f., 67, 99 f., 104, 106, 108, 110, 114, 119, 126, 144, 150, 153 ff., 177 f., 180 ff., 186, 240, 249
Hierarchie 13, 233

Ideologie 33 ff.
Indifferenzkurve 41, 46, 75 f., 141, 162 f., 166
Inflation 24 f., 35, 82, 204, 248, 251 f.
Information 8, 12, 39, 64 ff., 70, 83 f., 108, 122, 125 ff., 129, 134, 143, 148, 152, 157 f., 168, 176, 178, 179 ff., 185 f., 188, 191, 230 f., 234
Informationskosten 134 ff., 179 ff., 182
Institutionen 9, 13, 15, 17, 20 ff., 31, 38, 125, 149, 152, 157, 179 ff., 192 ff., 211 f., 214, 224 f., 250
Interdependenz der Präferenzfunktion 8, 135, 150 ff., 189, 196
Interdependenzkosten 221 ff.
Investition 6 f., 9, 22, 33, 70, 72 f., 76, 80, 85, 87, 94 f., 119, 124, 130, 134, 249

Kapitalgut 70 ff.
Kartell 12, 16, 115
Kernproblem der Politischen Ökonomie 5, 15 ff., 22, 28, 38
Knappheit 15 f., 18, 20 f., 24, 45, 48, 64, 88, 117, 187
Konjunkturpolitik 195, 251
Konjunkturschwankungen 156, 192, 251, 251 n.

Konkurrenz, vollständige 7, 39, 55 ff., 64, 66 f., 88 ff., 94, 99, 105, 110, 117, 127, 135, 150, 153, 212
Konkurrenzgleichgewicht 56, 58 ff., 61 ff., 66 f., 69, 84, 100 f., 109 f., 132, 188, 195
Konkurrenzsozialismus 5, 10, 39, 65, 83, 122, 126, 134 f., 168, 176, 180 ff., 186
Konsumentensouveränität 125 ff., 130 f.
Konsumplan 46 ff., 60, 64, 108 f., 141, 162
Konsumplan, optimaler 46 ff., 75, 141, 162, 175, 183
Kontrolle 4, 158, 182, 197, 203, 205, 227, 233
Kuhn-Tucker-Theorem 50, 61, 63, 76 f., 102, 165, 172

Lagrange-Verfahren 50, 61, 77 ff., 112, 138
Logrolling 216 ff., 230

Machtfaktoren 3
Machtmißbrauch, staatlicher 3, 9, 193, 210, 211 ff., 219, 221, 230, 254
Markt 39, 99, 116, 121 f., 125, 145, 149, 157, 177, 182, 192, 194, 196, 208, 213, 225, 232, 234
Marktpreise 48, 56, 89, 94
Marktsozialismus 39, 65 f., 124, 127
Mehrergiebigkeit längerer Produktionsumwege 82 f., 91, 96, 117
Mehrheitswahl 8, 99, 107 ff., 115, 122, 125, 127, 132 f., 144, 147 ff., 177 f., 208 f., 211, 213 ff., 227
Mehrwert 3, 87
Minderheitsschutz 212 ff., 215 ff.
Mitbestimmung 209
Monopol 10, 89 f., 208, 255
Motivation 33, 64, 66, 181, 250

Normen 17, 21, 25 f., 36, 117, 121 ff., 159, 194 f., 201 ff., 208, 210 f., 213, 231, 232
Nutzenfunktion 40, 67, 100, 108, 115, 154 ff., 218 n.
Nutzenfunktion, eingipflige 115
Nutzentheorie 150 ff., 156, 190, 231

Oligarchie 131, 208 f.
Oligopol 89

Sachregister

Optimum, Optimalität 15, 24, 38 ff., 46 ff., 56 f., 59, 61, 64, 67, 76, 79 f., 84, 94, 103, 134, 164 f., 167 f., 171, 179, 183, 188 f.,
Organisation der Wirtschaft 3, 5, 7 ff., 13, 17, 19, 38, 64 ff., 69, 83 f., 99, 121, 124 ff., 133, 143 f., 168, 175 ff.

Pareto-Optimalität 21 ff., 27, 99, 103 ff., 109, 114, 122, 124, 132, 143, 146 f., 149, 150 f., 153 ff., 178, 184, 190, 212
Parteien 12, 99, 157, 193, 215 f., 219 f., 231
Planungsproblem 49 ff., 64 ff., 70 ff., 76 ff., 83, 136, 148, 168, 176, 179 ff.
Planungsstelle, zentrale 4, 38, 64 ff., 70, 72, 80, 83, 91, 98, 108, 122, 126, 129, 136, 143, 168, 176, 181 ff., 186, 188
Planwirtschaft 3, 5, 7, 17 f., 20, 56, 59, 70, 82, 88
Politbüro 4
Polyarchie 13
Präferenzfunktion 40, 108, 153 ff., 185, 220
Preissystem 7, 134, 187
Preistheorie 55
Privateigentum 6, 10, 16, 19, 20, 33, 39, 65 f., 88, 100, 117, 120, 122, 124, 127, 131, 145, 156, 212, 249
Produktionsfunktion, linear-limitationale 39, 55, 68
Produktionskoeffizient 44 f.
Produktionsplan 44 f., 46, 48, 60, 64 f., 75, 107 ff., 114, 166, 183
Produktionsplan, optimaler 7, 46, 75, 141, 162, 163, 183, 175, 183, 190
Produktionsprozeß 39, 42, 57, 85
Propaganda 8, 12, 126, 150, 156 ff.

Rationierung 20
Rechtsordnung 28 f., 145, 170, 195, 201
Reklame 8, 126, 150, 156 ff., 196
Reproduktion, erweiterte 87

Schadenersatz 189 f., 176, 178, 212 ff.
Sicherheit 32 f., 38, 99, 120, 145, 189, 198, 200, 202, 209, 232 ff.
Sozialprodukt je Kopf 233, 235 ff., 242, 247, 249, 252 ff.

Staat 12, 152, 168, 170, 183, 192 ff., 207 ff., 221, 233
Stabilität 8, 32, 67, 107, 123, 126, 134 ff., 179 ff., 195, 200, 212, 233 f., 251
Steuern 12, 24 f., 116 ff., 120 f., 124, 144, 149, 169 f., 176, 178, 198, 212, 214
Streik 12
Subventionen 12, 144, 212
System, kapitalistisches 3, 34
System, politisch-ökonomisches 5, 10, 12, 180, 193, 233, 254

Tauschgeschäfte, politische 216 ff., 230
Technologie 72, 234
Teilbarkeit der Güter 39, 146 f., 149, 152, 189 f., 198 f.
Theorie, marxistische 3, 20, 34, 86, 230, 249
Transformationskurve 46, 80 f., 141, 189
Transitivität 151, 219, 228
Tyrannei 208

Umweltschäden 252 ff.
Unternehmungen 10, 17, 23, 56 ff., 63 f., 66 f., 85, 106, 156, 169 f., 182

Verbände 10, 12, 19, 99, 193
Verbote 28, 157 f., 170, 177 f., 212, 248
Verbrauchsplan 7, 46, 114, 163, 183, 190
Verfassung 23, 28, 123, 215, 224
Verfassungsregeln 9, 123, 125, 193, 210 f., 221 ff., 225 ff., 230
Verrechnungspreise 3, 7, 48 f., 52, 56, 64 f., 78, 80, 82 f., 91, 122, 130, 142 f., 170, 182, 248
Volksabstimmung 214 ff.
Vollbeschäftigung 33, 163, 192, 251

Wahlen 12, 107 f., 131, 148, 151, 157, 185 f., 209 ff., 220
Wählersouveränität 125
Wahlrecht, proportionales 215
Wahlverfahren 8, 105 ff., 184
Warenproduktion, einfache 68, 86, 88, 90 f., 95

Werturteil 2, 4, 20 ff., 24 ff., 33 ff.
Wettbewerb 195, 212, 219 ff.
Wettbewerbsgleichgewicht 59, 68, 169 f., 183 f.
Willensbildung 7, 98, 155, 195 f.
Wirtschaftsorganisation 3, 5, 7 ff., 13, 17, 19, 38, 64 ff., 69, 83 f., 99, 121, 124 ff., 133, 143 f., 168, 175 ff.
Wirtschaftssystem 21, 31, 180, 200
Wirtschaftsverfassung 23 f., 121 f., 176, 178
Wirtschaftswachstum 9, 27, 119, 232 ff.
Wohlfahrt, gesellschaftliche 40 f., 46 f., 53, 61, 63 ff., 73, 79, 85, 98, 136, 164, 166 f., 171, 174 f., 188 f., 195, 200, 253
Wohlfahrtstheorie 21 f., 24, 37

Zentralisation 9, 65, 66
Zentralverwaltungswirtschaft 5, 10, 18, 38, 65, 119, 126, 134, 143, 168, 170, 176, 179 ff., 187 f., 194, 233 f., 248, 250, 252
Ziele 3, 5, 7 f., 10, 12, 15 ff., 38, 98, 124 ff., 150 ff., 164, 193
Zielfunktion 7, 38 ff., 44, 50, 56 f., 59 f., 63 ff., 66, 67 ff., 70 f., 75, 80, 85, 95, 98 ff., 136, 138, 148, 153 ff., 159, 162, 165, 168, 171 f., 176 f., 181, 190
Zielkonflikt 26, 33, 37, 99, 193
Zins 3, 20, 34, 79, 80 ff., 91, 93 ff., 120, 256
Zivilisationskrankheiten 244
Zwang 9, 192 f., 196 ff., 201 ff., 207 f., 210 ff., 221, 230
Zweiparteiensystem 108 n., 125